本书系
教育部国别和地区研究课题
"未建交太平洋岛国对华关系研究"
（项目编号：19GBQY124）
研究成果

The Construction of Australian
Regional Hegemony
in the Context of Australia-US Alliance

澳美同盟语境下澳大利亚地区霸权的建构

于镭 隋心 ◎ 著

中国社会科学出版社

图书在版编目(CIP)数据

澳美同盟语境下澳大利亚地区霸权的建构 / 于镭，隋心著 . —北京：中国社会科学出版社，2021.5
ISBN 978-7-5203-8028-7

Ⅰ.①澳… Ⅱ.①于…②隋… Ⅲ.①霸权主义—研究—澳大利亚 Ⅳ.①D761.1

中国版本图书馆 CIP 数据核字（2021）第 041809 号

出 版 人	赵剑英
责任编辑	耿晓明
责任校对	夏慧萍
责任印制	李寡寡

出　　版	中国社会科学出版社
社　　址	北京鼓楼西大街甲 158 号
邮　　编	100720
网　　址	http://www.csspw.cn
发 行 部	010-84083685
门 市 部	010-84029450
经　　销	新华书店及其他书店
印　　刷	北京明恒达印务有限公司
装　　订	廊坊市广阳区广增装订厂
版　　次	2021 年 5 月第 1 版
印　　次	2021 年 5 月第 1 次印刷
开　　本	710×1000　1/16
印　　张	19.5
插　　页	2
字　　数	271 千字
定　　价	98.00 元

凡购买中国社会科学出版社图书，如有质量问题请与本社营销中心联系调换
电话：010-84083683
版权所有　侵权必究

目　录

第一章　澳大利亚地区霸权体系建构研究的意义、理论和方法 …………（1）
　一　澳大利亚地区霸权的缘起、建构及研究意义 …………（1）
　二　美国太平洋霸权体系下澳大利亚亚太地区次霸权
　　　体系的研究意义 ……………………………………（27）
　三　国内外对澳大利亚地区霸权体系建构和演变研究的
　　　文献梳理 ……………………………………………（31）
　四　研究理论与方法 ……………………………………（42）

第二章　澳大利亚地区霸权的缘起和建构 ……………………（51）
　一　澳大利亚地区霸权的缘起 …………………………（51）
　二　一战及战后澳大利亚地区霸权的初步建构 ………（66）
　三　追求澳美同盟应对日本在南太和东南亚地区的
　　　霸权竞争 ……………………………………………（84）

第三章　太平洋战争及战后澳美同盟的建构 …………………（98）
　一　太平洋战争和澳美战时同盟的建立 ………………（98）
　二　朝鲜战争和战后澳美同盟的缔结 …………………（119）

第四章　越南战争与澳大利亚地区霸权的稳固 ………………（145）
　一　越南战争与澳美同盟的稳固 ………………………（145）

二　越南战争与澳美同盟的巩固 …………………………………（173）
　　三　二战后澳大利亚地区霸权的建构和发展 ……………………（183）

**第五章　太平洋岛屿地区民族独立与反核、反战运动的
　　　　　兴起** ……………………………………………………（192）
　　一　太平洋岛国民族独立运动的兴起与蓬勃发展 ………………（192）
　　二　美、英、法在太平洋岛屿地区的核试验及其贻害 …………（203）
　　三　前殖民宗主国对太平洋岛屿地区的资源掠夺与贻害 ………（212）
　　四　冷战后期太平洋岛屿地区反核、反战运动的兴起 …………（225）

**第六章　冷战后期澳美同盟的反常强化与澳大利亚地区
　　　　　霸权的巩固** ……………………………………………（243）
　　一　澳美同盟在后冷战时期的空前强化 …………………………（243）
　　二　后冷战时期澳大利亚在东南亚地区霸权的建构 ……………（258）
　　三　后冷战时期澳大利亚在太平洋岛屿地区的霸权建构 ………（264）

结　语 ……………………………………………………………………（289）

第一章　澳大利亚地区霸权体系建构研究的意义、理论和方法

一　澳大利亚地区霸权的缘起、建构及研究意义

澳大利亚原为英国殖民地。20世纪末，英帝国国力急剧下降，澳大利亚联邦遂于1901年1月1日成立。由于直接脱胎于英国殖民地政府，澳大利亚联邦政府天生地继承了英国的殖民主义、种族主义和霸权主义的政策。为了在掠夺澳洲原住民的土地上实现稳固的统治，澳大利亚殖民政府自成立之日起便奉行"与超级大国结盟"的策略，通过跻身帝国主义世界"中等强国"之列，追求"三维国家利益"：国家安全、经济繁荣和地区霸权。由此可见，澳大利亚虽然刚刚脱胎于英国殖民地，但其参与殖民主义和帝国主义霸权和利益争夺的野心一点也不亚于其他老牌和新兴帝国主义列强。澳大利亚联邦自成立之日起即怀有深深的安全忧心和霸权野心。澳大利亚的安全忧心主要源于对澳洲大陆及附近岛屿原住民土地的掠夺而缺乏合法性，澳大利亚殖民政府因此既担心澳洲原住民的反抗，更担心其他帝国主义列强会循其例，夺其地，甚至灭其国[1]；澳大利亚的地区霸权雄心则源于其"白人至上"的偏见，以为自己的血统远较亚洲和太平洋地区各民族

---

[1] Frank Brennan, *No Small Change: The Road to Recognition for Indigenous Australia*, Brisbane: University of Queensland Press, 2015, p. 168.

更为高贵，因而不仅在国内推行种族主义政策，要将澳大利亚建为纯正的"白人国家"（即"白澳政策"），而且视南太平洋地区为其"后院"，东南亚地区为其"前院"，意欲在"两院地区"建立区域霸权①。

相较于其他帝国主义列强，新成立的澳大利亚联邦国弱民寡，在激烈的帝国主义霸权争夺中明显处于不利的地位。正是基于对安全的忧心和对地区霸权的野心，澳大利亚自1901年联邦成立之际便制定了与世界超级大国结盟的立国之策②。"与超级大国结盟"不仅有利于澳大利亚的国家安全，阻止其他帝国主义列强对地广人稀的澳大利亚广袤国土的觊觎，而且可以帮助澳大利亚称霸南太平洋和邻近的东南亚地区，逐步实现地区霸权的野心。当然，澳大利亚与超级大国结盟，并不断深化同盟的动机也随着太平洋区域的经济发展、安全形态和地区霸权等地缘政治和经济格局的变化而不断调整，但其本质虽历经百年而无实质性改变。

本书旨在从澳大利亚的国家安全和区域霸权的视域探寻澳大利亚在南太平洋地区霸权的建构、发展和演变历程。本书在研究的过程中主要采用在澳大利亚较为流行的"中等强国"的理论架构和"与超级大国结盟"的立国之策的方法论探索澳大利亚在南太平洋地区霸权的缘起、建构和演变。这是本书理论框架的独特之处，也是本书在理论和方法论领域的探索和贡献。对霸权的争夺是帝国主义的天性之一，西方著名的现实主义学派大师汉斯·摩根索（Hans J. Morgenthau）对帝国主义国际关系进行了长期的探索和研究，他在自己的著作《国家间关系》中强调指出，"国际政治与国内政治一样都是对权

---

① Diana Thorburn, "The 'Patch' and the 'Backyard': Caribbean and Pacific Small Islands and Their Regional Hegemons", *Social and Economic Studies*, Vol. 56, No. 1/2, 2007, pp. 240–260. Michael Evans, *Australia must Rid Itself of Insular Imagination*, Australian Naval Institute 2020.

② 于镭、赵少峰：《澳美同盟与澳大利亚南海政策的蜕变》，《国际政治科学》2018年第2期。

第一章　澳大利亚地区霸权体系建构研究的意义、理论和方法

力的追逐"。全球和地区霸权是国际权力最为显著的标志，理所当然地成为帝国主义列强争夺的焦点。澳大利亚曾是英国的殖民地和罪犯流放地，澳大利亚殖民政府在成为英国的自治领时天然地带有英帝国殖民主义和霸权主义的基因，对外扩张和掠夺、争夺地区霸权自其脱离英国直接统治之日起便成为其对外政策的主要内容①。

澳大利亚联邦成立时，恰是英帝国国力快速下降之际。与英国实力下降形成鲜明对比的是德国、美国，特别是身为亚洲国家的日本的海军实力的快速上升，这令独处于亚洲国家"丛林"边缘的"白澳"对自己从澳大利亚土著手中巧取豪夺来的南方大陆的"合法性"极为不安，深恐亚洲强国，特别是新兴的日本帝国凭借日益上升的海上实力将白人殖民者赶出这块丰饶的大陆而据为己有②。一战后，德国因战败而丧失了在南太平洋地区的殖民地和对澳大利亚的国家安全和地区霸权构成威胁的能力。"白澳"政府因而视近在咫尺的日本帝国为最大的假想敌和安全威胁，一再掀起排"日"风潮，竭力试图建立"纯净的白人澳大利亚"，以增强自己在国际社会的合法性③。

澳大利亚殖民政府在畏惧日本迅速崛起的军国主义，并视其为头号安全和地区霸权威胁的同时，却又表现出"白人至上"的孤傲，以为自己高贵的血统远较亚洲和太平洋岛屿人种更为优越，急欲在亚洲国家的"丛林"边缘建立自己的区域霸权④。"白澳"政府因而要求宗主国英国利用其强大的武力将新兴帝国主义强国，特别是日本阻挡于南太平洋地区之外。澳大利亚殖民政府这一想法与其宗主国——英

---

① 于镭、隋心:《澳美同盟的缘起、建构和稳固》，中国社会科学出版社 2020 年版。

② Joanne Wallis, "Hollow Hegemon: Australia's Declining Influence in the Pacific", *Diplomat*, 21 September 2016.

③ Yuriko Nagata, "The Japanese in Torres Strait", Anna Shnukal, Guy Ramsay and Yuriko Nagata (eds.), *Navigating Boundaries: The Asian Diaspora in Torres Strait*, Canberra: Pandanus Books, 2004, pp. 138 – 159. Kate Bagnall, *A Legacy of White Australia: Records about Chinese Australians in the National Archives*, 2018, http://naa.gov.au/collection/publications.

④ "Australia to have a Monroe Doctrine", 1 June 1918. Merze Tate, "The Australsian Monroe Doctrine", *Political Science Quarterly*, Vol. 76, No. 2, 1961, pp. 264 – 284.

国不谋而合，只是老牌帝国主义英国此时已是心有余而力不足，因为英国的综合国力和军力在进入20世纪后已经大幅度下降，而新兴帝国主义强国日本和美国在太平洋地区的军力日益增强，日益表现出挑战英国在太平洋地区的霸权之势。

为了应对新兴帝国主义强国德国的威胁和挑战，收缩力量护持其在欧洲的霸权，英国不顾澳大利亚的反对，坚定地于1902年和亚洲新兴帝国主义强国日本结为军事同盟。英国此举意在"三害（日本、德国、美国）相权取其轻"，并以日本快速膨胀的军国主义势力来遏制对其霸权更具威胁性的德国和美国。"白澳"政府之所以对英日同盟持反对态度，一方面是由于种族主义思维的作祟，认为英国将"白澳"的安全"托付"于日本是对澳大利亚"白澳政策"的讽刺和对澳大利亚白人自尊心的"冒犯"；另一方面则是由于澳大利亚始终认为日本不断膨胀的军国主义力量将威胁澳大利亚的国家安全和在南太平洋地区霸权的构建，而英日同盟的建立无疑将加速日本军国主义力量的增长。

在殖民主义和帝国主义列强在太平洋地区的霸权争夺战中，澳大利亚虽然是迟到者，但绝不是缺席者：一战的爆发给了澳大利亚迅速夺取德国在太平洋岛屿殖民地的良机；在巴黎和会上，澳大利亚与美国、日本因"分赃"德国的太平洋岛屿殖民地而唇枪舌剑，甚至剑拔弩张。为了霸占并殖民太平洋岛屿，出席巴黎和会的澳大利亚总理休斯坚决要求其他帝国主义列强，特别是日本帝国主义，将其"脏手"从澳大利亚的"南太平洋岛屿"拿走。休斯甚至十分强硬地表示为了"澳大利亚的南太平洋岛屿"，澳大利亚不惜一战。第一次世界大战终结了德国在太平洋岛屿地区的殖民势力，扩大了日本和澳大利亚在太平洋岛屿地区的殖民势力范围。由于澳大利亚、英国、法国和日本的坚决抵制，第一次世界大战的结束和巴黎和会没有让美国在太平洋岛屿地区实现令其满意的收获。美国和澳大利亚的关系，特别是威尔逊总统和澳大利亚总理休斯之间的个人

第一章　澳大利亚地区霸权体系建构研究的意义、理论和方法 ◆◇◆

关系因对太平洋岛屿殖民地的争夺而降至冰点。由此可见，美澳在冷战和后冷战期间呈现出的密切的政治关系和军事同盟并非如两国政府和政治人士美化的那样是基于共同的政治理念、意识形态和价值观，而根本是基于对美国的世界霸权体系和澳大利亚在南太平洋地区的次霸权体系及其衍生利益的共同追逐。

英国工业革命后，大西洋和欧洲首先成为帝国主义列强争夺霸权的主要竞技场。随着地缘政治和经济的演变，太平洋地区自一战后在全球的战略重要性日益突出，成为世界列强争夺霸权的新的角斗场。在欧洲列强殊死搏杀大西洋之际，美国总统西奥多·罗斯福即高瞻远瞩地指出太平洋地区"将是至关重要的战略区"[1]；美国海军军官、著名的海权论的奠基人阿尔弗雷德·马汉（Alfred Thayer Mahan）亦敏锐地捕捉到太平洋地区地缘经济和地缘政治发展的新趋势。一战甫毕，他即大胆并准确地预言太平洋地区将成为新老帝国主义争夺海上霸权乃至下一次世界大战的主战场[2]。西奥多·罗斯福和马汉的预言并非耸人听闻，20年后人类历史上规模最大的太平洋大海战即在此进行。

太平洋地区在一战后的战略权重日益增长，新老帝国主义列强日益将霸权争夺战的焦点转至该地区。一战后，太平洋地区便如同煮沸的"坩埚"再难恢复往日的平静。为了争夺太平洋的海上霸权，美国建立了庞大的太平洋舰队，并于20世纪初多次远航至澳大利亚。一些澳大利亚官员和学者分析认为美国此举一方面旨在炫耀武力，威慑霸权竞争对手英国和日本；另一方面旨在熟悉航线，勘测地形、海况，为可能爆发的太平洋海战做准备。澳大利亚一些文献甚至认为美

---

[1] Walter Lafeber, "American Imperialism: Altruism or Aggression", Gerald N. Grob and George Athan Billias (eds.), *Interpretations of American History*, New York: The Free Press, 1967, p. 202.

[2] John A. Adams, *If Mahan Ran the Great Pacific War*, Bloomington: Indiana University Press, 2008, p. 10.

国大型舰队数次远航澳大利亚也是旨在为美国夺取澳大利亚做准备，因为美国政府和军方预测美国与英国争夺世界霸权的战争不可避免，终有一决雌雄之日①。夺取澳大利亚即可斩断英国一条臂膀，为美国在太平洋地区驱除英国势力确立霸主地位奠定基础②。澳大利亚的文献说明澳大利亚与美国在二战后形成的"密切"关系和不断强化的澳美同盟并非如澳大利亚和美国政府官员、军方和部分学者所言是基于共同的历史、文化和价值观，而更主要的是基于双方契合的霸权利益。

英帝国的综合国力，特别是军事力量在一战后大幅度下降，已经无力在太平洋地区与新兴帝国主义强国日本和美国争夺霸权。面对日本和美国空前膨胀的军事力量，特别是日本在亚太地区咄咄逼人的侵略态势，澳大利亚政府不得不寻求比英国更为可靠的安全保证，并寻机崛起为太平洋地区的"中等强国"。"忧心"与"野心"的混合需求促使澳大利亚殖民政府决定"两害相权取其轻"，寻求与美国而不是日本结为军事同盟。澳大利亚殖民政府的决定首先是由于相较美国，日本距离澳大利亚更近，在亚太地区的侵略和扩张的势头更猛，因而对澳大利亚的国家安全和地区霸权的威胁更大。其次，澳大利亚殖民政府一厢情愿地认为美国与澳大利亚文化相近，都是以盎格鲁—撒克逊文化为主导，美国政府可能会因为"同文同种"而对澳大利亚给予同情，帮助澳大利亚抵御来自"北方"的威胁。最后，澳大利亚殖民政府一向推行种族主义政策，视日本为"黄色侏儒"，因而视与日本结盟为"耻辱"。澳大利亚殖民政府认为与美国这个新兴的超级大国结盟可以借重美国不断上升的全球实力，构建澳大利亚在世界权力架构中的"中等强国"地位，提升澳大利亚在南太平洋和东南亚地

---

① Peter Edwards, *Permanent Friends? Historical Reflections on the Australian-American Alliance*, Sydney: Lowy Institute for International Policy, 2005.
② Russell Parkin and David Lee, *Great White Fleet to the Coral Sea*, Canberra: Australian Department of Foreign Affairs and Trade, 2008, p. 22.

第一章 澳大利亚地区霸权体系建构研究的意义、理论和方法 ◆◇◆

区的霸权,实现称雄南太平洋和邻近的东南亚地区的野心①。

由此可见,澳美同盟并非像人们通常认为的那样开始于1951年缔结的《澳新美同盟条约》。澳美同盟的思想和外交实践实际上发轫于澳大利亚立国之初,催化于1905年日俄战争中日本的完胜,形成于1908年美国庞大舰队的访澳②,初步完成于第二次世界大战,而最终确定于冷战的爆发。20世纪初,日本军国主义和美国帝国主义军事力量的强势崛起极大地削弱了老牌帝国主义英国的军事实力,也威胁了澳大利亚的国家安全和在南太平洋地区的霸权利益。为了生存和地区霸权,澳大利亚历届政府开始了漫长的追求澳美同盟的建构历程。从以上两点可以看出为什么澳大利亚在地理位置上较美国的其他盟国更具有安全优势,却反而较美国的其他盟国更为重视和倚重与美国的同盟关系,并在相当漫长的岁月里对美国表现出令人难以置信的"忠诚"和外交政策的"亦步亦趋"。

但是,美国对澳大利亚"积极主动"的结盟努力并不领情。这是因为美国在一战后和二战的间隙里始终忙于在拉美地区宣示"门罗主义",巩固在"后院"地区的霸权。美国因而无暇,也无力顾及远在太平洋彼岸的澳大利亚。美国因此对澳大利亚的主动"示好"不予理睬,无意与澳大利亚结盟,以免徒招英国、日本等帝国主义列强的忌恨③。但是,美国总统西奥多·罗斯福出于与英国争夺世界霸权的长远考虑,还是决定派遣庞大的舰队于1908年访问澳大利亚。此访目的主要有三点:一是向澳大利亚、日本和外强中干的清王朝炫耀美国海军力量的强大,恫吓日本快速侵略扩张的野心;二是考察澳大利亚海防要塞,测绘其重要港口海图。据澳大利亚资料透露,美国认为美

---

① James Cotton and John Ravenhill, *Middle Power Dreaming*, Melbourne: Oxford University Press, 2012, p. 1.

② Peter Edwards, *Permanent Friends? Historical Reflections on the Australian-American Alliance*, Sydney: Lowy Institute for International Policy, 2005.

③ Russell Parkin and David Lee, *Great White Fleet to the Coral Sea*, Canberra: Australian Department of Foreign Affairs and Trade, 2008, p. 22.

英之间为争夺世界霸权或终有一战，夺取澳大利亚作为美国争霸太平洋的海上基地因而成为美国作战计划的一部分[①]；三是开展远航训练，锤炼美军在太平洋上的远洋作战能力。

30年后第二次世界大战的爆发证明西奥多·罗斯福的确具有帝国主义争霸战的长远目光，大战令美国不得不与澳大利亚联手应对日本的挑战，美国与澳大利亚的关系因太平洋战争规模的空前宏大和残酷而迅速密切。澳大利亚也利用第二次世界大战之机借美国之力消除了日本对澳大利亚国家安全和地区霸权的威胁。但是，澳美战时同盟的建立并没有像澳大利亚政客和广大民众想象的那样充满"同文同种"的友爱和温情，而是充满了利益之争，美澳两国官员、士兵、媒体等方方面面也龃龉不断。二战后，美国出于利益考虑，并没有满足澳大利亚的愿望而将其划入美国安全防务圈，也无意与澳大利亚结盟，为其安全背书。但是，澳大利亚政界、军界和学界却在二战后形成了广泛的共识：澳美同盟不仅有助于吓阻帝国主义列强对澳大利亚的觊觎，而且有助于澳大利亚跻身"中等强国"，并在亚太地区建立区域霸权的梦想[②]。朝鲜战争的爆发彻底改变了美国的亚洲安全政策，出于与苏联争霸和遏制共产主义在亚洲的"扩张"需要，美国急于领导西方阵营共同与日本签订结束战争状态的"和约"，以便重新武装日本，并将其作为与苏联争夺霸权的太平洋"前进基地"。澳大利亚政府抓住这一有利契机，要挟美国先与自己结盟，否则"决不与日本缔结和约"[③]。

二战后，美国亚洲安全政策的重中之重是与苏联争霸，并遏制共产主义在亚洲的"扩张"。巩固自身在太平洋地区的霸权和遏制"共

---

① James Bradford, *America, Sea Power, and the World*, Sussex: John Wiley & Sons, 2016, p.147.
② Peter Edwards, *Permanent Friends? Historical Reflections on the Australian-American Alliance*, Sydney: Lowy Institute for International Policy, 2005, p.17.
③ Jeffrey Grey, *A Military History of Australia*, Cambridge: Cambridge University Press, 1999, p.210.

第一章　澳大利亚地区霸权体系建构研究的意义、理论和方法 ◆◇◆

产主义"的扩张使美国深刻认识到其在亚太地区需要"前进基地"和纵深更为广阔的战略后方。在此情形下,美国不得不改变对美澳结盟的态度。即使如此,美国也只是希望以一种较为"松散"的方式与澳大利亚和新西兰结为军事同盟。1951年9月1日,美国、澳大利亚和新西兰在旧金山缔结《澳新美同盟条约》,三国同盟,暨澳美同盟遂告成立。在澳大利亚政府和军方的强烈要求下,由三国国防部长和外交部部长组成的年度磋商会议,即"2+2"机制也随之建立。澳美同盟的建立不仅提升了澳大利亚的军事力量,使之迅速跻身"中等强国"之列,而且在美国太平洋霸权体系的支撑下,澳大利亚在南太平洋地区的次霸权体系也得以建立和巩固。澳大利亚政界、军界和学界因此广泛认为澳美同盟帮助澳大利亚实现了"三维国家"利益,澳美同盟也因此成为二战后澳大利亚外交政策始终难以撼动的"基石"。

第二次世界大战虽然给美国造成了一定的人员和经济损失,但它却给其他帝国主义列强造成了更为惨重的损失:昔日海军列强——英国、德国和日本——不论胜败均无力再与美国争锋,因而不得不将太平洋的海上霸权拱手交给美国,从此丧失了与美国在这一辽阔海域争霸的能力,美国的全球霸权和太平洋霸权终于得以确立。为了巩固这一来之不易的成果,并与苏联争夺太平洋霸权,美国于二战后在太平洋地区构建了以美国为中心的纷繁复杂的同盟体系,并冠之以"旧金山体系",或"轮辐体系"(hub-spoke system),从而将美国高抬至亚太地区权力架构的"金字塔尖",并成为亚太地区捍卫美国持久霸权的难以撼动的坚实保障。在美国的"轮辐体系"中,澳美同盟与日美同盟被美国政府和军方誉为该体系中最为坚固的南北双"锚",是美国在亚太地区,乃至印太地区推行霸权主义,护持美国主导的地区体系和秩序的最得力和最重要的政治和军事工具[①]。

[①] Naoko Sajima, "Japanese Security Perceptions of Australia", Brad Williams and Andrew Newman (eds.), *Japan, Australia and Asia-Pacific Security*, New York: Routledge, 2006, p. 50.

澳美同盟语境下澳大利亚地区霸权的建构

澳大利亚之所以心甘情愿地为美国所驱使，成为其亚太地区军事安全网中的南"锚"即是基于对"三维国家利益"的追逐。美国在亚太地区的军事同盟网及其支撑的亚太地区霸权体系和秩序为美国、澳大利亚及其他西方国家带来了丰厚的政治、经济和霸权利益。对于美国而言，这一既得利益不是普通的政治、经济和战略利益，而是包括全球霸权，以及由此衍生的其他国家根本无法得到的权力、地位和垄断利益。在美国的全球和太平洋地区霸权体系下，澳大利亚在南太次地区的霸权体系和霸权地位也得到确立和巩固。澳大利亚因此收获了远远超过其国力的政治、经济利益和区域地位。这直接解释了为什么国内政治中权力的掌控者和国际政治中的霸权者均有垄断权力的偏好，而鲜有主动退出历史舞台者[①]。这一点不仅在激烈对抗的冷战时期表现得极为明显，在后冷战时期也同样鲜明。在后冷战时期，美国及其在亚太地区的主要军事盟国澳大利亚尽管已经失去明显的霸权竞争对手，并且其亚太地区庞大的"轮辐体系"因对手缺失而目标迷离，维护成本殊巨，但美国和澳大利亚等国不仅决不放弃，反而数度强化这一军事体系。

尽管美国在同盟成立之初对澳大利亚究竟能否在美国的亚太安全与遏制战略中发挥实质性作用心存疑虑，但澳大利亚历届政府自同盟缔约之日起便"真心实意"地向美国证明澳大利亚对同盟的"忠心"和对美国全球和地区霸权的战略与安全价值。澳大利亚各界重视澳美同盟因为它关系到澳大利亚的"三维利益"，关乎澳大利亚的国运。因此，不论是在朝鲜战争，还是在越南战争，以及在这两场战争之间对东南亚各国人民争取民族独立和解放运动的镇压，澳大利亚都表现出超乎美国所有其他盟国的积极性和对美国的坚定追随。即便是在缺乏道义和饱受诟病的越南战争期间，在与美国有着"特殊关系"的英国和同样是澳新美同盟之一的新西兰拒绝出兵参战的情形下，澳大利

---

① Hans J. Morgenthau, *Politics among Nations*, New York: Knopf, 1966, p.25.

第一章 澳大利亚地区霸权体系建构研究的意义、理论和方法

亚政府也"义无反顾"地追随美国出兵,并坚定地陪同美国打完整场战争,从此在美国心目中树立起"忠诚不贰"的铁杆盟友形象[1]。

澳大利亚政府和军方不仅在战争中表现出对澳美同盟的"忠诚",也同样在冷战后期对抗澳大利亚和南太平洋地区民众厌战、反战,争取世界和平的运动中表现出对美国的忠诚。美苏在亚太地区旷日持久的争霸和相互数十年如一日的核威胁与核讹诈如同达摩克利斯之剑日夜悬挂在无意象美苏一样争夺世界霸权的澳新两国人民的头顶。20世纪80年代中后期,两国人民再也无法忍受美苏两国核大战的讹诈,掀起了风起云涌的反战浪潮。1987年6月,新西兰政府在人民的压力下,毅然决然地宣布禁止一切核武器以任何形式进入新西兰领土和领海,从而实质上拒绝了美国在新西兰部署核武器和载有核武器的美国军舰利用新西兰领土和领海发动核战争的特权[2]。在随后的美新外交与政治"攻防战"中,新西兰政府又进而宣布退出《澳新美同盟条约》,专心致力于推动南太平洋地区的无核化与地区和平运动。至此,三国同盟遂名存实亡,蜕变为澳美两国同盟[3]。

20世纪80年代后期,包括澳大利亚和新西兰在内的南太平洋地区掀起了反对冷战和核战争的民众运动。尽管澳大利亚政府也面临了巨大的压力,但澳大利亚政府始终拒绝像新西兰政府一样坚决退出核战争和《澳新美同盟条约》。相反,澳大利亚政府一方面利用苏联在亚太地区咄咄逼人的扩张来恐吓和威胁民众支持政府与美国保持同盟的外交和安全政策,另一方面有意将民众的注意力转移至反对域外国家在南太平洋地区进行核试验的"和平运动"。为此,澳大利亚政府领导人多次刻意高调地在国际会议上呼吁核大国尊重南太平洋国家和

---

[1] 于镭:《澳美同盟的理论与实证分析及中澳关系演变》,《澳大利亚研究》2018年第1期。

[2] Andreas Reitzig, "In Defiance of Nuclear Deterrence: Anti-nuclear New Zealand after Two Decades", *Medicine, Conflict and Survival*, Vol. 22, Issue 2, 2006, pp. 132–144.

[3] Amy L. Catalinac, "Why New Zealand Took Itself out of ANZUS: Observing 'Opposition for Autonomy' in Asymmetric Alliances", *Foreign Policy Analysis*, No. 6, 2010, pp. 317–338.

◆◇◆ 澳美同盟语境下澳大利亚地区霸权的建构

人民建立南太平洋无核区的意愿，并有意将针对的矛头指向了法国，从而"避重就轻"，巧妙地转移了区域各国对澳美合作，并在本地区长期构建用于美苏全球争霸的战略性军事设施与核设施的关注[1]。与此同时，澳大利亚政府还多次出面做美国政府的工作，劝说其尊重南太平洋岛国的海洋主权与经济权，并与各岛国尽早签订渔业协议，以缓解南太平洋各国对美国在本地区掠夺渔业资源的不满。客观分析，澳大利亚政府的上述措施起到了转移本国和本地区民众注意力的效果，缓解了该地区民众对美国在南太平洋区域与苏联争霸和核竞赛的不满。澳大利亚政府之所以对澳新美同盟采取了与新西兰政府截然不同的态度，是与澳大利亚的区域实力和其构建南太平洋地区"中等强国"与区域霸权的百年"雄心"密不可分的。

澳美同盟在苏联解体和冷战结束后面临着"敌手缺失"的尴尬局面，致使包括澳大利亚在内的亚太，特别是南太平洋地区许多国家和民众质疑澳美同盟继续存在的必要性与合理性。但是美国和澳大利亚却继续对亚太地区军事同盟体系予以执着地固守。美国和澳大利亚的战略固守并非盲动，而是其战略性预见的结果。美国和澳大利亚的政策决策者们早在20世纪90年代初就预见性地判定随着亚太地区国家经济的快速发展，特别是中国经济的超常规增长，全球经济力量板块和权力架构在21世纪初将出现重大嬗变[2]。亚太地区在21世纪将跃升为世界经济最为强劲的引擎，世界经济重心也将随之从大西洋不可阻挡地移向太平洋。因此，亚太地区在全球经济和战略格局中的权重将不断增加，这是美国越来越重视亚太，并将其全球战略重心根本性西移的最重要原因。正是基于上述考虑，美国在后冷战时期不仅没有削弱其在亚太地区的军事存在和同盟体系，反而一再强化，甚至出现

---

[1] Stephen Henningham, "France and the South Pacific in the 1980s: An Australian Perspective", *Journal de la Société des Océanistes*, No. 92-93, 1991, pp. 21-45.

[2] Brands Hal, "The Chinese Century?", *National Interest*, 19 February 2018.

第一章　澳大利亚地区霸权体系建构研究的意义、理论和方法

了较冷战期间有过之而无不及的反常现象。与美国的战略思想契合，澳大利亚也同样在后冷战时期不断强化与美国的军事同盟，帮助美国巩固亚太地区霸权体系，从而巩固自身在南太次地区的霸权和利益。

尽管一些高瞻远瞩的西方政治家和经济学者在20世纪90年代中后期预言中国经济将以较快的速度增长，但能够像澳大利亚基廷政府那样在1994年《国防白皮书》中准确预测中国将于21世纪第一个十年末期跃升为世界第二大经济体却是相当罕见。1996年接替基廷担任新一任总理的霍华德因此决然地背离前总理霍克和基廷"融入亚洲"的外交方略，做出"面向美国，背向亚洲"的重大外交政策逆转[1]。在霍华德看来，澳美同盟在后冷战时期仍然是澳大利亚外交和安全政策的"基石"，也是澳大利亚挟美自重，构建"中等强国"和地区霸权的"基石"，澳大利亚不可因对手的暂时"缺失"而放弃澳美同盟。鉴此，霍华德千方百计地强化与美国的政治和军事同盟。后冷战时期的伊拉克战争、阿富汗战争以及1996年的台海危机和2001年中美"撞机"等事件均被霍华德政府充分用作澳美同盟在后冷战时期仍然具有重要价值的证据[2]。

为了表现出对美国的"忠诚"，霍华德政府和澳大利亚军方不仅在言论上坚决支持美国在冷战后以"反恐"为名发动伊拉克战争和科索沃战争，而且积极出兵参战。即使是在台海危机等与澳大利亚关联不大的事件中，霍华德也主动派遣军舰至台海附近予美国以军事支持和政治效忠[3]。霍华德的一系列政策决定就是要利用一切机会向美国表示忠心，借以在冷战后继续强化与美国的军事同盟。在亚太地区明显缺失"敌手"的情形下，霍华德政府大肆宣扬美澳应利用这个千载

---

[1]　于镭、赵少峰：《澳美同盟与澳大利亚南海政策的蜕变》，《国际政治科学》2018年第2期。

[2]　于镭、[澳]萨姆苏·康：《中等强国在全球体系中的战略理论分析》，《太平洋学报》2013年第1期。

[3]　Roy Campbell McDowall, *Howard's Long March*: *The Strategic Depiction of China in Howard Government Policy*, Canberra: Australian National University, 2009, p.24.

◆◇◆ 澳美同盟语境下澳大利亚地区霸权的建构

难逢的良机，在亚太地区构建"价值观"同盟，建立以西方"民主"和"人权"等意识形态为基础的区域政治生态和秩序。为此，霍华德不顾亚洲众多邻国的反对，执意提出"霍华德主义"，宣称澳大利亚要做维护美国在亚洲利益和价值观的副"警长"[①]。包括澳大利亚在内的许多亚太地区的学者认为霍华德主义表明，澳大利亚不仅要在亚太地区捍卫美国主导下的区域秩序和美国的利益，而且要不顾亚太地区的多元文化背景，扩大西方价值观[②]。霍华德主义的本质就是要在后冷战时期协助美国巩固在亚太地区的军事和政治霸权，并构建西方意识形态和价值观霸权。霍华德主义因此被亚洲邻国认为是专门针对亚洲的澳版"新干涉主义"，遭到了泰国、马来西亚和印度尼西亚等亚洲国家的广泛抨击。香港《亚洲时报》批评说："霍华德主义让澳承担了没有亚洲国家欢迎却广受诟病的义务。"[③] 澳大利亚与美国军事同盟在冷战后逆世界潮流而空前强化引起了亚洲国家的不安，对亚太地区和平与稳定产生了不利的影响[④]。

进入21世纪后，美国总统小布什基于巩固美国霸权的需要，提出美国政府和军方将奉行"先发制人"的策略，对美国自认为具有威胁性的国家发动军事打击。小布什政府这一极具侵略性和霸权性的政策引起世界各国的不安和不满。但是，霍华德政府又在西方国家中率先做出响应，表示澳大利亚政府全力支持美国的新策略。霍华德进而宣称澳大利亚也要对亚洲邻国采取类似的"先发制人"的策略，打击一切针对西方国家和西方利益的恐怖活动。即使遭到亚洲国家的广泛

---

① Mary Buckley and Robert Singh, *The Bush Doctrine and the War on Terrorism: Global Responses, Global Consequences*, New York: Routledge, 2006, p. 143.

② William Tow, "Australia, the United States and a China Growing Strong: Managing Conflict Avoidance", *Australian Journal of International Affairs*, Vol. 55, No. 1, 2001, pp. 37 – 54.

③ "Deputy Sheriff Howard Rides into Town", *Asian Times*, 27 September 1999.

④ Dennis Rumley, Vivian Louis Forbes and Christopher Griffin, *Australia's Arc of Instability: The Political and Cultural Dynamics of Regional Security*, Dordrecht: Springer, 2006, p. 13.

第一章 澳大利亚地区霸权体系建构研究的意义、理论和方法 ◆◇◆

批评，霍华德也在所不惜①。在美国提议建立全球反导系统后，美国的西方盟国响应寥寥。澳大利亚再次第一个站出来，为美国的建议背书，表示愿意首先在澳大利亚国土上部署反导系统，以示对美国的支持与效忠。时任澳大利亚外长亚历山大斯·唐纳毫不掩饰地对美国媒体发表讲话，声称澳大利亚对反导系统的支持和率先部署就是为了向美国表示"忠心"，以"强化与华盛顿的军事同盟"②。

为了确保澳大利亚的安全免受中国崛起的"威胁"，护持地区霸权，澳大利亚政府在进入21世纪后不断引导和推动澳美同盟和日美同盟的合作与合流。霍华德政府于2001年初提议美国、澳大利亚和日本应当针对亚太地区伴随中国崛起而来的新的地缘政治和力量架构发展趋势建立三方常态化安全磋商机制，并意图在印太地区促成美、澳、日、印四国军事和战略联动，遏制中国崛起可能对美国主导的霸权体系与秩序，以及澳大利亚既得利益的挑战。为此，霍华德政府于2001年力推美、澳、日联席安全会议机制以构建亚太地区以美国为主体，澳、日为两翼的"一体两翼"的安全架构③。三方安全机制受到了美国总统小布什的高度赞扬，澳大利亚在美国主导的亚太霸权体系中的地位也因此被提升至仅次于美国的"副警长"层级。但是，三方安全机制遭到了包括澳大利亚学者在内的许多政治人士和学者的批评，认为它明确印证了小布什总统视中国为战略竞争对手④，反映了"美澳意在将双边军事同盟扩充为以美国为首的多边安全框架，旨在首先，并主要防范中国"。澳大利亚学者还特别强调"某些国家有选择地纠集起来将另一些国家排挤出去的做法在政治上并不明智，这完

---

① "Howard Dubbed 'Deputy Sheriff'", *Sydney Morning Herald*, 3 December 2002.
② "Australia to Join U. S. Missile-Defense System", *New York Times*, 4 December 2003.
③ Malcolm Cook, "Japan-Australia Security Relations: a Tale of Timing", William Tow, Rikki Kersten (eds.), *Bilateral Perspectives on Regional Security: Australia, Japan and the Asia-Pacific Region*, New York: Palgrave Mcmillan, 2012, p. 105.
④ Denis M. Tull, "China's Engagement in Africa: Scope, Significane and Consequence", *Journal of Modern African Studies*, Vol. 44, No. 3, 2009, pp. 459–479.

全是冷战模式。一个合作与包容而不是排斥与遏制的多边架构显然是一个更好的选择"①。"三方安全机制"加剧了亚太地区"囚徒困境式"的军事竞赛,危害了本地区的和平与稳定。这一机制发展至今日,已经呈现出从亚太区域延伸至印太区域,由美、澳、日三方扩大至美、澳、日和印度四方的态势,从而对亚太地区,乃至整个印太地区的和平与稳定造成了极为不利的影响。

在21世纪第一个十年结束之际,中国的和平发展加速,跃升为世界第二大经济体。一些国际政治和国际关系学者敏锐地注意到中美两大国之间的关系已经发生质变,不论中国是否坚持和平发展(海外广泛视中国的和平发展宣示为和平崛起方略),美国都将越来越不加掩饰地视中国为战略竞争对手②。包括美国学者在内的许多西方国际政治和国际关系学者也因此毫不讳言他们已经从美国的亚太政策中得出的推论,即美国在21世纪的战略目标就是"阻止一个有能力在全球,特别是在亚太地区挑战美国霸权的新兴国家的出现"③。不言而喻,这些学者们言下的"新兴国家"意即中国。美国对中国的遏制随即空前增大,澳美同盟也以空前的速度强化。美国先后提出旨在遏制中国的"转向亚太"(pivot to Asia)、"亚太再平衡"(Asia-Pacific rebalance)和"印太战略",强调美国必须重新调整其在全球的政治、经济,特别是军事资源的配置,以应对亚太地区新兴国家的快速崛起,以及由此可能产生的对美国在本地区,乃至全球构建的霸权主义体系和秩序的挑战。为此,美国一边将其60%的军事力量移驻亚太地区,一边迫使其亚太地区的军事盟国增加对军事力量的投入。美国及其盟国的这些遏

---

① Purnendra Jain, "A Little Nato against China", *Asian Times*, 18 March 2006.
② D. M. Lampton, "A Tipping Point in U. S. -China Relations is Upon Us", *US-China Perception Monitor*, China Program, Carter Center, 6 May, http://www.uscnpm.org/blog/2015/05/11/a-tipping-point-in-u-s-china-relations-is-upon-us-part-i/.
③ William Tow and Bob Loke, "Rules of Engagement: America's Asia-Pacific Security Policy under an Obama Administration", *Australian Journal of International Affairs*, Vol. 63, No. 4, 2009, pp. 442–457.

第一章 澳大利亚地区霸权体系建构研究的意义、理论和方法 ◆◇◆

制战略表明当下的美国仅凭一己之力已难于遏制中国的崛起，因此整合美国在亚太地区的"轮辐"同盟体系，借同盟之力和美国"四两拨千斤"的政治和外交"巧实力"来遏制中国便成为美国遏制战略的重点。"重返亚太"和"印太战略"之妙就在于美国可以凭借其在亚太地区的军事同盟网无须"伤筋动骨"地损耗自身实力，却可搅局中国周边，搞乱中国赖以发展的和平环境，从而巩固美国在亚太地区的霸权，恢复美国对亚太区域经济一体化和区域经济贸易规则重塑的主导权。

出于地区霸权和既得政治、经济利益考虑，霍华德之后的澳大利亚历届政府均对美国"重返亚太"和"印太战略"予以积极响应和支持。澳美同盟因而与日美同盟一道成为美国在印太地区的军事同盟网中最重要、最稳定、最核心的南北双"锚"[1]，与美国太平洋战略要地夏威夷形成了牢牢掌控西太平洋地区美国霸权体系的"铁三角"[2]。但是，与美日同盟的成因和对日本"既利用又控制"的战略意图不同，澳大利亚自1900年立国以来出于"置身于亚洲丛林"边缘的安全需求和构建地区霸权的需求，一直主动寻求与美国这个新兴世界强国建立军事同盟，以保卫澳大利亚的领土安全、殖民利益，构建地区霸权。因此，在澳美同盟的建构过程中澳大利亚表现出明显的主动性和积极性。这不仅表现在对中国和平发展的妖魔化渲染上，更表现在不断增加军费，新建、扩建美军驻澳和驻南太平洋地区基地等方面。

霍华德之后的陆克文（2007年12月—2010年6月及2013年6—9月）、吉拉德（2010年6月—2013年6月）、阿伯特（2013年9月—2015年9月）、特恩布尔（2015年9月—2018年8月）和现任总理莫里森

---

[1] Takashi Inoguchi, G. John Ikenberry and Yoichiro Sato, "Alliance Constrained: Japan, the United States and Asian Security", Takashi T. Inoguchi, John G. Ikenberry and Yoichiro Sato (eds.), *The U. S.-Japan Security Alliance*, New York: Palgrave MacMillan, 2011, p. 1.

[2] Takashi Terada, "Evolution of the Australia-Japan Security Partnership: Toward a Softer Triangle Alliance with the United States?", Takashi T. Inoguchi, John G. Ikenberry, Yoichiro Sato (eds.), *The U. S.-Japan Security Alliance*, New York: Palgrave MacMillan, 2011, p. 217.

(2018年8月—)均在其任期内强化澳美同盟。陆克文政府发布的《国防白皮书》在冷战后首次指认中国是亚太地区和平与稳定的"威胁",鼓动美国要对中国"强硬",甚至建言:"西方要准备对华动武。"[1] 吉拉德政府实质性回应奥巴马"重返亚太"战略,扩建了美军的军事基地以部署航空母舰、战略核潜艇和"全球鹰"战略侦察机,并首次成建制地驻扎美国海军陆战队,以联手控制太平洋与印度洋的交通咽喉[2]。阿伯特政府则竭力促成美、澳、日在亚太地区的军事合流,并将这一态势拓展至印度洋区域。时任外长毕晓普坚称美国是澳大利亚"最伟大的军事盟友",日本是亚洲地区"最重要的军事盟友"[3]。特恩布尔政府强调澳美同盟决不会随亚太地区地缘政治和地缘战略的重大变化而变化,并声称:"亚太地区比以往更富挑战,我们必须将国防开支增至国内生产总值的2%",2016年的《国防白皮书》对中国的国防现代化表示"不安"[4],并宣布在2017年至2026年的十年间再增加4000亿美元的军费开支,用于从美国购买足以遏制本地区"潜在威胁"的战机和潜艇[5]。澳大利亚广播公司评论说:政府铁心大幅度增加军费,即使损害宏观经济健康也在所不惜[6]。《国防白皮书》还强调澳大利亚必须建构"印度洋—太平洋"一体化的地缘新概念,配合美国军事控制"两洋锁钥"地区及两洋间的海上航线。2016年初,美、日、印宣布联合军演,澳大利亚表示期待加入,四国军事同盟在印太区域俨然成形。

特恩布尔之后,莫里森政府对推动美国及其盟国落实"印太战略"

---

[1] "Australian PM Kevin Rudd Sought Tough China Policy", *BBC News*, 6 December 2010, http://www.bbc.co.uk/news/world-asia-pacific-11925438.

[2] "US Seeks Deeper Military Ties", *The Australian*, 28 March 2012.

[3] Julie Bishop, *US-Australia: The Alliance in an Emerging Asia*, Minister for Foreign Affairs, 22 January 2014.

[4] Andrew Greene, "Malcolm Turnbull Sticks to Tony Abbott's Defence Spending Pledges in Long-awaited White Paper", *Australian Broadcasting Company*, 24 February 2016.

[5] Franz-Stefan Gady, "Australia to Increase Defense Budget", *Diplomat*, 11 May 2017.

[6] Greg Jennett, "Defence White Paper: Australia joins Asia's Arms Race with Spending on Weaponry and Military Forces to Reach ＄195b", *Australian Broadcasting Company*, 25 February 2016.

第一章 澳大利亚地区霸权体系建构研究的意义、理论和方法 ◆◇◆

的军事和安全投入与部署表现出前所未有的积极性。莫里森政府一再"忠告"美国政府不要在印太战略上"三心二意",而应抓紧时间,从速落实印太战略。澳大利亚政府和军方一再重申澳美同盟是澳大利亚外交与国防政策的基石,澳大利亚将一如既往地成为美军在亚太地区的"前进基地"和美国在该地区的安全"南锚"[①]。2018 年,莫里森政府宣布与日本构建"准军事同盟",并拨付特别款项与美军一道在巴布亚新几内亚的马努斯岛构建大型军事基地,莫里森政府的一系列举动深刻表明其欲配合美国在印太地区遏制中国发展的强烈欲望。

莫里森政府一方面积极深化、强化澳美同盟,另一方面努力推动澳美同盟和美日同盟在亚太和印太地区加速合流。在印太战略的建构中,人们不难发现美国在其中发挥了重要的主导作用,澳大利亚则起到了积极引导和推动的作用,这主要表现在以下三个方面:

首先,美澳两国在澳大利亚的军事基地的规模越来越大,作战目标越发具有兼顾太平洋和印度洋两大洋的特性。霍华德之后的几位总理均向美国保证,澳大利亚愿做美军在太平洋和印度洋地区的军事堡垒,并一再增拨军费扩建美军基地,以加强美澳在两洋地区的军事攻防能力。近年来,澳美两军在面向印度洋的西澳地区修建了能够驻泊美军大型核动力航母的海军基地;在北部临近太平洋和印度洋交汇处的达尔文市修建了专门用于在两洋地区进行大范围战略侦察的"全球鹰"基地和可供数万名美国海军陆战队驻守的大型军事要塞;在东部毗邻太平洋群岛天然屏障地区修建了美军战略核潜艇基地。这些大型军事设施显然旨在增强美军在两大洋地区的战略打击和军事攻防能力,具有明显的军事战略意图。

其次,美、澳、日在亚太地区的联合军事演习越来越机制化,冷战时期都很少出现的逾万人的大型联合军演在今日的两洋地区却是频

[①] Erik Paul, *Australia as US Client State: The Geopolitics of De-Democratization and Insecurity*, New York: Palgrave Mcmillan, 2017, p. 43.

频出现。2015年7月，美澳两国在太平洋海域举行了大规模联合军事演习。双方出动2万名士兵，100架战机和包括航母在内的数十艘舰只参演①。2016年4月，美、澳、日派出一万多名士兵在北太平洋区域举行大型联合军演。美国出动了太平洋舰队的主力，日本派出包括潜艇在内的强大的武装力量参演。2016年9月，美澳在两洋交汇处的达尔文海域举行大规模军事演习，为印太区域大规模的战争预做准备。2017年7月，美澳两军在太平洋区域举行了有史以来规模最大的联合军事演习，双方共出动3.3万名士兵参演。美军太平洋司令部司令哈里·哈里斯毫不避讳地声称这场演习史无前例的庞大规模就是要向潜在的敌人"传递一种信息"②。澳军指挥官则表示，澳军参与演习就是要向美国表明澳大利亚对美国的忠诚，以及与美国在本地区开展联合军事行动的决心③。这一系列的联合军事演习表明美、澳、日已在亚太地区形成军事"合流"的态势。

最后，尽管印太战略迟至2017年底才正式提出，但美、澳、日、印在太平洋和印度洋区域的联合军演与军事联动早已呈现出印太合流之势。澳大利亚2016年《国防白皮书》强调澳必须建构"印度洋—太平洋"新的地缘概念，配合美国在两洋的军事部署，确保美国掌控联系两洋的海上航线④。2016年6月，美、日、印三国在印度洋区域举行第四次大规模的联合军演。据澳大利亚有关媒体报道，澳大利亚政府和军方希望加入三国在印度洋地区的联合军演⑤。2016年9月，美澳两军在两洋交汇处的达尔文海域举行大规模联合军事演习，明确

---

① "US Seeks Deeper Military Ties", *The Australian*, 28 March 2012.
② Terri Moon Cronk, "Exercise Talisman Saber 17 Commences in Australia", *US Department of Defense*, June 2017.
③ Lindsay Murdoch, "South China Sea: Australia Involved in Balikatan War Games Amid Warnings", *Sydney Morning Herald*, 5 April 2016.
④ Defense Department, *Defense White Paper*, 2016, http://www.defence.gov.au/White-Paper/.
⑤ Prashanth Parameswaran, "US, Japan, and India Kick off 2016 Malabar Exercise", *Diplomat*, 17 June 2016.

第一章 澳大利亚地区霸权体系建构研究的意义、理论和方法

表示演习的目的旨在为印度洋—太平洋区域发生大规模的战争预做准备。印度虽未正式参加此次军演，却派出了军事观察员。2018年，美、日、印首次把以往在印度洋地区举行的联合军事演习"搬"到太平洋中部地带，旨在向中国发出"意义深刻的信号"。由于担心中国采取反制措施，印度暂时拒绝了澳大利亚参与军演的要求。

上述若干方面清楚地表明印太战略是美国、澳大利亚和日本三国政府和军方基于西方霸权主义理论和美国霸权主义全球体系与权力架构的实践精心擘画和积极推动的结果。三国在中国快速崛起的语境下对以军事实力维系美国治下的霸权体系与秩序，以及由此而衍生的既得利益表现出高度的战略默契。印太战略深刻揭示了不论是美国的建制派势力，抑或"民粹主义"力量面对中国的快速发展和国家复兴均难以跳出遏制与对抗的冷战思维的窠臼。冷战后，以中国为代表的新兴国家包括经济和军事力量在内的"硬、软"力量快速增长。而全球仅存的超级大国美国的"硬"力量却相对下落，"软"力量也因经济发展失速、财富分配失衡，以及伊拉克和阿富汗两场战争的"失德"而蒙诟受损。

在此背景下，美国政府深刻认识到仅凭一己之力难以遏制新兴国家，特别是中国的崛起，"印太战略"因此在特朗普时代"起死回生"。不论是"重返亚太"，抑或"印太战略"，其重点均是整合与扩大美国在太平洋与印度洋地区的同盟体系，借同盟之力和美国"四两拨千斤"的政治与外交"巧实力"，来遏制中国的发展。这两个战略的精髓均在于美国无须"伤筋动骨"地过多损耗自身实力，却可搅乱中国赖以发展的大周边的和平环境，巩固美国的全球霸权体系和在印太地区的政治、经济、安全的主导地位。由于美、澳、日三国均是亚太地区美国主导的霸权体系与秩序最大的既得利益者，因而表现出共同维护这一霸权体系与秩序的强烈意愿。这是澳美同盟和美日同盟在后冷战时期呈现出强化与深化，以及日趋紧密协作，甚至是军事合流态势的地缘政治基础。

综上所述，澳大利亚在后冷战时期不仅坚定地奉行追随美国的外

交策略，而且不断配合和推动美澳和美日军事同盟在亚太地区的合流，并向印度洋地区扩展。澳大利亚之所以对美国如此"忠诚"，是因为澳美同盟确实为其带来了西方国际政治学所谓的"高端政治（国家安全）与低端政治（经济福利）利益"的双丰收。首先，澳美同盟在二战后逐步发展成为美国在亚太地区构建的"轮辐军事同盟体系"的"双轴"之一和美国维护其在亚太地区的霸权体系与秩序的"南锚"。澳美同盟为澳提供了行之有效的安全保障。它不仅成功地抵御了当年日本的入侵，而且吓阻了澳大利亚臆想中亚洲邻国对其领土的觊觎，为这个生活在"亚洲丛林中"的白人国家提供了现实与心理的安全保障。其次，凭借澳美同盟，澳大利亚和美国成功地于冷战期间阻止了苏联势力在南太平洋地区的渗透和扩张，维护了澳大利亚主导的次地区霸权体系和秩序。再次，澳美同盟为澳大利亚带来了实实在在的经济福祉。二战后，大量美资和先进技术助力澳大利亚经济发展，为其跻身于发达国家之列奠定了基础。最后，澳美同盟也令美放心大胆地在政治、经济和军事领域扶持澳大利亚，助其实现成为亚太地区"强国"和南太平洋地区霸权的百年"澳洲梦"。

客观分析，澳大利亚的"三维利益"在澳美同盟缔结前难以得到有效的保护和实现。1951年，《澳新美同盟条约》的缔结完成了澳美同盟框架的建构。在此后半个多世纪的岁月里两国以基于地缘利益契合的同盟实践不断拓展澳美同盟的内涵与外延，使之最终"蝶化"为美国全球同盟体系中最具韧性、最有活力和最具价值的双边同盟之一。历经演变和发展的澳美同盟业已呈现出三大特点：一是不论澳美两国的政治领导人如何更迭，基于地缘战略和政治、经济利益考虑基础之上的同盟关系得以持续性地巩固和发展，其广度与深度在双边、多边和全球层面上不断拓展；二是在后冷战时期，澳美两国政界、军界和学界高度默契，联手促成同盟质变，使其不再囿于既定的安全领域和亚太地域，而是突破性地扩展到维护美国主导的基于规则、制度和价值观之上的"自由（霸权）"体系

第一章　澳大利亚地区霸权体系建构研究的意义、理论和方法 ◆◇◆

与秩序；三是澳美两国在同盟框架内的互动关系发生了重大变化，美国不再是同盟的绝对领导者，澳大利亚也不再是同盟机械的从动者，而是日益成为同盟议题设置与发展导向的积极建构者[①]。凭借澳美同盟，澳大利亚实现了梦寐以求的"三维利益"，成为美国最"忠诚""最可信任"的盟友，并被美国"钦封"为维护美国和西方国家在印太地区利益与价值观的"副警长"[②]。凭借澳美同盟和澳美"特殊关系"，澳大利亚自二战后如愿以偿地令美国担负起自己的安全义务，实现了跻身"中等强国"的梦想，并获得了丰厚的地缘经济、政治和战略利益。

通过梳理冷战后美澳在太平洋地区的霸权和澳美同盟的发展脉络，人们不难发现美澳在太平洋地区的霸权体系和澳美同盟并没有像人们想象的那样随着冷战的结束而消亡。相反，它们在后冷战时期得到了较美苏争霸时期有过之而无不及的强化。澳美同盟不仅在合作的紧密程度和合作质量上均较冷战时期有了更大的提升，而且它还被澳美两国赋予了更大的战略任务和战略目标。这种改变促进了同日美同盟实行更为紧密的战略合作，以共同维护美国在亚太区域，乃至整个太平洋地区的霸权体系和权力架构，吓阻任何新兴大国旨在对该体系的挑战、权力分享与变革。由于美、日、澳三国均是亚太地区美国霸权体系的既得利益者和最大受惠者，因此，三方均表现出共同维护美国在亚太地区霸权体系的强烈意愿，这是美日同盟和澳美同盟在后冷战时期出现军事和安保合作日趋紧密，甚至合流态势的地缘政治基础。

美国在太平洋地区和澳大利亚在南太次地区的霸权在冷战后持续强化的"反常"现象有着深刻的国际地缘政治和基于结构现实主义的对霸权追逐的根源。它深刻揭示了帝国主义对霸权的追逐和护持不能

[①] 于镭：《澳美同盟的理论与实证分析及中澳关系演变》，《澳大利亚研究》2018 年第 1 期。

[②] Allen Patience, *Australian Foreign Policy in Asia: Middle Power or Awkward Partner?* Melbourne: Palgrave Macmillan, 2017, p.95.

简单地以某个霸权竞争对手的消亡与强弱为判断的依据,而应将之放到国际政治的广阔视域中加以考虑。西方现实主义国际政治学者汉斯·摩根索对国际政治的本质进行过深刻的研究,他强调指出,国际政治和国内政治在本质上没有区别,都是对权力的贪婪追逐[1]。正是出于和苏联争夺全球霸权的目的,美国才在冷战开启后迅速在全球各地建立起军事同盟网。澳大利亚也是出于在南太平洋地区建构霸权和巩固殖民主义掠夺成果的目的才急切地与美国结为军事同盟。因此,军事同盟并不是帝国主义列强追逐的最终结果,它只是帝国主义列强争夺霸权的重要工具。欧洲工业革命完成后,新兴工业强国先后崛起为殖民主义和帝国主义强国,军事同盟便成为它们争夺全球和地区霸权的重要范式。美国在二战后全球霸权的建立和巩固在很大程度上得益于其遍布全球的军事同盟网络。美国前国务卿、著名的政治人物布热津斯基在其著作《大棋局:美国霸权和地缘战略关键》中直言不讳地强调美国遍布全球的军事同盟网维护了美国的全球霸主地位,令美国的竞争对手难以撼动[2]。

基于既得利益和应对亚太地区新兴国家的快速发展,美澳两国在冷战后不断强化军事同盟,实现了美澳、美日两大同盟的军事联动,并进而将之扩展至印度洋地区,以维护美国在印太地区的霸权体系和澳大利亚在南太次地区的霸权。正是出于对安全的"担心"和对地区霸权追逐的"雄心",澳大利亚才自联邦成立以来竭力试图与美国建立牢不可破的军事同盟,以抵御其他帝国主义列强的威胁,并借力超级大国美国构建其在世界权力架构中的"中等强国"的地位,最终实现称雄南太平洋地区和亚太区域的"雄心"[3]。也正是基于这"两

---

[1] Hans J. Morgenthau, *Politics among Nations*, New York: Knopf, 1966, p. 25.
[2] Zbigniew Brzezinski, *The Grand Chessboard: American Primacy and Its Geostrategic Imperatives*, New York: Basic Books, 1997.
[3] James Cotton and John Ravenhill, *Middle Power Dreaming*, Melbourne: Oxford University Press, 2012, p. 1.

第一章　澳大利亚地区霸权体系建构研究的意义、理论和方法 ◆◇◆

心"，澳大利亚才较其他西方国家更为重视和倚重与美国的军事同盟，并在一个多世纪的漫长岁月里一场不落地积极参与由美国发动的每一场战争，对美国表现出其他西方国家难以企及的"忠诚"和政治、军事、外交政策上的"亦步亦趋"①。

澳大利亚主动寻求与全球体系中的超级大国结盟，以获取政治、经济利益和安全庇护，既是澳在弱肉强食的西方国际政治游戏中的无奈之举，却又不乏深刻理解"物竞天择，适者生存"的强权政治的政治智慧。澳大利亚通过与新兴超级大国美国的结盟，成功地跻身"地区强国"的行列，不仅在太平洋地区推行自己的"门罗主义"②，而且成为亚太和南太平洋地区维护美国主导的霸权体系与秩序的"副警长"③。因此，澳大利亚在巩固和强化澳美同盟、显示对美国效忠、充当美国政治与军事马前卒等方面有着极强的内生性。维护美国在亚太区域的霸权体系，延长美国治下的区域和平与稳定，就是维护包括澳在内的美国亚太地区军事盟友的既得政治、经济利益和在区域权力体系中的既得地位。澳美同盟不仅为澳大利亚带来了安全利益，同时也为其带来了丰厚的经济利益。

2009年，中国跃升为澳大利亚第一大贸易伙伴。这对生活在"亚洲丛林边缘"的澳大利亚具有非同寻常的意味，澳大利亚国内各界因此持续辩论究竟中美谁在经济领域对澳更为重要。出乎许多中国专家学者的意料，澳各方经过比对中美两国对澳经济生活的影响指数，普遍倾向于认为美在现阶段仍然是澳"最重要的经济伙伴"（而中国仅是澳大利亚最大的贸易伙伴）。据澳大利亚外交与外贸部统计，截至2018年，美对澳投资存量高达8900多亿澳元，是中国投资存量

---

① Josh Frydenberg, "Washington is Integral to Our Region", *Australian*, 21 September 2010, p. 8.
② W. M. Roger Louis, "Australia and the German Colonies in the Pacific, 1914 – 1919", *Journal of Modern History*, Vol. 38, No. 4, 1966, pp. 407 – 425.
③ Alex Spillius, "Bush Entrusts 'Deputy Sheriff' Howard with Pacific Policing Role", *Telegraph*, 15 August, 2005.

的十多倍①，这意味着美国资本已经深入到澳经济生活的各个方面。美国投资人实际上是澳许多大型矿山和企业的最大股东，对澳经济稳定与发展，以及普通民众的就业影响殊巨。例如，澳最大的本土品牌汽车霍顿（HOLDON）的投资人实为美商。该车在澳历史悠久，并且仅在阿德莱德一地就雇用了数千名当地工人。因此，当该汽车厂宣布破产关闭时，在全澳引起极大震动。正是由于美资对澳经济和社会生活的重大影响，澳外长毕晓普才在国会和对媒体讲话时，一再提醒议员和选民美国才是澳"唯一最重要的经济伙伴"，是澳对外关系的基石②。在政治上，澳美同盟帮助澳大利亚实现了数代政治领导人梦寐以求的"中等强国"之梦，成为美国"钦封"的在亚太地区维护美国利益和价值观的"副警长"。

在军事领域，澳大利亚与英国一道成为仅有的两个能够直接参与美国战争决策的西方盟国③。如此厚重的既得利益和权力地位远远超越了澳大利亚凭借自身的体量和综合国力所能获得的份额④，这使得澳大利亚政界、军界和学界较为一致地认为任何新兴大国对美国主导的全球霸权体系和亚太区域秩序的挑战都将损害其既得利益和权力地位，从而驱使其在亚太和印太地区积极、主动地维护美国的区域霸权与秩序。澳大利亚在追随美国，并协助维护美国在亚太和印太地区霸权体系上也有着极强的外生性，这就是来自美国的军事、政治和经济压力。不论这种压力以何种形式出现，其后果均为澳大利亚无法承受

---

① Department of Foreign Affairs and Trade (Australia), *Fact Sheets of the United States*, April 2018.

② Julie Bishop, *US-Australia：The Alliance in an Emerging Asia*, Minister for Foreign Affairs, 18 June 2014, https：//www.foreignminister.gov.au/minister/julie-bishop/speech.

③ Alexander Downer, Speech by the Hon Alexander Downer, MP, Minister for Foreign Affairs, at the University of Sydney conference, *The Australia-United States Alliance and East Asian Security*, 29 June 2001. https：//foreignminister.gov.au/speeches/.

④ Alexander Downer, Speech by the Hon Alexander Downer, MP, Minister for Foreign Affairs, at the University of Sydney conference, *The Australia-United States Alliance and East Asian Security*, 29 June 2001. https：//foreignminister.gov.au/speeches/.

第一章　澳大利亚地区霸权体系建构研究的意义、理论和方法　◆◇◆

之重。由于澳大利亚立国以来一直奉行与全球体系中的超级大国结盟的策略，以获取政治、经济和安全利益，因此，任何澳大利亚政治领导人都很难在短时间内改变这一政策取向。这是澳大利亚的国家利益和民族思维定式所共同决定，很难因政府领导人的更迭，及其个人好恶而改变。

澳美同盟虽然给澳大利亚带来丰厚的利益，但澳大利亚也为此付出了沉重的生命和财产代价。澳美同盟缔结后，澳大利亚不得不追随美国参加了所有由美国发动的战争①。澳坚持奉行超级大国的"铁杆"追随者的战略，并非如一些学者所言完全是基于澳美文化、历史和价值观的相似性，而更多的是基于自身的政治、经济和安全利益的考虑。澳大利亚的忠心获得了美国的高度肯定，被美誉为"最忠诚可靠的盟友"，澳既为此付出了沉重的代价，也收获了高额的利益回报。但是，从澳英同盟到澳美同盟"与时俱进"的演变，也同样印证了英国首相丘吉尔对同盟国间关系的断言："没有永恒的朋友，也没有永恒的敌人，永恒的只有利益。"因此，利益所向，亦即澳忠心所向。

二　美国太平洋霸权体系下澳大利亚亚太地区次霸权体系的研究意义

澳大利亚自联邦成立后基于帝国主义争霸的安全"忧心"和霸权"野心"执着地在超级大国的庇护下构建南太平洋地区的霸权体系。本书因此力图从澳大利亚的国家安全和区域霸权的视域，而不是从美国全球霸权体系建构的视域研析澳大利亚地区霸权的建构和演变历程。本书在研究中主要采用在澳大利亚政界和学界广为流行的"中等强国"的理论架构和澳大利亚奉行一个多世纪的"与超级大国结盟"

---

① Josh Frydenberg, "Washington is Intergral to Our Region", *The Australian*, 21 September 2010, p. 8.

的立国方略的方法论视角探索澳大利亚在超级大国的支持和庇护下地区霸权的建构过程。在同样的理论和方法论框架下，本书亦深入探讨澳大利亚亚太地区霸权的夯实、巩固和发展的演变轨迹，从而为探寻21世纪澳大利亚南太平洋地区霸权的演化路径提供理论和实证指导，也为本地区有关国家因应澳大利亚亚太地区霸权发展的新变化提供理论指导。本书因此在地区霸权理论、地区霸权研究方法论和地区霸权应对等理论和应用等方面具有一定的理论和现实意义，这主要表现在以下几个方面：

第一，对澳大利亚在亚太地区的霸权建构和护持展开系统性和实证性研究对于完善和发展现实主义国际关系理论体系的同盟理论、霸权理论和中等强国理论以及权力架构理论等具有较大的学术和学理研究价值。澳美同盟的构想发端于一战前，其根本目的是服务于殖民主义和帝国主义的霸权和利益争夺。至澳美同盟正式建立时，时代已经进入了冷战时期。澳美同盟的首要目标不仅是遏制意识形态上的敌人，确保美、澳国土安全，而且要维护美国在太平洋地区（含南太次地区）的霸权体系与秩序，阻遏苏联和其他新兴共产主义大国的挑战。在美国"轮辐"同盟体系的支撑下，美国在太平洋地区的霸权和澳大利亚在亚太次地区的霸权体系和秩序直接服务于美、澳等国的政治、经济和军事利益。因此，不论西方学界宣扬的霸权理论，如霸权稳定论、友善霸权论等给霸权穿上多么华丽的外衣都难以掩盖其服务于帝国主义对权力和利益争夺的本质。"中等强国"理论实质性说明对于美国和澳大利亚以及其他盟国而言，维护美国的霸权体系及其主导下的太平洋区域秩序就是维护美国及其在亚太地区，包括澳大利日本在内的诸多盟国的既得政治、经济和霸权利益。这是美国在太平洋地区的盟国，特别是主要的既得利益者，如澳大利亚和日本等，积极追随美国遏制苏联和其他新兴国家，维护美国在太平洋地区霸权体系的最主要原因。

第二，对澳大利亚在亚太地区的霸权建构展开系统性和实证性研

第一章　澳大利亚地区霸权体系建构研究的意义、理论和方法　◆◇◆

究对于维护南太平洋地区，乃至亚太地区的和平、稳定和地区合作与发展，推动新的区域秩序建构具有重要的现实意义。澳大利亚在亚太地区的霸权正遭遇本地区民众日益觉醒的民族独立和自觉意识的挑战。太平洋岛国政府和民众自21世纪以来加速实行"北向方略"，谋求与亚洲国家全方位发展经贸合作和平等互利关系，以摆脱对澳大利亚和其他前殖民宗主国的依赖，动摇前殖民宗主国支持的澳大利亚地区霸权体系和秩序，实现国家和民族的真正独立和自决。因此，澳大利亚在亚太地区的霸权，或其背后的支撑——澳美同盟在后冷战时期已经成为亚太地区和更广袤的太平洋区域安全架构中最为重要的变量，其存在和发展趋势已经，并将继续对亚太地区和太平洋地区的安全、和平及繁荣产生重要影响。把握其发展方向，洞悉其对地区合作和安全的影响，有利于包括我国在内的太平洋地区的发展中国家趋利避害地发展互利合作关系，推动地区经济繁荣，维护太平洋地区，特别是亚太地区的持久和平与稳定。

　　第三，对澳大利亚地区霸权建构和护持展开系统性和实证性研究既有利于我国与南太平洋岛国互利合作的发展，也有利于我国趋利避害，化解澳大利亚在南太平洋地区霸权对我国同南太平洋岛国互利合作的阻碍和破坏，并"有所作为"，推动南太平洋地区公正、合理的地区新秩序的构建，推动中国同南太平洋岛国"人类命运共同体"的构建，从而造福我国和南太平洋岛国人民，这是一个"负责任的大国"应有的国际担当。21世纪上半叶是我国实现民族复兴的关键节点，如何维护世界和平，特别是太平洋地区的和平与稳定是事关我国能否和平发展的重要因素。但是，中国的和平发展，或是西方眼中的"和平崛起"，不是单行道，它既取决于新兴大国崛起的政策取向和路径选择，也取决于外部世界，特别是守成大国的因应之策。2000多年前著名的古希腊历史学家修昔底德在其巨著《伯罗奔尼撒战争史》中剖析了力量体系转换可能带来的安全困境：斯巴达与雅典的战争之所以不可避免，是因为"雅典力量的快速增长及其在斯巴达所引起的恐慌"①。因此，"修昔底德陷阱"的关键在于守成大国对新兴力量的认知与反应，存在着将新兴大国对守成大国并不必然的挑战催逼为自我实现的预言（a self-fulling prophecy）②。由于担心受到守成超级大国的遏制和战争而终结其崛起进程，新兴强国通常会采取各种措施防范，并反击守成超级大国对自己的遏制，或发动的战争。美国在崛起过程中，就曾制定作战方案，为英美两国争夺世界霸权之战而预做准备③。西方国际关系史和国际关系理论一再昭示我们，新兴大国和守成大国之间的"结构性难题"不取决于任何一方的单边取向，而更需要双方的相向努力。因此，深入研究澳大利亚的地区霸权及其发展趋势无疑对我国和平发展和构筑地区人类"命运共同体"有着极强的政策意义。

第四，我国学界对澳大利亚地区的霸权建构和演变缺乏系统性理论和实证研究，而将研究的重点放在美国在亚太地区，或印太地区的霸权体系和秩序上。这无疑是正确的，但我们不能仅仅将澳大利亚定性为美国的"忠实"追随者，而应注意到澳大利亚在美国主导的霸权体系下也在建构次霸权体系，并且澳大利亚在美国的太平洋霸权体系的建构和巩固中发挥着积极的推动作用。我国学界目前对美国在太平洋地区和印太地区的霸权体系研究较多，而对澳大利亚在南太平洋地区的次霸权体系的研究很少，并且只以学术性单篇论文形式出现，而研究性和学术性专著则处于空白状态。在现有的学术性论文中，我国学界更注重从美国主导的全球和区域霸权的视角研究澳大利亚在南太平洋地区的霸权，因而更强调澳大利亚在美国主导的霸权体系中的被

---

① Thucydides (Rex Warner translation), *History of the Peloponnesian War*, London: Harmondsworth, 1954, p. 11.

② Hugo Kirk, "No Bigger Question: How Should the U. S. Handle the Rise of China?", *National Interest*, 30 September 2016.

③ Russell Parkin and David Lee, *Great White Fleet to the Coral Sea*, Canberra: Australian Department of Foreign Affairs and Trade, 2008, p. 27.

动性、从动性和从属性，而忽视了澳大利亚建构地区次霸权体系的积极性和主动性以及澳大利亚霸权体系对美国太平洋地区，甚至是印太地区霸权体系的推动性、补充性和完善性。

在许多学者对美国太平洋地区霸权体系的支撑——澳美同盟的研究中，对澳大利亚的积极性、主动性和推动性的忽视表现得更为明显。从全球大国政治的维度研判，这无疑是正确的。但是，正是由于美国的过于强大和对国际权利的过度追逐，相当多的研究人员想当然地认为澳美同盟和日美同盟一样，都是美国主动建构，甚至是单方面施压的结果。而忽视或是没有充分注意到澳大利亚在澳美同盟的构建和发展强化过程中实际上发挥着积极主动的作用，实质性地引导，并推动着澳美同盟的构建和强化。正如本书开展研究的理论框架"中等强国"理论所言，区域强国在次全球体系层面上对权力的追逐一点也不亚于超级大国在全球体系层面上对权力的贪婪。正是部分基于对次全球体系权力的觊觎和称雄区域的野心，澳大利亚政府才于立国之际即确立"与超级大国结盟"的强国策略，并在过去的一个多世纪里始终不渝地予以贯彻落实。因此，从澳大利亚的地区霸权视角，而不是美国的霸权视角对澳大利亚地区的霸权开展系统性理论和实证研究对于填补国内学术研究空白，深化澳美同盟和美澳政治关系研究具有重要的学理和学术意义。

三 国内外对澳大利亚地区霸权体系建构和演变研究的文献梳理

本书的研究资源和研究标本主要采用中国、澳大利亚和美国三个国家的主流学术资源库，如美国夏威夷大学和澳大利亚各高校的图书馆、中国国家图书馆等，以及中澳主流学术界从各自的视角对澳大利亚在亚太地区的霸权体系和秩序的研究成果和两国主要严肃媒体的信息资源。

在本书的研究过程中，作者发现，我国学者近年来对太平洋岛屿地区和区域内外大国关系的研究越来越多，也越来越深入。这就不可避免地涉及太平洋岛国与澳大利亚的关系，并且在研究太平洋岛国与其他国家，特别是新兴国家的关系时，也不得不以一定的篇幅涉及澳大利亚在其中的关联和作用。但是，学者们研究澳大利亚的地区作用时，只是从传统区域大国，或是前殖民宗主国的角度加以分析研究，而鲜有从澳大利亚地区霸权建构的视角对澳大利亚在周边地区发挥的作用和影响展开研究，仿佛澳大利亚仅是前殖民宗主国中的普通一员，只是机械地、从动地跟随美国护持西方在太平洋地区的霸权体系和秩序。这不仅与历史事实大相径庭，也与现实不符，严重阻碍了对澳大利亚在其周边地区的存在、作用和影响的深刻理解，妨碍了对澳大利亚护持美国太平洋霸权和亚太地区次霸权体系的主动性、内生性的理解。

我国学界在对澳大利亚地区存在和影响及其对太平洋岛屿地区与区域外国家发展双边和多边关系的研究理论和研究方法上也显得过于单一，特别是缺乏理论建构。本书着重从澳大利亚政界、军界和学界广为接受的"中等强国"的理论框架，并结合现实主义国际关系的"权力架构"理论对澳大利亚在南太平洋地区霸权的缘起追逐、建构和演进展开研究。从而深刻揭示了澳大利亚地区霸权理论和实践并非源于二战后的冷战开启，而是源自澳大利亚殖民者的"白人优越"的种族主义谬误思维和帝国主义天然具有的霸权基因及对权力的争夺。因此，只要澳大利亚的种族主义和霸权主义思维不变，澳大利亚仍会继续与全球权力体系中的超级大国结盟以维护和巩固其地区霸权。作为新兴大国和国际体系中"负责任的新兴大国"，中国理应加强对澳大利亚南太平洋地区霸权体系的研究力度。这是中国同太平洋岛国互利合作关系不断发展的要求，也是构建"新安全观"和人类"命运共同体"的要求。

第一章　澳大利亚地区霸权体系建构研究的意义、理论和方法　◆◇◆

（一）澳大利亚学者对其周边地区，特别是南太平洋地区霸权的研究

澳大利亚学者对澳大利亚在周边地区霸权体系的构想和建构有着更为深入的研究。20世纪90年代前，澳大利亚学者主要将研究的重点放置于如何夯实和巩固澳大利亚在东南亚和南太平洋地区的次霸权体系，如何配合美国阻止苏联势力在上述地区的渗透和建立立足点。冷战结束初期，在太平洋地区美国霸权如日中天而缺乏挑战者的权力竞争空隙，澳大利亚将南太平洋地区霸权建设的重点放置于推进"民主、良政、人权"等西方意识形态和价值观的建构与巩固。而在21世纪第一个10年结束后，在亚洲崛起，特别是中国快速发展的背景下，澳大利亚学者越来越多地将研究的重点放置于中国和其他新兴国家对澳大利亚南太霸权现实与潜在的冲击和影响以及如何护持澳大利亚在南太及其周边地区的霸权。

帕金·卢素（Parkin Russel）和戴维·李（David Lee）在《大白舰队》（*The White Fleet*）一书中详细描述了澳大利亚在联邦成立前后对亚洲邻国，特别是新兴的帝国主义强国日本的安全恐惧。澳大利亚联邦政府认为亚洲国家与澳大利亚和太平洋岛国原住民在文化、历史和种族上有着千丝万缕的联系，因此军国主义力量不断强大的日本极有可能与澳大利亚争夺南太平洋地区的霸权，甚至入侵澳大利亚，将澳大利亚的白人殖民者赶回欧洲。鉴于日本众多的人口、贪婪的扩张野心和巨大的战争潜力，澳大利亚"白澳"政府和军队必须时刻提防日本的侵略。在害怕日本侵略野心的同时，澳大利亚"白澳"政府坚定地推行种族主义政策，对内剥夺澳大利亚原住民的土地，歧视、驱逐亚洲侨民；对外则千方百计地阻止亚洲国家民众赴澳大利亚工作和移民。澳大利亚"白澳"政府的种族主义政策导致"排华""排日"盛行，也导致了澳大利亚"白澳"政府与日本关系紧张。在地区霸权上，澳大利亚以日本为假想敌，竭力阻止日本向南太平洋地区渗透和扩张。一战爆发后，澳大利亚趁机出兵夺取德国在太平洋岛屿地区的殖民地，建构澳大利亚在南太平洋地区的霸权。澳大利亚的霸权野心与日本的扩张野心在巴黎和会上迎头相撞。两位作者由此得出结论，澳大利亚与日本在太平洋岛屿地区的霸权竞争不可避免。

赫尔曼·哈瑞（Hermann Hiery）在其著作《被忽视的战争》中描述了刚刚建立不久的澳大利亚如何利用第一次世界大战乘机夺取德国在太平洋地区的岛屿殖民地，并借机建立澳大利亚的殖民统治和霸权体系。澳大利亚"白澳"政府认为一战的爆发给澳大利亚提供了夺取德国在南太平洋地区岛屿殖民地并在南太平洋地区建立霸权的良机。澳大利亚政府因此在一战刚一爆发即急不可耐地与英国、法国和新西兰一起向德属萨摩亚和几内亚等岛屿和群岛发动进攻，并不自量力地欲与日本武力争夺赤道以北的太平洋岛屿地区。为了巩固从德国手中夺取的太平洋岛屿并永久霸占，澳大利亚"白澳"政府代表在巴黎和会上与日本、美国代表展开了激烈的较量，最终将大多数赤道以南德国的太平洋岛屿殖民地收入囊中，为澳大利亚在南太平洋地区殖民体系和霸权体系的建构奠定了基础。但是，哈瑞在著作中一针见血地指出，不论是哪个帝国主义国家殖民统治太平洋岛屿地区，当地的民众都一样饱受剥削和掠夺，澳大利亚并不比德国好[1]。

内维尔·梅尼（Neville Meaney）在其著作《害怕与恐惧》中详细地描论述了自澳大利亚联邦成立后澳大利亚"白澳"政府对日本迅速增长的军国主义力量的"害怕与恐惧"[2]。尽管如此，梅尼也注意到对日本的"害怕与恐惧"并不能阻止澳大利亚的地区扩张和霸权野心。相反，澳大利亚政界、军界和学界形成了基础广泛的，与英国、美国建立军事同盟，并借英、美之力与日本争夺地区霸权的立国之

---

[1] Hermann Hiery, *The Neglected War: The German South Pacific and the Influence of World War I*, University of Hawaii Press: Honolulu, 1995, p. 3.

[2] Neville Meaney, *Fears and Phobias*, Library of Australia: Canberra, 1996, p. 5.

第一章 澳大利亚地区霸权体系建构研究的意义、理论和方法 ◆◇◆

策。澳大利亚因地区霸权野心而在巴黎和会上与日本激烈争吵，并在此后的岁月里视日本为争夺地区霸权最大的竞争对手和安全威胁。在英国国力和军事力量不断衰落之际，澳大利亚社会精英将日本视为对澳大利亚安全和地区霸权最大的威胁。而与新兴超级大国美国建立军事同盟，借助美国遏制日本的侵略扩张野心便成为澳大利亚政治精英的共识。这是澳大利亚自联邦成立后，特别是一战后竭力与美国建立军事同盟的最重要的动力。

安德鲁·凯利（Andrew Kelly）在其著作《澳新美同盟和冷战初期》中指出，第二次世界大战后，日本的帝国主义势力被完全驱逐出南太平洋地区，从而为澳大利亚势力在整个太平洋岛屿地区的扩张提供了良机[①]。澳大利亚政府立即向英国提出欲将瑙鲁、圣诞岛、新赫布里底和英属所罗门群岛等地交由澳大利亚控制。美国对澳大利亚的要求也予以支持，但鉴于马努斯岛在军事上的重要性，美国要求马努斯军事基地由美澳两国共同使用。澳大利亚政府立刻抓住时机，同意美国使用马努斯基地，但美国必须向整个南太平洋岛屿地区提供安全保护。随着《澳新美同盟条约》的签署和冷战大幕的开启，美国正式承诺向澳大利亚提供安全保护，澳大利亚在南太平洋地区的次霸权体系也随之基本确立。澳大利亚在冷战期间始终肩负着两大责任，一方面加强对太平洋岛屿地区的控制，维护西方国家对太平洋岛屿的殖民统治；另一方面在太平洋岛屿地区陆续独立后调和岛国与西方前殖民宗主国，特别是美国的矛盾，以坚决阻止苏联势力向南太平洋地区渗透。

赫尔曼·穆克勒（Herman Mückler）在其论文《澳大利亚——太平洋地区的霸权国》中强调指出，澳大利亚自联邦建立之日起即心怀在太平洋地区扩张的野心[②]。为了实现地区霸权，澳大利亚利用一战

[①] Andrew Kelly, *ANZUS and the Early Cold War*, Open Book Publisher：Cambridge, 2018, p. 27.
[②] Herman Mückler, "Australia：A Hegemonic Power in the Pacific Region", *The Journal of Pacific Studies*, Vol. 36, Issue 2, 2016, pp. 137 – 159.

和二战成功地在南太平洋地区初步构建了地区霸权。在冷战的漫长岁月里，澳大利亚不断强化与美国的军事同盟，巩固其在南太平洋地区的霸权。但是随着冷战的结束和亚洲国家的崛起，太平洋岛国的国家独立和民族自决意识日益增强。澳大利亚与太平洋岛国关系已经实质性地取决于澳大利亚能否尊重太平洋岛国的国家独立和民族自决，不再随意干涉太平洋岛国的内政，不再试图以制裁、禁运等方式对太平洋岛国施加政治和经济压力。作者引用澳大利亚国立大学保罗·达西教授的结论强调澳大利亚应当与中国等亚洲国家合作推进太平洋岛屿地区的经济发展，因为这最符合各方利益。

在后冷战时期，澳大利亚学者对澳大利亚在南太平洋地区的霸权研究转移至新兴国家，特别是中国的崛起对澳大利亚南太霸权的影响。澳大利亚国立大学的新一代学术领军人物迈克·韦斯理（Michael Wesley）和青年学者吉安娜·华莱士（Joanne Wallis）在其论文《单极的忧虑：后干涉时代的澳大利亚美拉尼西亚政策》中详细描绘了后冷战初期，在美国单极时代的"辉煌"岁月里，澳大利亚以美国在亚太和南太平洋地区的"副警长"自居，可以为所欲为地在南太平洋地区将西方的"民主、良政、人权"等政治理念和价值观强加于太平洋岛国政府和民众[1]。对于不向西方国家低头的太平洋岛国，澳大利亚不仅可以施加政治压力、经济制裁、贸易封锁，而且可以毫不犹豫地以"民主""维和"之名组建多国部队武装干涉。但是，在21世纪第一个10年结束之际，随着太平洋岛国"北向"政策的加速实施和太平洋岛国与中国等亚洲新兴国家互利合作关系的建立和密切，太平洋岛国已经形成一个整体，用一个声音"说话"。太平洋岛国不仅对西方附加了种种政治和经济条件的援助说"不"，而且越来越呈现出"转向亚洲"之势，导致澳大利亚和其他西方国家在太平洋岛国的存

---

[1] Michael Wesley, Joanne Wallis, "Unipolar Anxieties: Australia's Melanesia Policy after the Age of Intervention", *Asia & the Pacific Policy Studies*, Vol. 3, Issue 1, 2015, pp. 26–37.

第一章 澳大利亚地区霸权体系建构研究的意义、理论和方法 ◆◇◆

在和影响急剧减弱。两位学者指出，在世界权力架构发生转换之际，澳大利亚面临着两种抉择：要么继续施压太平洋岛国，要么与包括中国在内的亚洲国家合作，共同推动南太平洋地区新体系的建立。

澳大利亚国立大学教授休·怀特（Hugh White）教授在著作《中国选择》（*The China Choice*）中毫不遮掩地指出美国"重返亚太"战略，特别是其军事重心转至亚太地区，不断提升澳美和日美军事同盟等战略性举措的意图极为明确，就是旨在遏制中国的崛起[①]。对此，怀特忠告美国和澳大利亚及其他盟友，对中国的军事遏制是极其危险和不智的。与此相反，美国应当与中国在太平洋地区和平地、理性地"分权"，以保持亚太地区和两国的经济繁荣与和平稳定。怀特剖析认为，美国企图用军事力量来压制中国，以继续独霸太平洋地区的策略不论对中美两国，还是整个亚太地区都是危险的，因为任何新兴大国都不会束手待毙。一战和二战的历史经验表明，遏制力量越强，反作用力也会越大，最终不可避免地导致世界性冲突。目前亚太地区新兴大国与守成大国的经济与军事体量根本不是一战和二战前的情形可比，因此，包括澳大利亚在内的整个亚太地区都难以在新的大国的生死角逐中幸免。怀特的新著，特别是其关于美中两国"分权"的观点在美、日、澳等国引发了激烈的争论，而其本人也因此成为在美国和澳大利亚都极具争议的学者。

继休·怀特之后，澳大利亚前总理马尔科姆·弗雷泽（Malcolm Fraser）和学者罗伯茨·凯恩（Roberts Cain）再推争议之作《危险的盟国》[②]。该书以亚太区域百年来的战略态势演变为历史背景，从澳大利亚的国家安全和国家利益的视角出发，以政治家和战略家的眼光审视了澳大利亚与英美百年结盟的历史经历，喟叹澳大利亚过去依靠英

---

① Hugh White, *The China Choice*, Oxford University Press: New York, 2013.
② Malcolm Fraser and Cain Roberts, *Dangerous Allies*, Carlton: Melbourne University Publishing, 2014.

美的无奈,并对未来继续依赖美国的策略提出质疑。这两位作者批判性地指出澳大利亚自立国以来一直都没有实现真正的战略独立,而是一味地寻求超级大国的庇护。两位作者对澳大利亚与超级大国结盟的策略在"冷战"这一特殊时期所发挥的作用予以积极的肯定,但对澳大利亚在冷战后依然紧紧追随美国的战略则予以全面否定。弗雷泽甚至声称,"这是一个重大的战略错误,是对澳大利亚国家利益的背叛"。两位作者强调指出,未来的澳大利亚应当审时度势,断然了结对大国的战略依靠,自主决定自己的外交政策,决不要再像过去那样盲目地追随超级大国卷入针对新兴大国的地区性和世界性战争。弗雷泽还意犹未尽地专门单独发表文章,再次呼吁澳大利亚必须摆脱对美国的政策和战略性依赖,维护本国的战略独立性,尤其要避免被动卷入未来可能发生的美中冲突。

(二) 我国对澳大利亚在亚太,特别是南太平洋地区霸权的研究状况

梳理我国学者对澳大利亚地区的霸权研究不难发现,我国学者对澳大利亚在南太平洋地区的霸权研究总体来看还是非常缺乏的。迄今为止,我国尚没有关于澳大利亚地区霸权的专著出版,即便是关于这一主题的单篇论文也不多见。我国学者关于澳大利亚地区的霸权研究多见于学者对太平洋岛国同区域内外关系的学术研究中,既缺乏理论性,也缺乏系统性。我国学者目前关于澳大利亚在周边地区,特别是太平洋岛屿地区存在和影响的论文多是从地区经济发展和合作的视角,而不是从强国对"权力"的竞逐这一西方现实主义国际关系基础理论的视角加以研究,并且也缺失对二战前、冷战期间和冷战后澳美不断深化同盟的最新动态开展研究,但是它们无疑为推动我国对澳大利亚在太平洋岛屿地区的霸权研究不断推向深入提供了宝贵的资料和有益的思考。

聊城大学赵少峰和于镭合著的、即将出版的《中国与太平洋岛国关系研究》一书侧重对澳大利亚在太平洋岛屿地区霸权的讨论,两位

第一章　澳大利亚地区霸权体系建构研究的意义、理论和方法 ◆◇◆

作者在书中强调指出，澳大利一直自视为南太平洋地区大国，将太平洋岛屿地区视为"后院"，东南亚地区为其"前院"。澳大利亚因而尤其对太平洋岛国与任何新兴国家发展合作关系均持强烈的疑虑和阻挠态度。中国同太平洋岛国关系的深入发展与日益强化引起澳大利亚的强烈不满和猜忌。

囿于冷战和霸权主义思维，澳大利亚一方面对太平洋岛国同中国的互利合作关系的快速发展表现出极大的"焦虑"，并于2018年推出"太平洋升级"计划，企图加强对太平洋岛国的控制；另一方面则带头罔顾事实地在国际社会和太平洋地区渲染中国"新殖民主义论""新霸权主义论""资源掠夺论"和"债务危机论"，企图通过冷战式的"妖魔化"和对抗阻遏中国与太平洋岛国关系的发展①。

刘卿在《澳大利亚强化南太政策：措施、动因及制约因素》一文中强调指出，澳大利亚一向视南太平洋地区为传统后院，始终警惕域外大国在南太平洋地区建立势力范围。为此，澳大利亚殖民当局曾强烈要求英国使用武力将欧洲强国挡于南太平洋地区之外。一战后，澳大利亚便迫不及待地宣布澳版"门罗主义"，警告其他帝国主义大国不要染指太平洋岛屿地区。第二次世界大战后，澳大利亚基本确立在南太平洋地区的霸权。此后，澳大利亚更加警惕域外国家，特别是新兴国家在南太平洋地区影响力的增强，竭力避免任何异己势力进入南太区域，从而削弱其在该地区的领导地位。在太平洋岛国与中国等亚洲国家加速发展互利合作关系后，澳大利亚陷入"深深的忧虑"。莫里森政府始终坚持澳大利亚在南太平洋地区有着持久的利益和"特殊的责任"，正在努力地恢复澳大利亚在南太平洋地区在战略与外交关系中的"中心地位"②。

---

① Jane Norman, "Scott Morrison Reveals Multi-billion-dollar Infrastructure Development Bank for Pacific", *ABC News*, 8 November 2018, https://www.abc.net.au/news/2018-11-08.
② 刘卿：《澳大利亚强化南太政策：措施、动因及制约因素》，《国际问题研究》2019年第4期。

39

◆◇◆ 澳美同盟语境下澳大利亚地区霸权的建构

高文胜在其论文《南太平洋能源战略通道的价值、面临的风险及中国的对策》中指出澳大利亚是美国在亚太地区最亲密的盟友，也是布什反恐战争的坚定支持者。澳大利亚还是南太平洋地区的大国和强国，对太平洋岛国有着重要的影响力[①]。1951年，澳大利亚、新西兰以及美国签订《澳新美同盟条约》，正式确立三边同盟关系。此后"澳新美同盟"在美国的太平洋地区战略中发挥着重要作用，尤其是澳大利亚在南太平洋地区的作用不容忽视。澳大利亚被全球霸权者美国认作是地区稳定的"战略依托"（strategic anchor），而且在维护全球安全上发挥着令人难以置信的重要作用。在共同安全框架下，美澳军队几乎参与了所有的军事行动。强化澳美同盟关系的目标是扩大美澳军事合作，尤其是扩大太平洋美军在澳大利亚的军事存在，使澳美同盟从"一种太平洋伙伴关系扩展到跨越印度洋和太平洋的伙伴关系"。从战略环境看，澳大利亚的战略环境主要在海洋。澳大利亚没有陆地边界，也没有任何领土争端。这也决定了其必须重视南太平洋地区的海上战略通道。澳大利亚的战略政策强调其武装部队根本的、不变的任务就是阻止对澳大利亚的直接攻击，也就是保护自身的战略环境，阻挡区域外国家占领任何太平洋赤道附近及东部群岛海域的海上战略通道，因为别国可以在占领这些太平洋岛屿后对澳大利亚进行力量投射。澳大利亚2013年《国防白皮书》中明确指出了四个战略利益，其中之一是确保南太平洋地区的安全，即澳大利亚的近邻，包括巴布亚新几内亚、东帝汶和太平洋岛国，是仅次于本土安全的第二重要战略利益。

于镭和赵少峰强调指出，中国同太平洋岛国的基建合作受到太平岛国的欢迎，因为它不仅促进了太平洋岛国的"内联内通"，促进了岛国的社会和经济发展，便利了民众的生活，而且增强了各个岛国的

---

① 高文胜：《南太平洋能源战略通道的价值、面临的风险及中国的对策》，《世界地理研究》2017年第6期。

第一章　澳大利亚地区霸权体系建构研究的意义、理论和方法 ◆◇◆

民族团结和国家凝聚力[①]。太平洋岛国都是岛屿国家，"岛多国散"是其共同特点，各岛之间交通不便，联系不密，难以形成统一的商品和就业大市场。一些岛国加入中国提出的"一带一路"倡议后，国内基础设施状况得到了极大的改善，不仅便利了当地民众的出行与就业，而且促进了外来投资与国内贸易的发展，岛国人民的生活质量和生活水平得到了较大改善。交通的便利更是促进了各岛屿之间的民众交往，增进了岛国民众对国家认同感和民族凝聚力。中国同太平洋岛国的基建合作还促进了岛国的"外联外通"，让岛国不再游离于世界经济体系之外，极大促进了岛国与世界各地的经贸交流，带动了岛国经济以前所未有的速度持续发展。太平洋岛国与外部世界更为便利的互联互通引来了世界各地，特别是亚洲新兴国家更为优惠的、不附加政治条件的投资。渔业加工园、农产品加工出口园、旅游工业园等史无前例地出现在太平洋岛国；促进了当地的经济发展和人民生活水平的提高。"外联外通"也让岛国的产品，特别是宝贵的自然资源实现了更大价值，不再因交通不畅而被迫贱卖给前殖民宗主国。"一带一路"和"21世纪海上丝绸之路"南线的建设正成为太平洋岛国走出世代生活的大洋洲，进而更好参与经济全球化进程的重要渠道。

太平洋岛国"内外联通"，拓展并升华了岛国政府和民众的发展观及实现国家发展的道路和模式。与外部世界，特别是与亚洲各国的互联互通极大地促进了岛国政府和各阶层民众与亚洲国家和人民的交流与往来。"借鉴亚洲发展经验和发展模式"成为许多太平洋岛国社会经济发展规划中越来越重要的考虑。在此背景下，中国同太平洋岛国关系的深入发展与日益强化引起了澳大利亚等前殖民宗主国不满和猜忌。这些国家囿于冷战和霸权主义思维，罔顾事实地在国际社会和太平洋岛屿地区渲染中国"新殖民主义论""新霸权主义论""资源掠夺论"和"债务

---

① 于镭、赵少峰：《"21世纪海上丝绸之路"开启中国同太平洋岛国关系新时代》，《当代世界》2019年第2期。

41

危机论",企图遏阻中国与太平洋岛国关系的发展。与此同时,前宗主国竞相宣布设立岛国基础设施专项基金,并大幅度增加"无偿援助",以"消除"并恢复前殖民宗主国在该地区的影响。

四 研究理论与方法

国际地区研究和国际关系理论发展到今天,已经摆脱了以往过于单一性地专注于事件的历史分析,而呈现出对同一个研究问题采取多层次、多维度、多种类的研究范式。国际地区研究和国际关系学界对大国的地区地位及其与区域内国家的关系研究也表现出多视角、多路径的趋势。不论是秉持现实主义、自由主义,抑或建构主义的地区研究和国际关系学者都从自己的研究路径出发,建构视角不同的地区霸权理论。澳大利亚在南太平洋地区的霸权具有一定的特殊性,属于依靠美国在太平洋地区霸权体系的次霸权体系,具有脱胎于欧洲殖民主义和冷战时期美国和苏联两个超级大国激烈对抗的天然属性。鉴于这一特性以及美国和澳大利亚在后冷战时期的地区政策远未脱离冷战思维的特质,本书仍将采用本质上属于结构现实主义理论范畴的"中等强国"和"权力架构"的理论框架来解析冷战后澳大利亚的地区霸权政策取向和建构路径[①]。这一理论框架的建构使澳大利亚及其地区霸权在一定程度上摆脱美国及其太平洋霸权的阴影成为研究的焦点,从而揭示了许多长期以来一直被人们忽视的事实:澳大利亚在太平洋地区不仅是美国的坚定追随者,而且是美国在太平洋地区的南"锚"和地区次霸权体系的建构者。

本书在研究方法的运用上借鉴了戴卫·辛格和肯尼思·沃尔茨的层次分析法,把国家的对外政策研究和国际体系的研究既作必要的分割,

---

① Shamsul Khan, "Middle Powers and the Dynamics of Power Shift", *Harvard Asian Quarterly*, Vol. XIV, No. 3, 2012, p. 52.

第一章　澳大利亚地区霸权体系建构研究的意义、理论和方法　◆◇◆

又作有机的结合，以多层次，多角度的方式解析澳大利亚在南太平洋地区的霸权体系的建构、巩固和演变历程。通过这一方法的运用，本书深入地揭示了澳大利亚从地区霸权和国家安全的角度对澳大利亚在南太平洋地区霸权体系的需求和建构。本书努力揭示澳大利亚作为一个经济富裕、资源丰富，并且被人为地嵌入亚洲区域，但本质上紧紧拥抱西方文化和价值观的西方国家也同样具有不应小觑的"帝国雄心"。在苏联消亡、冷战甫毕的20世纪90年代，亚太区域呈现出短暂的权力结构缺失。澳大利亚立即毫不迟疑地发出了做美国在"亚太地区副警长"的强音，并且欲对其亚洲邻国"先发制人"，这正是澳大利亚"帝国雄心"的真实写照。因此，层次分析法的运用恰到好处地将澳大利亚一直置于暗处的"帝国雄心"放置到聚光灯下，也使澳大利亚在南太平洋地区的霸权构建和演变得以更加清晰地曝光。

在"中等强国"理论和层次分析法的总架构下，本书还大量采用案例分析法深入剖析澳大利亚南太霸权在冷战后的强化与发展。本书之所以衷情这一研究方法，概因其被广泛运用来解构现实世界，并为我们提供进一步认知世界和探索未知的观点与方法。本特·弗莱夫杰格在对案例分析法进行长期研究之后认为，这种研究方法着重对某一个体或某一现象发展过程中的某一阶段进行深入研析，并且这种研究方法总是把重点放在那些推动事物，或现象不断发展和变化的最重要因素上[1]。托马斯在其著述中更是对这种研究法做了更加详细的描述：案例分析法就是对人、事件、决策、事件的阶段、项目、政策、机构，或是制度运用一种，或多种方法进行全面的、系统的研究[2]。艾德尔蒙（Adelman）在总结自己的心得体会时指出：案例分析法是综合运用各种研究方法对某一事件进行全方位的研究。运用这种方法，

---

[1] B. Flyvbjerg, "Case Study", in Norman, K. Denzin. & Yvonna S. Lincoln (ed.), *The Sage Handbook of Qualitative Research*, Sage, Thousand Oaks, 2011, p. 301.

[2] Gary Thomas, "A Typology for Case Study in Social Science Following a Review of Definition, Discourse and Structure", *Qualitative Inquiry*, Vol. 17, No. 6, 2011, pp. 511 – 521.

可以对研究对象加以描述、解释，或是既描述又解释[①]。它可以对研究对象进行反思，抑或前瞻。正是因为案例分析法运用的研究方法的多样性和对研究目标的细致性，它才能够做到对某一研究对象展开深入的研究。在运用这一研究方法的过程中，还可能大量使用定性与定量分析，从而发现其内在的、不易为人察觉的内部关联。因此，案例分析法特别适用于对复杂的和不断发展变化的事件，或问题进行研究，并揭示其为什么会发生，以及如何发生，或发展变化。

澳大利亚地区霸权是殖民主义时代和帝国主义时代霸权激烈争夺以及冷战时期地缘政治和军事对抗的产物，带有鲜明而强烈的历史标记，因而在后冷战时期被人们普遍预测将极度弱化。但是，澳大利亚在南太平洋地区的霸权发展演变却与人们的预期出现了极大的反差。在时代进步的21世纪，澳大利亚仍然顽固地坚持地区霸权。澳大利亚护持地区霸权并非完全出自对于自身力量，特别是军事力量的信心，而是对基于冷战后日益深化的澳美同盟强大的军事、政治和经济力量的迷信。本书查阅并收集了澳大利亚方面的大量资料，力求在澳大利亚政界和学界占主导地位的"中等强国"理论的指导下，运用层次分析法和包括案例分析法等在内的方法深入探析澳大利亚地区霸权在冷战后不同时期的发展特征，以及形成这些特征的澳大利亚方面的战略与国家利益考虑。在此基础上，本书还着重剖析了澳大利亚地区霸权在后冷战时期对中国同太平洋岛国的关系以及中澳关系的影响。鉴于本书在研究澳大利亚地区霸权和对中国同太平洋岛国及中澳关系影响的研究过程中需要解析大量的具有重大影响的标志性事件，因此本书认为案例分析法及其采用的包括定性与定量分析法在内的大量综合研究方法是合适的，有利于对这一复杂的国际关系现象展开细致、

[①] Clem Adelman, David Jenkins & Stephen Kemmis, "Re-thinking Case Study: Notes from the Second Cambridge Conference", *Cambridge Journal of Education*, Vol. 6, Issue. 3, 1976, pp. 139 - 150.

第一章 澳大利亚地区霸权体系建构研究的意义、理论和方法 ◆◇◆

透彻地解析。

汉斯·摩根索是西方国际政治和国际关系理论研究中最为著名的现实主义大师之一,在其洞察国际政治本质的经典著作《国际政治学》(Politics among Nations)一书中,他一针见血地指出:"国际政治如同所有的政治活动一样,都是对权力的争夺。"[①] 正是这种对"权力"的争夺,形成了目前以西方大国为主导的国际权力架构体系。现代西方主流国际政治和国际关系理论认为任何一国在全球权力架构体系里的地缘政治作用既非全球事务参与者随意行为的结果,亦非全球力量架构互动的偶然巧合,而是一国"硬实力"和"软实力"的展现。"硬实力"通常是指一国的经济或军事实力,抑或两者的叠加。"软实力"则是指一国通过文化、教育和价值观输出对别国形成的影响力。在主流西方学者看来,当今的全球权力体系架构即是各国"硬、软"实力的产物,并且各国的"硬、软"实力也决定了他们在全球体系和地区次体系中的地位[②]。根据各国的"硬、软"实力,西方学者大体上将世界各国划分为三大类:超级大国(全球体系的主导国家),区域强国,抑或"中等强国"(全球体系,或地区次体系中的重要国家)和底层国家(全球体系和地区次体系里的弱国)。

在全球权力体系里占据主导地位的超级大国通常既拥有包括经济和军事实力在内的超强的"硬实力",又具有全球性影响的"文化"软实力。在近现代史上,处于全盛时期的英帝国曾构建过以其经济和军事霸权为主导的全球权力体系(Pax Britannica);而现存的全球唯一的超级大国——美国,在二战后的两极体系和冷战后的单极体系里都曾以近乎相同的方式构筑起以美国经济和军事霸权为主导的全球权

---

① Hans J. Morgenthau, *Politics among Nations*, New York: Knopf, 1966, p. 25.
② Shamsul Khan, "Middle Powers and the Dynamics of Power Shift", *Harvard Asian Quarterly*, Vol. XIV, No. 3, 2012, p. 52.

力体系（Pax Americana）。纵观英、美这两个在近现代史上成功构建起以自己的霸权为主导的世界体系的全球性强国的特质可以发现，这两个国家的共同点是都曾既具有强大的经济和军事的"硬实力"，又具有无远弗届的文化"软实力"。例如，在英帝国如日中天时，"日不落"帝国的辉煌即建立在举世无双的"世界工场""无敌舰队"和"世界语"——英语等"硬、软"实力之上。而美国自二战后建立的全球霸权体系，也同样是依靠自身无可匹敌的经济、军事和文化等"硬、软"实力。

在全球体系中，超级大国具有区域强国（中等强国）和底层国家无法企及的"硬、软"实力，并且超级大国往往凭借这些实力对不服从自己意志的国家采取妖魔化、经济制裁与贸易禁运、军事封锁与入侵颠覆，以及"驱逐"出超级大国主导的世界体系等手段予以惩罚，并以儆效尤，从而达到增强自身在全球权力体系中威权的效果。区域强国（中等强国）和底层国家由于自身的经济、军事和地缘政治实力等因素不具备反制超级大国的能力。因此，从国际关系的互动架构来看，超级大国在全球权力体系中相对处于"主导"地位，而区域强国（中等强国）和底层国家则是通常处于"从属"地位[1]。

全球权力体系充满变量，最要害的莫过于国家的"硬"力量和"软"力量随着时间的推移而此消彼长。超级大国的目标设置因而不可避免地首先设定为护持自身建构和主导的全球体系的现状与稳定，以及因此而衍生的规则和以规则为基础的秩序。对上述各维度"现状"的护持就是保卫超级大国自身的权力，以及由此而产生的种类繁多的有形和无形的利益。鉴于此，包括美国在内的西方学者比较一致地认为美国在21世纪的首要战略目标就是"遏制任何新兴崛起强国对美国主导的全球体系，特别是亚太区域次体系可能构成的现实和潜

---

[1] Baldev R. Nayar, "A World Role: the Dialectics of Purpose and Power", in John W. Mellor ed., *India: A Rising Middle Power*, Colorado: Westview Press, 1979, pp. 117–145.

第一章 澳大利亚地区霸权体系建构研究的意义、理论和方法

在的挑战"。为此,超级大国往往凭借其无与伦比的"硬"力量和无远弗届的"软"力量,并借助其构筑的军事和政治同盟体系,对新兴强国,特别是"硬"力量迅速增长,并对自己构建的体系、秩序和地位已经或即将构成"挑战"的国家予以或明或暗的破坏、遏制,甚至是发动公开的打击和战争。

区域强国(中等强国)根据其自身的"硬、软"实力又可以分为:一流中等强国,如英国、法国等;二流中等强国,如意大利;三流中等强国和四流中等强国等。中等强国在全球体系里的地位明显具有两重性:相对于超级大国而言,他们通常居于"从属"地位;但对于底层国家,甚至是对于二流区域强国(中等强国)(tier-two powers)而言,他们通常又具有"主导"地位。在全球权力体系中具有"主导"地位的超级大国毫无疑问具有全球影响,而区域强国(中等强国)作为相对独立的区域次体系的力量中心,在某一特定区域内如果不是具有"主导"地位,也是具有非常重要的地位。

区域(中等)强国视其力量,特别是"硬"力量的胀缩可分为"守成型区域强国"和"崛起型区域强国"。"守成型区域强国"通常会将与超级大国保持密切合作,甚至结为同盟设为首要战略目标和"生存"范式,旨在借助与超级大国的军事同盟谋取经济利益,借力超级大国保卫国家安全,吓阻潜在的入侵者和利益挑战者,以护持自身在全球权力体系和区域次体系中的强国地位与既得利益。作为回报,守成型地区强国需对超级大国表现忠心,承担协助其维护全球权力体系和秩序现状的义务,必要时采取包括遏制、战争等在内的一切措施来共同应对新兴强国对超级大国及其主导的全球体系和秩序的挑战。守成型区域强国通常对承担这一义务表现出较强的内生性意愿,因为任何新兴强国的崛起都蕴含着引起现行体系与秩序变革的必然性与或然性,进而引发权力架构、利益分配和地位等级的系列性变化。守成型地区强国预期权力、利益和地位的不确定性驱动它们竭力协助超级大国阻遏新兴强国的崛起,特别是阻止其对现行全球和区域体系

与秩序的挑战以维护守成型区域强国在权力体系中的地位和既得利益[①]。在这一点上,守成型超级大国和守成型区域强国有着相似的战略利益和战略驱动性。如20世纪下半叶日本经济崛起对全球体系和秩序所带来的挑战不仅令美国充满危机感,也同样令英、法、德等区域强国充满危机感和不满情绪。同样,对中国崛起最先做出强烈反应和阻遏的不是美国,而是日本、澳大利亚等美国在亚太地区的盟国和美国主导的亚太区域体系与秩序中的既得利益者。

"崛起型区域强国"的首要战略目标就是尽量缩短崛起过程,尽速成为超级大国,以摆脱"守成超级大国"及其政治和军事同盟可能实施的大规模的破坏、遏制、冷战,甚至是战争。"崛起型区域强国"并不因其"硬、软"力量的快速成长而必然地对全球和区域体系与秩序产生"革命"的要求,但会必然地对其产生变革、调整的要求,以包容和适应其日益增长的利益诉求[②]。守成型超级大国或因其"硬、软"力量的相对下降而满足新兴区域强国的要求,对全球和区域体系与秩序做出调整以反映新兴强国不断增长的力量,包容其日益扩张的利益诉求。守成超级大国更有可能凭借其仍然占据优势的"硬、软"力量,采取各种策略和手段阻止,或延宕新兴强国的崛起,从而阻挠其对自己主导的全球体系与秩序,以及因此而产生的利益构成威胁和挑战。

相较于超级大国和区域强国(中等强国),"底层国家"在全球权力体系中处于"从属"地位,通常位于全球和区域事务决策机制的末端。因此从全球权力体系的决策架构来看,"底层国家"通常仅具有有限的外交政策主权。面对超级大国和众多的区域强国(中等强国),"底层国家"的外交折冲空间总的来说非常有限。在许多国际

[①] Shamsul Khan, "Middle Powers and the Dynamics of Power Shift", *Harvard Asian Quarterly*, Vol. XIV, No. 3, 2012, p. 52.

[②] Baldev R. Nayar, "A World Role: the Dialectics of Purpose and Power", in John W. Mellor ed., *India: A Rising Middle Power*, Colorado: Westview Press, 1979, pp. 117 – 145.

第一章　澳大利亚地区霸权体系建构研究的意义、理论和方法　◆◇◆

事务，特别是全球事务上，"底层"国家常常被排除在决策机制之外。因此，底层国家通常只能通过自身的政策调整，来适应"主导"国家做出的事关全球或区域事务的决策。

面对全球权力体系中居于主导地位的超级大国的庞大实力，区域强国（中等强国）若非"硬、软"实力——特别是以经济和军事为基础的"硬实力"——的快速扩张，并觊觎或挑战守成超级大国的权力地位，通常会以与超级大国保持密切合作，甚至结为同盟为其首要战略目标，以借助与超级大国的密切关系提升自身的国际"声望"，谋取经济福利，并借力超级大国保卫国家安全，吓阻挑战者，维护并巩固自身在全球权力体系和区域次体系中的强国地位与既得利益。作为回报，区域强国（中等强国）需对超级大国表现忠心，承担协助超级大国维护全球权力体系和等级架构现状的义务。区域强国（中等强国）往往对承担这一义务表现出较强的内生性，因为任何新兴大国的崛起都有可能在客观上调整现有的权力架构体系和利益分配。因此，协助超级大国打压新兴大国，维护全球权力架构的现状，就是维护区域强国（中等强国）自身在权力体系中的地位和既得利益。在这一点上，超级大国与区域强国（中等强国）在维护全球，特别是新兴大国所在区域的权力体系和等级架构的现状上有着颇为相似的战略利益。

因此，区域强国（中等强国）的重要战略目标之一就是协助超级大国维护现有的全球体系和等级架构的现状，以巩固和维护自身的既得利益。与此同时，中等强国所面临的另一项战略性目标就是如何将维护国际体系的现状的战略性目标与维护自身在现有的国际体系中的中等强国地位的战略目标相统一。从近现代国际关系参与者的实践分析，中等强国在通常情况下会采取两种策略实现上述两项战略目标的契合。一个是积极参与国际事务，成为现有国际体系的重要参与者和"利益攸关方"，从而增强自己的"硬、软"实力，不断提升自身在全球体系里的地位，欧盟就是采用这一策略的成功范例。中等强国为了实现这两大目标的契合所采取的另一个策略就

49

是与现时国际体系里的超级大国结盟,从而享受与之俱来经济和军事实力,特别是军事实力的提升、国际"声望"的增强和中等强国地位的巩固。澳大利亚自建国以来一直采取这种与超级大国结盟的策略,以保护自身安全,巩固并提升自己在全球权力体系里的中等强国地位。

随着冷战的结束,苏联的垮台,澳大利亚的传统安全威胁已经大幅度降低。并且由于澳美同盟的日益加强,美国军事技术和装备,以及军事情报资源对澳大利亚的开放与分享,澳大利亚的军事力量在南半球已是相当强大。澳大利亚众多的亚洲邻国在军事力量领域,也是无出其右。正是在冷战后的单极世界里,在美国军事力量一家独大的背景下,澳大利亚也认为在亚太地区,它已经当之无愧地跃升为一个"中等强国"。因此,澳大利亚的政界和防卫界人士开始越来越多地谈论澳大利亚如何加速向一流的"中等强国"迈进。国际权力体系理论与澳大利亚一个世纪以来的实践使澳大利亚相当多的政客、军事专家、安全与学者,甚至是普通民众笃信澳大利亚应当继续与自己半个多世纪的盟友、世界上唯一的超级大国美国继续保持,并强化同盟关系,这是澳大利亚在全球力量体系中继续提升自己地位的可靠与便捷的路径[①]。这也是澳大利亚在后冷战初时期,特别是20世纪90年代和21世纪第一个十年里不断积极主动强化澳美同盟的重要考虑。

---

① Hugo Seymour, "Australia's Alliance with the US is Defined by more than One President", *Interpreter*, 17 July 2019.

第二章 澳大利亚地区霸权的缘起和建构

一 澳大利亚地区霸权的缘起

澳大利亚在亚太地区，特别是在南太平洋地区霸权的构想和驱动力最早源自英国殖民时期，澳大利亚各殖民地政府虽然效忠于宗主国英国，却竭力要求英国阻止其他帝国主义列强进入南太平洋地区。澳大利亚联邦成立后，白人殖民政府更是深刻地认识到他们从澳洲大陆原住民手中掠夺的土地并不合法，因而格外担心其他帝国主义列强也会群起效仿，将他们赶出这块丰饶的大陆。在新兴帝国主义列强中，澳大利亚白人殖民者最担心德国和日本迅速增长的军国主义力量和日益膨胀的扩张野心，因而始终以德国和日本为假想敌，并不断掀起排"日"和排"华"风潮，竭力试图建立"纯净的白人澳大利亚"国家，以增强自己在国际社会的合法性。澳大利亚"白澳政府"因而一再要求宗主国英国利用其强大的武力将新兴帝国主义强国，如德国、日本和美国阻挡于南太平洋地区之外。澳大利亚"白澳"政府的想法与其宗主国英国不谋而合，只是老牌帝国主义英国此时已是心有余而力不足，因为英国的综合国力和军力在进入20世纪后已经大幅度下降。新兴帝国主义强国德国、日本和美国在太平洋地区的军力日益增强，越来越呈现出挑战英国在太平洋地区的霸权之势。

19世纪下半叶，世界局势因帝国主义霸权争夺战的频发而日益动

◆◇◆ 澳美同盟语境下澳大利亚地区霸权的建构

荡,帝国主义争霸战随着美国和日本的崛起而逐渐转移至亚洲和太平洋地区。随着德国帝国主义和日本军国主义迅速崛起,它们在全球各地贪得无厌的扩张导致澳大利亚随时面临着被侵入和被占领的危险。澳大利亚的前宗主国英国由于在全球的"过度扩张"而导致战线过长、国力耗损殊巨。面对新兴帝国主义的崛起,老大的英帝国疲态丛生,不仅无力将新兴帝国主义阻挡于南太平洋地区之外,也无力庇护澳大利亚白人殖民者的安全。在对殖民统治安全充满"忧心"和争夺地区霸权的野心驱使下,澳大利亚殖民政府不得不主动靠近新兴的帝国主义强国美国,希望与其结为军事同盟,并希望美国能念在"同文同宗"的情面上向澳大利亚提供安全庇护。20世纪初爆发的日俄战争极其令人错愕的结局令澳大利亚与美国结盟的念头更加强烈,澳大利亚自此揭开了长达半个多世纪的对澳美军事同盟的追求。第二次世界大战的漫长与残酷,二战后美苏全面核冷战的凶险与危殆则直接推动了澳美同盟于1951年的正式订立。借助与美国的军事同盟,澳大利亚也最终确立了在南太平洋地区的霸权。

正如本书第一章指出,澳大利亚历届"白澳"政府自1901年联邦成立后一直试图构建相辅相成的"三维国家利益":首先是在亚洲的边缘建立以欧洲文化和价值观为主导的国家,并实现国家安全;其次是与欧洲和美国等西方发达国家建立密切的经贸合作关系,实现新生国家的经济繁荣和人民富足;最后是在亚太地区建立以澳大利亚为主导的次地区霸权体系,为宗主国英国和澳大利亚的殖民主义利益服务。澳美同盟缔结前,澳大利亚的"三维国家利益"险象环生,难以得到有效的保护和实现。基于"三维"利益考虑,澳大利亚自联邦成立之初便积极谋求与美国结盟,以阻止其他新兴帝国主义列强对澳大利亚的觊觎和侵略,并在南太平洋地区建立次地区霸权体系[①]。

---

① G. P. Taylor, "New Zealand, the Anglo-Japanese Alliance and the 1908 Visit of the American Fleet", *Australian Journal of Politics & History*, Vol. 15, Issue 1, 1969, pp. 55–76.

第二章　澳大利亚地区霸权的缘起和建构

与超级大国结盟因而在澳大利亚联邦成立之初即成为澳大利亚的立国之策，这一策略的形成首先是基于对自身国土来源的非法性而衍生的安全忧心。澳大利亚立国之初恰逢英帝国实力骤降，德国、美国、日本军力快速上升，这令远离宗主国英国而独处于亚洲国家"丛林"边缘的澳大利亚"白澳"政府十分不安，深恐亚洲强国，特别是日本帝国主义对澳大利亚殖民政府从澳洲原住民手中巧取豪夺来的南方大陆的"合法性"提出质疑，并进而凭借日益上升的军力和地利将这块丰饶的大陆夺为己有①。澳大利亚殖民政府因而一直视新兴的日本帝国和外强中干的清帝国为自己的假想敌和安全威胁，一再掀起排"日"和排"华"风潮，以增强澳大利亚在殖民主义体系下国际社会的合法性②。澳大利亚"白澳"政府对南太平洋地区霸权的建构还基于其"白人至上"的种族主义心态，力图在未"开化"的南太平洋地区建立区域霸权的野心。澳大利亚殖民政府在畏惧日本军事实力的同时，却又表现出"白人至上"的孤傲，以为自己高贵的血统远较亚洲和太平洋地区各民族人民更为优越，因而表现出意欲在南太平洋地区，乃至亚太地区建立区域霸权的野心③。澳大利亚殖民政府因而在立国之初即要求英国用武力阻止任何帝国主义国家染指南太平洋地区，而由澳大利亚独霸太平洋诸岛。

在"忧心"与"野心"的双重驱动下，澳大利亚"白澳"政府与老牌帝国主义超级大国英国结盟，并将安全和地区霸权的希望寄托于英国的支持和庇护。而当日本军国主义快速崛起后，澳大利亚认识到英国事实上已经无力保护自己的安全，便欲以"同文同宗"的亲情

---

① Joanne Wallis, "Hollow Hehemon: Australia's Declining Influence in the Pacific", *Diplomat*, 21 September 2016.
② Nagata Yuriko, "The Japanese in Torres Strait", Anna Shnukal, Ramsay Guy and Nagata Yuriko (eds.), *Navigating Boundaries: The Asian Diaspora in Torres Strait*, Canberra, Pandanus Books, 2004, pp. 138–159. Kate Bagnall, *A Legacy of White Australia: Records about Chinese Australians in the National Archives*, 2018, http://naa.gov.au/collection/publications.
③ "Australia to Have a Monroe Doctrine", *New York Times*, 1 June 1918.

来拉拢美国，从而获取庇护和支持[1]。澳大利亚因此对同为盎格鲁—撒克逊文化主导的美国示好，意图通过与之结盟来抵御来自"北方"的威胁，并借重美国不断上升的全球实力，构建澳大利亚在世界权力架构中的"中等强国"地位，进而实现称霸南太平洋区域的野心[2]。在"两心"的驱动下，澳大利亚积极主动地靠近美国，寻求与之结盟。在屡遭美国的冷落后，澳大利亚便提出构建"太平洋公约"的设想，企图诱使美国承担起领导太平洋地区稳定和各方既得利益的责任，以保障澳大利亚的安全和既得利益[3]。

虽然澳大利亚政府一心希望构建与美国的军事同盟，但这一设想最终由于违背美国的战略利益而成为泡影。太平洋战争的爆发成为澳美同盟的重大转机，最终让澳大利亚近半个世纪的梦想成为现实。美国出于自身的战略利益考虑，不得不在太平洋地区建立以澳大利亚为主的战略反攻基地，实质上形成了与澳大利亚的军事同盟，并提供安全庇护。二战后，澳美正式结盟。但其成因并非美国的主动与施压，而是由于澳大利亚的争取和要挟。结盟后，澳大利亚较西方其他国家更为倚重与美国的同盟关系，并在此后半个多世纪的漫长岁月里对美国展现出令人难以置信的"忠诚"和外交政策的"亦步亦趋"[4]。

第二次世界大战前，美国一直忙于在拉美地区推行"门罗主义"，巩固"后院"。美国因而无暇，也无力顾及他处，更无意与澳大利亚结盟，并向其提供安全和地区霸权保护。美国因此对澳大利亚的主动"示好"不予理睬，更不愿意因此而招惹英国和其他帝国主义列强的

---

[1] Peter Edwards, *Permanent Friends? Historical Reflections on the Australian-American Alliance*, Sydney: Lowy Institute for International Policy, 2005.

[2] James Cotton and John Ravenhill, *Middle Power Dreaming*, Melbourne: Oxford University Press, 2012, p. 1.

[3] David Rees, "The Korean War and the Japanese Peace Treaty", James Cotton, Ian Neary (eds.), *The Korean War in History*, Manchester: Manchester University Press, 1989, p. 168.

[4] Yu Lei, "China-Australia Strategic Partnership in the Context of China's Grand Peripheral Diplomacy", *Cambridge Review of International Affairs*, Vol. 29, No. 2, 2016, pp. 740-760.

第二章　澳大利亚地区霸权的缘起和建构 ◆◇◆

忌恨。第二次世界大战，特别是朝鲜战争最终改变了美国对澳美同盟的立场。在澳大利亚政府拒签《对日和约》的要挟下①和美苏冷战激烈对抗的考虑下，美国于1951年签署了《澳新美同盟条约》，三国同盟暨澳美同盟最终确立。澳美同盟缔结后，澳大利亚仍然积极主动地寻求与美国夯实同盟根基，强化同盟关系，则有更深层次的战略考虑，这就是在澳大利亚社会经济实现现代化的基础之上，凭借与美国构建的超乎其他国家的军事同盟纽带，实现其梦寐以求的"中等强国"梦想，并在南太平洋乃至亚太地区构建次地区霸权体系。

澳大利亚对自身安全的忧虑和对地区霸权的不懈"追逐"驱使澳大利亚在冷战期间数十年如一日地听任美国驱使。为了蒙蔽国内民众以便为美国的全球霸权贡献生命和财物，同时也为了混淆国际视听，澳大利亚政府和军方精心包装澳美同盟，将之放至所谓的相同的政治理念和"共同价值观"的道义高地。也正是在道义的外衣下，澳大利亚历届政府和军方逐步将整个澳大利亚国土变为美军的"前沿阵地"，并驱使本国士兵在朝鲜战场和越南战场上为维护美国的全球霸权效命。也正是对区域霸权梦想的追逐，澳大利亚才会在后冷战时期，无视国家安全威胁已基本不复存在的事实，执意大幅度强化澳美军事同盟，在所有西方国家中率先在其本土部署美军战略导弹防御系统，并在其领土上修建了连冷战时期都不曾修建的可供美军核航母、核潜艇和海军陆战队驻泊的大型军事基地。澳大利亚前外交部部长亚历山大森·唐纳对此曾毫不隐讳地表示，澳大利亚之所以这么做，就是为了向美国表示衷心，加强澳美同盟②。

澳大利亚政府和军方对美国的"效忠"收获了丰厚的回报。借助美国强大的军事实力，澳大利亚成为太平洋地区的"中等强国"，并

---

① Michael Green, *By more than Providence*, New York: Columbia University Press, 2017, p.26.

② "Australia to Join U. S. Missile-Defense System", *New York Times*, 4 December 2003.

◆◇◆ 澳美同盟语境下澳大利亚地区霸权的建构

在南太平洋地区建立次区域霸权的梦想终于在后冷战时期得以实现，澳大利亚也一跃成为美国在亚太地区维护自身利益和西方价值观的"副警长"和军事"南锚"。区域权力和地位的提升、军事力量的增强也使得澳大利亚非常有底气地宣布要对亚太地区任何威胁澳大利亚和西方国家安全和利益的邻国和组织实施"先发制人"的军事打击。澳大利亚著名学者阿里森·布罗依诺斯基（Alison Broinowski）依据多年的观察和切身体会，在自己的著作中深刻地刻画了澳大利亚"媚上欺下"的地区"小霸"形象：澳大利亚在亚太地区的所作所为，如同校园里的"坏小子"，为了些许小利，一方面极力讨好校园"恶霸"，以此寻求"恶霸"的保护；另一方面又凭借自己与校园"恶霸"的密切关系，恃强凌弱，欺侮比自己更为弱小的孩子[①]。布罗依诺斯基对澳大利亚在国际事务中的行为的描绘在某种程度上不能不说是形象生动，入木三分。

从历史的视角分析，美国和澳大利亚在现代史上有着相似的历史起源，都曾是英国的殖民地，并且都同样曾作为英国的罪犯流放地，只是美国的殖民地历史远较澳大利亚早且长。直至1770年，英国海军上尉詹姆斯·库克才率舰队到达澳大利亚东海岸。英国海军的坚船利炮令库克对在当地生活了6000多年的澳洲原住民熟视无睹，进而肆无忌惮地将澳洲大陆视为"无主"之地，而以英国国王的名义全部加以占领[②]。美国赢得独立战争后，英国再也无法将美国用作其国内罪犯的流放地，因而不得不另寻他处。地广人稀的澳大利亚便因此被英国政府一眼相中，从此替代美国成为新的罪犯流放地。1788年1月，英国海军军官亚瑟·菲利普率领11艘舰船搭载着数百名士兵和罪犯再次登上澳洲大陆，开始了血腥的殖民行动，澳大利亚及其邻近

[①] Alison Broinowski, *Allied and Addicted*, Melbourne: Scribe, 2007.

[②] Aboriginal Heritage Office, *A Brief Aboriginal History*, 2019, https://www.aboriginal-heritage.org/history/history/.

第二章 澳大利亚地区霸权的缘起和建构

岛屿从此沦落为英国的殖民地。

欧洲帝国主义强国在19世纪中叶普遍完成了工业革命，国家的国力，特别是军事力量有了极大的增强，对外侵略扩张的欲望空前增强。作为新兴强国，德国不仅完成了工业革命而且实现了国家的统一。德国的快速崛起令欧洲老牌帝国主义强国英国在欧洲面临着新兴帝国主义强国的激烈竞争。而在美洲和亚太地区，美国与日本的强势崛起也令英国感到越来越无力维持大英帝国在全球的霸权体系和地位。在此背景下，英帝国不得不实行"帝国收缩"战略，以集中精力应对欧洲新兴强国，特别是应对德国对英国国家安全、区域霸权和殖民地利益的挑战。为此，英国不得不于1870年将驻守澳大利亚的英军全部撤回英国本土而改由澳洲殖民地自行征募的地方保安部队防守澳洲大陆和邻近岛屿[1]。

由于军力的急剧下降和欧洲列强挑战的空前增强，英国政府被迫同意允许澳大利亚于1901年建立联邦，成为大英帝国的一个海外自治领。1901年1月1日，澳大利亚联邦正式建立。为了继续维持对澳大利亚的控制，英国只允许澳大利亚联邦政府负责国内事务，而将立法和外交事务大权牢牢地掌握在自己的手中。此时的澳大利亚虽然刚刚脱离英帝国，并且羽翼未丰，却在担心自身安全的同时，显露出争当南太平洋地区强国的野心。新生的澳大利亚联邦政府一方面顽固坚持"白澳政策"，屠杀和驱赶澳洲土著居民，剥夺其土地，另一方面则一再掀起排外暴动，排挤来自亚洲国家，特别是日本和中国的移民，妄图将澳大利亚变成人种单一的白人国家；澳大利亚殖民政府在推行种族主义政策的同时，地区霸权野心也不断膨胀。澳大利亚宣称南太平洋地区是其"前院"而不断要求其宗主国英国利用武力阻止其他国家，特别是欧洲新兴列强和亚洲强国日本涉足南太平洋地区，并

---

[1] Geoffrey Partington, *The Australian Nation*, London: Transaction Publishers, 1994, p. 94.

建立自己的殖民地①。为了维系与英帝国的密切关系，换取其支持和庇护，澳大利亚联邦政府于建国之初即向英国表示效忠，派遣本土军队追随英国远赴苏丹、南非和中国镇压当地人民反抗外国列强压迫和欺凌的民族解放斗争②。

日本军国主义在19世纪末和20世纪初的强势崛起，以及日本在侵略中国过程中所表现出的贪婪和无止境的野心导致澳大利亚原先对欧洲列强的担心和恐惧完全被日本所取代。1905年，日本海军在东乡平八郎大将的指挥下在对马海峡全歼俄国千里来犯的黑海舰队。这是现代史上，亚洲强国首次完胜欧洲强国，这对同样野心勃勃、却又羽翼未丰的澳大利亚产生了前所未有的心理震撼。担心日本入侵，并与澳大利亚争夺太平洋岛屿的控制权自此便成为澳大利亚举国的一块"心病"③。鉴于此时英国在澳大利亚已经没有一艘战舰了，澳大利亚便多次恳求英国派遣舰队驻防澳大利亚，以增强海上力量，防止日本突袭。英国对澳大利亚的请求不仅不予理睬，反而对日本采取"绥靖政策"，甚至与日本结为军事同盟。英国此举旨在利用日本海军力量制衡美国、德国和俄国在远东和太平洋地区的扩张，阻止它们对英国殖民利益的损害，实现引导日本"祸水北移"，或"东移"，促其与上述三国争斗。与此同时，英国亦可将其在远东和太平洋地区的舰队撤守本土，以应对欧洲新兴列强，特别是德国的强力挑战。

澳大利亚地处一隅，在英帝国全球战略架构中的地位并不具有战略重要性。英帝国的战略重点是欧洲大陆和中东地区，英国因而对全球力量布置做出重大调整。在此背景下，澳大利亚成为英帝国全球棋局中一枚无足轻重的弃子。澳大利亚要求英国海军驻防澳大利亚并以日本为假

---

① Stuart Macintyre, *A Concise History of Australia*, Melbourne: Cambridge University Press, 2004, p. 130.
② James Stuart Olson and Robert Shadle, *Historical Dictionary of the British Empire*, London: Greewood Press, 1996, p. 180.
③ Peter Edwards, *Permanent Friends? Historical Reflections on the Australian-American Alliance*, Sydney: Lowy Institute for International Policy, 2005.

第二章 澳大利亚地区霸权的缘起和建构 ◆◇◆

想敌的请求根本不符合英国的全球战略,因而根本不被英国政府接受。在英国与日本缔结同盟的过程中,澳大利亚表示反对,其态度之坚决,出乎英国政府的意料。澳大利亚对英日同盟表现出超强的反对,其顾虑主要有以下两点:一是担心英日同盟将加强日本的军国主义力量,加速其在亚洲和太平洋地区的军事扩张,从而危及澳大利亚的国土安全和澳大利亚在亚太地区的扩张与霸权。英国首相丘吉尔后来也回忆说日本对亚洲大陆和太平洋地区的贪婪如司马昭之心,路人皆知,寻求日本替英国保护澳大利亚和新西兰的安全与利益无异于饮鸩止渴。二是澳大利亚出于"白人至上"的种族偏见,认为英国将澳大利亚的安全,即阻遏欧洲其他列强对澳大利亚的入侵托付给日本是对澳大利亚白人"尊严"的"冒犯",这是"白色"澳大利亚政府和民众所无法接受的[1]。但是,澳大利亚的利益和所谓的白人的情感在英帝国的全球霸权和利益面前根本微不足道,英国政府也无意因此改变与日本结盟的政策。帝国主义列强只是追逐权力,因权利而结盟,也因权利而争斗。正如汉斯·摩根索在《国家间政治》中强调"国际政治如同所有的政治一样都是对权力的追逐"[2],澳大利亚因其价值远远比不上日本而遭英国断然出卖。由此可见,所谓的"同文同种、同源同宗"以及文化、历史和价值观相同等在殖民主义和帝国主义利益面前根本不值一提。

安全和战略利益的"背离"导致澳大利亚和英国产生了严重的隔阂,两国政府为了各自的利益渐行渐远;两国关系也随着日本军国主义势力的不断增强和对外扩张步伐而疏远。既然英国的利益与澳大利亚无法契合,英国也就理所当然地对澳大利亚政府的请求不予理睬。无奈之下,澳大利亚总理阿尔弗雷德·迪肯(Alfred Deakin)不得不一方面搜罗巨资加强本国海军建设,增强自身的防御能力;另一方面

---

[1] I. H. Nish, "Australia and the Anglo-Japanese Alliance", *Australia Journal of Politics and History*, Vol. 9, No. 2, 1963, pp. 201–212.

[2] Hans Morgenthau, *Politics among Nations*, New York: Knopf, 1966, p. 25.

◆◇◆ 澳美同盟语境下澳大利亚地区霸权的建构

致函美国总统西奥多·罗斯福，竭力请求美国派遣舰队访问澳大利亚，以联络感情，探讨两国加强军事合作的可能性，并共同对抗日益强大的日本威胁[1]。

澳大利亚总理阿尔弗雷德·迪肯邀请美国舰队访问澳大利亚事先并未通知英国政府，也没有按惯例将邀请函交由英国外交与殖民事务部代为发送。根据澳大利亚自治领与英国达成的协定，澳大利亚自治领政府并没有外交权，澳大利亚所有对外交往必须由英国代为进行[2]，澳大利亚政府私自邀请美国舰队来访的决定因此引起英国政府的强烈不满。迪肯总理在邀请信中表达了对"同文同种"的美国的经济与军事力量快速崛起的钦佩，并表达了愿与美国建立紧密的政治和军事联系的强烈愿望。对迪肯总理发自肺腑的热情邀请和"同文同种"的攀扯，西奥多·罗斯福总统只是敷衍了事，并不给予实质性答复。罗斯福总统此举基于以下四点考虑[3]：首先，巩固美国在拉丁美洲、中国和菲律宾的既得利益才是美国外交政策的优先考虑。其次，澳大利亚在传统地缘政治中是英国的"禁脔"，美国此时尚无意，也无力与之争夺。再次，罗斯总统认为随着美国国力的不断增强，美国与英国为了争夺世界霸权或终有一战。澳大利亚届时定会追随英国与美国为敌。因此，罗斯福总统不仅无意在帝国主义列强争霸战中救援澳大利亚，反而认为有必要着眼未来的美英争霸战，尽快制定武力夺取澳大利亚的作战计划[4]。最后，澳

---

[1] John Charles Blaxland, *Strategic Cousins: Australian and Canadian Expeditionary Forces and the British and American Empires*, London: McGill-Queen's University, 2006, p. 16.

[2] Ruth Megaw, "Australia and the Great White Fleet, 1908", *Journal of the Royal Australian Historical Society*, Vol. 65, No. 2, 1970, pp. 121 – 33; Henry Frei, *Japan's Southward Advance and Australia*, University of Hawaii Press, 1991, p. 169; Paul Hasluck, *The Government and the People*, Australian War Memorial, 1956, pp. 143 – 144.

[3] Russell Parkin, David Lee, *Great White Fleet to Coral Sea: Naval Strategy and the Development of Australia-United States Relations, 1900 – 1945*, Canberra: National Library of Australia, 1965, p. 22.

[4] Peter Edwards, *Permanent friends? Historical Reflections on the Australian-American Alliance*, Sydney: Lowy Institute for International Policy, 2005.

第二章 澳大利亚地区霸权的缘起和建构 ◆◇◆

大利亚与美国早期的主流社会人口虽同为盎格鲁—撒克逊人，但两国之间并没有太多的联系。澳大利亚政府一向效忠英国，对英国其他殖民地人民的抗争素无同情与支持。澳大利亚因此在罗斯福总统的心目中并不值得美国"另眼相看"，遑论为其安全承担责任①。

为了与老牌帝国主义强国英国争夺世界霸权，美国总统西奥多·罗斯福决定派遣由 50 多艘战舰组成的庞大舰队于 1908 年访问澳大利亚、中国和日本等国。美国舰队的长途远航旨在借机考察澳大利亚海防要塞，测绘其重要港口海图，以便将来与英国开战争夺世界霸权时，首先夺取澳大利亚作为自己争霸太平洋的海军基地。此访还意在向日本示威，吓阻其凭借英日同盟，与美国争夺包括中国在内的远东和太平洋霸权②。1908 年 8 月，美国战舰到访悉尼、墨尔本和阿尔伯尼，受到澳大利亚政府和民众的夹道欢迎。犹自蒙在鼓里的澳大利亚民众还以为"同文同种"的美国兄弟是来协助自己加强安全防务，共同抵御日本对澳大利亚的觊觎。澳大利亚政府不仅耗费巨资盛情款待美国舰队，而且号召民众载歌载舞向美国"同胞"展示"手足之情"。

澳大利亚白澳政府和军方对美舰来访极为重视，反复向民众宣传这一访问对澳大利亚国家安全和地区霸权的重大意义。澳大利亚媒体也配合政府渲染美国舰队访问对澳大利亚的重要性。《时代报》为此发表社论指责英日同盟把太平洋的主导权交给了日本，声称"澳大利亚很乐意地美国派军将太平洋地区的主导权从日本手中夺回来"③。迪肯总理不仅屈尊亲自设宴款待美国水兵，还在一切场合盛赞美国与澳大利亚的"同胞之情"，仿佛根本不知美舰到访另有所图。迪肯宣称美舰之所以受

---

① Russell Parkin and David Lee, *Great White Fleet to Coral Sea：Naval Strategy and the Development of Australia-United States Relations*, 1900 – 1945, Canberra：National Library of Australia, 1965, p. 22.
② "Big stick afloat", *New York Times*, 2 August 1908.
③ Russell Parkin and David Lee, *Great White Fleet to Coral Sea：Naval Strategy and the Development of Australia-United States Relations*, 1900 – 1945, Canberra：National Library of Australia, 1965, p. 25.

◆◇◆ 澳美同盟语境下澳大利亚地区霸权的建构

到澳大利亚民众的倾城欢迎，不仅仅是由于同文同源和"血浓于水"的情感，而是出于我们对居住于太平洋北方的黄种人的不信任，对"黄祸"可能对白种人所创造的文明、文化和政治体系产生的不良影响。迪肯甚至天真地对澳大利亚民众宣传美国舰队来访是"英美澳联合起来共同抵御黄祸"的宣示①。从迪肯的讲话中人们可以看到在其对美国热情洋溢的外交辞令的背后是他充满种族主义的偏见和对澳大利亚国防安全、既得利益和地区霸权既陈旧又冰冷的现实主义考虑。

美国政府和军方也有意通过展示其强大的武力动摇澳大利亚民众对英国效忠的心理，美国的这一动机在一定程度上得到实现。澳大利亚政府和民众在目睹美国的崛起和军事力量的强大后无人再怀疑美国即将取代英国成为下一个世界超级大国。与美国结盟自此便犹如一粒种子，在澳大利亚社会精英和民众的心中生根疯长。在接待美舰时，迪肯再次提议美国将"门罗主义"扩大到太平洋地区，并向包括澳大利亚在内的太平洋各国提供军事保护②。迪肯的建议自然遭到了仍然主宰澳大利亚外交事务的英国的强烈反对，英国怎么可能将属于自己的殖民地拱手让予美国呢？英国政府对澳大利亚的"背叛"极为不满，英国时任殖民地部长克里威爵士（Lord Crewe）讥讽迪肯总理的提议不仅"愚蠢"，而且根本不懂国际政治：美国绝不会为了保护澳大利亚而与日本作战，英国也绝不会因美舰的到访受到刺激而废除英日同盟③。在英国政府看来，维护英帝国的全球霸权才是当务之急，为此，英国必须将全部军力部署在欧洲和本土，以阻止德国的"妄

---

① Norman Harper, *A Great and Powerful Friend 1987: A Study of Australian-American Relations between 1900 and 1975*, St. Lucia:, University of Queensland Press Qld, p. 5.

② Neville Meaney, "'A Proposition of the Highest Importance': Alfred Deakin's Pacific Agreement Proposal and its Significance for Australian-Imperial Relations", *Journal of Commonwealth Political Studies*, Vol. 5, No. 3, 1967, pp. 200–213.

③ Russell Parkin and David Lee, *Great White Fleet to Coral Sea: Naval Strategy and the Development of Australia-United States Relations, 1900–1945*, Canberra: National Library of Australia, 1965, p. 24.

第二章　澳大利亚地区霸权的缘起和建构　◆◇◆

动"。正是出于这一全球战略考虑，英国随后不久断然拒绝了迪肯总理请英国也派遣舰队访澳的邀请，迪肯意图借此鼓舞士气，吓阻日本对澳大利亚的觊觎。英澳两国政府自此因为日本军国主义势力的不断增强而产生的利益裂痕不断加深：在英国看来，日本的强大有助于维护英国在远东的利益，遏制德国和美国对英国霸主地位的挑战；而在澳大利亚看来，日本军国主义的强大和不断扩张则对其安全构成了实实在在的威胁，并且日本向澳大利亚的移民也极大地冲击了"白澳"政策，腐蚀着澳大利亚政府一向宣传的"白人至上"的种族优越谬论的基础①。

　　在帝国主义激烈争霸的动乱年代，美国政府深知强国结盟事关国运，美国政府并不感情用事，并不被澳大利亚"血浓于水"和"同文同种"之类的煽情话语而打动。相反，美国深知欧洲列强争霸恰是美国独占拉美地区的良机。因此，美国专注于巩固在拉美地区的势力范围，以及对菲律宾的殖民统治，无暇、无意，也无力在英日同盟的背景下同时对抗英国和日本两个海军强国。此外，美国与日本之间的贸易往来兴旺，美国顺差巨大。《纽约时报》因此对澳大利亚一厢情愿的密切两国关系的建议发表评论说，"尽管我们十分同情澳大利亚人的'白澳'情结，但如果我国仅仅因为'血浓于水'的空话就和像日本这样有价值的朋友闹翻是极其愚蠢的"②。在西奥多·罗斯福的第二个总统任期里，美日关系因为双方在远东地区，特别是在中国的利益争夺而变得异常紧张。即便如此，罗斯福总统也不想与日本完全闹翻而损害美国的利益。

　　为了与日本争夺利益和霸权，罗斯福总统决定对日本炫耀武力，令

---

① Melissa Miles and Robin Gerster, "White Australia in the Darkroom: 1915 – 1941", *Pacific Exposures: Photography and the Australia-Japan Relationship*, Canberra: The Australian National University, 2018, p. 47.

② Russell Parkin and David Lee, *Great White Fleet to Coral Sea: Naval Strategy and the Development of Australia-United States Relations, 1900 – 1945*, Canberra: National Library of Australia, 1965, p. 23.

日本"知难而退"。罗斯福总统于是对日本采取了著名的"胡萝卜加大棒"政策:既对日本挥舞"大棒",派遣美国庞大的舰队访问澳大利亚、中国、日本,借以对日本武力"示威"和恐吓,同时又与日本紧密勾结,共同"分赃"侵华利益①。因此,在美国舰队到访亚太各国后不久,美日即达成"分霸"共识,美国鼓励日本向中国所在的亚洲大陆扩张势力范围,而美国则借机向东南亚和西太平洋渗透。由此可以看出,对于帝国主义列强来说,正如汉斯·摩根索所言,其最关心的莫过于对权力的追逐。虽然澳大利亚政府一再宣扬澳美间所谓的"血亲"关系,但澳大利亚实际上无法提供足够的利益引诱美国将"门罗主义"扩大到太平洋地区,更无法吸引美国与之订立澳美同盟。

继任总理威廉·休斯(WilliamHuges)虽然在个人情感上与英帝国亲近,但他在看到美国强大的舰队后,也不禁感慨道,"我们生活在一个前途未卜的世界,我们必须得有朋友,这是澳大利亚的选择"。在休斯看来,澳大利亚必须结交美国这位新朋友以维护澳大利亚的安全和地区利益。休斯在随后的国会讲话中,一再解释虽然美国强势介入太平洋并不是一件令英国人和澳大利亚民众高兴的事,但它的确表明英帝国在太平洋的海上力量已经衰落,这是澳大利亚必须认清的残酷现实。休斯认为英国由于实力不济,已经将东太平洋让予美国,将远东让予日本。鉴于此,他向澳大利亚政府和民众呼吁结交强大的新朋友是澳大利亚面临的当务之急②。澳大利亚《时代报》也呼吁澳大利亚政府抓住机遇,与强者结盟。该报不无煽情地宣称"每一位澳大利亚人在内心深处都因美国而温暖,两国也将因此而升温"③。

---

① Nathan Miller, *Theodore Roosevelt, A Life*, New York: William Morrow, 1994, p. 337.
② Russell Parkin and David Lee, *Great White Fleet to Coral Sea: Naval Strategy and the Development of Australia-United States Relations, 1900 – 1945*, Canberra: National Library of Australia, 1965, p. 24.
③ Russell Parkin and David Lee, *Great White Fleet to Coral Sea: Naval Strategy and the Development of Australia-United States Relations, 1900 – 1945*, Canberra: National Library of Australia, 1965, p. 25.

第二章 澳大利亚地区霸权的缘起和建构 ◆◇◆

　　澳大利亚此时仍为英国的自治领，并与英国保持着较为密切的关系。由于思维惯性，澳大利亚国内亲英势力仍然十分强大。但是，与美国结盟的思想已经势不可当地渗透至澳大利亚社会的各个阶层，并在澳大利亚形成主流共识。美国舰队的到访实际上撕裂了澳大利亚的国内舆论，包括迪肯和休斯在内的一部分澳大利亚政治精英因美舰的到访而进一步看清了美国日益增长的军事实力，以及美国不可估量的经济和战争潜力。他们预见到一个新兴的太平洋大国正在崛起，全球力量架构极有可能因此而彻底改变。以迪肯总理为首的"亲美"势力因此竭力呼吁澳大利亚应当抓住与美国同文同宗的纽带，迅速与这一成长中的新兴大国建立密切的政治和军事关系。

　　虽然澳大利亚主流社会形成了澳大利亚应审时度势，独立发展澳美关系的共识，有一部分人认为澳大利亚应当继续效忠英帝国。这不仅仅是由于澳大利亚脱胎于英国母体，与英国在文化和历史上有着更多的关联。更重要的是英国仍然拥有世界上最为庞大的舰队，并且澳大利亚在安全防卫上有着依赖英国的传统。这些澳大利亚政客幻想在澳大利亚危急之际，英国一定会全力来援。还有一部分澳大利亚政治人物对澳美同盟的可能性表示怀疑，他们认为澳大利亚尚未完全获得独立，与美国并无外交关系，政治上也没有较多联系，经济上澳美也没有非常紧密的交流与合作。他们因此认为仅凭一句"同文同种"，或"血浓于水"，根本难以说服美国为澳大利亚的安全而战。当时最具影响力的《悉尼先驱论坛报》发文辩称："美国人并不欠我们的，他们为什么会为我们流血？"[①] 澳大利亚社会舆情的分裂一方面反映了澳大利亚作为一个新的民族和国家正在成长，另一方面也反映了这个脱胎于英帝国母体的新生国家在政治上尚不成熟。虽然迪肯与美国结

---

① Russell Parkin and David Lee, *Great White Fleet to Coral Sea: Naval Strategy and the Development of Australia-United States Relations, 1900–1945*, Canberra: National Library of Australia, 1965, p. 26.

盟的建议在一战前遭到失败,但这一政治和军事构想却在澳大利亚政界、军界和普通民众中留下了深刻的印记,为二战期间及战后澳美结盟的正式建立奠定了政治、民意和思想基础。

尽管澳大利亚一直希望与美国建立密切的军事联系,甚至是与美国建立军事同盟,但美国政府自1908年派遣强大的舰队访问澳大利亚直至第一次世界大战结束并没有像澳大利亚政府期待的那样与澳大利亚建立特殊关系。相反,澳大利亚和美国之间的官方联系既不多,也不密切。这一时期美国政府之所以对与澳大利亚建立密切关系缺乏热情,主要有以下三点原因:一是日本与美国的经济和贸易联系日益紧密,美国从对日本经济和贸易交往中获益远远超过了与澳大利亚的经济交往。并且日本的军国主义势力发展迅速,日本海军更是以超常速度扩军备战。与日本作战,美国显然得不偿失。二是美国一直忙于巩固自身在拉美的势力范围,而在亚洲地区,美国也只是强化在菲律宾的殖民统治,并在中国扩张自己的势力范围,其战略视野一时间尚未拓展到南太平洋,更不愿意为了一个所谓的"同文同种"的澳大利亚承担防卫义务。三是澳大利亚虽然名义上已经独立,但是其地位仍只是英联邦内的自治领,没有外交权,对外交往需由英国外交部代为负责,这严重制约了澳大利亚与美国深度接触的能力和机会[1]。

二 一战及战后澳大利亚地区霸权的初步建构

澳大利亚是殖民主义和帝国主义争夺殖民地和地区霸权的迟到者,但绝不是缺席者。早在18世纪末,经过工业革命后强大起来的欧洲强国——英国即开始殖民大洋洲。1770年,英国殖民者登上澳大利亚大陆。他们无视澳洲原住民在这里已经生活了数千年的事实,宣

---

[1] Alexander M. Hicks, *Social Democracy & Welfare Capitalism: A Century of Income Security Politics*, London: Cornell University Press, 1999, p. 83.

第二章 澳大利亚地区霸权的缘起和建构

布澳洲大陆是无主土地,是英国的殖民地。英国此后开始向澳大利亚大陆大量押送囚犯。至19世纪末,英国在澳大利亚大陆先后建立了6个殖民区地:新南威尔士(1788)、塔斯马尼亚(1825)、维多利亚(1851)、昆士兰(1824)、南澳大利亚(1836)和西澳大利亚(1829)。由于国力不断下降,英国不得不于19世纪末从全球各地收缩力量。在此背景下,英国被迫同意澳大利亚各殖民地于1901年1月1日组成了澳大利亚联邦(Commonwealth of Australia)。澳大利亚联邦政府负责内部事务,英国仍然掌握澳大利亚的外交和国防。由于德国在欧洲的强势崛起,英国在澳大利亚联邦成立后迅速将驻守澳大利亚的陆海军主力撤退回英国本土。1931年,澳大利亚取得外交自主权,成为英联邦成员。

在霸占了澳大利亚大陆后,英国殖民者很快便将殖民的眼光投向距离澳大利亚大陆不远的新西兰。1840年,英国殖民者迫使新西兰原住民毛利人签署《怀唐伊条约》,骗取新西兰主权。1845—1872年,新西兰殖民政府为了霸占毛利人的土地而发动战争,殖民政府凭借武力强行霸占了毛利人的土地。1907年9月,新西兰成为英国的自治领地。

1874年,英国殖民者强行将斐济变成英国殖民地。为了长期霸占这片地区,英国将大批印度劳工运至斐济甘蔗种植园充当苦工。在18世纪末,英国和欧洲殖民者来到新赫布里底群岛,英国和法国为了争夺殖民统治权互不相让。1887年,英国和法国成立海军委员会,宣布共同管理新赫布里底群岛。1906年,英国和法国达成妥协,宣布成立新赫布里底群岛共管地,由英法两国共同统治。1884年英国和德国瓜分了新几内亚岛东半部及附近岛屿。1906年,英国由于力量收缩不得不将英属新几内亚交澳大利亚管理,改称澳属巴布亚领地。1888年,英国强行将库克群岛纳入英国的保护地,1900年后又将其并入新西兰。1892年,英国殖民者强行宣布吉尔伯特群岛和埃里斯群岛为英国的保护地,称为"吉尔伯特及埃里斯群岛",并进而于1916年强行将其变成英国的殖民地。1900年,英国将纽埃强行霸占为殖民地,次年将其并入新西兰。1900年，英国宣布汤加为保护国，控制了汤加的外交、国防和财政大权。1919年，英国强行将圣诞岛霸占为殖民地。1937年，英国强行占领菲尼克斯群岛，并将其变成英国殖民地。

当英帝国在太平洋岛屿地区大肆霸占殖民地之际，其他帝国主义列强也争先恐后地在太平洋岛屿地区霸占殖民地。1874年，马绍尔群岛被西班牙殖民者占领，成为西属东印度群岛的一部分。1884年，马绍尔群岛被出售给德国。次年成为德属新几内亚殖民地的一部分。在19世纪末，德国霸占瑙鲁，并将其变成德国殖民地。1574年，西班牙殖民者占领帕劳，将其并入西属东印度群岛。1899年，西班牙殖民者将帕劳及加罗林群岛被出售给德国，成为德属新几内亚殖民地的一部分。1885年，德国占领了所罗门群岛的北部，将其变成德国"保护地"；1893年，英国占领了所罗门群岛南部余下的岛屿。1900年，英德双方达成协议，英国用在萨摩亚的权利交换除布干维尔岛之外的全部所罗门群岛。第二次萨摩亚内战后，萨摩亚被美国、德国殖民者一分为二，西边在1899年成为德国殖民地。美国作为新兴帝国主义强国也积极参加对太平洋岛屿地区的霸权争夺，只是因为迟到而在殖民地争夺中收获不多。19世纪后半叶，德国、英国和美国对萨摩亚群岛展开了激烈的争夺。1899年，三方达成妥协，由德国和美国分占萨摩亚群岛。1900年，美国正式占领萨摩亚群岛东半部。

澳大利亚虽然于1901年年初才成为英国的自治领，尽管澳大利亚脱胎于英国的殖民地，但其争夺殖民地和霸权的野心一点也不弱于老牌和新兴帝国主义。澳大利亚在联邦成立之初即要求英国阻止日本等帝国主义国家进入南太平洋地区。第一次世界大战是殖民主义和帝国主义列强争夺世界霸权和殖民地的必然结果，它开启了世界新的地缘政治格局，也为澳大利亚争夺南太平洋岛屿地区殖民地，建构地区霸权提供了机会。澳大利亚"白澳"政府认为第一次世界大战的爆发是澳大利亚夺取德国在太平洋岛屿地区殖民地的良机。第一次世界大战刚一爆发，澳大利亚即与法国和新西兰组成联军于1914年8月

第二章 澳大利亚地区霸权的缘起和建构

29—30日向德属萨摩亚发起进攻，这是第一次世界大战期间太平洋战场的第一次陆地作战。德属萨摩亚是德国在南太平洋地区最为重要的海军通讯基地，德军在阿皮亚山顶修建了大型通讯站，可以直接与柏林总部以及德军在太平洋和印度洋地区的军舰保持电讯联系。德国因为欧洲战场吃紧，因而不得不将部队撤守本土，德属萨摩亚因此只有十余名德军。在遭到澳、法、新联军进攻后，德军稍作抵抗便投降了，整场战斗各方都没有人员伤亡。

夺取德属萨摩亚殖民地后，澳大利亚又将进攻的目光投向了德国新几内亚殖民地。早在1884年，澳大利亚殖民地政府就怀有并吞新几内亚岛的企图，但遭到英国的阻止。英国随后在新几内亚岛南部沿海及附近岛屿建立了自己的保护地。20世纪初，英国国力迅速下降。英国不得不将军队撤回本土，而将几内亚殖民地交予新成立的澳大利亚联邦统治。1914年9月，澳大利亚军队对德国新几内亚殖民地发动了突然袭击。德属新几内亚殖民地是德国太平洋殖民地的核心，德军在此部署了300名正规军。澳大利亚军队与德军在几内亚发生了激烈的战斗，其中比塔巴卡战斗是太平洋战场上规模最大的一场战斗。经过激烈战斗，澳大利亚军队赢得了胜利。澳大利亚军队随后继续进攻，迫使退守托马的德军残部投降。澳大利亚自此全部占领了德国几内亚殖民地。澳大利亚在夺占德国几内亚殖民地后，还欲继续向北攻占德国在赤道以北的殖民地卡罗林群岛和马绍尔群岛，但遭到英国的阻止。出于拉拢日本共同对付头号竞争对手德国的图谋，英国力邀日本出兵攻占了德国在上述两处的殖民地。英国的邀请契合了日本的侵略扩张计划，日本遂借机迅速出兵夺取了德国殖民地密克罗尼西尼群岛[①]。一战后，日本接收了德国在远东和赤道以北太平洋上的殖民地。日本因而将触角伸向了南太平洋地区，为日后发动太平洋战争奠定了有利的基础。

---

① I. H. Nish, "Australia and the Anglo-Japanese Alliance", *Australia Journal of Politics and History*, Vol. 9, No. 2, 1963, pp. 201–212.

◆◇◆ 澳美同盟语境下澳大利亚地区霸权的建构

　　澳大利亚和日本虽然在一战中是盟友，但是日本在战争中所展示出来的强大的战争力量，以及其在太平洋上势力范围的迅速扩张均令澳大利亚惴惴不安。澳大利亚希望英国对日本保持高度警惕，增加在澳大利亚驻军，并向澳大利亚提供军事援助，以防日本觊觎澳大利亚。但英国只希望进一步加强英日同盟，用日本来应对其他帝国主义强国，特别是美国在远东和太平洋地区对英国利益的挑战。面对英国的压制，澳大利亚虽然对日本军国主义极其不安，却无可奈何。一战后，日本军国主义的气势更加嚣张，对外扩张也更加咄咄逼人。这让军事力量薄弱，却有着强烈的区域野心和种族主义心态的澳大利亚"白澳"政府既缺乏安全感，又在心理上极其不快。"白澳"政府和澳大利亚殖民者因此认为澳大利亚的国家安全在一战后更加危险。

　　从全球的力量架构来看，一战的结束并没有为世界带来力量和权力的平衡。相反，战后帝国主义列强经济和军事力量的此消彼长令全球力量体系更加失衡，强权争霸的体系实际上根本就不可能给世界带来和平与安宁。随着老牌帝国主义的相对衰落和新兴帝国主义强国的崛起，新老帝国主义强国间的战争导火索随时都有可能被重新引燃。一战的惨烈与旷日持久，令英国和法国等老牌帝国主义国家蒙受了惨重的经济和人力损失，再也无力与美国和日本等新兴帝国主义强国在远东和太平洋地区争夺霸权和势力范围。与老牌帝国主义强国相反，美国和日本这两个新兴大国则因远离战场和繁忙的军火生意而从战争中捞取了丰厚的收益。一战的结局无疑在地缘战略上对美国和日本在战后的快速崛起更为有利，因为在战后，美国已经实际上成为全球工业和金融的主导力量，实质上具备了主导世界事务的能力。

　　澳大利亚在一战期间曾追随英国参战，付出了 6 万多人的生命代价[①]。澳大利亚"白澳"政府认为澳大利亚在一战中生命和经济的付

[①] Australian Department of Veteran's Affairs, *Australians at War*, 2019, http://www.dva.gov.au/sites/default/files/files/about%20dva/media-centre.

第二章　澳大利亚地区霸权的缘起和建构

出却没有给澳大利亚带来应有的回报,因为澳大利亚迫于英国的压力未能趁德国战败之机夺取其在太平洋上的众多岛屿殖民地。为了弥补自己的战争损失,澳大利亚政府强烈要求德国向其支付巨额战争赔款,并将德国的太平洋岛屿殖民地交由澳大利亚统治。1918年,"白澳"政府总理休斯取道美国前往伦敦与英国首相商谈战后事宜。在美国期间,休斯刻意与威尔逊总统会面,希望美国支持澳大利亚的战争赔偿和殖民地要求。在与威尔逊总统的会谈中,休斯表达了三点愿望。一是战争赔偿问题望德国等战败国向包括澳大利亚在内的各国支付巨额战争赔款;二是战后德国在太平洋上众多殖民地的归属问题,希望帝国主义战胜国能够将德国的太平洋岛屿殖民地转交澳大利亚;三是澳大利亚的安全问题,希望在日本军国主义力量空前膨胀之际,美国能够基于"同文同种"的"兄弟之情",与英国一道共同承诺保证澳大利亚的安全[1]。令休斯失望的是,威尔逊总统对澳大利亚借德国战败之机扩大自己在太平洋上的势力范围的想法表现得深恶痛绝,他不仅断然拒绝了澳大利亚的领土和殖民地扩张要求,而且断然拒绝了澳大利亚要求德国向澳大利亚等国支付巨额战争赔款的要求,更拒绝了向同样拥有太平洋地区霸权野心的澳大利亚提供任何安全庇护的要求[2]。

出于欧洲力量平衡的考虑,同样欲争夺世界霸权的美国并不愿意过度削弱德国的实力,也不愿英法等战胜国向德国强索战争赔款而迅速恢复国力和军力。与澳大利亚一样,美国也极其关心太平洋岛屿的实际控制权,因其关系到美国在太平洋上军事基地的安全和美国在太平洋地区军事霸权的构建。美国对德属太平洋岛屿的归属自有算计,它既不想让德国重新占有,也不想让日本或是英帝国的自治领,如澳

---

[1] L. F. Fitzhardinge, "W. M. Hughes and the Treaty of Versailles, 1919", *Journal of Commonwealth Political Studies*, Vol. 5, No. 2, 1967, pp. 130–142.

[2] William Morris Hughes, *Policies and Potentates*, New York: Angus and Robertson, 1950, pp. 229–230.

◆◇◆ 澳美同盟语境下澳大利亚地区霸权的建构

大利亚、新西兰据有①。威尔逊总统曾明确指出，这些岛屿不能交给澳大利亚，更不能交给日本，因为这将危及美国在太平洋地区的利益②。一旦这些岛屿交由英国或是英属澳大利亚和新西兰自治领，就会增强英国的实力，对美国未来与英国争夺太平洋地区和世界霸权不利。相当多的美国政界和军界人士认为日本占领这些岛屿也同样会对美国的利益构成巨大威胁，因为这些岛屿位于美国本土与其殖民地菲律宾和东亚势力范围之间，一旦为日本所有，则日本有可能随时出动其日益强大的海军力量切断美国与东亚之间的军事联系③。

出于美国霸权利益考虑，威尔逊总统在巴黎和会上坚决反对将德国的太平洋岛屿殖民地交由英国或由其海外自治领澳大利亚统治，而主张德属太平洋岛屿，如帕劳和马绍尔群岛等应当交由国联实行国际共管④。美国的主张实际上是要求美国有权参与这些岛屿的实际占领与管理，使美国的势力能够更多地挤入太平洋岛屿地区。基于这一考虑，威尔逊总统断然拒绝休斯对德国太平洋岛屿殖民地的要求⑤。美国清楚国际共管的主张肯定会引起澳大利亚和日本的强烈不满，但美国自信完全有能力不理睬澳大利亚的不满。对于军力日益强大的日本，威尔逊认为美国政府须小心应对，因为日本的军事力量已足以与美国在太平洋地区一较高低。

日本对德属太平洋岛屿也是志在必得，1917年，日本派出代表团访问美国，商议战后事宜。日本代表团强硬地表示如果美英不能将德

---

① David Hunter Miller, *My Diary at the Conference of Paris* (*II*), New York: the Appeal Printing Company, pp. 106 – 107.
② House to Wilson, *Handwritten Note on Draft Proposal*, *Wilson Papers*, Library of Congress: File VIII A.
③ David Hunter Miller, "My Diary at the Conference of Paris", Vol. II, pp. 106 – 107.
④ Peter M. Sales, "A Little German Colony Here or There! The U. S.-Australian Clash at the Paris Peace Conference of 1919", *Australasian Journal of American Studies*, Vol. 8, No. 1, 1989, pp. 22 – 34.
⑤ William Morris Hughes, *Policies and Potentates*, Sydney: Angus and Robertson, 1950, pp. 229 – 230.

第二章 澳大利亚地区霸权的缘起和建构 ◆◇◆

属太平洋岛屿作为一战"礼物"送与日本，日本政府就会因为遭到国内民众的反对而立刻垮台。美国政府对日本的说辞并不相信，认为这些只不过是日本为了骗取太平洋岛屿殖民地而编造的瞎话。为了美国在太平洋地区的利益和长远霸权，威尔逊总统设想美国可以"祸水西引"，鼓励日本在亚洲大陆进行侵略扩张[1]。这样既可以让日本将侵略的矛头指向中国，奖励日本的一战"功劳"，又可以将日本的注意力从美国利益集中的太平洋地区转移至亚洲大陆。

休斯见游说威尔逊不成，便另辟蹊径，对美国上流社会发动宣传攻势，企图获取美国上流社会精英对"同文同种"的澳大利亚因身处亚洲国家丛林，而备受"黄种人威胁"的同情与支持[2]。休斯声称虽然澳大利亚人口稀少，军力薄弱，但是澳大利亚将坚定地实行自己的"门罗主义"，"决不会将自己从德国手中夺取的太平洋岛屿拱手送给亚洲国家，誓将与来犯之敌战斗到最后一兵一卒"。休斯强硬地宣称"把手从澳大利亚的太平洋拿开"就是澳大利亚的"门罗主义"。休斯呼吁同为盎格鲁—撒克逊民族的美国精英支持澳大利亚统治这些太平洋岛屿，并提供经济援助和军事保护，以维护盎格鲁—撒克逊人对太平洋，乃至对整个世界的统治。尽管休斯在美国付出了种种努力，但着眼实际，追求自己利益的美国政客并不为其煽情表演所动[3]。由于休斯和威尔逊两人之间有着巨大的政见分歧，而两国利益诉求又根本背道而驰，因此两人的首次会面可谓是"话不投机半句多"，不仅没有形成休斯所渴望的"个人友谊"，反是相互生厌。

休斯并不甘心在美国游说的失败，他在巴黎和会上不顾美国的反对，再次要求严惩德国，追讨战争赔偿，并将德国在西南太平洋上的

---

[1] The Lansing Papers, *Frus*, 1914–1920, Vol. II, p. 433.

[2] Russell Parkin and David Lee, *Great White Fleet to Coral Sea: Naval Strategy and the Development of Australia-United States Relations, 1900–1945*, Canberra: National Library of Australia, 1965, p. 45.

[3] Greg Fry, "Framing the Islands: Knowledge and Power in Changing Australian Images of 'the South Pacific'", *The Contemporary Pacific*, Vol. 9, No. 2, 1997, pp. 305–344.

殖民地和岛屿,如新几内亚等全部交由澳大利亚控制。休斯异常强硬地表示"我是代表六万战死的澳大利亚人"[①],"如果你想让我改变主意,尽管放马来吧"[②]。由于美国和日本的坚决反对,国力弱小的澳大利亚在巴黎和会上几无所获,这再次验证了帝国主义列强所主导的世界体系充斥了"强权即公理""弱国无外交"的铁律。恼羞至极的休斯便联合英国和法国对美国在巴黎和会上对太平洋岛屿的欲望竭力予以否定。不仅如此,休斯还对威尔逊总统关于战后世界秩序重建的提议采取了不合作的态度,他公然对后者基于理想主义的战后世界秩序不加掩饰地流露出嗤之以鼻的蔑视态度,并带头拒绝威尔逊的战后和平重建建议,声称澳大利亚决不会被绑在威尔逊的"十四点计划"的战车上[③]。休斯的态度令威尔逊非常恼怒,休斯和威尔逊个人之间的关系也随之降至冰点。

尽管休斯为澳大利亚挣得了一些太平洋岛屿殖民地,但休斯一回到澳大利亚便受到了国内政界和社会舆论的广泛批评,反对派指责他拙劣的外交策略使得澳大利亚的国家安全陷于十分危险的境地。澳大利亚经过一战的苦战,丧失了6万多名士兵的生命,换来的竟是更为贪婪的日本霸占了德国在太平洋上的一些岛屿殖民地,致使日本有能力随时对澳大利亚本土发动进攻。澳大利亚各在野党和亲美人士因而纷纷指责休斯的无能致使日本在巴黎和会上获得了巨大的外交结果,并将日本的势力范围向南太平洋地区扩张了3000多千米,日本的"前门"与澳大利亚的"后门"几乎贴上了[④]。一战的结局让澳大利亚政客和民众陷入极度

---

① Chrispin Hull, "100 Years after WWI, a Glaring Lack of Leadership on Difficult Issues", *Sydney Morning Herald*, 17 November, 2018.

② Hughes Papers, Series 23/3, Item 1893; *Imperial War Cabinet*, Minutes, No. 31, 14 August 1918.

③ Maloney Shane and Grosz Chris, "Billy Hughes & Woodrow Wilson", *The Monthly*, October 2007.

④ Chow Misuzu Hanihara and Chuma Kiyofuku, *The Turning Point in US-Japan Relations*, Sydney: Palgrave MacMillan, 2016, p.19.

不安,他们最担心的被日本侵略和攻占的结局似乎已经到来①。恰在此时,美国海军军官马汉的《海权论》已广为列强所重视,其"太平洋将是下一次世界大战的主战场"的预言令澳大利亚举国不安。

这种不安还由于英国海军力量的进一步萎缩和调整而加剧。面对日本在一战结束时军事实力的大幅度增强,休斯和澳大利亚"白澳"政府感到十分忧虑。由于和美国总统威尔逊的关系十分糟糕,休斯自知短期内无法和美国结为同盟,共同对抗日本的侵略扩张势头,休斯只得继续劝说英国在太平洋上实行英国的"门罗主义",不允许其他列强,特别是日本染指澳大利亚在太平洋地区的既得利益。英国在一战后经济与军事实力已是大不如前,根本无法实行休斯建议的太平洋"门罗主义",更何况这么做肯定会招致新兴太平洋强国美国和日本的强烈反对,这是英国无力承担的结局,英国政府因此对休斯的建议予以断然拒绝。

英国的军事实力在第一次世界大战后大幅度下降,其海军一贯奉行的"两强标准",即英国海军的军力必须等同于世界上任何其他两国的海军军力,已经由于经济实力的下降而难以实现。一战不仅令英国在全球的政治威望大幅度下降,而且在经济上重创英国,消耗了英国大量财富和劳动力。一战后不久发生的经济大萧条更令英国的经济困难雪上加霜,失业率空前高涨。据《纽约时报》报道,英国人均债务在1920年高达850美元。普通民众的生活水平急剧下降,要"工作不要大炮"的呼声在英国社会高涨。英国政府面对经济困难和民生艰难不得不大幅度削减军费开支,而将社会资源优先用于恢复经济,改善民生。由于财政困难,英国海军一向奉行的"两强标准"在一战后根本难以为继②。为了保证本土的安全,英国不得不减少在世界其他地区的驻军,并将主力调回本土。英国政府因此大幅度减少一战后

---

① Georges Clemenceau (trans. F. M. Atkinson), *The Grandeur and Misery of Victory*, p. 141.
② Henry Higgs, "The Geddes Reports and the Budget", *Economic Journal*, Vol. 32, No. 126, June 1922, pp. 12 – 34.

期在澳大利亚部署的海军力量,将全部主力舰或调回本国驻防,或部署在新加坡,因为英国政府一度决定将新加坡建为亚太地区最坚固的军事基地,以保护英国在东南亚的殖民地和殖民利益。与英国军力大幅度萎缩形成强烈反差的是太平洋地区的另外两强——日本和美国海军力量的急剧扩张。美国和日本在一战期间军事损失并不大,通过战争和接收德国的海外殖民地,美日两国获得了巨大的经济和战略利益,因而更有力量建造巨型战舰,为下一次帝国主义世界大战做准备。为此,日本于一战后新建了一大批巨型战舰,美国也不甘示弱地大造军舰,并增加了在太平洋地区的战舰数量。

历时四年之久的第一次世界大战也同样给澳大利亚造成了巨大的人力、财力和物力损失,更让澳大利亚民众担忧的是一战后澳大利亚的国家安全形势比一战前更为严峻。帝国主义列强军事力量的此消彼长令澳大利亚感到异常不安,澳大利亚政府在英国的军事实力大幅度下降的同时却又得不到美国的安全承诺和庇护,澳大利亚举国陷入了安全担忧。在此困境下,澳大利亚政府和军方不得不考虑加强国防力量,独自应对极有可能发生的外国入侵。澳大利亚政府因此宣布将军费增加到一战前的3倍,以扩大武装力量规模,并重点加强澳大利亚的海军建设,为新的世界大战预做准备。澳大利亚各大媒体均对政府的决定表示支持,认为这是澳大利亚当下所能做的唯一一件事。《悉尼先驱晨报》为政府大幅度增加战争预算作了辩解,它不无悲伤地宣布"我们必须为国家安全作好战争准备"[1]。由于和美国结盟的如意算盘已经落空,英国则因国力不济,无意也不敢在太平洋地区奉行英国的"门罗主义",而新成立的国联更是由于帝国主义列强的争权夺利而令人不敢对之抱有任何幻想[2],澳大利亚

---

[1] Russell Parkin and David Lee, *Great White Fleet to Coral Sea: Naval Strategy and the Development of Australia-United States Relations, 1900–1945*, Canberra: National Library of Australia, 1965, p. 36.

[2] Papers for the Imperial Conference, *American Policy in the Far East*, 16 June 1921, NAA: A6661/1405.

第二章　澳大利亚地区霸权的缘起和建构

只好四处搜罗军费,尽力加强自身的军事力量。与此同时又无可奈何地再次转向英国,继续保持并加强与英国的同盟关系。澳大利亚政府对此解释说与英国的同盟关系聊胜于无,英国或许在澳大利亚危难时还有一点余力可以施加援手。

一战后不久发生的世界性经济危机同样沉重地打击了澳大利亚的经济。据《纽约时报》报道,1920年,澳大利亚人均债务已经达到387美元[①]。尽管经济困难,澳大利亚仍对自己的安全问题耿耿于怀,竭力试图搜罗资金,加强战备。休斯总理甚至异想天开地希望澳大利亚独自建造一支强大的海军以抗击来自"北方的威胁"。休斯的设想显然是空中楼阁,因为澳大利亚根本不具备建立世界级海军的财力与人力资源。按澳大利亚当时的人口数量和工业水平来看,澳大利亚根本不具备单独对抗日本的能力,也根本不具备建造一支足以对抗日本的强大海军的能力。毕竟日本的人口高达一亿,并且已经实现了工业化。通过侵略中国和其他周边国家,日本当时已经拥有亚洲最强大的远洋舰队,其综合军事力量并不太弱于欧洲帝国主义强国。

日本迅速膨胀的军国主义力量令澳大利亚政府和军方极为不安,澳大利亚政府和军方因此在1921年召开的英帝国与各自治领的军事安全会议上竭力试图说服英帝国的各自治领和殖民地共同出资出人维护英帝国海军的"两强标准"。澳大利亚政府和军方试图通过保持英国海军舰队的"两强标准"来庇护澳大利亚的国家安全和地区霸权。休斯总理为此发表了长篇讲话,表现得比英国政府更强硬,他狂妄地声称大英帝国必须继续统治整个世界[②]。为了达到这一目的,休斯恳求各自治领从维护英帝国的全球霸权出发,共同出资帮助英帝国舰队

[①] Henry Higgs, "The Geddes Reports and the Budget", *Economic Journal*, Vol. 32, No. 126, June 1922, pp. 12 – 34.

[②] Fry Michael Graham, "The Pacific Dominions and the Washington Conference: 1921 – 1922", Erik Goldstein, Maurer John (eds.), *The Washington Conference, 1921 – 1922*, London: Frank Cass Publisher, 1994, p. 7.

维护"两强标准",遏制新兴帝国主义对英帝国的挑战。休斯甚至表示澳大利亚愿意不按照比例分配,多出钱财。休斯最后恳求说,如果英国及其他自治领和殖民地政府都不愿意贡献军费,澳大利亚则独木难支,无力贡献"两强"军费[①]。令休斯大为失望的是,英国的各自治领,如加拿大、南非和印度因利益趋向大相径庭,以及在地理位置上远离日本和太平洋,或对英国殖民统治强烈不满,因而不仅对澳大利亚的建议不感兴趣,反而讥笑休斯的提议是"痴人说梦"。

远在北美大陆的加拿大对澳大利亚的建议非常不屑,加拿大的主要贸易对象是美国和欧洲,它因此对保障太平洋海上贸易航线的安全并不积极;印度远离日本,并不认为日本对其安全构成威胁。并且印度与其说恐惧日本入侵,不如说更乐见英国与日本发生战争以便借机争取民族自由和独立。太平洋战争爆发后,印度对英国表现出的仇恨和对日本进攻英国在亚洲的殖民地所表现出的欢迎态度就很好地印证了这一点。南非由于远离欧洲、亚洲和太平洋地区,因而对抵抗日本军国主义势力毫无兴趣。一战期间,由于欧洲老牌帝国主义国家的衰落和对南非控制的减弱,南非经济发展迅速,一度成为南半球最为重要的矿业和金融中心。南非因此不仅无意捐资维护英国舰队的"两强标准",反而乐见英帝国衰落和欧洲各帝国主义列强争斗不休,以便从中渔利,得到更大的发展机会。最令澳大利亚失望的是,英国政府对澳大利亚的建议亦是缺乏兴趣。一方面是由于英国经济的快速下降,另一方面则是美国和日本的迅速崛起令英国深感无力阻止。英国深知在目前的形势下,能与新兴海军强国保持大体相当的海上力量就已相当不易,再提"两强标准"无异于痴人说梦。

就在英帝国的各自治领对资助英帝国海军问题争吵不休,难以达成共识之际,美国在太平洋地区的战略发生了重大变化,这令澳

---

① Projected Imperial Naval Expenditure, 1921 – 1926, Hughes Papers, Series 25, Item 275, 20 July 1921.

大利亚感到欢欣鼓舞。美国在一战后深刻认识到太平洋对美国的未来更为重要,因而将太平洋列为自己的首要战略利益区。美国海军部门对太平洋地区的战争前景做了研判,并且着手为太平洋地区未来的列强大战做预防性准备。为此,美国将大量新式战舰从大西洋调到太平洋,并要求英国承认美国在太平洋的海上主导地位。美国政府对太平洋战争的危机感如此强烈以至于美国政府公开声称,建造新的大型战舰的工程不会因为华盛顿国际裁军会议的召开而暂停[①]。西方列强普遍认为美国在太平洋地区积极备战的矛头是日本,因为一战后只有日本才有能力在下一次世界大战中与美国在太平洋地区一决雌雄。英帝国在太平洋区域的自治领如澳大利亚、新西兰和加拿大因此均认识到他们明智的方法就是将国家安全寄托在美国,而不是英国身上。寻求与美国建立密切关系和军事同盟才是国家未来发展与安全的可靠保障[②]。

一战后,美国的战略重心从大西洋转移至太平洋。美国政府和军方因而对威胁美国在太平洋地区利益和霸权的英日同盟感到如芒在背。美国政府采用威逼利诱的方式迫使英国同意在英日同盟到期后不要再继签该条约[③]。美国指责《英日同盟条约》损害了亚洲的和平与稳定,因为它"鼓励日本独霸中国,特别是中国的东北地区",破坏了"门户开放政策",损害了列强在华利益均沾。但是,美国在冠冕堂皇的表述背后的真实想法是英日同盟迫使美国不得不花费巨资来建造一支能够同时打击英国和日本的海军。而英日同盟的废除则使美国无须耗费巨资建造符合"两强标准"的舰队,毕竟美国很难在短时间

[①] Russell Parkin and David Lee, *Great White Fleet to Coral Sea: Naval Strategy and the Development of Australia-United States Relations, 1900 – 1945*, Canberra: National Library of Australia, 1965, p. 24.

[②] Papers for the Imperial Conference, American Policy in the Far East, 16 June 1921, NAA: A6661/1405.

[③] V. N. Khanna, *International Relations (5th Edition)*, New Delhi: Vikas Publishing House, 1994, p. 177.

◆◇◆ 澳美同盟语境下澳大利亚地区霸权的建构

内建造军力等同于英日海军力量之和的庞大舰队①。美国的强硬要求令澳大利亚感到十分高兴，因为澳大利亚一直对英国缔结《英日同盟条约》，以牺牲澳大利亚的安全和地区霸权来换取日本的支持，从而保障英国可以将部署在亚洲的军事力量撤至欧洲感到不满。英日同盟虽然能够有效地确保英国在欧洲的优势地位，却将澳大利亚的安全和地区霸权出卖给了日本。英日同盟的签订，以及英国军事力量从亚洲的撤退不仅提高了日本的国际地位，助长其军国主义气焰，而且使日本更加放开手脚地在太平洋地区扩张自己的势力，严重威胁了澳大利亚的安全和地区霸权建构，也损伤了澳大利亚种族主义政府顽固坚持"白人至上"的颜面②。

鉴于自身军事力量大幅度下降，而爆发新的世界大战的可能性却不断增加，英国政府不得不同意接受美国终止英日同盟的要求，以便换取美国在下一次帝国主义列强争霸世界的大战中支持英国。此外，鉴于德国法西斯势力的迅猛增长，英国也有意与美国这一新兴帝国主义强国结盟，用美国之力遏制德国的重新崛起和挑战③。英国不再续签《英日同盟条约》的意向得到了澳大利亚和新西兰的强烈支持，两国位居太平洋南部，已经深深感受到日本在太平洋上咄咄逼人的扩张势头。澳大利亚和新西兰白人政府并无大英帝国政治精英的全球视野和战略远见，只是狭隘地认为日本损害了自己的安全、霸权和"颜面"。澳大利亚"白澳"政府还认为，如果英国能够与美国结盟，那么澳大利亚的安全困境就会彻底解除，因为美国或许会因为顾及与英国的同盟关系而消除入侵澳大利亚的念头，并在澳大利亚遭到日本入侵时予以支援。英国曾设想通过英日同盟寻求日本保护英帝国及其亚

---

① Peter Edwards, *Permanent Friends? Historical Reflections on the Australian-American Alliance*, Sydney: Lowy Institute for International Policy, 2005.
② Chow Misuzu Hanihara, Chuma Kiyofuku, *The Turning Point in US-Japan Relations*, Sydney: Palgrave MacMillan, 2016, p.19.
③ Memorandum of a Conversation between the Secretary of State and the British Ambassador, *FRUS*, Vol. II, 23 June 1921, pp. 314–316.

第二章 澳大利亚地区霸权的缘起和建构 ◆◇◆

洲和太平洋殖民地的安全和利益,这反映了英国一战后实力大幅度下降的窘境,说明英国实际上已经无力保护其在亚洲和太平洋的利益,更无力保护包括澳大利亚和新西兰在内的海外各自治领的安全和利益。对英日同盟缔结的初衷,时任殖民地事务大臣的温斯顿·丘吉尔也表示了不同的意见,他认为日本的扩张野心众所周知,因此"寻求日本保护澳大利亚和新西兰无异于饮鸩止渴"①。

澳大利亚政府和军方对华盛顿裁军会议感到满意,因为它废除了英日同盟,代之以英法美日四国协定。澳大利亚政府认为英日同盟的废除有利于削弱日本军国主义势力的快速发展和对澳大利亚安全与霸权利益的威胁与挑战。澳大利亚政府还乐观地认为参加华盛顿会议的帝国主义四强同意将它们之间在太平洋上的纠纷交由四国会议来裁定,这在很大程度上减少了帝国主义列强间发生冲突,甚至是战争的风险,有利于澳大利亚利用英国的地位和力量保卫澳大利亚在南太平洋地区的利益和国家安全。澳大利亚政府和民众甚至更加乐观地认为美国的介入令日本不得不全力应对,从而无力再觊觎澳大利亚,更无力发动侵澳战争。澳大利亚政府因而喜不自禁地向民众宣布说《四国协定》至少在十年内可保太平洋地区无战争,保证澳大利亚安全无忧②。

澳大利亚政府和军方对华盛顿裁军会议的结果感到满意,认为大国平衡已经形成,世界和平在望。澳大利亚再也无须花费大笔军费建立澳大利亚自己的海军舰队来保护澳大利亚的国家安全③。澳大利亚

---

① Cabinet Memorandum, 4 July 1921, cited in Martin Gilbert, Winston S. Churchill, Vol. IV Companion, Part 3 Documents, April 1921 – November 1922, p. 1539.
② Memorandum, "The Quadruple Pacific Treaty: Its Application to Japan Proper from the Australian Point of View", 27 December 1921, Piesse Papers, NLA: MS 822, Series 7, Item 170 – 172.
③ Memorandum, "The Quadruple Pacific Treaty: Its Application to Japan Proper from the Australian Point of View", 27 December 1921, Piesse Papers, NLA: MS 822, Series 7, Item 170 – 172.

◆◇◆ 澳美同盟语境下澳大利亚地区霸权的建构

一部分政界人士甚至对太平洋的战争前景和澳日关系表现得过于乐观。澳大利亚华盛顿谈判代表皮尔斯（Pearce）对国会议员发表讲话，声称《四国协定》将开辟澳大利亚和日本国家关系的新时代。皮尔斯宣称他过去非常担心日本对澳大利亚发动侵略战争，但在华盛顿会议后，他非常有信心地相信日本绝不会像战争狂人德国一样对英国和澳大利亚发动战争。皮尔斯甚至声称日本自此应当被澳大利亚视为爱好和平的国家，它对澳大利亚的安全和利益再无任何威胁[①]。华盛顿会议是帝国主义列强争霸世界的一个转折点，它明确废除了英国海军力量的"两强标准"，也就实质性否定了英国的海军超级大国的地位。美国从此获得了可以与英国海军平起平坐的资格，从而为美国大肆建造新的吨位庞大的军舰和火力更为强大的舰队铺平了道路[②]。

英国海军超级大国地位的丧失表面上似乎是帝国主义新老列强讨价还价和相互制约的结果，但本质上更是美国崛起，经济和军事实力全面超越英国的必然结果。华盛顿会议由于实现了美国霸权的战略目标而被认为是美国外交的一大胜利，太平洋地区从此迎来了一位新霸主。华盛顿会议暂时转移了日本向太平洋岛屿扩张的猛烈势头，而将其国内迅速膨胀的军国主义和法西斯祸水引向了亚洲大陆，特别是中国，加重了中国人民的苦难。帝国主义列强正是用这种"祸水西引"的方式，以中国人民的牺牲和苦难换来了他们在太平洋上疯狂的军备竞赛的暂时停止，也换来了澳大利亚绝大多数政客和民众自认为的安全和南太平洋地区的殖民利益。但是，出乎西方列强预料的是，正是他们这种以邻为壑的极端自私行为令他们在不久后爆发的第二次世界大战初期饱受日本军国主义的打击和羞辱。历史一再表明帝国主义间

---

① Meaney Neville Kingsley, *Fears and Phobias*, Canberra: National Library of Australia, 1996, p. 34.
② Michael Graham Fry, "The Pacific Dominions and the Washington Conference: 1921 – 1922", 1994, Erik Goldstein, John Maurer (eds.), *The Washington Conference, 1921 – 1922*, London: Frank Cass Publisher, p. 78.

第二章 澳大利亚地区霸权的缘起和建构

的绥靖政策和"祸水它引"策略历来均是以"害人"为开始，而以"害己"而告终。

在澳大利亚政府和军方看来，华盛顿会议对调和列强矛盾，维持帝国主义争霸的平衡发挥了重要作用。澳大利亚许多政客，如皮尔斯之流因此醉心于华盛顿会议所谓的"外交成果"和对澳大利亚的"和平保证"。但是，仍有相当一部分老练的政客，如总理休斯，对《四国条约》的可靠性疑虑重重。休斯注意到《四国条约》根本就没有提及实质性落实措施和对列强切实可行的约束机制，他因此指出国际条约仅凭"道德"无法有效地约束帝国主义列强[1]。不能不说拥有丰富的政治经验的休斯是极富政治智慧的，贪婪成性的帝国主义仅用"道义"约束无异于天方夜谭。休斯因而一再苦口婆心地劝说澳大利亚不要过于信任《四国条约》，而应积极主动地加强澳大利亚的军备建设，借以将来急需时自保。休斯还坚持认为澳大利亚的安全必须依靠英、美等世界强国的保护，澳大利亚必须坚持不懈地寻求与美国结为军事同盟。

尽管休斯的观点与澳大利亚当时举国的乐观社会思潮格格不入，但它充分显示了休斯不愧是经验丰富的老牌政客。休斯后来回忆说当他看到日本在亚洲，特别是在中国贪得无厌地侵略和掠夺，而其他列强或根本不予阻止，或助纣为虐，或想"机会均等"，分得一杯羹。在事实的教训面前，休斯深刻认识到，如果没有美国凭借强大的军事力量作为保证，华盛顿体系实际上根本就没有能力制约日本的对外扩张与侵略。像休斯这样经验丰富的政客认识到这个世界远非参加华盛顿会议的列强们所描绘的那样，从此就是太平盛世。相反，他们认为这个世界危机四伏，充满了战争的风险。在日本强势扩张，英帝国快速衰落，而美国又袖手旁观的情况下，澳大利亚

---

[1] Meaney Neville Kingsley, *Fears and Phobias*, Canberra: National Library of Australia, 1996.

这个"英帝国链条中最薄弱的一环",实际上根本就没有安全可言。休斯甚至直言不讳地警告目光短浅的英国政客以及澳大利亚政客和民众,贪婪成性的日本侵略者很快就会前来澳大利亚和英帝国其他殖民地和自治领"叩门"①。

20年后,规模空前宏大的太平洋战争的爆发证明了休斯对帝国主义列强、对霸权和殖民利益争夺的本质的认知远比澳大利亚普通政客更为深刻。但是,缺乏战略远见的澳大利亚政客们在华盛顿会议后不仅不接受休斯的观点,反而认为休斯是过气的老牌政客,其危言耸听只不过是为了继续执政的伎俩。澳大利亚政客们于是联手将令人生厌的休斯赶下台,而由斯坦利·布鲁斯(Stanley Melbourne Bruce)出任新一任总理②。华盛顿会议后,包括澳大利亚在内的众多欧美政治家和民众都认为战争的可能性已经被消灭,和平已经来临。日益严重的经济危机和居高不下的失业问题才是各国政府所要解决的头等大事,严峻的经济形势因而迫使各国不得不将资源优先集中于国家战后重建和摆脱经济危机。澳大利亚也同样面临着严重的经济危机和居高不下的失业率,政府急欲解决经济和民生问题。

三 追求澳美同盟应对日本在南太和东南亚地区的霸权竞争

被驱赶下台的休斯并不轻易认输,他认为华盛顿会议并未实质性解除太平洋地区爆发大规模的帝国主义争霸战的风险,澳大利亚的国家安全危机重重。休斯坚持认为澳大利亚必须与美国建立紧密的政治

---

① Russell Parkin and David Lee, *Great White Fleet to Coral Sea*: *Naval Strategy and the Development of Australia-United States Relations*, *1900 – 1945*, Canberra: National Library of Australia, 1965, p. 47.

② Fitzhardinge, *The Little Digger*, *1914 – 1952*: *William Morris Hughes*, *A Political Biography*, Vol. 2, Sydney: Angus & Robertson, 1979, p. 525.

第二章 澳大利亚地区霸权的缘起和建构

和军事同盟,才能确保澳大利亚的安全和地区霸权。为此,休斯决定前往美国巡回演讲,宣扬他对日本日益扩张的军事实力,以及澳大利亚国防安全的担忧。休斯到美国后四处演讲,呼吁美国树立战略眼光,为澳大利亚的安全提供保证,并与澳大利亚建立密切的安全合作关系①。对于休斯的恳求,美国政府并不理会,《纽约时报》甚至发表评论,讥讽休斯的美国之行是向美国"乞求"一个根本不可能实现的澳美亲密关系和军事同盟②。

20世纪20年代末爆发的遍及资本主义世界的全球性经济危机不仅加剧了帝国主义列强间的紧张关系,澳大利亚与美国的关系也因经济和贸易问题变得紧张和困难起来。经济形势的严峻令美国在贸易领域愈加推行经济利己主义,对农产品实行补贴政策。这对于同样是农产品出口大国的澳大利亚非常不利,两国因而时常为美国的贸易政策发生争吵。全球性经济危机也进一步恶化了帝国主义国家间的关系,帝国主义列强因此加紧扩军备战。在此背景下,澳大利亚曾经因为《四国条约》的签署而充斥社会的和平主义思潮迅速消退,澳大利亚政府不得不考虑如何应对迫在眉睫的太平洋战争。鉴于澳大利亚与美国的关系并不密切,美国社会又弥漫着"孤立主义"情绪,澳大利亚只能将自己的安全寄托在英国身上,幻想战时英国皇家海军在澳大利亚危急时能够万里驰援,为澳大利亚而战。

但是,澳大利亚政界和军界人士又十分清楚,这可能只是澳大利亚一厢情愿的幻想,因为英国在欧洲和太平洋地区均面临着新兴帝国主义的激烈竞争,澳大利亚的安全不是英帝国关心的头等大事。澳大利亚对于英国的全球霸权来说仅是其中微不足道的一小部分,英国极

---

① Meaney Neville Kingsley, *Australia and World Crisis*, Sydney: Sydney University Press, 2009, p. 261.

② Russell Parkin and David Lee, *Great White Fleet to Coral Sea: Naval Strategy and the Development of Australia-United States Relations, 1900 – 1945*, Canberra: National Library of Australia, 1965, p. 45.

有可能为了自己的霸权而随时牺牲澳大利亚的利益。澳大利亚政客和军方人士对此有着深刻的认识，因此对澳大利亚未来的安全状况感到十分担忧。更糟糕的是，由于德国的战败和英日同盟的订立使得英国对远东地区的战争形势发生了误判，认为在亚太地区并不存在能够威胁英国利益的敌对力量。英国因此并没有按照规划认真修建新加坡海军基地，将其打造为英国在亚太地区足以抗击日本军事扩张的海空军堡垒。英国对远东地区形势的误判和随后不久发生的全球性经济危机导致英国政府于20世纪20年代中期对修建新加坡海军基地的必要性产生怀疑，并最终决定停建该基地①。

澳大利亚政府和军方对此感到十分不满，认为这将损害澳大利亚的国家安全和在东南亚地区的利益。澳大利亚总理布鲁斯对此感到十分不安，他认为新加坡海军基地是抵御日本侵略的第一道防线。如果新加坡无法抵抗日本的攻击，那么澳大利亚就会成为日本的下一个侵略目标。布鲁斯预测如果日本和欧洲的某些强国同时对英国发动战争，那么英国就只能将全部武装力量留在欧洲战场而根本无力派兵至远东和东南亚地区，更无法驰援澳大利亚。一旦这种情况发生，澳大利亚就将处于极其危险的孤军奋战的境地。澳大利亚政府因此希望英国不要停止修建新加坡军事基地，但澳大利亚的建议并未受到英国政府的重视。澳大利亚的担心并非杞人忧天，1941年太平洋战争的爆发就证明了布鲁斯的建议还是具有相当的政治预见性的。正是出于对自身安全的担忧，布鲁斯和其他一些澳大利亚政界人士认识到前总理休斯的建议的确高瞻远瞩，澳大利亚目前最好的选择就是加强自身的海军、空军建设，以便尽可能长时间地抵御日本进攻，直至英国舰队能够万里来驰援②。

---

① Kenneth J. Hagan, *This People's Navy: The Making of American Sea Power*, New York: The Free Press, 1991, p. 270.
② John M. McCarthy, *Australia and Imperial Defence: A Study in Air and Sea Power*, Brisbane: University of Queensland Press, 1976, p. 47.

第二章　澳大利亚地区霸权的缘起和建构　◆◇◆

　　帝国主义列强间的关系在第一次世界大战后益发紧张，特别是日本在亚太地区日益咄咄逼人的扩张态势引起了美国政府和军队的不安。为了争霸太平洋和远东地区，美国也利用其庞大的军事工业能力加紧扩军备战。1925年，美国再次派遣一支由56艘战舰组成的庞大舰队访问澳大利亚，受到了一直为自己的安全状况担忧，并一心想和美国结盟的澳大利亚的热烈欢迎。美国政府之所以派遣规模如此庞大的舰队访问澳大利亚，就是因为美国政府和军方将海军的这次长途访问看作是极有可能发生的太平洋战争的预演。依照五强海军协定的规定，美国不能在其殖民地菲律宾大规模驻扎海军。如果与日本发生战争，美国就只能从距离日本最近的夏威夷海军基地派遣舰队千里来战。夏威夷至澳大利亚的距离与其至日本的距离相似，因此，美国海军将这次澳大利亚之行看作一次有计划、有目的的对日战争预演[1]。

　　"敌人的敌人就是朋友"，深谙此道的澳大利亚对美国的备战举动感到十分高兴，共同的敌人使两个并不亲密的国家日益走近。澳大利亚因此不仅期待着美军的到访，而且给予如同1908年美军到访时同样的热情款待。但是，令澳大利亚政府和军方失望的是美国并没有因为此次军事访问而像澳大利亚期待的那样与之结为军事同盟，或是建立密切的军事合作关系，更没有承诺在未来太平洋地区发生的战争中保证澳大利亚的安全和利益。美国政府认为此举对美国的太平洋霸权和利益没有任何益处，并且还会刺激日本，损害美国与日本之间巨大的经贸关系。但是美军的这次行动的确拉近了澳美关系，美国也由此认为一旦与日本发生战争，澳大利亚，而不是夏威夷，可以成为美军的战略前沿基地，可以就近部署美军与日军进行主力大决战。

　　随着资本主义经济危机的不断加深，第二次世界大战的战争策源

---

[1] Albert A. Nofi, *To Train The Fleet For War: The U. S. Navy Fleet Problems, 1923 – 1940* (*Naval War College Historical Monograph Series*), Canberra: Naval War College Press, 2010, p. 75.

地在欧洲和亚洲快速生成。1933年,希特勒宣布德国退出国联,日本也借口国联不承认其扶植的伪满洲国而退出国联。1934年,日本为了扩军备战,悍然宣布退出《华盛顿海军条约》,从此引发了帝国主义列强放手扩军备战的大幕。日本还公然违反1930年伦敦控制军备竞赛会议的规定,大规模建造巨型战舰,并拒绝在1936年的第二次伦敦海军条约上签字。在此背景下,帝国主义列强重新恢复了疯狂的军备竞赛。日本不仅大规模扩军备战,而且公然挑战巴黎和会关于保持中国领土完整和各国在华机会均等的"门户开放"政策,企图独占中国,在中国和远东地区建立排他性的日本军国主义势力范围。为此,日本发动了"九一八"事变,侵占了中国的东北地区,并随后攻击上海的中国军队,挑起"一·二八"事变,企图侵占整个中国。日本对中国的侵略威胁了西方帝国主义列强在中国的利益,也令其扩张野心昭然若揭。

  日本对中国肆无忌惮的侵略和咄咄逼人的扩军备战致使远东和东南亚地区的形势进一步恶化,日本独吞中国的企图根本性地损害了西方列强的在华利益,因而遭到了英美等国的强烈反对和抵制。日本在远东和东南亚地区扩张侵略的企图也令澳大利亚政府和民众对自身的安全状况忧心忡忡。出于对英国军事力量的疑虑和对自己安全的担忧,澳大利亚政府再次恳求美国伸出援助之手,与澳大利亚结为军事同盟,并向澳大利亚提供军事援助和保护。但是,此时的美国却有着自己的利益考虑,因而对澳大利亚的苦苦请求仍然不予理会。面对日本疯狂地侵略扩张和扩军备战,美国一方面大规模扩建夏威夷海军基地,准备应对随时可能爆发的太平洋战争;另一方面则与日本保持紧密的经贸关系,利用日本对中国的侵略和扩军备战,大做军火生意,发战争财。鉴于美日间庞大的经贸利益和手握美澳关系的主动权,美国此时根本无意和日本决裂而与澳大利亚建立正式的军事同盟。1935年,美国政府再次公开拒绝了澳大利亚

第二章 澳大利亚地区霸权的缘起和建构 ◆◇◆

要求结为军事同盟的请求①。

不出澳大利亚老牌政客休斯的预料，华盛顿条约体系并未能解决帝国主义列强的霸权争夺。至1937年年初，华盛顿条约体系已经名存实亡。鉴于日本在亚太地区的强大军力，澳大利亚政府向帝国主义强烈发出呼吁，请求各国缔结新的条约，以放缓军备竞赛，维持太平洋地区列强军事力量的现状。澳大利亚此举显然旨在减缓日本和美国在太平洋地区军力的快速增长，为自己的安全和利益考虑。为此，澳大利亚特别提议中国必须维持"门户开放"政策，以维护包括澳大利亚在内的帝国主义列强在华利益均沾。但是，澳大利亚政府为了获取日本的欢心又在建议中特地将中国东北地区排除在"门户开放"政策之外，承认日本对中国东北地区的侵略和独占②。尽管澳大利亚煞费苦心地讨好日本，日本仍然毫不留情地全盘拒绝了澳大利亚的建议。就在这一年，日本发动了全面侵华战争，企图独占整个中国。美国对日本发动的全面侵华战争只是象征性地予以"制裁"，却从中大做军火生意，大发战争财。英国此时则忙于应对希特勒德国的崛起，根本无力顾及亚洲，遑论制止日本侵略。更糟糕的是，新加坡海军基地因为英国政客们对日本的绥靖政策和经济危机的困扰而迟迟没有认真修建。如此一来，英国在远东地区根本就没有能够为其大型舰队提供补给的海军基地。欧洲形势的险恶和亚洲的战备松弛更加坚定了英国首相张伯伦对日本奉行"绥靖"政策和牺牲中国来保全英国利益的决心③。

在英、美等国的绥靖和纵容下，欧洲和亚洲两个战争策源地几乎

---

① Russell Parkin and David Lee, *Great White Fleet to Coral Sea: Naval Strategy and the Development of Australia-United States Relations, 1900–1945*, Canberra: National Library of Australia, 1965, p. 45.

② Meaney Neville Kingsley, *Fears and Phobias*, Canberra: National Library of Australia, 1996.

③ John Costello, *The Pacific War*, Atlantic Communication Inc: New York, 1981, pp. 58–60.

同时形成。日本全面侵华和希特勒在欧洲的蠢蠢欲动预示了第二次世界大战已经迫在眉睫。澳大利亚政府对此极为担心，因为一旦世界大战在欧亚两洲同时全面爆发，英国势将自身难保，根本无法抽出足够的军事力量来帮助澳大利亚抗击日本的入侵。欧亚两洲同时开战所导致的险恶形势致使澳大利亚意识到它将不得不做最坏的打算，即在英国无法驰援的情况下，独自应对日本军队的入侵。对于地广人稀的澳大利亚来说，独力抗击日本的入侵根本没有胜算。据澳大利亚军方估算，一旦日本发动侵澳战争，澳军最多只能抵抗一个半月。如此严峻的安全形势迫使澳大利亚再次将求助的目光投向美国，因为此时只有美国才有能力向澳大利亚提供帮助，并将日本挡在澳大利亚国土之外。澳大利亚此时深刻认识到自己的国家利益与英国的根本利益并不一致，澳大利亚必须围绕自己的国家安全和利益开展外交活动[①]。

第二次世界大战于1939年9月在欧洲率先爆发。相较于其他新兴帝国主义列强，英国的军事和经济力量均已大幅度下降。更令英国统治者头痛不已的是英帝国内各殖民地和占领区人民的民族独立意识不断增强，要求独立自主的斗争此起彼伏，令英国内外交困。此时的印度和埃及人民不断发起抗议运动，要求民族独立和自由；巴勒斯坦地区的阿拉伯民众对英国偏袒犹太人的不满情绪日益高涨，离心倾向加速。大英帝国内忧外患，分崩离析只是时间问题[②]。希特勒德国和意大利墨索里尼在欧洲和北非的扩张侵略和暂时取得的胜利极大地刺激了日本军国主义。虽然日军百万侵略军由于中国人民不屈的抗日斗争而深陷中国战场，日本海空军却野心勃勃，积极准备在太平洋和东南亚地区发动针对英美的帝国主义争霸战争。位于亚洲边缘的澳大利

[①] Raymond Esthus, *From Enmity to Alliance: U. S. Australian Relations, 1931 – 1941*, New York: University of Washington Press, 1964, p. 68.

[②] Michael Graham Fry, "The Pacific Dominions and the Washington Conference: 1921 – 1922", Erik Goldstein and John Maurer, *The Washington Conference, 1921 – 1922*, London: Frank Cass Publisher, 1994, p. 5.

第二章　澳大利亚地区霸权的缘起和建构

亚因而明显感受到日本日益咄咄逼人的战争威胁，不断向英国发出求救之声。欧洲战争初期，澳大利亚出于对英帝国的效忠来换取安全庇护的考虑，积极派兵远赴中东地区追随英国参加第二次世界大战，企图以自己对英国的忠诚和为英国利益而战来换取英国在日本进攻澳大利亚时提供安全庇护。

1940年，希特勒突然发动"闪电战"大举进攻法国。法国政府由于一向奉行"绥靖政策"，对德国根本不做战争准备，因而短短数周便全线崩溃。一向对希特勒奉行"绥靖政策"的英国张伯伦政府也同样尝到了"养虎为患"的苦果：由于坐视希特勒侵略，并希望纳粹"祸水东流"，英国对德军大举进攻法国同样措手不及。待法军全线溃败，英国国防亦是危如累卵。此时的英国政府如大梦初醒，认识到欧洲战争形势的严重性：英国不得不集中全部军力对抗德国进攻，同时还要分出兵力应对意大利法西斯的进攻。澳大利亚政界和军界最为担心的不利的战争形势终于出现了，英国的军事困境也同样令澳大利亚陷入了国家安全困境。澳大利亚政府此时深刻地认识到宗主国英国已经根本没有力量保卫其在远东地区的殖民地和殖民利益，也根本没有力量向澳大利亚和新西兰提供安全庇护。如果日本在英国危难之时趁机宣战，而美国袖手旁观，不予援手，那么澳大利亚和新西兰以及英国在东南亚和亚洲其他地区的殖民地都会很快落入日本侵略军的手中。孟西斯政府对此忧心忡忡，认为日本在德国和意大利法西斯大获胜利的刺激下随时都会在东南亚地区发动对英战争，攻取东南亚、澳大利亚和新西兰。

但是，极端自私的英国和澳大利亚一味只想自保，甚至是将日本军国主义的侵略扩张引向中国等其他亚洲国家。面对日本随时可能发动的进攻，英国和澳大利亚不仅继续对日采取绥靖政策，反而一再怂恿日本进一步侵略中国，企图"祸水西移"，让日本无力侵夺英国在远东和东南亚的殖民地，也无力入侵澳大利亚。为此，英国十分顺从地满足日本政府的要求，极其自私地关闭了滇缅公路，断绝了国际社会对中国抗战物资的援助通道①。孟西斯政府对英国政府的极端自私行为极为赞同，认为这是阻止日本扩大侵略的有效策略②。但是，英国缺乏战略远见而又自私的行为引起了美国的强烈不满，罗斯福总统认为国际社会此时向中国提供一定的援助，有利于将日本主力深陷中国战场，消耗日本的军力、国力，为美国在今后可能发生的太平洋战争中掌握战争的主动权创造有利条件。但极端自私和狭隘的英国和澳大利亚表现出十足的鼠目寸光，一味讨好日本，消极自保。孟西斯政府不仅全力支持英国对日本的绥靖政策，还愚不可及地宣称关闭滇缅公路有助于改善英国与日本的关系，幻想以牺牲中国为代价，来换取日本承诺不进攻英国及其在东南亚和亚洲其他地区的殖民地，也不进攻澳大利亚和新西兰。面对美国的不满，孟西斯竟毫无廉耻地向美国表示强烈抗议，美国不赞成英国关闭滇缅公路"反映了美国仍然奉行不支持英帝国的态度，也不支持我们以牺牲中国为代价求得与日本媾和"③。

但是，孟西斯等人对日本军国主义势力的一味绥靖和退让根本就不可能填满日本侵略者的贪婪；用牺牲中国来保全英国和澳大利亚的安全和殖民利益也根本就是为渊驱鱼。面对英国和澳大利亚的退让，日本军国主义势力表现得更加咄咄逼人。为了让英国早日解脱困境，1940年5月，孟西斯总理再次致函美国总统罗斯福，恳请他不要袖手旁观德国和意大利在欧洲发动的帝国主义战争，而应在英国和法国全面危急时火速提供飞机、坦克等重武器，帮助英国和法国抵抗住德、意的大举进攻④。孟西斯警告罗斯福总统，英、法一旦战败，德国就

---

① Āzād Abūlkalām and Kumar Ravindra, *Document 70*, *The Selected Works of Maulana Abul Kalam Azad*: *1956-1957*, New Delhi: Atlantic Publishers and Distributors, 1992, p.132.

② Richard Gardiner Casey, *A Delicate Mission*: *The Washington Diaries of R. G. Casey*, *1940-1942*, Canberra: Australian National Library, 2008, p.12.

③ Cablegram Menzies to Bruce, *DAFP*, Vol. IV, 25 July 1940, p.46.

④ G. St. J. Barclay, "Australia Looks to America: The Wartime Relationship, 1939-1942", *Pacific Historical Review*, Vol. 46, No. 2, 1977, pp. 251-271.

第二章 澳大利亚地区霸权的缘起和建构

会占领整个欧洲和大西洋地区，从而对美国的安全和利益构成极大的威胁。数日后，澳大利亚驻美公使凯西（Casey）代表澳大利亚政府请求美国对德、意宣战，以鼓励英、法士气，分散德国兵力。由于澳大利亚政府的请求根本不符合美国的欧洲和全球利益，澳大利亚的请求因而遭到美国政府的断然拒绝[1]。得知美国的拒绝，孟西斯政府已是无计可施，只得将国家转入战时体制，竭尽全力地试图加强澳大利亚的国防力量，以应对日本的全面进攻。但是，孟西斯政府深知澳大利亚根本无力长期抵抗日本的进攻，而只能寄希望于美国的军事援助和保护。

面对岌岌可危的战争形势，孟西斯只得再次致函美国总统罗斯福，请求美国火速领导英语国家建立英语国家军事同盟，并向英、法等国提供军事援助，以免两国战败而被希特勒德国占领[2]。孟西斯苦口婆心地劝告罗斯福总统向英国和法国提供经济和军事援助，强调如果英国和法国被德国占领，美国将不可避免地成为德、意、日法西斯国家全力进攻的下一个目标[3]。孟西斯在信中还一再恳求美国基于"同文同种"之情，在日本发动入侵澳大利亚的战争时提供军事援助和安全保护。对于孟西斯政府的请求，罗斯福总统一概毫不留情地予以拒绝。罗斯福总统之所以这么做，一是由于美国长期奉行"孤立主义"因而根本没有做好对德和对日战争准备；二是由于英法长期奉行绥靖政策致使德国出乎意料地在极短的时间内掌握了欧洲战场的主动权，美国不得不将太平洋舰队一分为二，把相当一部分战舰调往大西洋，以应对随时可能发生的大西洋海战。在此情形下，美国政府无意与日本再发生海上战争，从而陷入两面作战的不利境地；三是美国通

---

[1] Richard Gardiner Casey [Carl Bridge (eds.)], *A Delicate Mission: The Washington Diaries of R. G. Casey, 1940 – 1942*, Canberra: National Library of Australia, 2008.

[2] Russell Parkin and David Lee, *Great White Fleet to the Coral Sea*, Canberra: Australian Department of Foreign Affairs and Trade, 2008.

[3] Anne Henderson, *Menzies at War*, Sydney: New South Wales University, 2014, p. 132.

过向日本出口大量废钢铁和战略物资而大发战争财，美国既得利益集团获利甚丰，美国政府因此无意与日本迅速决裂；四是1940年恰是美国大选年，罗斯福总统不得不优先集中精力忙于竞选连任，因而无力顾及欧洲和太平洋西岸的战事。

出于美国的经济和霸权利益考虑，罗斯福总统对澳大利亚要求美国向英、法提供援助，并向澳大利亚提供安全庇护的请求只是敷衍了事。罗斯福在给孟西斯的回信中轻描淡写地表示美国将向日本施加压力，必要时对日本实行经济制裁和禁运。就在罗斯福和孟西斯函件往来而对抵抗法西斯势力无实质性进展之际，法国因对德绥靖，没有认真备战而迅速溃败投降。法国的陷落令英国的安全形势危如累卵，日本、德国、意大利则进一步宣布结为军事同盟。德意法西斯在欧洲和北非的暂时胜利令日本军国主义侵略野心极度膨胀，日本在东南亚和太平洋地区发动侵略战争已是箭在弦上。澳大利亚政府因此深深感到日本的进攻迫在眉睫，孟西斯总理认为澳大利亚的唯一出路就是乞求美国的安全庇护和军事援助。澳大利亚的危急形势和澳大利亚政府与军方的一再乞求让美国看到了拆分英帝国的良机，美国政府因而不断要求澳大利亚绕过英国政府直接与美国单线联系。英国由于此时忙于自保，根本无力向澳大利亚和新西兰提供安全保护，因而不得不放松对各自治领的外交控制，同意它们与美国建立直接联系。在此背景下，澳大利亚政府立即主动提出与美国建立正式外交关系[1]。

英国、美国等帝国主义列强对日本的纵容和希特勒在欧洲暂时的胜利极大地刺激了日本的军国主义势力。法国投降后中，日本法西斯更加蠢蠢欲动，急不可耐地宣布了其"大东亚共荣圈"计划。令英国和澳大利亚感到极其不安的是，日本公布的"大东亚共荣圈"不仅包括英国在东南亚的殖民地，而且包括印度和远在南太平洋地区的澳大

---

[1] G. St. J. Barclay, "Australia Looks to America: The Wartime Relationship, 1939 – 1942", *Pacific Historical Review*, Vol. 46, No. 2, 1977, pp. 251 – 271.

第二章 澳大利亚地区霸权的缘起和建构 ◆◇◆

利亚与新西兰。日本的"大东亚共荣圈"充分暴露了日本的侵略野心，表明日本至此已经无意再遮掩其入侵澳大利亚的野心①。澳大利亚的安全形势因此空前恶化，日本对澳大利亚的侵略战争已是迫在眉睫。日本的"大东亚共荣圈"计划宣告了英国和澳大利亚长期以来一直对日本奉行的绥靖政策的彻底失败，英国和澳大利亚终于尝到对日绥靖政策失败的初步恶果②。日本的"大东亚共荣圈"计划，以及日本与德国和意大利的结盟，无疑是向英国等老牌殖民主义国家宣战，表明三国欲运用武力重新瓜分世界。

日本的"大东亚共荣圈"赤裸裸地公开了其侵略扩张野心。日本之所以敢于这么做，首先是由于英美等国的长期包庇和纵容，其次是由于日本看到英国已经深陷于同德国的苦战，根本无力顾及太平洋地区的澳大利亚和新西兰的安全。日本的侵略野心致使澳大利亚的国家安全深陷危机。澳大利亚与日本军力悬殊，根本无力长时间抵抗日本的进攻。更重要的是，澳大利亚由于刻意追随英国对日本实行绥靖政策，根本没有认真准备对日作战。相反，澳大利亚政府认为只要鼓励日本侵略中国，承认日本对中国的侵略和占领，日本或许不会进攻英国，也不会进攻英国的自治领澳大利亚和新西兰。正是基于这一幻想，澳大利亚不仅没有对中国人民的抗日战争予以援助，反而助纣为虐地支持英国关闭了对中国抗战至关重要的滇缅公路，致使日本侵略势力在英国和澳大利亚面前异常嚣张，甚至毫不掩饰地流露出要全面入侵澳大利亚的意图③。面对日本日益明显的侵略企图，孟西斯政府无计可施，只能一再恳求美国看在同文同种的情分上向澳大利亚伸出援助之手，在日本发动侵略战争时，向澳大利亚提供军事援助和庇护。但美国政府出于削弱英国在太

---

① Meredith Howard, *Sources of Japanese Tradition*, *Abridged*: *1600 to 2000*; *Part 2*: *1868 to 2000*, New York: Columbia University Press, 2006, p.313.
② Pam Oliver, "World Wars and the Anticipation of Conflict", Peter Dean (ed.), *Australia 1942*: *In the Shadow of War*, New York: Cambridge University Press, 2013, p.43.
③ Eugene L. Rasor, *The China-Burma-India Campaign*, *1931-1945*, London: Greenwood Press, 1998, p.4.

平洋地区力量和避免得罪日本的考虑，一直不予理睬。

尽管美国仍然继续对日奉行绥靖政策，但罗斯福总统决定在一定程度向日本炫耀武力，企图让日本的侵略行为有所收敛。与此同时，罗斯福总统对美澳关系的态度也有所转变，这让孟西斯政府感到十分高兴。鉴于日本在东南亚地区的蠢蠢欲动，不断加剧该地区的紧张局势，罗斯福总统决定派遣太平洋舰队的部分战舰访问澳大利亚。罗斯福此举一是旨在向日本显示军力，遏制日本可能对澳大利亚发动的入侵战争；二是为了向澳大利亚展示美国的军事实力，加速拉拢澳大利亚背离英国，靠向美国；三是为了进一步检视美国太平洋舰队的临战能力，为随时可能发生的太平洋战争做准备。澳大利亚政府对罗斯福总统的决定既感意外又十分高兴，因为这意味着美国对日本可能发动的侵澳战争不再像以前那样态度暧昧。由于日本侵略战争的阴云已经笼罩在澳大利亚民众的心头，美国舰队的到访因此受到澳大利亚政府和民众的热烈欢迎。悉尼民众倾城而出，向美国水兵表示敬意和欢迎，并纷纷恳求美国在澳大利亚面临侵略时提供军事援助和保护。

在日本与苏联签订中立条约之后，美国的态度再次发生了重大变化。美国政府认为派遣太平洋舰队访问澳大利亚过于刺激日本，不符合美国的利益，美国政府因而对日本的"南进"侵略政策和军事援助澳大利亚的态度再次变得暧昧不清。令英国和澳大利亚极度失望的是，美国坚定地拒绝了英国和澳大利亚提供军事援助的请求，对日本的"南进"政策态度模棱两可，既不明确表示反对，也不表示支持。在美国看来，日本南进政策损害的只是英国的利益，而对美国在亚洲的利益并无根本性损害。美国态度的再度转变令澳大利亚感到绝望，无奈之下，澳大利亚只得再次转向英国，请求英国在日本发动侵澳战争时务必派遣作战部队驰援澳大利亚。孟西斯总理为了向英国表示效忠，在得知英国对德国正式宣战后，也立即追随英国对德宣战。但是，令英国和孟西斯政府大感意外的是，澳大利亚民众并没有像第一次世界大战那样表现出对英国的高度效忠，青年人更没有出现踊跃参军、心甘情愿地为英国做出牺牲的场面。

澳大利亚和英国利益的"背离"是澳大利亚民众与英国的离心离德的根源。澳大利亚政府在二战初期天真地认为只要继续追随英国，为英国的利益而战，英国就会为澳大利亚的国家安全和地区霸权提供支持和保护。但是面对法西斯德国和日本军国主义在欧洲与亚洲的疯狂侵略，英国只想保住自己在欧洲的霸权地位和利益，而对日本在亚洲和太平洋地区的侵略一味采取绥靖政策，对日本即将发动的太平洋战争，并侵略澳大利亚本土漠不关心。至此，澳大利亚政客们终于相信英国的国家利益已经无可挽回地与澳大利亚渐行渐远。不论澳大利亚和其他自治领能够再为英帝国军事霸权付出多少资金和人员支持，英国这个老大帝国再也无力为澳大利亚和其他自治领提供昔日的庇护了。澳大利亚政客们于是在1941年8月联手将代表亲英势力的孟西斯赶下台，这标志着澳大利亚亲英时代的结束，也标志着澳美同盟进入实质性建构期。英国与澳大利亚在二战初期的分手充分表明帝国主义国家之间的军事同盟只不过是建立在契合的利益之上，而根本就不是建立在共同的历史、文化、政治制度和价值观之上。

第三章　太平洋战争及战后
澳美同盟的建构

一　太平洋战争和澳美战时同盟的建立

随着德国和日本两大战争策源地的形成，帝国主义列强间爆发全面世界大战的危机日益逼近，澳大利亚"白澳政府"寻求英国和美国保护的心情也更加迫切。德国和日本在欧亚两大洲的疯狂扩张也导致澳大利亚与英国的利益更加错位。面对德国咄咄逼人的战争威胁，老牌帝国主义英国显得力不从心，只能从全球各地不断收缩兵力，以求自保，而对澳大利亚等前殖民地的安全既无心，亦无力照拂。无奈之下，澳大利亚"白澳"政府不得不一方面继续向英国乞求保护，另一方面乞求美国在澳大利亚遭到日本入侵时，能够出兵相助。为此，澳大利亚总理柯廷（John Curtin）一再致函美国总统罗斯福，请求他看在澳大利亚与美国"同文同种"的面子上，在澳大利亚白人"兄弟姐妹"遭受日本"黄祸"侵略时，出手相助[1]。看到澳大利亚与英国原本极其密切的关系在日本军国主义扩张面前出现裂隙，美国政府觉得即使不能拉拢澳大利亚远离英国，也可以在英澳间塞入一根楔子。美国因而对澳大利亚的请求并不完全拒绝，而是虚与委蛇，导致澳大

---

[1] David Black and Lesley Wallace, *John Curtin Guide to Archives of Australia's Prime Ministers*, National Archives of Australia and John Curtin Prime Ministerial Library: Canberra, 2008.

利亚与美国的关系在二战前呈日益靠近之势。

英美等帝国主义强国对日本的纵容使得日本在太平洋战争爆发前在远东地区取得了巨大的暂时胜利，日本的侵略野心也随之极度膨胀。澳大利亚"白澳"政府对日本日益咄咄逼人的侵略扩张态势感到极大的恐惧。"白澳"政府因而坚决支持英国的绥靖政策，希望以牺牲中国来换取日本放弃进攻新加坡、马来亚和巴布亚新几内亚地区，威胁澳大利亚的安全和殖民利益。为此，澳大利亚政府竭力赞同关闭滇缅公路，断绝国际社会对中国人民抗击日本法西斯侵略的援助[1]。但是，令澳大利亚殖民政府极其意外的是，澳大利亚的殖民宗主国英国比澳大利亚更加自私和阴险。为了避免日本在亚洲地区损害其殖民利益，英国不仅对日本的侵略行为不加阻止，反而一味纵容绥靖，企图以牺牲中国和其他亚洲国家，甚至是澳大利亚和新西兰来保全英国的利益[2]。

鉴于德国和日本在欧洲和亚洲大陆的侵略扩张不断取得重大胜利，美国深感世界大战的威胁迫在眉睫。为了减少美国在今后战争中的损失，罗斯福总统决定向反法西斯国家提供援助，以使他们尽可能多地消耗德国和日本的军事力量。对美国的决定，英国在表示欢迎的同时，一再要求美国将迟来的援助全部放到英国和欧洲地区，以减轻英国的战争压力，帮助英国早日战胜德国。澳大利亚则恳求英国能够将美国的援助更多地放到东南亚地区，特别是新加坡和马来亚，以增强两处的军事力量，抵御日本的"南进"，确保澳大利亚及其在太平洋岛屿地区殖民地的安全。面对德、日法西斯的侵略扩张，英国和澳大利亚各打算盘，两国的分歧进一步加剧。

由于对外侵略扩张没有遇到美、英等西方强国的抵制，日本对外侵

---

[1] Eugene L. Rasor, *The China-Burma-India Campaign*, 1931–1945, London: Greenwood Press, 1998, p.4.

[2] Russell Parkin and David Lee, *Great White Fleet to the Coral Sea*, Canberra: Australian Department of Foreign Affairs and Trade, 2008.

略扩张的野心进一步膨胀。在此背景下,近卫文麿内阁于1940年发布《国策纲要》,宣称日本必须抓住世界大变局的良机,建立包括中国、澳大利亚和新西兰在内的"共荣圈",把东南亚和西太平洋地区变成日本的殖民地,构建日本在太平洋地区的霸权体系[1]。为此,日本确定"南进"方案,将攻占东南亚地区作为构建"大日本共荣圈"的第一步。日本之所以将东南亚地区作为侵略扩张的首选目标,首先在于英美等国的包庇和纵容。日本自1931年发动"九一八"事变侵占了中国东北后,美国对日本的侵略不仅不予制裁,反而向其提供大量的战略物资。英国则一再偏袒和纵容日本,操纵国际联盟拒绝对日本实施制裁。英美等国包庇、纵容日本的目的就是将日本侵略扩张的"祸水"引向苏联。因此,日本如果此时向疏于防范的英、美发动进攻就会轻而易举地夺取太平洋战争的主动权。其次,东南亚地区老牌帝国主义国家英国和法国的力量正在加速衰落,东南亚地区因此成为日本军国主义势力侵略扩张的最佳方向。再次,日本在陷入中国人民全面抗战的"泥潭"后,蒙受了巨大的人员和战略物资损失。东南亚地区有着丰富的石油、橡胶、锡等战争资源,可以满足日本进一步侵略扩张的军事物资需求。最后,东南亚地区的地缘战略地位十分重要,夺取东南亚既可以切断国际社会支援中国抗战的物资通道,又可以西向威胁印度,南向进攻澳大利亚,建立日本在西太平洋地区的霸权。此外,东南亚地区人民长期遭受欧美殖民主义和帝国主义的剥削和压迫,因而对英国、美国、澳大利亚、荷兰等殖民主义和帝国主义势力怀有极其强烈的憎恶。日本军国主义打着驱除西方殖民者,解放东南亚各殖民地人民的旗帜可以获得东南亚地区民众的支持[2]。诸多因素

---

[1] Mark Peattie, "The Southward Advance, 1931–1941 as a Prelude to the Japanese Occupation of the Southeast Asia", Peter Duus, Ramon H. Myers, Mark R. Peattie (eds.), *The Japanese Wartime Empire, 1931–1945*, Princeton University: Princeton, 1996.

[2] Douglas Ford, *The Pacific War*, Continuum International Publishing Group: New York, 2012.

第三章 太平洋战争及战后澳美同盟的建构 ◆◇◆

的综合导致日本最终确立了入侵东南亚和太平洋岛屿地区的南进战略。

1941年,极端军国主义分子东条英机上台执政,决定利用法西斯德国和意大利暂时大获胜利的有利时机对美国和英国发动全面进攻。就在澳大利亚和英国为美国究竟应该重点援助欧洲还是亚洲而发生激烈争吵之际,日本于1941年年底对美国珍珠港发动了突然袭击,太平洋战争正式拉开了序幕。澳大利亚和英国既对珍珠港事件感到震惊,同时又都为自身的安全长长地舒了一口气。珍珠港事件后,美国无法再保持中立而不得不投入第二次世界大战。美国从此成为抗击日本法西斯侵略的主力,澳大利亚和英国所面临的安全困境得以彻底解除。珍珠港事件对澳大利亚的重要性就在于它使一直坐山观虎斗并从日本在亚洲,特别是中国的侵略扩张中牟取暴利的美国不得不卷入太平洋战争[1]。虽然澳大利亚的战略形势在珍珠港事件初期变得更加险恶,但澳大利亚政府和民众深信他们已经拥有了战胜日本侵略扩张的强大后盾。

珍珠港事件发生后,澳大利亚政府和民众无不长长出了一口气,因为他们知道在太平洋地区抗击日本扩张的重任将不可避免地移至美国人的肩头。柯廷总理获悉珍珠港事件后十分欣慰地表示"英语国家和世界上大多数人终于团结起来反对共同的敌人了"[2]。太平洋战争一爆发,柯廷总理即发表战争演说强调太平洋战争是事关澳大利亚前途和命运的战争。柯廷立即致函罗斯福总统表示澳大利亚政府和民众将坚定地与美国人民一起抗击日本的侵略和扩张。柯廷还发表了在澳大利亚对外政策史上极为重要的外交政策声明:"我毫无任何保留地声明澳大利亚将转向美国,这对我们与联合王国的亲密关系不会造成任

---

[1] Joseph Camilleri, *The Australia New Zealand US Alliance: Regional Security in the Nuclear Age*, New York: Westview Press, 1987, p.45.
[2] Cablegram 153, Evatt to Casey Containing Personal Message from Curtin to Roosevelt, NAA: A981, War 53A, 13 December 1941.

何伤害……我们把与美国的关系当作我们政策的基石。"[1] 这是澳大利亚政府首次提出将对美政策，而非对英政策作为澳大利亚对外关系的基石。太平洋战争是澳大利亚对外关系史上最为重要的事件，它标志着澳大利亚的对外政策根本性地从英国倒向美国。自此，澳大利亚与美国形成战时同盟，澳军在麦克阿瑟的领导下与美军在太平洋地区联合作战，美国事实上成为澳大利亚最重要的军事盟友[2]。

由于包庇和纵容日本，美澳两军长期缺乏对日本的作战准备，因而在太平洋战争之初屡屡被日本击败，饱尝了绥靖政策的苦果。日本在第二次世界大战前拥有非常强大的战争动员能力。据有关历史资料记载，日军共有 51 个师团，远远超过了英美澳军队之和。所幸美国总统罗斯福颇具战略眼光，他力排众议，坚持向中国抗日民众提供一定的经济和军事援助[3]。罗斯福此举旨在以兵员众多，但国力羸弱的中国拖住并损耗日本的国力和军力。在以空间换时间的战略思想指导下，中国政府制定了正确的持久战方略致使日军多达 34 个师团陷在了中国战场。至太平洋战争爆发之际，日本能用于东南亚和包括澳大利亚大陆在内的西南太平洋地区作战的部队仅有 11 个师团[4]。这对于缺乏战争准备的澳大利亚和美英来说确是不幸之中的万幸。但是，由于英、美和澳大利亚长期对日本的奉行绥靖政策和怀抱将日本侵略的"祸水"引向中国和苏联的损人不利己的战略思想，致使日军在太平洋战争的初期在东南亚地区如入无人之境。1941 年 12 月 8 日，日军在偷袭珍珠港的第二天即出动 40 万人对中国香港、马来西亚、菲律宾、印度尼西亚和缅甸发动进攻。美国、英国和澳大利亚等国至此饱

---

[1] 汪诗明：《20 世纪澳大利亚外交史》，北京大学出版社 2003 年版，第 84 页。
[2] Russell Parkin and David Lee, *Great White Fleet to the Coral Sea*, Canberra：Australian Department of Foreign Affairs and Trade, 2008, p. 65.
[3] Cornelius Van Minnen, John F. Sears and Khalid Arar, *FDR and His Contemporaries：Foreign Perceptions of an American President*, London：Mcmillan Press, 1992, p. 129.
[4] David Black and Lesley Wallace, *John Curtin Guide to Archives of Australia's Prime Ministers*, National Archives of Australia and John Curtin Prime Ministerial Library：Canberra, 2008.

第三章　太平洋战争及战后澳美同盟的建构 ◆◇◆

尝了太平洋战争爆发前对日本奉行"绥靖政策",对战争不作认真准备的"害人害己"的恶果。

太平洋战争之初,日军准备充分,兵强马壮,具有较强的战斗力。反观美国、英国、澳大利亚和荷兰等国军队由于长期疏于战备和训练,因而一遭日军进攻便溃败。日军以极快的速度攻占了香港和马来亚,随后毫不费力地攻占了英国在东南亚最大的军事基地新加坡。1942年年初,日军3万余人向英国在东南亚地区最大的军事堡垒新加坡发动进攻。英澳守军多达85000人,是日军的两倍多①。但英澳守军在绥靖政策的麻痹下,长期不作战争准备。由于疏忽懈怠、训练废弛,英澳军队战力极其低下。在训练有素的日军进攻下,英澳殖民军死伤惨重,交战不数日即死亡1万余人。英国巨型战舰威尔士亲王号也被日军轻松击沉。在日军的凶狠打击下,英澳殖民军很快斗志全无。驻守新加坡的英军最高司令官眼见逃生无望,不得不下令全军放下武器向日军投降。至此,日军在整个马来亚战役中以区区3万之众迫使13万英军投降,这是英国对外战争史上规模最大的一次投降。日军不仅轻松地占领了英军在东南亚地区的军事堡垒新加坡,而且缴获了不计其数的军事装备,为日本进一步南侵铺平了道路。新加坡的失守使得澳大利亚的北方防卫门户洞开,完全暴露在日军的攻击之下,澳大利亚失守似乎只是时间问题。英国和澳大利亚终于尝到了将日本祸水西引,企图以牺牲中国民众的财产和生命求得自身安全,并对中国抗日战争不予任何援助的极端自私的恶果,可谓损人害己。

在日军的猛烈攻击下,大批英澳殖民军放下武器向日军投降。即使如此,英澳俘虏在投降后也遭受到残酷的虐待,大部分惨死于集中

---

① Kelly Mclaughlin, "The Surrender of Singapore: Pictures Show the Moment Britain Surrendered Island Territory to Japan in 1942, Leading to Three Years of Hell for 80000 Prisoners of War", *Mail*, 20 February 2017, https://www.dailymail.co.uk/news/article-4241644/The-moment-Britain-surrendered-Singapore-Japan-1942.html.

营和建筑工地,只有一少部分侥幸活到了战争结束。以澳大利亚第8师为例,当时该师一部分协助英军驻守印度尼西亚,在向日军投降后仍遭到日军残酷屠杀。这就是著名的"拉哈大屠杀":一些战俘被日军用刺刀捅死,另一些则被用军刀砍头,还有一些被用棍棒活活打死。幸存的战俘被押送至中国海南岛西南部的八所战俘营从事采矿、修建铁路和港口等苦役,许多战俘因日军的残酷虐待和折磨而死亡。据战后统计,被关押在这八所战俘营的澳大利亚和荷兰近1500名战俘在战后仅有四分之一幸运地活了下来。驻守新加坡的澳大利亚第8师约有15395人全部放下武器向日军投降,占二战时澳军被俘兵员总数的一半①。据澳大利亚官方资料统计,在新加坡被俘的15000多人中有7000多人被虐死在日军的集中营里②。即便是澳军的伤兵和手无寸铁的医护人员也同样被日军随意击毙或虐杀。在新加坡沦陷前,65名澳大利亚护士登船撤往澳大利亚,该船后来在苏门答腊附近被日军炸沉,日军异常残酷地射杀了21名幸存者。马来亚战役中被俘的美军、英军和澳大利亚战俘大多被转押至"死亡铁路"——缅泰铁路工地充当苦力。由于日军极其残暴,共有12000多名盟军战俘葬身于此。其中英国战俘占29%,澳大利亚战俘占69%。"几乎每一根枕木下都躺着一具尸体"就是英、澳战俘在二战后对日军暴行的控诉。澳大利亚前总理孟西斯曾强烈控诉日军在二战中对澳军和平民的暴行:"多达四分之一的澳大利亚远征军在新加坡被俘,日本士兵的行为充分证明了他们的野蛮、残暴和非人道。所有澳大利亚人都不会忘记澳大利亚士兵、护士和战俘所遭受的非人待遇。"

日军以凌厉的攻势夺取新加坡后,澳大利亚全国陷入了极度得恐

---

① Kelly Mclaughlin, "The Surrender of Singapore: Pictures Show the Moment Britain Surrendered Island Territory to Japan in 1942, Leading to Three Years of Hell for 80000 Prisoners of War", *Mail*, 20 February 2017, https://www.dailymail.co.uk/news/article-4241644/The-moment-Britain-surrendered-Singapore-Japan-1942.html.

② National Museum Australia, *Curtin Brings Home Troops*, 15 April 2020, https://www.nma.gov.au/defining-moments/resources/curtin-brings-home-troops.

慌。英国驻澳大利亚的外交官注意到澳大利亚民众在新加坡失守前还狂妄地嘲笑身材矮小的日本人是"黄色侏儒",根本不是英国和澳大利亚军队的对手。但在听闻大英帝国的骄傲——威尔士亲王号被日军击沉,英澳联军惨败的消息后都吓得面无血色,失败的情绪一时间笼罩了整个澳大利亚[1]。孟西斯回忆说新加坡失守后,澳大利亚政府官员和民众对日本随时可能发动的侵澳战争极度恐慌。柯廷总理在新加坡陷落后立即向澳大利亚民众发表讲话,强调新加坡的陷落是"澳大利亚的敦刻尔克"。澳大利亚全体民众必须奋起抵抗日本的侵略,保卫澳大利亚的国家安全。柯廷在极度惊恐中连电英国首相丘吉尔,哀求英国速将驻守印度洋的英国舰队全部调至太平洋,以便与美国太平洋舰队合兵一处,共同抵御日本即将发动的侵澳战争[2]。但是,柯廷的请求遭到了丘吉尔首相无情地拒绝。丘吉尔毫不客气地指出相对澳大利亚而言,英国本土的安全更为重要。绝望之际,柯廷气急败坏地批评丘吉尔政府应为新加坡战争的失败负全责,并指责英国政府对澳大利亚的生死存亡毫不关心是对澳大利亚民众"不可原谅的背叛"[3]。

太平洋战争爆发之初,美军也同样不堪一击。日军在偷袭珍珠港数小时后就对美国在东南亚的殖民地和最大的军事基地菲律宾发动了进攻,美军和英军一样都因长期奉行"绥靖政策"而对日本的侵略扩张不作认真的战争准备,因而根本无力抵抗日军的凶猛进攻。美军总司令麦克阿瑟在极有可能被日本俘获的情形下狼狈地撤至澳大利亚[4]。1942年4月初,美国驻守菲律宾的殖民军向日军投降。至此,日本完

---

[1] Christopher Thorne, *Allies of a Kind: The United States, Britain and the War Against Japan, 1941–1945*, London: Oxford University Press, 1978, p.252.

[2] Prime Minister's Department, *Cablegram from Curtin to Churchill*, Vol.5, p.428, 11 January 1941.

[3] Augustine Meaher, *The Road to Singapore: The Myth of British Betrayal*, Sydney: Australian Scholarly Publishing, 2010, p.67.

[4] Ikeda Kiyoshi, "Japanese Strategy and the Pacific War", Nish, Ian (eds.), *Anglo-Japanese Alienation 1919–1952*, London: Cambridge University Press, 1982, p.127.

全控制了太平洋中部地区。日军占领东南亚和西北太平洋岛屿地区之后,乘胜对澳大利亚北部重镇达尔文发动了自珍珠港事件以来最大规模的空袭。日军潜艇还潜入悉尼港,试图封锁澳大利亚最为重要的商业港口。澳大利亚一时间处于日军随时进攻的炮火下,导致澳大利亚民众一日数惊,再也无法安心享受安逸的生活。

在受到日军的猛烈打击后,英美等国立即意识到必须大幅度增加对中国抗日军民的援助。此举一方面有助于抗击日本这个共同的敌人,利用中国抗战最大限度地拖住并消耗日本的国力、军力;另一方面有利于迟滞日军向东南亚地区的进攻速度,为美、英、澳收拢溃军争取喘息时间。与此同时,美、英、澳等国成立西南太平洋战区,涵盖澳大利亚、菲律宾、所罗门群岛和荷属东印度地区,麦克阿瑟为战区盟军总司令。为了阻止日军进一步南下并夺取南太平洋岛屿,美军特别建立了拥有3艘航母和数十艘战舰的南太平洋舰队。1942年5月,日本对极具军事战略重要性的新几内亚和所罗门群岛发动进攻。在日军的凌厉进攻下,澳大利亚殖民军稍作抵抗便快速撤退。日军因而十分顺利地夺取了几内亚群岛和所罗门群岛等战略要地,实现了预定的战略目标。日军在占领几内亚群岛和所罗门群岛后,在布干维尔岛和瓜达尔卡纳尔岛修建了大型军事基地,成为日军在南太平洋地区最重要的海空基地之一,与日军在特鲁克(今密克罗尼西亚联邦境内)的军事基地构成了日军在南太平洋地区的军事堡垒。

日军在南太平洋岛屿地区的军事基地距离澳大利亚和盟军在新几内亚的军事基地很近,对澳大利亚构成了严重的安全威胁,日军随时可以对澳大利亚发动大规模进攻切断美澳之间的海上交通线,并入侵澳大利亚。残酷的战争现实和英国对澳大利亚生死的冷漠令澳大利亚举国上下达成了空前一致的共识,即澳大利亚必须与美国结盟。万分危急之时,柯廷再次紧急呼吁美国向澳大利亚伸出援助之手,并与澳

第三章　太平洋战争及战后澳美同盟的建构 ◆◇◆

大利亚正式结为军事同盟，共同保卫澳大利亚免受日本的侵略①。柯廷甚至在报纸上公开声称澳大利亚现在必须摆脱一切"与英国传统关系的羁绊，而将希望放到美国身上"②。柯廷向美国发出的求救声明清楚地表明澳大利亚已下定决心寻求与美国建立比与英国更为密切的同盟关系。柯廷的求救声明被普遍认为是澳大利亚对外政策的转折点，澳大利亚自此奉美国，而不是英国为自己的主人（British masters for American ones）③。此后不久，日军又对澳大利亚达尔文港发动空袭，并攻击澳大利亚的东部海域。万幸的是，由于日军的主要陆军兵力都陷于中国战场，根本无法集中足够的地面部队进攻澳大利亚，日军最终不得不放弃入侵澳大利亚大陆。

日本在占领东南亚和西南太平洋之后，控制了1.5亿人口和700多万平方千米土地，形成了一个北起阿留申群岛，南临澳大利亚，西迄印度洋、东至中途岛的庞大的殖民帝国，基本上实现了"大东亚共荣圈"的扩张计划。日军至此完全掌握了西太平洋地区的制空权和制海权，暂时夺取了战争初期的军事优势。虽然日军取得了暂时的战争主动权，日本军国主义势力也深知日本的战争潜力远远不及美国。日军因此在大体实现"共荣圈"后即在太平洋上依托三条岛链构筑了三道防线，用以抵御美军随时可能发动的反击，巩固日本在西太平洋上刚刚夺取的地区霸权。太平洋岛屿在日军的三道防线构成中具有重要的作用：第一道防线由吉尔伯特群岛、马绍尔群岛、威克岛、阿留申群岛构成。第二道防线由新几内亚群岛、马里亚纳群岛、硫磺列岛、小笠原群岛构成。第三道防线由菲律宾群岛、台湾岛、琉球群岛和加罗林群岛构成。日军虽然在太平洋上建构了三道防线，但日本战争潜力不足和日军战线过长的弊

---

① Martin Kichen, *The British Empire and Commonwealth: A Short History*, Simon Fraser University, 1996, p.85.
② Peter Edwards, *Permanent Friends? Historical Reflections on the Australian-American Alliance*, Sydney: Lowy Institute for International Policy, 2005, p.9.
③ David Lowe, "Australia in the World", in Joan Beaumont (ed.), *Australia's War, 1939–1945*, New York: Routledge, 1996, p.169.

端已经显露，这在此后爆发的太平洋海战中暴露无遗。

日军占领新几内亚后，随时准备进攻澳大利亚，澳大利亚在1942年年底以前一直处于随时可能被日军攻占的危险中。澳大利亚一些军方人士甚至预言由于兵力不足，澳大利亚最多只能抵抗6周便不得不放下武器投降①。为了向英国表示效忠，并争取英国今后可能提供的保护，澳大利亚军队主力第二陆军师2万多人在二战初期即被派遣至中东地区协助英国抵抗意大利和德国的进攻，保卫英国在中东地区的霸权和利益②。日本在攻占巴布亚新几内亚之后即对澳大利亚发动了试探性进攻，这令澳大利亚政府和民众十分惊恐。澳大利亚政府和军方以及广大民众均认识到澳大利亚的当务之急是加强本土的安全防卫，而不是把自己有限的军队派到万里之外的、与自己利益毫不相干的欧洲或中东去为英国的利益而战。在民众和日本入侵的双重压力下，极度惊恐的柯廷总理连电英国首相丘吉尔，要求立即将在中东地区追随英国作战的澳大利亚军队悉数调回，用于澳大利亚本土防卫。

但丘吉尔出于英国自身的利益考虑，坚决不允许澳军回防自己的国家，英澳双方为此展开了激烈的争吵。在丘吉尔的眼中，欧洲和中东事关大英帝国的生死存亡，远在万里之外的澳大利亚怎么能与英国的霸权利益相提并论呢？丘吉尔首相于是断然拒绝了柯廷的要求③。丘吉尔和英国政府对澳大利亚死活的漠不关心充分暴露了老牌帝国主义英国的极端自私，在危急时刻，对一向温顺听话，并为英国利益而在一战中牺牲了6万多人的澳大利亚也是如此刻薄寡恩。在遭到丘吉尔的拒绝后，柯廷总理气愤至极却毫无办法，闻知此事的澳大利亚政客和民众也倍觉寒心。澳大利亚政府和普通民众对英国只顾自己的利益，而无视澳大利亚的生死存亡的做法非常不满。在自己的国家面临

---

① David Black and Lesley Wallace, *John Curtin Guide to Archives of Australia's Prime Ministers*, National Archives of Australia and John Curtin Prime Ministerial Library: Canberra, 2008.
② National Museum Australia, *Curtin Brings Home Troops*, viewed 7 May, 2019.
③ National Museum Australia, *Curtin Brings Home Troops*, viewed 7 May, 2019.

第三章　太平洋战争及战后澳美同盟的建构 ◆◇◆

日本入侵的危急时刻，澳大利亚政府却无权将自己的军队调动回国，这让澳大利亚政府和民众对英国极为愤慨。英、澳两国间的裂隙越来越大，澳大利亚转向美国的决心自此更加坚定。

菲律宾战役后，麦克阿瑟率领美军残部撤往澳大利亚。这令身处危急时刻的澳大利亚喜出望外。柯廷对麦克阿瑟率领的美国败军的到来表示热烈欢迎，因为美军的到来不仅可以增强澳大利亚的防卫力量，联合将日军挡在澳大利亚之外，更可以进一步密切与美国的政治和军事关系。罗斯福总统在美军败退撤出菲律宾之后也深刻意识到澳大利亚对太平洋战争的战略重要性。在日军占领菲律宾和荷属东印度地区之后，澳大利亚成为西南太平洋地区唯一可被美国用作未来反攻日军的军事基地，这凸显了澳大利亚对美国的军事战略意义，也极大地增强了澳大利亚在澳美关系中的话语权。罗斯福总统因此对军事援助澳大利亚，携手阻止日军攻占澳大利亚本土的态度发生了明显变化。他向柯廷保证美国将尽一切力量阻击日军的进攻，决不让澳大利亚落入日本之手[1]。听闻罗斯福总统的保证后，柯廷总理和澳大利亚民众知道他们渴望已久的美国的保护终于到来了！澳大利亚军政官员也乐观地相信澳大利亚与美国的军事同盟也将随之到来。

麦克阿瑟败退澳大利亚为澳大利亚与美国政、军两界建立密切关系和确立军事同盟提供了良机。柯廷建议罗斯福总统在澳大利亚设立西南太平洋战区司令部，统一指挥美澳军队。柯廷还痛快地表示愿将澳军指挥权交由美国将领，并保证所有澳军都将服从美军将领的指挥。在罗斯福总统任命麦克阿瑟为驻澳盟军总司令后，柯廷并没有嫌弃麦克阿瑟是败军之将，而是代表澳大利亚政府将澳军指挥权交给了麦克阿瑟，由其全权指挥美澳联军[2]。这是澳大利亚第一次将军事指

---

[1] John Robertson, *Australia at War*, Melbourne: Heinemann, 1981, p. 106.
[2] Peter Edwards, *Permanent Friends? Historical Reflections on the Australian-American Alliance*, Sydney: Lowy Institute for International Policy, 2005, p. 10.

挥权交由美军将领，澳大利亚此前总是将澳军的指挥权交予英国将领。这标志着在面临日本大举入侵之际，澳大利亚政府不得不接受地缘政治的现实，向美国表示衷心的服从。但是，澳大利亚政界、军界和普通民众并不为改换门庭而悲伤难过，反而都为自己的国家能够与更为强大的美国结为军事同盟而感到由衷的高兴。也就是从这时起，澳大利亚广播电台的开始曲不再是《英国投弹兵进行曲》，而是改为《前进吧，美丽的澳大利亚》。

从二战后缴获的日军作战计划来看，日军统帅部的确计划于1942年2—3月发动侵澳战争，夺取澳大利亚大陆[1]。幸运的是，当时日军的大部分兵力都陷在了中国战场，根本无法从中国集中足够的兵力去进攻澳大利亚。据当时日军统帅部估计，入侵澳大利亚至少需要6万人的作战部队[2]。如果少于这一兵力，入侵澳大利亚的战争极有可能变成消耗战，从而像中国大陆战场一样将日军深深地陷在其中。中国战场的持久战如同日军的噩梦，日本统帅部预计日军根本无法承受另一场类似中国大陆的持久战。如果澳大利亚也变成持久战，日本注定将成为第二次世界大战的失败者。由于兵力不足，日本统帅部思忖再三，不得不放弃全面入侵澳大利亚的作战计划，转而对之实行包围与封锁，切断澳大利亚与外部世界，特别是与美国的联系，企图以此迫使澳大利亚投降。日军这一计划显然是不切实际的幻想，因为澳大利亚四面临海，而日军根本就没有足够的海军力量包围澳大利亚，并彻底切断其与外部，特别是与美国的海上联系。日军最终放弃了全面进攻澳大利亚的作战计划，澳大利亚也因日军的兵力不足而幸运地躲过了日军的蹂躏[3]。

---

[1] David Horner, "Australia in 1942: A Pivotal Year Dean", Peter (ed.), *Australia 1942: In the Shadow of War*, Cambridge University Press, 2013, p. 12.

[2] Gary Brown and David Anderson, *Invasion 1942: Australia and the Japanese Threat*, Canberra: Department of the Parliamentary Library, 1992.

[3] Henry Frei, *Japan's Southward Advance and Australia*, Hawaii: University of Hawaii Press, 1991, p. 167.

第三章　太平洋战争及战后澳美同盟的建构

1942年5月初，美国对驻扎在巴布亚新几内亚的莫尔斯比港的日军发动进攻，这是美、日两国海军主力在太平洋战场上的首次交锋，著名的珊瑚海战役就此拉开了序幕。虽然双方在此次战役中损失相当，但美军挡住了日军的继续南进，这对美军来说无疑是获得了战略性胜利。6月3日，日军发动中途岛海战，企图歼灭美国在太平洋上的海军主力。但是这次海战的结果是日军再次惨败，日军在此次海战后不得不转入战略防御。面对连续两次战略性失败，日本急欲夺回太平洋战争的主动权，巩固太平洋地区的霸权。日军因而计划夺占西南太平洋岛屿，切断美军太平洋海空军基地夏威夷和澳大利亚大陆间的军事和战略联系，使得美军无法利用澳大利亚作为今后反攻的军事基地。太平洋战争充分表明了太平洋岛屿地区对军事强国建构太平洋霸权的重要性，这也使得太平洋岛屿地区在二战后成为美国和澳大利亚必须牢牢控制的地区。澳大利亚政府和军方也从此时萌生了将整个太平洋岛屿地区变成澳大利亚"后院"的念想。

为了夺回太平洋战争的主动权，日军竭力企图重新占领巴布亚新几内亚的莫尔斯比港。此外东连太平洋中部地区，可将太平洋拦腰截为两段；西连东南亚地区，极具战略重要性。经过一个月的殊死战斗，澳大利亚军队付出惨重的代价阻挡了日军的进攻。此次战斗是盟军在太平洋战争中取得的第一次陆战胜利，致使日本的战略企图落空。在日军发动进攻之际，美军也在擘画军事反攻。为了确保与澳大利亚之间的战略性联系不被日军切断，确保美军作为战略反攻基地的澳大利亚安全，美军发起了夺取所罗门群岛的瓜达尔卡纳尔岛的战斗。在美军强大火力的打击下，日军不得不于1943年2月初撤出瓜达尔卡纳尔岛。此后日军虽然发动了数次反攻，企图夺回该岛，但均以失败而告终。在对瓜达尔卡纳尔岛长达半年的争夺战中，美日双方进行了近百次大小海战。以美国为首的盟军先后投入60000兵力参战，伤亡5000多人。日军投入作战兵力35000余人，伤亡近25000人①。中途岛海战和瓜达尔卡纳尔岛争夺战是太平洋战争的转折点，日军至此完全丧失了在太平洋地区的优势。而盟军却重新夺回了战略主动权，扭转了战争初期的被动。

盟军在取得上述胜利后，紧接着又对太平洋岛屿地区的其他岛屿，如巴布亚新几内亚的布干维尔岛发动了战略性进攻。1944年2月，美军夺取了马绍尔群岛中的大部分岛屿。随后在俾斯麦群岛登陆，完成了对日本军事要塞拉包尔的包围。美军此后发动了新几内亚战役，基本收复了新几内亚全岛。1943年11月，美军发起吉尔伯特群岛战役，占领了塔拉瓦等岛屿。1944年1—2月，美军又夺取了夸贾林、罗伊岛—那慕尔岛、埃尼威托克诸环礁，为夺取马里亚纳群岛创造了条件。1944年6月，美国在"马里亚纳海战"中完胜日本联合舰队，予日本海军以毁灭性打击。美军自此夺取了太平洋中部地区的制海权和制空权，完全取得了太平洋战争的战略主动权。美军随后发动了马里亚纳群岛登陆战，先后攻占了塞班岛、关岛和提尼安岛，并歼灭日军70000余人。日本自此不但随时面临着美军轰炸机从马里亚纳群岛空袭的危险，美军更获得了继续北进的前进基地。马里亚纳大海战的失败和马里亚纳群岛的丢失，震动了日本各界，激化了日本统治集团的内部矛盾。日本各界对东条英机的不满迅速高涨，东条英机内阁因此倒台。1944年10月23—26日，日本与美国爆发了世界上迄今为止规模最大的海战——莱特湾大海战，美军再次取得了全胜，而日本则完全丧失了与美国海上对抗的力量②。

尽管澳美两国已经建立了军事同盟共同抵御日军的进攻，并且澳大利亚也心甘情愿地将军事指挥权交给了美国，但是澳美关系并不融

---

① William B. Hopkins, *The Pacific War: The Strategy, Politics, and Players that Won the War*, Minneapolis: Zenith Press, p. 132.
② H. P. Willmott, *The Battle of Leyte Gulf: The Last Fleet Action (Twentieth-Century Battles)*, Indiana University Press, Bloomington, 2015, p. 236.

第三章 太平洋战争及战后澳美同盟的建构 ◆◇◆

洽，更不像冷战时期那样亲密。由于澳美两国实力悬殊，美国因而高高在上，对澳大利亚颐指气使，根本不因两国的战时结盟而平等地对待澳大利亚。这主要表现在美国很少事先与澳大利亚政府协商两军的联合作战事宜，而总是单方面制定作战计划，然后要求澳大利亚方面遵照执行。更令澳大利亚政府不满的是，在整个战争期间，美国从不让澳大利亚参加盟国举行的重要会议，即便事关澳大利亚的利益也不行；在二战即将结束前，美国也从不征求澳大利亚对于日本投降所设的前提条件[1]。美国对澳大利亚的不平等相待最终引起澳大利亚政府的强烈不满，但是罗斯福总统对澳大利亚的不满和抱怨却始终秉持不理不睬的态度。最令澳大利亚政府感到愤懑的是，美国在二战结束后将太平洋区域所有战败国都纳入其势力范围，而将澳大利亚完全排除在战胜国之外，根本不让其分享战胜国的成果[2]。此外，美军在驻防澳大利亚期间不断发生违法、违纪和扰民行为，令澳大利亚民众十分不满，两军士兵也不时发生摩擦，美澳间的矛盾甚至令许多澳大利亚民众担心美国会借机吞并澳大利亚[3]。

澳美两国在二战期间龃龉不断，但盟国西南太平洋战区总司令麦克阿瑟却在战争中与澳大利亚领导人建立了较好的合作关系。这是因为双方观点一致，都对美英政治领导人制定的先欧洲、后亚洲的总体作战方略感到非常不满。1941年12月，英美两国领导人背着澳大利亚和其他亚洲盟国制定了"先欧后亚"的第二次世界大战总方略。根据这一方略，大量的美国军事援助优先供给英国和欧洲战场[4]。澳大利亚政府和军方对英国的极端自私非常不满，外长埃瓦特一再向丘吉

---

[1] Peter Edwards, *Permanent Friends? Historical Reflections on the Australian-American Alliance*, Sydney: Lowy Institute for International Policy, 2005, p. 12.

[2] Henry Frei, *Japan's Southward Advance and Australia*, Hawaii: University of Hawaii Press, 1991, p. 178.

[3] Henry Frei, *Japan's Southward Advance and Australia*, Hawaii: University of Hawaii Press, 1991, p. 180.

[4] National Museum Australia, *Curtin Brings Home Troops*, Viewed 7 May, 2019.

尔首相抱怨这一战略根本没有考虑到澳大利亚的利益和民众的感受。麦克阿瑟支持澳大利亚领导人的观点，并一再怂恿澳大利亚领导人直接向罗斯福总统进言，要求修改"先欧后亚"方略。在决定太平洋地区战争命运的珊瑚海和中途岛大战前，澳大利亚一直担心日本会大举入侵澳大利亚，因此一再要求美英两国首脑向澳大利亚增兵。麦克阿瑟当然乐见其成，总是为澳大利亚领导人的要求背书。美国战争部长亨利·斯蒂姆森（Henry Stimson）对此极为恼火，他怀疑麦克阿瑟已被澳大利亚收买，因而一再向罗斯福总统表示怀疑麦克阿瑟对美国的忠诚度[1]。由于相同的利益，柯廷与麦克阿瑟的确在战争中建立了非常密切的关系，柯廷也因此被相当一些澳大利亚人看成是"澳大利亚的救星"[2]。

1944年年初，太平洋战争的胜利天平已经明显倾向于同盟国。澳大利亚政府和民众为胜利的曙光欢呼，他们希望麦克阿瑟能够带领澳军收复被日军侵占的太平洋岛屿和英国在东南亚的殖民地，并攻占日本法西斯的老巢，一洗战争初期的耻辱。但澳大利亚政府和民众的这一要求却遭到了美国政府和军方的坚决反对，他们认为最终的胜利果实只能由美国和英国享用，澳大利亚根本不配享有这一殊荣。麦克阿瑟虽然对此既感到遗憾，却也深知美国和英国的用意，因而无意也无力为澳大利亚说项。基于美国的战后利益，麦克阿瑟只能对柯廷的一再请求予以婉拒。除了企图和英国分享战后利益外，美国政府希望给美国民众塑造这样一个印象，即美国政府领导美军独自赢得了太平洋战争的胜利，美国是世界的救世主，而其他盟国对太平洋战争的胜利只是做出了微不足道的贡献[3]。

---

[1] Christopher Thorne, *Allies of a Kind: The United States, Britain and the War Against Japan, 1941–1945*, London: Oxford University Press, 1978, p.260.

[2] Peter Edwards, *Permanent Friends? Historical Reflections on the Australian-American Alliance*, Sydney: Lowy Institute for International Policy, 2005, p.10.

[3] Christopher Thorne, *Allies of a Kind: The United States, Britain and the War Against Japan, 1941–1945*, London: Oxford University Press, 1978, p.479.

第三章 太平洋战争及战后澳美同盟的建构 ◆◇◆

自太平洋战争行将结束的1944年下半年起,澳大利亚政府领导人和军方更是感到美国对他们的意见根本不予理睬,其傲慢程度和英国人在二战初期如出一辙,这令澳大利亚政府和军方领导人非常不满,却又无可奈何。最明显的例子就是开罗会议的召开,美英领导人根本没有邀请澳大利亚出席会议,似乎澳大利亚根本就不是美英的盟友,这令柯廷和埃瓦特外长在澳大利亚民众面前颜面尽失,柯廷和埃瓦特因而对美国和英国的傲慢态度极度不满[1]。此外,美国还单方面决定日本占领的太平洋岛屿的归属问题,根本不与澳大利亚政府进行任何商讨,这不仅令澳大利亚政府感到愤怒,也令澳大利亚民众对战后的前景感到极其不安。澳大利亚认为太平洋岛屿不仅是澳大利亚的天然殖民地,而且关乎澳大利亚的安全和地区霸权。为了与美英等战胜国争夺利益,同时也为了让美、英政府更多地照顾自己的利益诉求,澳大利亚政府联合新西兰于1944年单独召开会议,要求澳新两国领导人必须列席盟国最高领导人会议,并参与讨论和决定结束第二次世界大战的重要问题[2]。

澳大利亚和新西兰"自抬身价"的"造反"行为严重损害了美英两国的颜面,引起两国元首的强烈不满,两国因而对澳大利亚和新西兰的战后利益要求更是不予理睬。老牌殖民帝国英国对澳美两国在战争中的纷争了然于心,通过明察暗访,英国政府得出结论,即澳大利亚民众虽然总体上对美国心存感激,并希望得到美国的保护,但他们在内心深处非常厌恶美国人的傲慢和自以为是,担心美国人会借机"吞并"他们的国家。英国政府由此认为第二次世界大战结束后,澳大利亚民众总体上将对英国,而不是美国更有好感。英国于是暗中笼

---

[1] Russell Parkin and David Lee, *Great White Fleet to the Coral Sea*, Canberra: Australian Department of Foreign Affairs and Trade, 2008, p. 69.

[2] Conference of Australian and New Zealand Ministers, NAA: A989, 43/735/168, 7 – 12 January 1944. Trevor R. Reese, "The Australian-New Zealand Agreement 1944 and the United States", *Journal of Commonwealth Political Studies*, Vol. 4, Issue 1, 1966, pp. 3 – 15.

络澳大利亚官员和民众，希望他们在战后重新靠近英国[①]。澳大利亚政府领导人当然深知二战后的美国对澳大利亚具有更加重要的经济、政治和战略价值，他们因而努力调和与美国的矛盾，不让澳大利亚民众对美国的不满情绪失控。

为了缓和澳大利亚与美国间的关系，柯廷于1944年年初亲赴华盛顿会见罗斯福总统。虽然罗斯福总统也有意修复两国间不愉快的关系，但罗斯福总统为了美国利益仍然毫不犹豫地拒绝了柯廷希望澳大利亚和美国在战后正式缔结军事同盟的请求。与柯廷私交很好的麦克阿瑟直言不讳地告诉柯廷，美军在二战初期撤退至澳大利亚并不是由于两国"同文同种"，而是因为美国将澳大利亚视作反攻日本本土的"军事基地"，战后继续保护澳大利亚并不符合美国的利益。如果澳大利亚希望获得更多的援助和庇护，它只能"去找英国，而不是美国"[②]。麦克阿瑟的解释直白地说明了美国仅是利用澳大利亚作为反攻日本的临时军事基地和后勤补给基地，而根本无意与澳大利亚结为持久的军事同盟关系，更不会向澳大利亚提供安全保护和地区霸权支持。大失所望的柯廷随后访问了伦敦，英国政府和军方异常高兴地发现虽然澳大利亚位于太平洋，并且美国在战争中向澳大利亚提供了极为重要的安全保护，但第二次世界大战的结局使得澳大利亚对英国，而不是对美国更为倾心。柯廷总理也自抬身价地向英国政府表示澳大利亚愿意与美国建立密切的关系，但澳大利亚更愿意与英国保持亲密关系。柯廷还假意充满深情地表示澳大利亚对王权充满感情，将继续效忠联合王国[③]。由此可见，澳美同盟和澳英同盟从来就不是共同价值观和意识形态的产物，而是基于国家安全、地区霸权和殖民利益的

[①] David Black and Lesley Wallace, *John Curtin Guide to Archives of Australia's Prime Ministers*, National Archives of Australia and John Curtin Prime Ministerial Library: Canberra, 2008.

[②] Peter Edwards, *Permanent Friends? Historical Reflections on the Australian-American Alliance*, Sydney: Lowy Institute for International Policy, 2005, p. 11.

[③] Christopher Thorne, *Allies of a Kind: The United States, Britain and the War Against Japan, 1941–1945*, London: Oxford University Press, 1978, p. 483.

第三章　太平洋战争及战后澳美同盟的建构

结果。

随着第二次世界大战最终结局的日益明朗化，澳大利亚在军事上对美国的重要性日益下降。为了向美国民众渲染美国政府的"英明""正确"，美国政府有意识地抹杀和淡化澳大利亚士兵在太平洋战争中的贡献。美国媒体在有关太平洋战争的报道中总是连篇累牍地宣扬美国官兵的英勇精神和丰功伟绩，而对澳大利亚士兵的勇敢作战鲜有提及。美国甚至为了抬高自己还故意抹黑澳大利亚士兵的形象，讥讽他们只是一群怕死的胆小鬼，躲在英勇冲锋的美军身后，坐享太平洋战争的胜利。总之，美国媒体众口一词地得出结论：澳军对太平洋战争的胜利根本没有发挥什么作用[1]。美国媒体对太平洋战争的选择性和歪曲性报道引发了澳大利亚民众的强烈愤慨，因为澳军为麦克阿瑟重新夺回菲律宾，一雪战争初期的失败之耻做出了重大的牺牲[2]。澳大利亚政府和在野党领导人因此纷纷发表讲话，对美国政府和媒体贬低澳大利亚对太平洋战争的贡献表示强烈不满。澳大利亚媒体也密集发文，针锋相对地颂扬澳军的英勇事迹，并对美国媒体和官方文件的扭曲性和故意抹杀澳军成就的报道予以批评和反击。

尽管澳大利亚在太平洋战争前追随英国对日本奉行纵容和绥靖政策，但客观分析，澳大利亚在二战中对盟军获得最后的胜利还是做出了一定的贡献。澳大利亚在第二次世界大战中的损失要比一战小一些，这个700万人口的国家一共有100万人参军参战，其中37000人在战争中丧失了生命。另有30000人被俘，其中有22000人被日军俘虏。特别值得一提的是，被日军关押的战俘在羁押期间备受虐待，战后仅有14000人活着回到了澳大利亚。在新加坡之战中，一艘澳大利亚医疗船被日军击沉，在游到岸上的53名护士中有21人被日军当场

---

[1] David Black and Lesley Wallace, *John Curtin Guide to Archives of Australia's Prime Ministers*, National Archives of Australia and John Curtin Prime Ministerial Library：Canberra, 2008.

[2] Russell Parkin and David Lee, *Great White Fleet to the Coral Sea*, Canberra：Australian Department of Foreign Affairs and Trade, 2008, p.79.

枪杀，另有8人在拘押中被虐待致死。日军在二战中的残暴给澳军的战争幸存者的心灵留下了难以痊愈的创伤，许多澳军官兵在谈及当年的苦难时，纷纷怒斥日军是"毫无人性的畜生"。这就是为什么半个多世纪后，当英国移民阿伯特（Abbott）成为澳大利亚总理，并对日军士兵在二战时的"专业"和"敬业"表示钦佩时，许多幸存的澳军老兵和家人纷纷对其赞美日本军国主义的言辞表示强烈抗议的缘故①。

澳大利亚政府和民众对澳大利亚军队在太平洋反攻中的流血、流汗，而美军却坐收名利的不公平待遇表示强烈的不满和愤慨。前总理孟西斯为了将柯廷赶下台以便自己重新上台执政，更是将矛头指向柯廷，指责柯廷缺乏战略远见。孟西斯强调美军在夺回菲律宾的战斗中既要名又要利符合美国的利益，因为这不仅关系到美国的"荣誉和自尊"，更关系到美国在战后的战略利益。在此情况下，澳大利亚也应考虑自己的战后利益，将兵力重点用于重新夺回英国在东南亚地区的殖民地，如缅甸、马来西亚、新加坡和荷属东印度等地区，这才符合澳大利亚和英联邦的利益②。但是柯廷坚持认为澳大利亚必须忍辱负重，做出正确的战略抉择，这就是澳大利亚必须紧紧追随美国，而不是继续为了英国的利益而战。柯廷强调只有与美国建立较为紧密的关系，才能在战后的分利方案中获得更大的发言权，并彻底解决澳大利亚的安全问题。尽管澳美两国关系在二战后期发展得并不顺利，澳大利亚民众的反美情绪也在不断地增长，但柯廷政府坚持认为澳大利亚必须忍辱负重，做出正确的战略选择③。澳美两国在二战后期摩擦不断，双边关系深受影响。但是，澳美共同对敌作战而形成的结盟意识

---

① Adam Withnall, "Tony Abbott Embarrasses Australia by Praising Japanese WWII Military", *Independent*, 10 July 2014.

② Paul Hasluck, *The Government and the People*, Canberra: Australian War Memorial, 1952, p. 571.

③ David Black and Lesley Wallace, *John Curtin Guide to Archives of Australia's Prime Ministers*, National Archives of Australia and John Curtin Prime Ministerial Library: Canberra, 2008.

却对澳大利亚的战后安全观和国防战略产生了深远的影响。澳外长埃瓦特曾对美国外交官坦承:"越来越多的澳大利亚人认识到他们国家的政治未来在太平洋而不在大西洋。"① 他还预言澳大利亚和新西兰在不久的将来一定会拥有完全独立的外交事务决定权,在不排斥与英国保持密切关系的同时,澳大利亚一定会与美国建立实质性的合作关系。

太平洋战争是世界反法西斯战争的重要组成部分,直接起始于1941年12月7日,结束于1945年9月2日,范围遍及太平洋、印度洋、东亚及东南亚地区。太平洋战争虽然起始于日本袭击珍珠港,却是发轫于日本军国主义对中国东北的侵略。太平洋战争对亚洲和太平洋地区有着深刻的影响,日本在战后不仅失去了过去数十年来通过发动侵略战争而霸占的土地,而且举国被直接置于美国的军事占领之下。更重要的是,太平洋战争和第二次世界大战的结束直接引发了亚非拉和太平洋岛屿地区各族人民民族自觉意识的觉醒和民族独立运动的兴起。美国、英国、法国、澳大利亚、新西兰等西方殖民宗主国从此面临着太平洋岛屿地区人民风起云涌的独立运动。二战的结束也宣告了英帝国作为世界超级大国的终结,为美国的崛起和建立由美国主导的战后全球霸权体系和秩序扫清了道路,同时也为英国的各个自治领成为现代意义上的独立国家扫除了来自英国的羁绊。英国势力从太平洋地区的消退为澳大利亚在二战后与美国建立特殊关系和超过与英国亲密度的澳美同盟创造了客观条件。

二 朝鲜战争和战后澳美同盟的缔结

第二次世界大战结束后,美国成为人类有史以来最为强大的超级

---

① Christopher Thorne, *Allies of a Kind: The United States, Britain and the War Against Japan, 1941–1945*, London: Oxford University Press, 1978, p. 646.

◆◇◆ 澳美同盟语境下澳大利亚地区霸权的建构

大国，一跃成为亚洲和太平洋地区的霸主，亚洲和太平洋地区的霸权体系与秩序也因此发生了根本性改变。苏联在二战后也迅速崛起为与美国势均力敌的超级大国，并不断地向亚洲和太平洋地区扩张，与美国形成了激烈的争霸格局。二战前的老牌殖民主义强国英国、法国和荷兰也欲借日本的战败、美国霸权地位的确立卷土重来，恢复其在东南亚地区的殖民地。老牌殖民主义强国逆世界发展潮流的不智之举引起了东南亚人民的反抗，争取民族独立与解放的运动风起云涌，预示着老牌殖民主义和帝国主义国家在该地区的殖民体系即将瓦解。美国、英国、法国、澳大利亚和新西兰则借着新兴帝国主义强国德国和日本的战败在二战后重新瓜分了两国在太平洋岛屿地区的殖民地，并恢复了对太平洋岛屿地区人民的殖民统治和殖民掠夺。在亚非拉人民民族独立和解放斗争的鼓舞下，太平洋岛屿地区人民的民族独立和自觉意识也在不断高涨。太平洋岛屿地区人民在二战后也逐渐走上了反对西方列强殖民统治和掠夺，争取民族独立的漫长而艰难的道路。

二战后，美国认为苏联是美国在亚洲和太平洋地区的霸权竞争对手。出于和苏联争霸的目的，美国不断出钱、出枪，甚至出人支持英国、法国、澳大利亚和新西兰等殖民主义国家恢复其在亚洲和太平洋地区的殖民宗主国地位，企图借以扼杀东南亚和太平洋岛屿地区人民争取民族独立和解放运动[1]。以越南为例，为了维护法国在越南的殖民统治，美国每年向法国殖民军提供10亿美元的军事和经济援助[2]。同样是出于霸权竞争的考虑，苏联以支持世界各国人民争取民族解放和独立为名，大力输出意识形态，输出革命。在亚洲和太平洋岛屿地区，苏联的战略重点是将其势力迅速打进东南亚地区，建立苏联的军事基地和势力范围，并进一步东进、南下，将苏联势力伸入太平洋岛屿地区。苏联势

---

[1] Caleb S. Rossiter, Caleb, *The Turkey and the Eagle: The Struggle for America's Global Role*, New York: Algora Publishing, 2010, p. 26.

[2] Eugene Solomon, *Lies and Deceits*, iUniverse Press: New York, 2010, p. 488.

第三章 太平洋战争及战后澳美同盟的建构

力在亚洲和太平洋地区的迅速扩张势头引起美国和其他老牌殖民主义国家的不安,也加剧了美苏在东南亚地区的争霸力度,美苏两大阵营很快便在东亚和东南亚地区形成了激烈的军事对抗局面。

二战后,澳大利亚虽然位列战胜国之列,但它并未受到美国的重视。但是,第二次世界大战对澳大利亚异常重要,因为它不仅根本性地改变了澳大利亚与英国和美国的关系顺序,而且让澳大利亚政界、军界,乃至普通民众从内心深处认识到美国对于作为太平洋国家的澳大利亚具有英国根本无法比拟的重要性。澳大利亚在战后的国防安全一定得依靠美国而不是英国,特别是1946年冷战的大幕拉开后,苏联显示出远远超越二战前德国和日本的巨大的战争潜力。与美国结盟,并将其作为澳大利亚对外关系的基石在二战后期即成为澳大利亚国内政党政治的共识。面对战后太平洋和东南亚地区的形势,澳大利亚喜忧参半。澳大利亚高兴的是经过两次世界大战的残酷战争,澳大利亚在亚太和南太平洋地区的霸权竞争对手德国和日本都成为战败国,丧失了与澳大利亚争夺地区霸权的机会;澳大利亚忧虑的是共产主义力量于二战后在澳大利亚的"前院"东南亚地区蓬勃发展,并与当地人民争取民族独立和解放运动一道成为推动东南亚地区殖民主义体系崩溃的重要力量。

澳大利亚政府、军方和社会精英对美国重新武装日本的企图深感不安和忧虑,他们担心日本重新获得强大的军事力量后会再次南向威胁澳大利亚的国家安全,并与其争夺在西南太平洋地区的霸权[①]。基于澳大利亚自联邦成立以来近半个世纪的历史经验,澳大利亚始终认为日本是亚太地区最大的安全隐患,因而主张严惩日本,严格限制日本的军事潜力。为此,1947年8月,在澳大利亚的倡议和推动下,英联邦各国在澳大利亚首都堪培拉召开会议,通过了一项解决日本问题

[①] Jeffrey Grey, *A Military History of Australia*, Cambridge: Cambridge University Press, 1999, p. 210.

的严厉方案，要求战后务必严格限制日本的重新武装，阻止日本军国主义死灰复燃①。澳大利亚的主张与美国战后的对日战略产生了严重分歧，这是因为同样在二战中崛起为超级大国的苏联在战后即被美国列为头号敌人，并且美国认为日本在与苏联的对抗中具有重要的战略价值。美国因而坚持日本必须被重新武装，成为东亚和太平洋地区抗击苏联和共产主义的重要力量。

美国在二战后设计了重新武装日本的方案以遏制苏联共产主义势力扩张，遏制苏联在亚太地区与美国争夺霸权。由于美国的方案没有考虑到澳大利亚对日本军国主义复活的安全担忧，美国重新武装日本的方案引起澳大利亚对自身未来安全形势和地区霸权的极大担忧②。澳大利亚政府和军方认识到第二次世界大战虽已结束，但澳大利亚的国家安全和地区霸权困境并未得到有效的解除，澳大利亚政界、军界和学界因此思考如何与美国构建牢固的军事同盟，一劳永逸地解除澳大利亚的安全隐患，进而实现在其"前院"和"后院"，特别是南太平洋地区的霸权。1949年12月，澳大利亚右翼政治的代表人物自由党领袖孟西斯在二战后再度出任总理。尽管孟西斯是澳大利亚著名的亲英派代表人物，但他深刻认识到澳大利亚在二战后必须依靠美国，而不是英国的保护才能永久性解决澳大利亚的安全和地区霸权忧虑。鉴此，孟西斯宣称澳大利亚的国家利益和安全重心在亚太地区，澳大利亚必须与美国建立紧密的政治和军事联盟才能可靠地保障澳大利亚在亚太地区的安全和既得利益。他因此主张澳大利亚必须加入美国主导的冷战体系，追随美国反对共产主义并镇压东亚和东南亚地区人民的民族独立和解放运动。

为了澳大利亚的安全利益和地区霸权，澳大利亚自此坚定地追随

---

① Alan Watt, *The Evolution of Australian Foreign Policy: 1938-1965*, London: Cambridge University Press, 1967, p. 101.
② Walter LaFeber, *The Clash: U. S.-Japanese Relations through out History*, London: Nordon & Company, 1997, p. 246.

第三章　太平洋战争及战后澳美同盟的建构 ◆◇◆

美国遏制苏联在亚太地区的扩张。在整个冷战时期乃至冷战后，澳大利亚政府和军方都忠实地执行了这一外交方针，积极主动地追随美国遏制苏联和其他新兴国家可能对美国霸权构成的挑战与威胁①。针对美国要求澳大利亚尽早与日本签署和约的问题，澳大利亚政府和军方认为重新武装日本之前必须要考虑好澳大利亚的安全问题。孟西斯要求美国必须先与澳大利亚结为军事同盟，并提供安全承诺与保障。随着美国加快重新武装日本的步伐，与美国结盟便成为澳大利亚政府和军方的当务之急②。为此，斯彭达（Percy Spender）外长于1950年3月发表外交政策讲话，强调美国与澳大利亚结盟并提供安全承诺是澳大利亚与日本缔结和约和其他太平洋地区安全条约的前提条件③。孟西斯总理和澳大利亚其他政治精英随后也纷纷发表讲话，对斯彭达的要求表示支持，强调美国必须与澳大利亚结盟，并缔结一个类似于欧洲北大西洋公约组织的同盟条约。澳大利亚政府和军方认为只有美国实质性地在东南亚和西南太平洋地区驻军，澳大利亚的安全和地区利益才有保障。

澳大利亚原为英国殖民地，澳大利亚联邦和各州政府及军方均脱胎于英国殖民地政府和殖民军，因而一向视"白澳"为生活在"亚洲国家丛林"边缘的西方国家，不仅对融入亚洲毫无兴趣，甚至充满了种族主义的优越感，欲对亚洲和太平洋岛屿地区各民族实施殖民主义统治。因此，澳大利亚殖民政府渴望美国全面卷入亚洲和太平洋地区的安全事务，为澳大利亚的安全和地区霸权提供军事保障④。澳大

---

① Susan J. Neuhaus, Sharon Mascall-Dare, *Not for Glory: A Century of Service by Medical Women to the Australian Army*, Brisbane: Boolarong Press, 2014, p. 152.

② Malcolm Fraser, "Australia's Role in the Pacific", *Asia & the Pacific Policy Studies*, Vol. 1, Issue 2, 2014, pp. 431–437.

③ Spender's Statement in the House of Representatives, 9 March 1950; R. H. Vivianne J. P. Andre, *Documents on Australian Foreign policy: The ANZUS Treaty 1951*, Department of Foreign Affairs and Trade, 2001, p. 10.

④ Geoffrey Barker, *Has ANZUS Passed Its Use-by Date?*, *Inside Story*, 13 June 2011.

◆◇◆ 澳美同盟语境下澳大利亚地区霸权的建构

利亚在二战后多次向美国表示希望美国在澳大利亚需要时能够出动美国的军事力量援助澳大利亚，帮助其抵御外部的进攻和入侵。澳大利亚政府和军方认为如果美国能够明确承诺保证澳大利亚的安全，那么就没有国家敢于武力威胁澳大利亚①。与美国结盟因而在二战后成为澳大利亚政界和军界的思维定式和信条。但是，美国对澳大利亚结盟的用意看得很透，因此对澳大利亚大打情感牌，用"同文同种"和"血浓于水"等旨在拉近澳美关系的方式并无兴趣②。美国对与澳大利亚结盟的态度在二战中，甚至是二战后初期都没有根本性改变。美国不仅断然拒绝澳大利亚的结盟请求，而且毫不犹豫地拒绝了澳大利亚加强双方军事合作的请求③。澳大利亚政界和军方对此虽然十分不满，但毫不气馁，始终千方百计地寻求拉近与美国外交政策和军事决策层的关系。

尽管澳大利亚政府在冷战后一再要求与美国结为军事同盟，但美国政府和军方始终缺乏热情和回应。美国政府和军方之所以如此，究其原因是这不符合美国在二战后的战略需求。从美国的全球战略布局分析，美国在战后的战略重点仍是欧洲。而在亚太地区，美国的战略目标就是构建从太平洋北部的阿拉斯加到菲律宾的弧形包围圈以围堵新生的中华人民共和国，并遏制苏联势力向太平洋东部和南部地区扩张。美国政府和军方因此强调用以围堵中国和苏联的第一和第二岛链以及美苏激烈对抗的东亚地区才是美国在亚太地区的战略重点，而澳大利亚根本不在美国的战略考虑中。1950年1月，美国国务卿艾奇逊明确表示美国在太平洋地区的防务范围只包括阿留申群岛、日本、琉

---

① Peter Edwards, *Permanent Friends? Historical Reflections on the Australian-American Alliance*, Sydney: Lowy Institute for International Policy, 2005.
② Russell Parkin, David Lee, *Great White Fleet to Coral Sea: Naval Strategy and the Development of Australia-United States Relations, 1900 – 1945*, Canberra: National Library of Australia, 1965, p. 24.
③ Henry Albinski, *ANZUS, the United States and Pacific Security*, University Press of America, 1987, p. 5.

第三章　太平洋战争及战后澳美同盟的建构

球群岛至菲律宾的战略之弧①。艾奇逊的讲话表明澳大利亚在二战后被美国排除在亚太军事防务圈之外。不仅如此，美国还坚决拒绝澳大利亚共同使用美军太平洋岛屿军事基地的请求，拒绝澳大利亚关于美澳两军设立总参谋长热线的请求，并将澳大利亚排除在分享美国军事和安全的情报圈之外②。由此可见，澳大利亚在美国的战后全球战略布局中处于边缘地带，美国政府和军方视其战略作用可有可无。美国政府和军方因而无意与澳大利亚结盟，并承担其安全责任。

美国的顽固态度令澳大利亚政府和军方非常失望。澳大利亚外长斯彭达一向以亲美著称，极力主张与美国结盟。他视构建澳美同盟，与美国缔结《太平洋安全条约》为自己任期的首要目标③。美国对澳大利亚安全和地区霸权的漠视引起斯彭达的强烈不满，他代表澳大利亚政府强硬地向美国表示：如果美国不向澳大利亚提供安全保障，澳大利亚决不放弃战胜国权利；澳大利亚不仅将拒绝与日本签订和约，还将在经济和军事等领域要求严惩日本。澳大利亚对待战败国的态度一向严苛，历来主张在政治、经济和军事上严惩战败国。早在第一次世界大战后的巴黎和会上，澳大利亚总理休斯就曾不依不饶地要求德国支付巨额的战争赔款，并将德国在太平洋上的殖民地全部交由澳大利亚统治。休斯的要求遭到美国政府的严词拒绝，休斯因而与美国总统威尔逊在巴黎和会上发生激烈的争吵和对抗④。

美国之所以拒绝澳大利亚的要求是因为美国从一战后争夺世界霸权的视角考虑，并不愿意过度削弱德国的力量，更不想让澳大利亚来

---

① Department of State, *American Foreign Policy 1950 – 1955: Basic Document*, 1957, p. 2317. Dean Acheson, speech on the Far East, 12 January 1950, http://www.teachingamericanhistory.org/library/index.asp?documentprint=1612.

② Peter Edwards, *Permanent Friends? Historical Reflections on the Australian-American Alliance*, Sydney: Lowy Institute for International Policy, 2005, p. 14.

③ Peter Edwards, *Permanent Friends? Historical Reflections on the Australian-American Alliance*, Sydney: Lowy Institute for International Policy, 2005, p. 15.

④ L. F. Fitzhardinge, "W. M. Hughes and the Treaty of Versailles, 1919", *Journal of Commonwealth Political Studies*, Vol. 5, No. 2, 1967, pp. 130 – 142.

接管德国的太平洋岛屿殖民地。因为这无疑会增强英帝国的力量,从而增加自己与英帝国争夺世界霸权的难度。但是,英国从一战后巩固世界霸权的角度考虑大力支持澳大利亚的要求。在英国和法国的支持下,德国不仅向包括澳大利亚在内的战胜国赔付巨额战争赔款,而且不得不将其在太平洋上的大多数岛屿殖民地,如巴布亚新几内亚交由澳大利亚统治。澳大利亚因而初步实现了在太平洋岛屿地区建立霸权的野心。一些西方史学家曾批评澳大利亚、英国和法国在一战后对德国过于"严苛"的战争赔款行为,认为这在一定程度上导致德国发动第二次世界大战对英法进行报复。

为了报复美国拒绝与其结盟,孟西斯联合新西兰政府威胁对美国的亚洲军事安排采取不合作态度。孟西斯政府和新西兰政府强硬地表示如果美国不与澳新两国缔结军事同盟,并保障两国的国家安全,两国政府将拒绝按美国的要求与日本签订和约[①]。重新武装日本是美国在二战后的重要军事决策,事关美国在亚洲和太平洋地区与苏联争霸的成败。澳大利亚政府以此为要挟的不合作态度引起美国政府的强烈不满,澳美双边关系因此陷入僵局。西方国际关系的同盟理论强调国家间形成同盟的重要因素是利益的契合,而澳大利亚在二战后与美国的地缘战略利益并不契合,因而难以被美国纳入全球霸权军事体系。在此情形下,如何塑造与美国的共同利益便成为澳大利亚政界、军界和学界的重要考虑。

澳大利亚政府和军方认为苏联在亚洲和太平洋地区的势力扩张是澳大利亚实施"引美入亚""留美于亚"这一战略目标的最好借口[②]。因此,澳大利亚政府和军方便立即给东南亚地区人民争取民族独立和解放运动扣上了接受苏联输出革命的"帽子"。澳大利亚政府和军方企图通过与美国在东亚和东南亚地区共同镇压亚洲人民的民族解放和

---

① Malcolm Fraser, "Australia's Role in the Pacific", *Asia & the Pacific Policy Studies*, Vol. 1, Issue 2, 2014, pp. 431 – 437.

② Garry Woodard, "Australia's War in Vietnam: Debate without End", *Australian Journal of International Affairs*, Vol. 71, Issue 2, 2017, pp. 216 – 230.

第三章　太平洋战争及战后澳美同盟的建构 ◆◇◆

独立运动来达到建立澳美同盟和特殊关系的目的。为了国家安全这一"高端政治"的需要和争夺太平洋地区的霸权，澳大利亚政界、军界和学术界，以及其他社会精英对与美国结盟形成了广泛的共识①。澳大利亚政客敏锐地认识到美苏意识形态霸权是澳大利亚可资利用的工具，它既可拉近澳大利亚与美国的距离，为两国缔结和强化军事同盟服务；又可利用"共产主义"来恫吓本国民众，诱惑他们对本国政府卷入美苏冷战和缔结澳美同盟的支持。为此，澳大利亚政府大肆渲染苏联和"共产主义扩张"的威胁，怂恿美国武装镇压东南亚人民的民族独立和解放运动②。澳大利亚政府和军方一再向美国表示两国可以在东亚、东南亚和南亚地区密切合作，遏制苏联"共产主义的扩张侵略"，维护以美国为首的西方国家的霸权和利益③。

澳大利亚政府和军方很快便等来了冷战后与美国结为军事同盟并"引美入亚"的良机。1950年6月，朝鲜战争爆发。朝鲜战争之所以对澳大利亚重要就是因为它是澳大利亚"引美入亚"和澳美关系的根本转折点，也是澳大利亚实现与超级大国美国建立军事同盟的契机④。在三年朝鲜战争期间，澳大利亚一共出动陆海空三军17000人参战。澳大利亚在朝鲜战争中付出了较大的人员伤亡，但也获得了巨大的政治、经济和军事回报，这就是《澳新美同盟条约》的签订和澳美政治关系的密切⑤。朝鲜战争之初，朝鲜的凌厉攻击令以美国为首的西方集团极

---

① Carl Ungerer, "The 'Middle Power' Concept in Australian Foreign Policy", *Australian Journal of Politics and History*, Vol. 53, Issue 4, 2007, pp. 538 – 551.

② Garry Woodard, "Australia's War in Vietnam: Debate without End', *Australian Journal of International Affairs*, Vol. 71, Issue 2, 2017, pp. 216 – 230.

③ Alexander Downer, Speech by the Hon Alexander Downer, MP, Minister for Foreign Affairs, at the University of Sydney Conference, *The Australia-United States Alliance and East Asian Security*, 29 June 2001.

④ Peter Edwards, *Permanent Friends? Historical Reflections on the Australian-American Alliance*, Sydney: Lowy Institute for International Policy, 2005, p. 15.

⑤ Australian War Memorial, *Out in the Cold: Australia's Involvement in the Korean War*, https://www.awm.gov.au/visit/exhibitions/korea.

度震惊，孟西斯渲染朝鲜战争是苏联在远东地区扩张的"铁证"。孟西斯以朝鲜战争为借口将中澳建交问题无限期搁置，随后中国和澳大利亚因朝鲜战争而进入直接的军事对抗状态，两国建交的可能性也因此彻底消失[①]。孟西斯在朝鲜战争爆发后强烈要求美国重新考虑其亚洲军事战略，重新考虑与澳大利亚结盟的必要性。美国政府和军方认同澳大利亚的观点，即朝鲜战争是苏联势力在亚洲大规模扩张的标志，西方国家必须联合起来，共同抵御苏联在亚洲的扩张。为了与苏联争夺霸权，美国总统艾森豪威尔臆造了"多米诺骨牌"理论，宣扬如果西方国家放任苏联在东亚和东南亚地区的"扩张和侵略"，朝鲜半岛、印度支那半岛、东南亚地区，甚至澳大利亚大陆都会如同"多米诺骨牌"一样倒入苏联的势力范围。

在苏联为首的共产主义在远东和东南亚的影响日益扩大之际，美国加快了重新武装日本以便在亚洲和太平洋地区对抗苏联势力的步伐[②]。美国一再催促西方国家尽快与日本签署和约，以便为重新武装日本铺平道路。孟西斯政府对美国的迫切要求大喜过望，认为这是向美国提出结盟条件的良机。澳大利亚于是再次强调澳美结盟是澳大利亚签署对日和约的前提条件，否则澳大利亚和新西兰坚决不与日本缔结和约。孟西斯强调日本具有深厚的军国主义和对外侵略扩张的传统，军事动员能力十分强大。日本敢于在第二次世界大战中公然挑战英国和美国两个超级大国就足以证明日本的好战性和霸权野心。日本人口众多，军事工业发达，战争动员能力远远超过澳大利亚和新西兰。日本在二战前所拥有的强大的军事力量表明日本足以对澳大利亚和新西兰的本土安全构成严重威胁。如果重新武装日本，那么美国必

[①] G. Greenwoood, N. Harper, *Australia in World Affairs*, 1950 – 1955, F. W. Cheshire, Melbourne, 1957, p. 210.

[②] Martin Weinstein, "Strategic Thought and the U. S.-Japan Alliance", James William Morley (ed.), *Forecast for Japan: Security in the 1970s*, Princeton: Princeton University Press, 1972, p. 42.

第三章　太平洋战争及战后澳美同盟的建构

须对其军事力量施加有效的控制，否则重新武装日本就会成为一柄"双刃剑"。它既有可能像西方希望的那样砍向以苏联为首的"共产主义势力"，也有可能如同希特勒德国一样，"祸水"不仅未能"东流"，反而祸及西方国家自身①。

孟西斯政府指出，二战前英、法对德国的绥靖政策下，希特勒德国并没有按照英、法所愿将"刀锋"砍向苏联，而是首先砍向英、法。孟西斯因而强调既然重新武装日本存在着"刀锋砍向"的不确定性，因此"重新武装日本对澳大利亚来说是不能接受的"②。孟西斯政府强烈要求在重新武装日本之前，以美国为首的西方国家必须做好防范机制，否则一厢情愿地臆想日本会成为抗击共产主义的强大力量很有可能会导致事与愿违的结果③。美国政府和军方对澳大利亚的"危言耸听"嗤之以鼻，这固然有"事不关己，高高挂起"的一面，更重要的是美国在二战后对自身庞大的军事力量充满了自信。在与澳大利亚半个多世纪的接触中，美国早就领教了澳大利亚"农民式"的狡黠与固执。但在苏联势力扩张的威胁下，美国不得不寻求弥合澳美分歧，以共同对抗苏联。在美苏激烈争霸的时代背景下，澳美两国关系以及长期议而不决的"澳美同盟"由此出现了转机。美国最终不得不做出让步，表示愿意与澳大利亚和新西兰商谈能够保障两国安全的太平洋安全架构。美国态度的转变令孟西斯政府大喜过望，对美国更加表现出愿意效忠的态度。

朝鲜战争为澳大利亚政府和军方对美国的效忠提供了路径，这就是为什么澳大利亚在经济、政治和战略等层面上与朝鲜战争没有

---

① Spender's Statement in the House of Representatives, 9 March 1950; R. H. Vivianne J. P. Andre, *Documents on Australian Foreign policy: the ANZUS Treaty 1951*, Department of Foreign Affairs and Trade, 2001, p. 10.

② David Rees, "The Korean War and the Japanese Peace Treaty", James Cotton, Ian Neary (eds.), *The Korean War in History*, Manchester: Manchester University Press, 1989, p. 168.

③ Geoffrey Barker, "Has ANZUS Passed Its Use-by Date?", *Inside Story*, 13 June 2011, https://insidestory.org.au/has-anzus-passed--its-use-by-date/.

丝毫的直接利益关联，孟西斯政府却特别卖力地出动陆海空部队追随美国卷入这场战争。朝鲜战争之所以对澳大利亚重要，就是因为它为澳大利亚提供了与美国结为军事同盟，并深化、强化与美国的政治、军事合作的机会[①]。通过对澳大利亚官方文献的梳理，人们不难得出一个结论，即澳大利亚政府对朝鲜战争的热心，并积极出兵参战的主要动机就是为了向美国表现"忠心"，期待借此机会与美国建立军事盟国，而并非完全是出于对苏联和共产主义力量在东亚地区迅速扩展的恐惧。毕竟朝鲜与澳大利亚远隔万里，东亚的局部战争根本不可能波及万里之遥的澳大利亚，更不会对澳大利亚的国家安全和地区霸权构成威胁。通过显示与美国对朝鲜战争的一致立场和再次与美军的并肩作战，澳大利亚向美国表现了忠心，赢得了美国的好感与信任，从而成功地化解了两国自二战后期以来积存的种种纷争和矛盾。

二战后，澳大利亚政府和军方虽然对美国的亚洲政策不满，但仍设法抓住一切机会向美国表示效忠。朝鲜战争给澳大利亚政府和军方提供向美国效忠的良机，从而为两国最终结盟奠定了基础。朝鲜战争爆发的第二天，孟西斯政府不待英国表态，便急忙发表声明宣布支持美国出兵干涉朝鲜内战的决定[②]。孟西斯和斯彭达还就朝鲜战争发表政策讲话，指责苏联等"共产主义"势力正在东亚和东南亚地区扩张。宣称朝鲜战争对澳大利亚的国家安全、西方的整体利益和西方的世界体系和价值观具有严重的危害性，并将直接鼓励东南亚各地人民的民族独立和解放运动，特别是马来亚等地游击队的战斗。孟西斯声称这将对澳大利亚的国家利益、国家安全和澳大利亚的"前院"安全

[①] David Rees, "The Korean War and the Japanese Peace Treaty", James Cotton, Ian Neary, Ian (eds.), *The Korean War in History*, Manchester: Manchester University Press, 1989, p. 168.

[②] Australian War Memorial, *Korean War, 1950–1953*, https://www.awm.gov.au/articles/atwar/korea.

第三章　太平洋战争及战后澳美同盟的建构 ◆◇◆

产生直接影响①，澳大利亚必须为捍卫美国主导的自由世界体系、西方民主价值观和美国的全球战略利益做出牺牲。尽管孟西斯政府一再鼓吹澳大利亚必须追随美国出兵朝鲜，但澳大利亚民众鉴于第二次世界大战刚刚结束，且澳大利亚在战争中付出了重大牺牲，因而并不赞成出兵卷入朝鲜战争。一部分国会议员出于同样的原因也强烈反对出兵朝鲜。

由于第二次世界大战刚刚结束，并且朝鲜距离澳大利亚遥远，因此澳大利亚民众对卷入万里之外的朝鲜战争十分反感。面对民众强烈的反战和厌战情绪，孟西斯和斯彭达等人开动一切宣传工具，宣称如果澳大利亚不追随美国出兵参战，整个东亚和东南亚将很快落入共产主义势力范围，澳大利亚也将随时面临苏联的侵略②。斯彭达没有像孟西斯总理那样将澳大利亚出兵参战提升至捍卫"自由世界"和西方民主价值观的道义高地，而是从澳大利亚国家利益的角度，宣称像澳大利亚这样幅员辽阔、人口稀少的国家只有与世界超级大国美国建立军事同盟才能确保澳大利亚的国防安全，并建立自己的地区霸权。为此，澳大利亚必须迅速出兵朝鲜，与美国并肩作战，这是与美国结为军事同盟的必由之路③，同时也是向美国显示"澳大利亚作为美国军事盟友的价值"的良机④。澳大利亚政界、军界和学界一些人士还用"爱国主义"来号召本国民众为美国的全球霸权利益服务，声称即使牺牲澳大利亚的国家利益和士兵的生命也在所不惜，因为忠诚和牺牲是感动美国、拉近美国与澳大利亚关系最有效的手段。作为对澳大利亚效忠的回报，美国政府一定会最终同意与澳大利亚结为军事同盟，并在澳大利亚遭受异国"侵略"时向澳大利亚伸出援助之手。朝鲜战

---

① "The Korean War Could be a Threat to Australia, the Australian Prime Minister Mr. Menzies said", *The Advertiser*, 15 July 1950, p. 3.
② "The Korean War Could be a Threat to Australia, the Australian Prime Minister Mr. Menzies said", *The Advertiser*, 15 July1950, p. 3.
③ Current Notes on International Affairs, Vol. 21, No. 8, August 1950, p. 580.
④ Alex McDermott, *Australian History*, Sydney, 2011, p. 264.

131

争后,澳大利亚历届政府都无一例外地把对美国效忠,取悦美国作为拉近澳美关系、换取保护的手段之一。

美国宣布出兵朝鲜后,孟西斯不仅率先宣布澳大利亚追随美国出兵朝鲜,全力支持美国的军事行动,他还频繁地发表讲话,借"共产主义扩张"、澳大利亚的国家安全和地区霸权之名恐吓澳大利亚民众和国会同意澳大利亚追随美国派遣陆、海、空军参加朝鲜战争[1]。朝鲜战争爆发的第三天,澳大利亚即派遣战舰万里驰援驻韩美军,随后又派出空军赴朝鲜参战。不久后,孟西斯政府又应美国要求派出地面部队赴朝作战。如第二次世界大战一样,孟西斯政府宣布将入朝参战的澳军交由美军将领指挥。澳大利亚是西方阵营中唯一一个一直按照美国的要求不断向朝鲜战场增兵的国家,并为美国长期卷入朝鲜战争提供军事和舆论的支持。澳大利亚通过积极卷入朝鲜战争,与美军并肩作战显示了对美国的"效忠",赢得了美国总统杜鲁门的好感,化解了两国自二战后期以来的积怨,提高了澳大利亚在美国心目中的地位,双边关系迅速得到修补和升温。杜鲁门在接见斯彭达外长时对澳大利亚积极参加朝鲜战争表示赞赏,并告诉斯彭达"美国人民对澳大利亚充满了好感"[2]。

朝鲜战争的局面因中国人民志愿军入朝参战而彻底改变。在连续几次遭受重大的军事失败后,美国更急于重新武装日本,美国因而一再催促澳大利亚尽快与日本缔结和约[3]。为了达到这一目的,美国告知澳大利亚愿与澳大利亚和新西兰建立军事同盟,这对于澳大利亚来说不啻是一大惊喜。澳大利亚、新西兰和美国因此在朝鲜战争期间就缔结军事同盟问题进行了反复商谈和讨价还价,并最终于1951年7

---

[1] "The Korean War Could be a Threat to Australia, the Australian Prime Minister Mr. Menzies said", *The Advertiser*, 15 July1950, p. 3.

[2] David Rees, "The Korean War and the Japanese Peace Treaty", James Cotton, Ian Neary (eds.), *The Korean War in History*, Manchester: Manchester University Press, 1989, p. 168.

[3] Robyn Lim, *The Geopolitics of East Asia*, New York: Routledge, 2003, p. 91.

第三章　太平洋战争及战后澳美同盟的建构　◆◇◆

月正式缔结了《澳新美同盟条约》。该条约于次年 4 月正式生效，三国同盟，暨澳美同盟正式建立。《澳新美同盟条约》是亚太地区冷战和军事对抗的必然结果，它的签署初步建构了澳美同盟，但其基础并不稳固。令澳大利亚感到高兴的是三国同盟条约虽然内容模糊，承诺不清，但它没有设定时限，这就意味着只要澳大利亚愿意，同盟条约就可以无限期地延续下去。《澳新美同盟条约》最重要，也是最核心的部分就在于它强调对缔约任何一方的攻击都是对其他两方的威胁，其他两方必须根据各自的宪法程序采取行动，以应对这一共同的威胁。换句话说，如果有任何一个国家对澳大利亚发动军事进攻，那么美国和新西兰都有义务采取行动，帮助澳大利亚抵御它国对澳大利亚的进攻。反之，当美国和新西兰遭遇它国攻击时，澳大利亚也有义务帮助美国和新西兰抵御攻击①。

尽管澳大利亚借助朝鲜战争实现与美国结盟的愿望，但这一条约的签署远远未能令澳大利亚满意。如果仔细研读条约的内容，人们不难发现其核心条款并没有完全达到澳大利亚政府的设想。这是因为三国同盟条约并没有细化当其中一国遭到他国攻击时，另外两国将于何时采取怎样的军事援助，以及军事援助的具体方式和军事援助的卷入程度。澳大利亚一些政治学者也强调指出，三国同盟条约与以往的军事同盟条约的不同之处还在于它没有规定"美国有义务在任何情形下和任何地方都应向澳大利亚和新西兰提供军事援助"②。早在美澳两国就结盟问题讨价还价时，美国国务卿杜勒斯明确表示美国虽然对澳大利亚和新西兰做出承诺在其遭到他国武力攻击时予以援助，但这并不表明美国将在世界任何地方，对任何国家针对澳大利亚和新西兰的军事行动都将采取行动。杜勒斯的态度明确表示美国对澳新两国的安全承诺是有限的、不确定

---

①　于镭、隋心：《澳美同盟的缘起、建构和稳固》，中国社会科学出版社 2020 年版。
②　Geoffrey Barker, "Has ANZUS Passed its Use-by Date?", *Inside Story*, 13 June 2011, https：//insidestory.org.au/has-anzus-passed-its-use-by-date/.

的，因为美国将视对澳新两国发动攻击的具体国家和发动攻击时的具体情况做出它认为合适的反应，这就意味着美国并不一定会采取大规模军事干预。此外，美国的军事反应在很多情形下还需得到美国国会的批准，这也为《澳新美同盟条约》的真正落实增添了许多不确定因素。

由此可见，美国政府和军方并非心甘情愿地与澳大利亚结为军事同盟。《澳新美同盟条约》对澳新两国的安全承诺缺乏刚性规定给美国留下了相当程度的灵活性。由于同盟条约对各方义务的规定过于"模糊"和缺乏约束性，澳大利亚和美国双方对条约能否落实和执行都心存疑问。这是澳大利亚政府和军方在同盟条约签署后半个世纪的冷战岁月里始终对美国和澳美同盟表现出高度重视和忠诚的最重要原因。也恰是由于澳大利亚对美国表现出数十年如一日的"忠诚"，澳美同盟才在漫长的冷战岁月里逐步走上了根基不断夯实、同盟不断巩固和强化的轨道，最终演变为美国在太平洋地区构建的"轮辐"体系的两大主轴之一和维护美国在亚太地区安全与霸权的最重要的军事南"锚"。

尽管《澳新美同盟条约》的内容远远不能令澳大利亚政府和军方满意，但澳大利亚政界、军界和安全防务学者较为一致地认为能够与美国签署这一条约本身就已经是了不起的成就，对澳大利亚实现国家安全和地区霸权具有重要意义。主持条约谈判和签署工作的斯彭达对条约表现出高度的乐观，他认为《澳新美同盟条约》来之不易，澳大利亚不应操之过急。斯彭达确实目光长远，他认为美国此时与澳大利亚签署同盟条约并非自愿，澳大利亚应以此为起点，通过不断地对美"效忠"和追随美国的战争政策来赢得美国的赞赏，使其最终发自内心地愿意与澳大利亚形成真正的同盟，愿意为澳大利亚的国家安全和地区霸权做出牺牲。斯彭达不仅希望获得美国的安全保护，而且高瞻远瞩地希望通过与美国缔结军事同盟能够在不久的将来对接美国的决策圈，从而对美国的政治、军事和战略决策者们施加影响，使美国的政策在制定阶段即有利于澳大利亚的利益①。

客观评析，斯彭达不愧是经验丰富的职业政客，他对《澳新美同盟条约》的分析很有战略远见。《澳新美同盟条约》能否达到澳大利亚的期望值在很大程度上的确是取决于澳大利亚的效忠程度，特别是美国对澳大利亚的效忠满意度。如果美国政府和军方对澳大利亚的效忠满意度很高，美国就会对三国同盟条约做出有利于澳大利亚的解释，并做出有利于澳大利亚的决策；反之，美国政府则会做出不利的解释，并做出"不作为"的决策。在三国同盟条约签订后，美国仍然对澳大利亚密切两国政治和军事联系的请求采取拒绝的态度。1951年5月，孟西斯和斯彭达访问华盛顿，希望与美国总统杜鲁门和国务卿艾奇逊就远东和太平洋地区的军事安全问题进行磋商。但这个并不过分的请求遭到了美国的拒绝②。即便是在后冷战时期，在澳美同盟已经成为美国在亚太地区最为重要军事支柱后，澳大利亚政府和军方仍然对三国同盟条约的有效性抱有强烈的疑问态度。澳大利亚国防部2009年发表的《国防白皮书》称"澳大利亚只有在面临注定是无力抵抗的世界大国的威胁时，美国才会向澳大利亚提供军事援助"③。

美国之所以对澳新美同盟态度冷淡，一是由于它对澳大利亚和新西兰的战略和军事价值并无高度认可；二是《澳新美同盟条约》从一开始就是澳大利亚单方面追求的结果，是澳大利亚利用二战后美苏的激烈对抗和拒签对日和约"胁迫"的结果，这令一向傲慢自大的美国政府和军方不快。正如斯彭达所言，美国政府并非发自内心地愿意与澳大利亚和新西兰签署《澳新美同盟条约》。美国的不情愿导致《澳新美同盟条约》的内容和约束力含混不清。这无形中也给澳大利亚和新西兰施加

---

① Peter Edwards, *Permanent Friends? Historical Reflections on the Australian-American Alliance*, Sydney: Lowy Institute for International Policy, 2005, p. 16.

② Peter Edwards, *Permanent Friends? Historical Reflections on the Australian-American Alliance*, Sydney: Lowy Institute for International Policy, 2005, p. 17.

③ Geoffrey Barker, "Has ANZUS Passed its Use-by Date?", *Inside Story*, 13 June 2011.

了压力：澳新两国只有不断地取悦美国，向美国效忠才能获取美国对条约的有利解释，亦即美国采取对澳新有利的"作为"行动。否则，同盟条约就会成为对美国毫无约束力的一纸空文。澳大利亚政府和军方正是因为对三国同盟条约的实质有着深刻的认识，所以才会在条约签订后的冷战岁月里不遗余力地与美国拉近政治和军事关系，借以巩固澳美同盟。尽管澳大利亚政界和军界对三国同盟条约的内容和义务的不明确性和"软"约束性深怀不满，但他们普遍认为《澳新美同盟条约》的签订较以往已经迈进了一大步，它不仅使澳大利亚获得了美国粗略的安全保证，更重要的是，它为澳大利亚的政治、军事和外交精英进入美国政策决策圈提供了机制化、常态化的路径[1]。正是由于澳大利亚在冷战和后冷战期间逐渐具备了这种非同寻常的能力，澳大利亚才在全球和地区事务中获得了远远超过其国力的地位和话语权[2]。

为了进一步绑定与美国的军事同盟，密切两国的政治和军事合作，澳大利亚在三国同盟条约缔结后又向美国提议设立三国外长会议来定期协调三国的政治和安全合作，并磋商三国在亚太地区面临的"共同危险"和应采取的共同措施和行动。鉴于以苏联为首的"共产主义势力"在远东和东南亚地区日益明显的"扩张"和"渗透"，美国政府不得不接受澳大利亚的建议，外长会议自此便成为澳新美三国间年度化、制度化的外交政策沟通和磋商机制[3]。澳大利亚"三国外长会议"的建议展现了澳大利亚政府精明、老练的外交手段：它表面上没有要求美国在亚太地区实质性投入大量的军事和战略资源，却是自此与美国政界和军界建立了常态化的磋商机制，从而将两国的政策决策层的关系拉升至前所未有的高度。以此为契机，澳大利亚在以后

---

[1] Geoffrey Barker, "Has ANZUS Passed its Use-by Date?", *Inside Story*, 13 June 2011.

[2] Alexander Downer, Speech by the Hon Alexander Downer, MP, Minister for Foreign Affairs, at the University of Sydney Conference, *The Australia-United States Alliance and East Asian Security*, 29 June 2001, https://foreignminister.gov.au/speeches/2001.

[3] Michael Green, *By More Than Providence*, New York: Columbia University Press, 2017, p. 157.

第三章 太平洋战争及战后澳美同盟的建构 ◆◇◆

的岁月里不断在"外长会议"会中设置新议题,增加新合作,最终将这一机制拓展为由三国外长和防长共同参加的年度会晤"2+2"机制。这种与美国的核心决策层常态化、机制化的外交政策与军事战略磋商机制即便是在美国的众多西方盟国中也是极其罕见的。由此可见,澳大利亚政府对拉近澳美关系和构建澳美同盟的用心之深、之切即便是在西方国家中也是极其少见的。

美国在与澳大利亚签署同盟条约之际,也不忘借机在澳大利亚与英国之间打入一根离间的楔子。美国刻意表明《澳新美同盟条约》承诺的共同安全区不包括英国在东南亚的殖民地。这说明美国在二战后为了争夺在东南亚地区的霸权根本无意保护英国在东南亚的殖民地和殖民利益,《澳新美同盟条约》因此引起英国政府的强烈不满[1]。作为第二次世界大战后崛起的超级大国,美国决不允许在其主导的全球和地区霸权体系之外另存一个由英国主导的殖民体系。澳大利亚政府和军方对此心知肚明,但为了自己的利益,澳大利亚此时只能选择对美国这个"主人""效忠",而不愿意为英国的利益而招致美国的不满。由此可见,在利益面前,帝国主义国家间所谓的历史、文化和价值体系渊源根本就不值一钱,不过是赤裸裸的利益交换的遮羞布。

《澳新美同盟条约》的签署令美国如愿以偿地诱使澳大利亚、新西兰与日本缔结了和平条约,结束了对日"战争状态",从而为重新武装日本,并将其拉入美国主导的亚太地区军事安全体系铺平了道路[2]。从此以后,日本借冷战契机得以大规模重新武装,并再次成为亚太地区屈指可数的强大的军事力量,被美国政府和军方称为维护美国在亚太地区安全与霸权的最重要的军事北"锚"[3]。《澳新美同盟条

---

[1] Roger Buckley, *The United States in the Asia-Pacific since 1945*, Cambridge University Press, 2002, p. 49.

[2] Henry S. Albinski, *ANZUS, The United States and Pacific Security*, University Press of America, 1987, p. 5.

[3] Yukinori Komine, *Negotiating the U.S.-Japan Alliance*, New York: Routledge, 2017, p. 201.

约》的缔结也令澳大利亚举国欢庆，澳大利亚因此实现半个多世纪的梦想，如愿以偿地获得了美国的安全庇护，澳美同盟从此被澳大利亚政府描绘为其对外政策与安全防卫政策的基石。《澳新美同盟条约》使澳美结盟终于得以条约的形式确定下来，使澳大利亚与美国的安全合作有了保障。《澳新美同盟条约》自此成为澳大利亚"抵御世界任何国家侵略的盾牌"[①]。澳大利亚借朝鲜战争的契机终于将国家安全的重任转移至美国的肩头，也为战后澳大利亚在其"前院"和"后院"，特别是南太平洋地区的霸权确立奠定了基础。

《澳新美同盟条约》是澳美关系史上的重要事件，它不仅被澳大利亚政府和政治精英视为澳大利亚立国以来最重要的外交成果，美国的一些国际问题专家也将这一条约的签订视作澳大利亚政府在外交领域收获的最重要的成果[②]。正如本书前文关于"中等强国"与超级大国结盟的理论分析所示，澳大利亚试图与美国建立同盟关系的努力不是权宜之计，而是事关国家安全和地区霸权的深思熟虑的战略性考虑。通过与美国的结盟，澳大利亚的安全得到了可靠的保障，获得了来自美国的大量先进的军事技术和军事装备，不仅降低了国防成本，提高了军事效率，而且澳军的综合军事力量得到了极大的提升，为澳大利亚建立地区军事霸权奠定了基础。澳大利亚还通过与美国结盟提升了在西方阵营中的地位。经过短短数十年的发展，澳大利亚从英联邦中一名默默无闻的小卒一跃成为世界超级大国美国的最重要的、最铁杆的军事盟国和政治特殊伙伴，全球地位空前提高。

澳大利亚老牌政客孟西斯虽然是公认的亲英分子，但在国家根本利益面前从不糊涂。但其从政的数十年间，他一直致力于澳美同盟的

[①] Glen St J. Barclay and Joseph M. Siracusa (eds.), *Australian-American Relations since 1945: A Documentary*, p. 92.

[②] Alan Watt, *The Evolution of Australian Foreign Policy 1938–1965*, Cambridge University Press, 1967, p. 124.

第三章 太平洋战争及战后澳美同盟的建构

实现。在其首次出任总理17年之后,其缔结澳美同盟的夙愿终于成为现实。孟西斯对澳大利亚在自己的任期内现实与超级大国美国结盟的立国之策激动不已,他得意地将《澳新美同盟条约》的签订视为自己对澳大利亚的最大贡献和个人政治生涯的最高成就[①]。《澳新美同盟条约》的签订同样令澳大利亚举国欢庆,以为国家安全自此有了坚实可靠的保障,建构南太平洋地区霸权的梦想有了最坚实的依靠。《澳新美同盟条约》的签订令澳大利亚谋划了半个多世纪的"引美入亚"战略取得了初步成功,澳大利亚获得了梦寐以求的美国的军事保护,实现了将美国的军事安全体系南延至南太平洋地区的战略构想。这的确是澳大利亚外交和战略政策的重大成就,澳大利亚从此成为美国在南太平洋地区的安全堡垒和"前进基地",成为美国在亚太地区忠实地维护其安全和霸权的军事"南锚"。

对澳大利亚而言,澳美同盟来之不易,澳大利亚政府和军方对澳美同盟格外重视。朝鲜战争结束后,澳大利亚政府和军方仍是一如既往地对美国和澳美同盟表现出高度的忠诚,并一再试图利用东南亚地区各国人民民族解放和独立运动的高涨实现其"留美于亚",从而利用美军的强大武力帮助澳大利亚建立地区霸权的目的。澳大利亚自立国以来便与日本争夺在南太平洋地区的霸权,澳大利亚认为这里是澳大利亚的天然"势力范围",并企图依靠英国的军事力量阻止其他帝国主义势力,特别是日本的"侵入"和抢夺[②]。澳大利亚政府和军方认为《澳新美同盟条约》化解了澳大利亚对日本军国主义长达半个多世纪的安全担忧,并最终促使这两个均具有地区霸权野心的"宿敌"实现了"和解",共同成为美国争夺亚太地区霸权的最重要的工具。澳大利亚的"中等强国"的野心也随着澳美同盟的巩固和强化、澳军军

[①] Henry S. Albinski, *ANZUS, The United States and Pacific Security*, University Press of America, 1987, p.5.

[②] Dennis Rumley, Vivian Louis Forbes and Christopher Griffin, *Australia's Arc of Instability: The Political and Cultural Dynamics of Regional Security*, Dordrecht: Springer, 2006, p.17.

力的提升而急剧膨胀。孟西斯在签署《澳新美同盟条约》后便放言澳大利亚应该有地区雄心，应该有所作为①。

由于天生带有殖民主义和种族主义的基因，澳大利亚殖民政府一成立便怀有种族主义和地区霸权的野心。只是囿于有限的武力，澳大利亚殖民政府才不得不有所收敛。而一旦攀上美国这个全球性超级大国，澳大利亚的地区霸权"野心"便显著膨胀。在漫长的冷战岁月里，澳大利亚的地区霸权野心一直在膨胀，直至冷战甫毕达到峰值。时任总理霍华德庆祝冷战胜利，美国成为全球唯一的超级大国时豪迈地宣称澳大利亚是美国在亚太地区的"副警长"，有权对亚洲邻国发动"先发制人"的武力打击。进入21世纪后，在殖民主义和帝国主义思维与世界潮流格格不入之际，澳大利亚政府才不得不放弃了"势力范围"一说，却又十分固执地将南太和东南亚地区一起改称为"澳大利亚的首要战略关注区"②。

二战后，朝鲜战争以及之后的越南战争为澳大利亚塑造与美国的共同利益提供了良机，抵御苏联势力和共产主义在亚洲的扩张与侵略便成为澳大利亚构建与美国共同利益的要件，也是澳美两国在冷战时期日益强化的政治和军事同盟的重要基础。人们通常认为20世纪五六十年代是澳大利亚将自己的"效忠"从英国转向美国的过渡期，但孟西斯总理和斯彭达外长坚持认为这段时期是澳大利亚向美国展现其战略价值，巩固澳美同盟的重要时期。为了和美国加强军事同盟，孟西斯政府宣布大批量购买美式武器装备，以便实现澳军的武器装备与美军，而不是英军保持通用和一致。澳军当时正与英军一道在东南亚的马来西亚、新加坡等地镇压当地人民争取民族独立和解放的运动，澳军普遍装备英式武器。孟西斯的态度却非常坚决，他强调澳大利亚

---

① Alan Watt, *Australian Foreign Policy 1938 – 1965*, London: Cambridge University Press, 1967, p.109.

② Dennis Rumley, Vivian Louis Forbes and Christopher Griffin, *Australia's Arc of Instability: The Political and Cultural Dynamics of Regional Security*, Dordrecht: Springer, 2006, p.98.

第三章　太平洋战争及战后澳美同盟的建构　◆◇◆

必须明白谁才是真正的全球军事超级大国①。在孟西斯的坚持下，澳军开始大规模购买，并装备美式导弹舰艇和F111战斗轰炸机。澳军此后还大规模采购和更换美式装备，采用美国军事技术。借着与美国在军事科学和技术等领域的合作，澳大利亚也提升了自己的军事装备水平和军事技术水平。澳大利亚政府的这一重大决策令澳美两军往来日益增多，两军的关系也日趋密切。

为了充分表示对美国的忠诚，澳大利亚政府和军方在澳美同盟缔结后协助美军在澳大利亚沿海岛屿和本土修建了许多大型军事基地和军事指挥与情报设施，澳大利亚从此成为除美国本土外亚太地区最大的综合军事基地。例如，美国于1955年在澳大利亚的北部军事要地爱丽丝·斯普林（Alice Spring）建立了"地质和地球物理研究站"，专门用于监督和收集苏联的核研究和设施的情报。后来又在此处修建了卫星跟踪和监控情报站，用于侦察和收集苏联的卫星和导弹情报。1963年，美国在西澳大利亚的西北角设立了海军电讯通信基地，负责美国司令部与分布全球的美国核潜艇的电信联系。1967年，美国在诺伦加地区建立通信卫星情报站，向美国输送侦察卫星情报。澳大利亚还同意美军使用达尔文空军基地起降战略轰炸机，在西澳大利亚停泊核潜艇②。此后，随着澳美两国军事同盟的不断巩固，美军又在澳大利亚建立了弹道导弹防御系统；在达尔文附近建立了美国海军陆战队驻防基地和全球鹰战略侦察基地；在西澳大利亚建立了大型航空母舰作战基地；在澳大利亚东部建立了战略核潜艇基地③。随着这些战略性军事基地的建立，澳大利亚对美国的战略和军事价值越来越大，美国不得不加大对澳大利亚安全的保护力度，承担起对澳大利亚安全的

---

① Peter Edwards, *Permanent Friends? Historical Reflections on the Australian-American Alliance*, Sydney: Lowy Institute for International Policy, 2005, pp. 10 – 19.

② Dennis Rumley, Vivian Louis Forbes and Christopher Griffin, *Australia's Arc of Instability: The Political and Cultural Dynamics of Regional Security*, Dordrecht: Springer, 2006, p. 13.

③ Yu Lei, "China-Australia Strategic Partnership in the Context of China's Grand Peripheral Diplomacy", *Cambridge Review of International Affairs*, Vol. 29, No. 2, 2016, pp. 740 – 760.

◆◇◆ 澳美同盟语境下澳大利亚地区霸权的建构

义务和责任。

澳大利亚在澳美同盟缔结后不仅积极追随英国出兵镇压和干涉东南亚各国人民的民族独立和解放斗争,还鼓动美国也出兵镇压东南亚各国人民,并凭借武力千方百计地阻挠太平洋地区岛屿国家的独立和自决,成为亚太地区维护西方殖民主义和帝国主义统治与既得利益的最顽固、最恶劣的帮凶。例如,在印度尼西亚获得独立后,澳大利亚忌惮印尼的人口是澳大利亚的10倍,并且具有强大的经济和军事发展潜力,认为假以时日印尼一定会发展成为澳大利亚国家安全和地区霸权的威胁[①]。澳大利亚因此一再假借共产主义"侵略扩张"之名劝说美国在东亚和东南亚地区长期驻军,领导西方国家共同抵御共产主义的"扩张威胁"。澳大利亚对美国的忠诚及其对"共产主义"的敌视态度赢得了美国的高度赞赏,澳美政治和军事关系因此不断密切,军事同盟也更加巩固。随着美苏对抗的加剧和冷战高潮的来临,特别是美国逐步卷入越南战争后,美国政府和军方深刻认识到澳大利亚对于美国争夺东南亚和太平洋地区霸权的战略重要性和军事价值。澳大利亚地理位置优越,和亚洲距离适中;澳大利亚幅员辽阔,战略纵深广阔。以澳大利亚为军事基地,美国北向可入侵和控制整个东南亚地区;西向可遏制亚洲东部与南亚和中东的交通要冲;东向则可控制整个南太平洋地区。澳大利亚因此被美国政府和军方认为是美国控制亚洲的"前进基地"和遏制"共产主义扩张"的安全堡垒。

澳美同盟是澳大利亚政府和军方追求军事优势和地区霸权的结果,它反过来不仅深刻影响了澳大利亚的地区安全和霸权建构,而且深刻地影响了澳大利亚的外交政策取向。外交政策"意识形态化"自此与"效忠"美国一道成为澳大利亚外交政策的两大显著特点[②]。正

---

① Dennis Rumley, Vivian Louis Forbes and Christopher Griffin, *Australia's Arc of Instability: The Political and Cultural Dynamics of Regional Security*, Springer: Dordrecht, 2006, p.100.
② 于镭、[澳]萨姆苏·康:《中等强国在全球体系中的战略理论分析》,《太平洋学报》2013年第1期。

是在这样的外交和地区霸权思维驱动下,澳大利亚在漫长的冷战岁月里积极追随美国的远东和东南亚地区政策,全面卷入美苏争霸,坚定不移地追随美国一场不拉地参加了美国于二战后发动的所有战争[1]。《澳新美同盟条约》缔结后,澳大利亚又积极加入了东南亚条约组织(Southeast Asian Treaty Organization,SEATO),并成为其中最活跃、最肯卖力的成员,为更加组织化、制度化地深度卷入美国领导的亚洲冷战铺平了道路。此后,澳大利亚政府怂恿,并追随美国入侵越南,在镇压东南亚地区人民争取民族独立和解放的斗争中扮演了极其不光彩的角色。澳大利亚政府和军方企图通过对美国"效忠",并将自己绑在美国的战车上来换取美国对澳大利亚国家安全的庇护和地区霸权的支持。澳大利亚因此成为美国在东南亚地区遏制"共产主义侵略扩张"最为积极的西方盟国,澳大利亚本土也成为美国在东南亚地区进行冷战对抗的军事"前进基地"和"堡垒"[2]。

进入21世纪第二个十年后,澳大利亚已经形成了成熟的多党竞争的政治体制。但澳大利亚各政党仍然异口同声地将维护美国在亚太地区政治、经济利益和霸权体系视为澳大利亚的义务,而将澳美同盟视为澳大利亚外交和军事政策的基石。这两点都是澳大利亚"政治正确"的最重要内容,不容置疑。澳大利亚战后历届政府还逐步向澳美关系注入了诸如"鲜血凝成的友谊"等美化双边利益关系的情感元素,并且还随着美国全球霸权体系的建立而将之抬升至"民主、自由等价值观"的道德高地[3]。因此,在战后漫长的岁月里,澳美同盟逐渐被澳大利亚政府包装成因意识形态和价值观相同的而结成的同盟,

---

[1] Josh Frydenberg, "Washington is Intergral to Our Region", *Australian*, 21 September 2010, p. 8.

[2] Jason Flalagan, "Vietnam War at Home and Abroad", Robinson, Shirleene and Ustinoff, Julie (eds.), *The 1960s in Australia: People, Power and Politics*, London: Cambridge Scholars Publishing, 2012, p. 200.

[3] Peter Edwards, *Permanent Friends? Historical Reflections on the Australian-American Alliance*, Sydney: Lowy Institute for International Policy, 2005, p. 11.

企图以此作为"遮羞布",遮盖住澳大利亚只不过是欲借美国军力保护自己从澳大利亚原住民手中掠夺来的土地和维护澳大利亚的"白澳社会"的种族主义的丑恶嘴脸。但是,在澳美同盟的建构和冷战岁月的夯实与巩固中,一些具有真知灼见的澳大利亚政治家和学者不断地对澳美军事同盟提出异议,直言这一"政治正确"不过是澳大利亚给自己追求的"国家利益"披上了一件"皇帝的新衣",强调澳美同盟不利于亚太地区的持久和平,不利于澳大利亚真正地融入亚太地区,也不利于澳大利亚解除安全困境和奉行真正的独立外交[1]。

---

[1] Malcolm Fraser, "Australia's Role in the Pacific", *Asia & the Pacific Policy Studies*, Vol. 1, Issue 2, 2014, pp. 431–437.

第四章 越南战争与澳大利亚地区霸权的稳固

一 越南战争与澳美同盟的稳固

朝鲜战争后,东南亚地区成为美苏霸权竞争的新热点。朝鲜战争的结局出乎世界各国的意料,他们看到以美国为首的西方帝国主义集团并非不可战胜,东南亚人民争取民族独立和解放运动受到了极大的鼓舞。东南亚人民争取民族独立和解放运动因而进一步高涨。东南亚的新形势既让澳大利亚为自身的安全和在"前院"地区的既得殖民利益担忧,又让澳大利亚看到了与美国巩固和强化同盟、将美国"引入"东南亚、并在东南亚地区长期驻军的机会。从澳大利亚公布的官方文献分析,澳大利亚政府自20世纪50年代初即以履行《澳新美同盟条约》为名,以阻止苏联"侵略和扩张"的"多米诺骨牌"理论为指导,以保卫澳大利亚的"前院"安全和地区霸权为目标,为武装干涉越南进行了较为充分的战争准备。澳大利亚政界和军界在武装入侵越南的问题上观点高度一致,认为这是"引美入亚"、稳固和深化澳美同盟的良机。澳大利亚政府和军方领导人多次强调武装入侵越南不仅仅是为了抗击苏联势力对东南亚地区的"侵略"和"扩张",更重要的是用鲜血巩固和强化与美国的军事同盟[①]。

[①] James Brown, *Australia and the Vietnam War*, Australia Institute of International Affairs, 19 December 2014.

孟西斯对越南内战形势非常忧虑，他劝说美国介入，并一再游说英国、新西兰等国也一同干涉越南问题。但是，孟西斯的企图遭到了英国和新西兰的断然拒绝。在此情形下，孟西斯只得怂恿美国组织多国部队入侵越南。孟西斯向美国保证澳大利亚将竭尽全力追随美国武装入侵越南，孟西斯之后的澳大利亚历任总理霍尔特、戈登和麦克马洪均对追随美国武装入侵越南的重要性有着深刻的认知，因而均紧密地追随美国深度卷入越南战争[1]。1962年，澳大利亚应美国要求开始武装干涉越南内战，其卷入越南战争的时间和规模因而远远超越了除美国以外的其他西方国家[2]。越南战争是澳美双边关系史和同盟史上的一件大事，它夯实了澳美同盟，密切了澳美政治关系，为战后澳美关系成为另一对特殊关系奠定了基础，也为澳大利亚在亚太地区的次霸权地位夯实了根基[3]。

越南战争不仅对澳美同盟和澳美关系的深化和强化起到了重要作用，也同样深刻地改变了澳大利亚与东南亚地区国家的关系，对澳大利亚的"前院"和"后院"地区的地缘政治产生了深远的影响。越南战争在一定程度上引起了澳大利亚政界、学界，乃至普通民众的反省和反思，但由于澳大利亚从越南战争中收获了丰厚的地缘政治、安全和地区霸权利益，澳大利亚对越南战争的反省并不深刻，其直接后果是越南战争结束后，澳大利亚顽固地将澳美同盟奉为国家安全和外交政策的"基石"，并以在亚太地区维护美国利益和西方价值观的"副警长"自居，凭借澳美军事同盟在东南亚和南太平洋地区推行霸权主义体系和秩序，引起该地区国家和民众的强烈反对和抵制[4]。

越南战争开始于越南人民二战后的抗法独立斗争。1945年8月，

---

[1] Frank Walker, *Ghost Platoon*, Sydney: Hachette, 2011, p.7.
[2] Kim Richard Nossal, "Shadows of the Past", Jack Cunningham and William Maley (eds.), *Australia and Canada in Afghanistan: Perspectives on a Mission*, Toronto: Dundurn, 2015, p.205.
[3] Ronald B. Frankum, *Historical Dictionary of the War in Vietnam*, Lanham: Scarecrow Press, 2011, p.64.
[4] William Tow, "Deputy Sheriff or Independent Ally? Evolving Australian-American Ties in an Ambiguous World Order", *The Pacific Review*, Vol.17, Issue 2, pp.271–290, 2010.

第四章　越南战争与澳大利亚地区霸权的稳固

胡志明领导越南人民举行"八月革命",宣布越南独立。但法国殖民者不甘心失去越南和既得的殖民利益而悍然武装入侵越南,企图恢复对越南人民的殖民统治。经过长达八年的抗法战争,法国政府被迫于1954年7月签署《日内瓦协议》,从越南撤军。在越南人民抗法战争后期,美国政府眼见越南人民越战越勇,法国败势频现,便每年向法国提供高达10亿美元的军事和经济援助(约占法国军事占领越南所有费用的80%),以支撑法国在越南的殖民统治[1]。《日内瓦协议》签署后,美国坚决反对法国撤军。法军撤出后,美国转而向南越政权提供大量武器装备和经济援助以阻挠越南统一。据美国有关资料统计,1955—1961年,美国平均每年向南越政权提供10亿美元的军事和经济援助[2]。

第二次世界大战,特别是朝鲜战争对美国在亚洲地区的地面军事力量予以沉重的打击,美国在两次战争中蒙受了重大的人员损失。美国民众坚决反对美国政府再次卷入亚洲地区的战争,而美国军方也无力再对亚洲国家发动大规模的地面战争[3]。美国政府因而采取由其"出钱出枪"的策略来阻挠越南统一。南越政权虽然有美国不断输血,但因极其腐败,丧失民心,北越取得最终胜利似乎只是时间问题[4]。美国看到南越政权岌岌可危,便改变了以"越南人打越南人"的策略,积极准备武装入侵越南。美国对越南内战高度重视是因为当时东南亚地区的共产主义运动和各国人民争取民族独立与解放运动的蓬勃发展扩大了苏联势力的影响,严重威胁了西方的殖民统治和美国在该地区的霸权利益。艾

---

[1] Spencer C. Tucker, *Encyclopedia of Insurgency and Counterinsurgency: A New Era of Modern Warfare*, ABC-CLIO: Santa Barbara, 2013, p. 255.

[2] James M. McCormick, *American Foreign Policy and Process*, Boston: Iowa State University Press, 2010, p. 92.

[3] Ann Curthoys, A. W. Martin and Tim Rowse, *Australians: from 1939*, Fairfax, Sydney: Syme & Weldon Associates, 1987.

[4] Michael Lind, *Vietnam: The Necessary War*, New York: Simon & Schuster, 1999, p. 234.

◆◇◆ 澳美同盟语境下澳大利亚地区霸权的建构

森豪威尔总统因此强调美国和西方国家必须在东南亚地区联手遏制苏联的侵略扩张。为此，艾森豪威尔提出了著名的"多米诺骨牌"理论，恐吓西方民众苏联和新中国正在向东南亚地区输出革命和共产主义，如不加阻止，越南、老挝、柬埔寨三国将如同"多米诺骨牌"一样沦入苏联和中国之手。缅甸、泰国、马来西亚和印度尼西亚亦会随后陷落；再后，印度、澳大利亚、新西兰、菲律宾和日本也难以幸免[1]。

澳大利亚政府和军方对艾森豪威尔的"多米诺骨牌"表现出高度追捧，因其契合了澳大利亚的地区霸权和安全利益。孟西斯政府和军方认为如果美国武装入侵越南，那么美国必将在越南长期驻军，这将实质性实现澳大利亚"留美于亚"的战略设想，既有利于澳大利亚消除安全困境，建立地区霸权，又有利于巩固澳美同盟，密切澳美政治关系。澳大利亚政界、军界和学界因而高调赞扬艾森豪威尔的"多米诺骨牌"理论，声称越南在地理方位上较朝鲜半岛更接近澳大利亚，更加攸关澳大利亚的安全和地区霸权利益。孟西斯不仅立即对美国违反《日内瓦协议》、派遣数千名军事顾问赴南越指导作战表示支持[2]，而且恐吓民众如果不追随美国入侵越南，"共产主义"很快便会扩张至澳大利亚。在澳大利亚政界、军界和学界的共同渲染和恐吓下，澳大利亚社会各界在越南战争初期表现得异常积极主动，投入了巨大的人力、物力和财力，为入侵越南的战争付出了沉重的代价。

为了进一步落实让"越南人打越南人"的策略，美国政府和军方不仅向南越政府和军队提供了大量武器装备和资金，还于1961年年底要求澳大利亚向南越政权提供军事援助，派遣武装部队和军事顾问帮助南越抗击北越"入侵"[3]。澳大利亚政府、政界和军方对美国政

---

[1] Harold Ford, *CIA and the Vietnam Policymakers: Three Episodes, 1962 – 1968*, London: Military Bookshop Co., 2011, p. 161.

[2] Henry Kissinger, *Diplomacy*, New York: Simon & Schuster, 1994, p. 621.

[3] John Subritzky, *Confronting Sukarno: British, American, Australian and New Zealand Diplomacy in the Malaysian-Indonesian Confrontation, 1961 – 1965*, London: Macmillan, 2000, p. 193.

第四章　越南战争与澳大利亚地区霸权的稳固　◆◇◆

府的要求做出了相当一致的回应：全力满足美国的要求，随时准备追随美国出兵越南。1962年年初，澳大利亚向南越派出武装部队和军事顾问，开始追随美国武装入侵越南[①]。依照1951年签署的《澳新美同盟条约》的规定，澳大利亚并无卷入越南战争的义务，因为澳大利亚没有遭到越南的进攻，同盟条约中的其他两方也没有受到来自越南直接，或间接的攻击，澳大利亚因此完全可以拒绝派遣军事人员赴越南参战。新西兰政府正是依据三国同盟条约的规定，拒绝了美国要其出兵参战的请求。一向标榜与美国有着"特殊关系"的英国在自身利益的考虑下，始终拒绝美国派遣一个步兵团赴越南参战的要求[②]。但是，澳大利亚不仅积极鼓动美国出兵越南，而且对参与侵越战争表现出异乎寻常的积极性。英国在二战期间损失惨重，国力迅速下降，英国因此在朝鲜战争后无意再卷入越南战争。与英国不同的是，澳大利亚虽然参加了太平洋战争，但并不是战争的主力。澳大利亚国土也从未沦为战场，因此澳大利亚在整个二战期间的人员和财产损失并不大。与美国结盟后，澳大利亚的地区霸权野心极度膨胀，澳大利亚政府和军方因而视越南战争为事关澳大利亚"前院"霸权和殖民利益的战争[③]。

正如本书理论部分的分析所示，澳大利亚积极投身越战既包含着澳大利亚的战略诉求，也包含着战术层面的利益诉求。

首先，维护帝国主义在东南亚地区的殖民体系和殖民利益是澳大利亚竭力鼓动并积极追随美国参加侵越战争的重要考虑。澳大利亚既是二战前英国主导的殖民体系的既得利益者，也是二战后美国主导的霸权（自由）主义体系的利益获得者。澳大利亚因此既担心苏联势力

[①] R. I. C. Publications, *Primary Australian History: Understanding our Shared Past*, R. I. C.: Perth, 2008, p. 82.
[②] Gerald Prenderghast, *Britain and the Wars in Vietnam: The Supply of Troops, Arms and Intelligence, 1945–1975*, Jefferson: McFarland Company, 2015, p. 109.
[③] Richard Nixon, *Leaders: Profiles and Reminiscences of Men Who Have Shaped the Modern World*, New York: Simon & Schuster, 2013, p. 223.

◆◇◆ 澳美同盟语境下澳大利亚地区霸权的建构

在东南亚地区扩张,进而叩其国门,又担心澳洲原住民在亚非拉各国人民的民族独立和解放运动影响下民族意识的觉醒。澳大利亚因此对二战后东南亚各国人民高涨的民族独立和解放意识感到十分恐惧,表现出镇压东南亚各国人民民族独立与解放运动和遏制苏联在东南亚"侵略扩张"的强烈愿望,这是澳大利亚积极出兵帮助英国镇压马来西亚人民的独立斗争及积极卷入越南战争的强大驱动力①。澳大利亚殖民统治者一向抱有"白人至上"的种族主义优越感,认为延续殖民主义在东南亚和南太平洋地区的统治是殖民主义天经地义的权力。澳大利亚脱胎于英国殖民地,其土地来源于对澳洲大陆和附近岛屿原住民的掠夺。澳大利亚白人政府在国际社会正义力量的强大压力下直至20世纪90年代才不得不宣布废除"白澳"政策②。由此可见,澳大利亚右翼和极右翼势力是何其强大。澳大利亚白人政府对其国土来源的合法性始终遮遮掩掩,担心各国人民的民族独立运动波及本国。二战后,亚非拉各国,特别是东南亚地区人民的民族独立和解放运动极大地鼓舞了太平洋岛屿地区人民争取民族独立的斗争。在这样的背景下,澳大利亚乡村党、自由党和工党都对二战后东南亚地区迅猛发展的民族独立和解放运动充满仇视。

在美国总统艾森豪威尔提出苏联扩张侵略的"多米诺骨牌"理论后,澳大利亚更是借机大肆渲染越南人民的民族解放斗争将很快蔓延到东南亚各地,恐吓西方国家东南亚将很快全部沦入共产主义之手。为了继续维持西方在东南亚地区的殖民利益,澳大利亚政府强烈建议美国和其他西方帝国主义国家联合出兵东南亚,镇压当地风起云涌的争取民族独立和自由的斗争。抵抗"共产主义扩张侵

---

① J. A. S. Grenville, *A History of the World: From the 20th to the 21st Century*, Abington: Routledge, 2005, p. 667.

② Susan Petrilli and Augusto Ponzio, "Migration and Hospitality: Homologies between Europe and Australia", Renata Summo-O'Connell (ed.), *Imagined Australia: Reflections Around the Reciprocal Construction of Identity between Australia and Europe*, Bern: Peter Lang, 2009, p. 320.

略"从此便成为澳大利亚对国内民众和对西方其他国家进行欺骗宣传的最为重要的借口，借以掩饰澳大利亚的安全担心、维护殖民利益的贪心和争当地区霸主的野心。这是孟西斯政府积极响应美国政府要求向南越政权提供经济和军事援助，乃至最终追随美国出兵越南的最直接动因。澳大利亚政界、军界和学界因此默契配合，异口同声地渲染东南亚地区正面临着苏联"扩张"的"多米诺骨牌效应"，强调一旦法国丧失对越南的殖民统治，以美国为首的西方国家对新中国借以包围的岛屿链就会断裂[1]。印度支那半岛的"沦陷"势将导致整个东南亚地区陆续被苏联力量攻占，最终苏联势力就会越洋前来"叩响澳大利亚的前门"[2]。如果事态的发展果真如此，英、法等殖民主义者就会被彻底赶出东南亚地区。澳大利亚将面临立国以来最危险的安全困境。澳大利亚政客和军方因而煽动美国和其他西方国家不要坐视中国在东南亚地区的"侵略、扩张"，而应组织联军全面干涉越南内战，阻止北越向南方和印支半岛其他国家扩张渗透。包括澳大利亚在内的一些国际政治分析人士都注意到20世纪五六十年代，"澳大利亚反对共产主义的歇斯底里的程度一点也不亚于美国的麦卡锡时代"[3]。

其次，巩固和强化与美国的军事同盟，确保澳大利亚的国家安全和地区霸权。从澳大利亚关于越战的历史文献中，人们不难发现澳大利亚除了希望阻止苏联在东南亚的"扩张"之外，就是要借越南战争的契机，加强与美国的军事同盟，从而增强其对美国的战略价值，并以此自重，提升其在西方阵营，乃至全球体系中的地位。如前文所述，澳大利亚虽然与美国缔结了同盟条约，但是美国仍无意明确承担澳大利亚的安全防务，澳美同盟并不牢固，澳大利亚决

---

[1] Henry Kissinger, *Diplomacy*, New York: Simon & Schuster, 1994, p. 568.
[2] Allan Patience, *Australian Foreign Policy in Asia: Middle Power or Awkward Partner?*, Melbourne: Palgrave Macmillan, 2018, p. 73.
[3] John Gunther, *Inside Australia and New Zealand*, Londont: Corone, 1974, p. 124.

◆◇◆ 澳美同盟语境下澳大利亚地区霸权的建构

策层与美国决策层的关系并不紧密。澳大利亚外长凯西在《澳新美同盟条约》缔结后曾直言不讳地表示夯实同盟的基础,进入美国的政策决策圈是澳大利亚政府今后的工作重点①。由于《澳新美同盟条约》的内容含糊、责任不明,澳大利亚政府也希望通过越南战争改变其在澳新美三国同盟中的被动地位,促使美国认识到澳大利亚战略地位的重要性,及其战略忠诚度,从而主动加强与澳大利亚的政治和同盟关系,为澳大利亚在太平洋地区构建"中等强国"的霸权地位提供支持和援助。孟西斯政府决定出兵越南与美军并肩作战,并以此进一步巩固和增强澳美同盟的政策思路在当时的澳大利亚政界和军界得到了广泛的认同和支持。这一方面是由于澳大利亚立国百年所奉行的与超级大国结盟的策略使然,澳大利亚坚信与美国结盟有利于保障其安全,并提升其国际地位,最终成为太平洋地区的"中等强国"。另一方面也是由于澳大利亚政界与军界,甚至包括许多学者都远远低估了越南战争的残酷性,以为凭借美国的强大军事力量,侵越战争的全面胜利指日可待②。届时,澳大利亚只需付出极少的代价,就可与美国一道分享胜利的殊荣,澳大利亚还可借机提升在西方阵营中的地位。

澳大利亚政府高官曾直言不讳地承认澳大利亚对越南的军事援助与干涉并非由于澳大利亚是《东南亚条约组织》的成员,因而应当为越南的防务承担义务,而是美国希望澳大利亚向越南提供政治和军事支持的结果③,也是澳大利亚希望与美国巩固澳美同盟和政治关系的结果。在澳大利亚政府的眼中,不论朝鲜战争,抑或越南战争,都是澳大利亚从美国购买安全保障和构建"中等强国"霸权地位的付

---

① Geoffrey Barker, "Has ANZUS Passed Its Use-by Date?", *Inside Story*, 13 June 2011.
② Ben Walsh, *Cambridge IGCSE and O Level History 2nd Edition*: *Option B*: *The 20th Century*, London: Hodder Education, 2018, p. 124.
③ Joseph A., Camilleri, *The Australia-New Zealand-US Alliance*: *Regional Security in the Nuclear Age*, 1987, p. 13.

第四章　越南战争与澳大利亚地区霸权的稳固　◆◇◆

款①。孟西斯总理对澳大利亚追随美国出兵越南曾做过直言不讳的解释：澳大利亚追随美国加入越南战争是为了将美国拉入亚洲的安全防务而不得不付出的代价，也是澳大利亚为了自身的安全而向美国购买的保单②。外长保罗·哈斯勒克也解释说：最重要的就是澳大利亚可以借此与美国保持更为紧密的联系，巩固澳美同盟，并为在太平洋地区打造像英美关系一样坚固的"澳美特殊关系"奠定基础③。因此，澳大利亚的政治、军事精英意见比较一致地认为澳大利亚必须"满足美国的要求"，向南越提供经济和军事援助，派遣军事顾问，甚至是作战部队。澳大利亚许多外交官也表示澳大利亚积极卷入越南战争的目的就是为了进一步增进与美国的政治与军事合作，构建更加牢固的同盟，以换取美国对澳大利亚的安全承诺和自身军事力量的提升④。由此可见，澳大利亚政界和军方高层人士认为满足美国的要求，追随美国的亚洲政策是赢得美国好感的重要路径，也是增强美国对澳大利亚的信任，巩固和强化两国政治关系和军事同盟的捷径。在美国大规模武装入侵越南后，澳大利亚希望美国能够永远留在越南和东南亚，为澳大利亚的安全构筑一道永久而坚固的屏障。这是澳大利亚政治家和军方不厌其烦地鼓动美国全面军事入侵越南背后的政治谋略，这也说明了为什么澳大利亚在鼓动美国军事介入越南时表现得那么积极，而在美国政府表示将撤出越南时表现得那么恼怒。

再次，推行"前进防卫"策略，建构地区安全和霸权体系是澳大利亚积极鼓动并追随美国干涉越南战争的重要原因。澳大利亚卷入越南战争是其"前进防卫"理论在东南亚地区的实践，也是澳大利亚借

---

① Frank Walker, *Ghost Platoon*, Sydney: Hachette, 2011, p. 7.
② Karl Hack, *Defence and Decolonisation in South-East Asia: Britain, Malaya and Singapore 1941–1968*, London: Routledge, 2001, p. 193.
③ Dennis L. Cuddy, "The American Role in Australian Involvement in the Vietnam War", *Australian Journal of Politics and History*, Vol. 28, Issue 3, pp. 340–353, 1982.
④ Joseph A. Camilleri, *The Australia-New Zealand-US Alliance: Regional Security in the Nuclear Age*, 1987, p. 13.

◆◇◆ 澳美同盟语境下澳大利亚地区霸权的建构

美国之力构建东南亚"前进防卫"基地的尝试。澳大利亚政界和军界认为澳大利亚积极参与越南战争有利于澳大利亚将自己的国防前线前推至东南亚地区,巩固在"前院"的地区霸权和利益,这就是澳大利亚精心构思的"前进防卫"策略。这一策略的形成与澳大利亚的国情和长期面临的国家安全困境密不可分。澳大利亚面积辽阔,人口稀少,四面临海,兵力薄弱,澳军若想凭借自己的武装力量守卫如此漫长的海岸线极其困难。澳大利亚和美国签署的同盟条约内容模糊,未明确提及澳大利亚举国关心的安全利益,也没有明确说明美国对澳大利亚和新西兰的军事援助方式和承担的安全责任范围,更没有明确规定美国将如何为澳大利亚的安全提供庇护。澳大利亚政府、军方和学界普遍对该条约是否具有实质性作用和价值表示疑问,却又苦于无法进一步迫使美国明确其对澳大利亚安全承诺的方法。

澳大利亚因此不得不对1954年成立的《东南亚条约组织》采取积极的态度,希望通过加入这一地区性安全组织获得美国的安全承诺和庇护。但《东南亚条约组织》只提出要帮助中南半岛国家抵御共产主义的"入侵和扩张",而对地处南太平洋的澳大利亚未予提及,这令澳大利亚政府和军方深感失望和愤怒[1]。由于自身的安全得不到美国的明确保证,澳大利亚在缔结《澳新美同盟条约》和《东南亚条约组织》后仍然没有安全感。澳大利亚政府和军方因此设想如果美国庞大的军事力量进入东南亚,澳大利亚则可以借机将自己的国防前线推进至该地区,将之变为拱卫澳大利亚的北部屏障,从而解除半个多世纪来一直困扰澳大利亚的安全问题。澳大利亚政府和军方高度重视这一设想,并进而将之升华为"前进防卫"理论,强调中南半岛是澳大利亚国家安全的重点[2]。占领了中南半岛,澳大利亚的国土防卫也

---

[1] Henry Kissinger, *Diplomacy*, New York: Simon & Schuster, 1994, p. 574.
[2] Peter Edwards, "Australias Involvement in the Vietnam War", Andreas W. Daum, Lloyd C. Gardner and Wilfried Mausbach (eds.), *America, the Vietnam War, and the World: Comparative and International Perspectives*, Cambridge: Cambridge University Press, 2003, p. 224.

第四章 越南战争与澳大利亚地区霸权的稳固

就取得了广阔的防卫纵深①。1955年,孟西斯对"前进防卫"策略做了较为详细地解释:"澳大利亚地广人稀,只有与盟国合作,特别是与英美合作,才能生存下去。我们必须尽可能地在前进阵地进行防御……马来西亚的防务对澳大利亚极为重要,比本土防卫更重要,我们必须把马来西亚的防务当作我们自己的防务。"②

由此可见,在美苏激烈对抗的背景下,澳大利亚的政界和军界早就认识到东南亚对澳大利亚安全防卫的重要性。孟西斯政府因此积极推动"前进防御"策略,竭力将东南亚地区变成澳大利亚的前进防卫基地。澳大利亚政府和军方还利用艾森豪威尔的"多米诺骨牌"理论,恐吓澳大利亚民众为了防止东南亚地区,乃至澳大利亚出现"多米诺骨牌"效应,澳大利亚必须实施"前进防卫"策略,在东南亚建立"前进基地"。澳大利亚政界和军界还竭力向美国推销"前进防卫"策略,强调这一策略不仅可以帮助美国和西方阵营在东南亚地区遏制共产主义势力的扩张,而且可以将澳大利亚的防卫前线向北推进到东南亚地区。澳大利亚的"前进防卫"策略与英国在二战后企图恢复在东南亚的殖民统治相契合,英国因此积极鼓励,并帮助澳大利亚加强在该地区的军事力量。美国并不希望看到英国在东南亚殖民势力得到恢复和增强,因而对前进防卫策略并不积极,但美国也支持澳大利亚与英国一道镇压东南亚人民的民族解放与独立斗争,以抵制共产主义在该地区的"扩张和侵略"。美国入侵越南前,澳大利亚政府利用东南亚各国人民的民族解放与独立斗争,以及美国军政各界对东南亚地区可能发生的"多米诺骨牌"效应的恐惧,成功地向美国兜售了"前进防卫"策略,从而借美国之力,将自己的军事防御推进到东南亚地区。

---

① Frank Frost, *Australia's War in Vietnam*, Sydney: Allen & Unwin, 1987, p.3.
② Gareth Evans and Bruce Grant, *Australia's Foreign Relations: in the World of the 1990s*, Melbourne: Melbourne University Press, 1991, p.21.

最后，威慑并逼近亚洲邻国在领土纠纷等问题上做出让步是澳大利亚竭力鼓动并积极追随美国卷入越南战争的又一重要原因。20世纪五六十年代，澳大利亚与亚洲邻国，特别是与印度尼西亚关系紧张。二战后，澳大利亚仍然占领着巴布亚新几内亚，并对当地民众实行残酷的殖民统治。随着东南亚各国人民的民族独立和解放运动高涨，巴新人民也要求实行民族独立和自主。澳大利亚政府和军方为了维持既得利益，对当地人民实行血腥的镇压，绝不允许巴新独立[①]。巴新与东南亚大国印度尼西亚接壤，巴新人民要求民族独立和自决的运动得到了印尼人民的同情和支持。澳大利亚与印尼关系紧张既有边界纠纷的因素，更有澳大利亚臆想的对地区霸权争夺的因素。由于地理位置靠近，澳大利亚和印尼存在着边界纠纷，这既有历史原因，也有帝国主义殖民原因。澳大利亚和印尼均声称对西伊里安岛拥有主权，两国为此冲突不断，一度处于战争的边缘。印尼是东南亚地区的大国，拥有较多的人口和较广阔的面积，具有较强的军事发展潜力，澳大利亚因而臆想印尼在不久的将来会与之争夺土地和地区霸权。澳大利亚政府和军方因此一直对印尼采取压制和军事威胁政策，企图压服印尼放弃领土要求，放弃与自己争夺东南亚和南太平洋地区的主导权。

面对印尼的坚决斗争，一向在东南亚民众面前自视为高人一等的澳大利亚感到非常不安。澳大利亚政府和军方臆想印尼强大后一定会对澳大利亚发动全面战争，攻占整个澳大利亚。鉴于本国人口稀少，澳大利亚认为如果没有美国保护，澳大利亚难以战胜印尼[②]。澳大利亚政府因此一再要求英国和美国在印尼入侵澳大利亚时能够出兵相助，向澳大利亚提供军事保护。英国由于在二战后经济和军事实力急

---

① New Zealand Parliament, *Parliamentary Debates*, Vol. 291, New Zealand Wellington: Parliament, 1951, p. 2144.

② Karl Hack, *Defence and Decolonisation in Southeast Asia: Britain, Malaya and Singapore, 1941 – 1968*, Surrey: Curzon Press, 2001, p. 193.

第四章　越南战争与澳大利亚地区霸权的稳固　◆◇◆

速下降，无意为保护澳大利亚而出兵干涉与自己利益毫无关涉的印尼与澳大利亚纷争，英国因此对澳大利亚的回应十分消极。无奈之下，澳大利亚政府和军方只好将希望寄托在美国身上。澳大利亚积极鼓动美国卷入越南战争的部分原因就是希望美国卷入越南战争后，澳大利亚便可以作为美国的后方基地，从而提升澳大利亚对美国的战略和军事价值，迫使美国不得不在澳大利亚与印尼的冲突中站到澳大利亚一方。在与美国讨价还价后，美国与澳大利亚达成了有利于澳大利亚的交易。由于美国在全面武装入侵越南时需要澳大利亚的政治与军事支持，因而于1964年向澳大利亚承诺《澳新美同盟条约》适用于印澳军事冲突。这意味着一旦澳大利亚与印尼开战，美国将予以武装干涉[①]。美国偏袒澳大利亚的行为令澳大利亚政府和军方欣喜若狂，但澳大利亚也意识到若要美国真正兑现承诺，澳大利亚必须对美国武装入侵越南予以全力支持。澳大利亚政府和军方此后默契配合，不断向美国输诚，坚定地追随美国入侵越南。由此可见，澳大利亚的确利用越南战争换取了美国在印尼与澳大利亚的领土纠纷中支持澳大利亚，为澳大利亚的霸权利益和地区霸权体系建立作了重要背书。

除了与印尼关系紧张外，澳大利亚同样敌视东南亚其他各国人民的民族解放与独立运动，从而导致澳大利亚与其他东南亚国家的关系十分紧张。澳大利亚政府和军方认为东南亚人民争取民族独立和解放的斗争是对包括澳大利亚在内的西方国家利益的重大挑战，是对西方殖民主义势力的毁灭性打击，澳大利亚因此与英国等殖民帝国联合对东南亚人民进行镇压。澳大利亚在镇压东南亚人民的民族独立与解放运动的同时，还别有用心地挑唆东南亚国家间的内斗，图谋从中渔利。例如，澳大利亚利用东南亚国家由于西方殖民而形成的边界纠纷，挑唆东南亚国家的纷争，企图以此转移当地民众的注意力，并为

[①] G. Barwick, "Minister of External Affairs, Statement to the House of Representatives", N. Harper, *A Great and Powerful Friend*, St Lucia: University of Queesland, 1987, p.310.

澳大利亚和其他前殖民宗主国的出兵干涉做准备。马来西亚和印尼均是东南亚地区的大国,两国在独立后因边界问题一直纷争不断。这本是西方殖民主义者在奴役东南亚各国人民的过程中争夺势力范围的恶果,但是被奴役的各国人民获得国家独立后,西方殖民主义者——特别是澳大利亚——却利用这一历史遗留问题挑动东南亚各国内斗,企图从各国边界和领土纷争中获利[1]。东南亚各国因此对澳大利亚在该地区的恶劣表现深恶痛绝,也对澳大利亚的险恶用心保持高度警惕。印尼对澳大利亚的恶劣表现尤为深恶痛绝,视之为"恶邻",两国关系日益恶化,不时呈现出剑拔弩张的军事对峙[2]。直至21世纪,澳大利亚与印尼的关系仍然不睦,两国不时因边界问题、澳大利亚的地区霸权行径和澳大利亚对印尼内政的指责而争吵不断。印尼对澳大利亚的霸凌行为所进行的坚决斗争使澳大利亚深刻意识到印尼,乃至整个东南亚地区的人民已经不再像帝国主义殖民时代一样软弱可欺,日益恐惧亚洲邻国可能的军事威胁,巩固和强化澳美同盟的念头日益强烈。

南越政权由于极度腐败很快便丧失民众的支持,在内战中不断溃败。至1961年,越南形势进一步朝着有利于北越的方向发展。1963年年底,得到以美国为首的西方国家大力支持的吴庭艳政权垮台。这令澳大利亚和美国等西方国家极度震惊,普遍预测这是南越政权即将全面崩溃的信号。澳大利亚政府认为南越政权垮台后,东南亚地区势将发生"多米诺骨牌"效应,澳大利亚很可能成为苏联"扩张"的下一个受害者。出于自身安全和"留美于亚"等利益考虑,孟西斯政府和军方一再向美国和西方各国建言以美国为首的西方国家必须发动

---

[1] Frank P. Donnini, *ANZUS in Revision: Changing Defense Features of Australia and New Zealand in the mid-1980s*, Washington D. C. : Air University Press, 1991, p. 104.

[2] Donald E. Weatherbee, Ralf Emmers, Mari Pangestu, Leonard C. Sebastian, *International Relations in Southeast Asia: The Struggle for Autonomy*, New York: Rowman & Littlefield Publishers, 2005, p. 47.

第四章 越南战争与澳大利亚地区霸权的稳固 ◆◇◆

全面入侵越南的战争,制止共产主义在东南亚的"扩张"①。孟西斯建议美国尽快组织联军全面武装入侵越南,并将整个东南亚地区变成西方的军事"前进基地"。孟西斯认为这样既可以阻止北越对南越的渗透与攻击,更可以遏制东南亚地区其他国家共产主义势力的发展。同时这也是"留美于亚",利用美国强大的战争机器保障澳大利亚国家安全和殖民利益的绝好机会。澳大利亚因而竭力试图说服美国长期驻军越南,或其他东南亚国家,以便在澳大利亚和亚洲国家之间建立一道安全藩篱,永久性地保证澳大利亚的国家安全。

澳大利亚总理孟西斯为了鼓动美国出兵,不仅大肆渲染苏联势力在东南亚地区的扩张,而且十分荒唐地声称中国将对东南亚、南亚和澳大利亚构成直接军事威胁,"我们必须把它看作是共产党领导的中国在太平洋和印度洋地区侵略的组成部分"②。孟西斯为鼓动美国出兵入侵越南所寻找的借口令澳大利亚民众感到十分惊讶、不可理解,因为以中国当时的经济和军事实力根本无法对远在万里之外的澳大利亚构成军事威胁,更无法直接入侵澳大利亚。自印度尼西亚独立后,孟西斯政府一直将人口众多,具有较强的经济和军事发展潜力的印尼渲染成澳大利亚国家安全和地区霸权的"最直接的威胁"③。孟西斯政府和军方好战分子为了煽动和追随美国入侵越南竟在一夜之间将新中国取代印尼定为澳大利亚最危险和最直接的敌人,澳大利亚民众在思想上根本无法接受。孟西斯对中国的指责和以中国的"侵略扩张"作为出兵越南的借口实在难以令澳大利亚民众信服,孟西斯总理对此心知肚明。在遭到民众的嘲讽后,孟西斯辩称中国对澳大利亚的威胁主要是政治威胁和意识形态的威胁,而不是军事威胁。孟西斯重复美国

---

① Michael Green, *By More Than Providence: Grand Strategy and American Power in the Asia Pacific Since 1783*, New York: Columbia University Press, 2017, p. 318.
② Commonwealth Parliamentary Debates, House of Representatives, Vol. 45, p. 1061.
③ Bilveer Singh, *Defense Relations Between Australia and Indonesia in the Post-Cold War Era*, London: Greenwood Press, 2002, p. 47.

总统肯尼迪的老调,强调东南亚地区是"西方式民主试验场",也是东西方意识形态和政治制度的竞争场[①]。

尽管澳大利亚政府和军方给南越政权披上了"民主"的外衣,但孟西斯政府及其个人并不认为南越是"民主政权"。从当时澳大利亚官方文献可以发现,孟西斯政府内部评价南越政府的贪污腐败和独裁专制如同20世纪40年代的中国国民党政府,令澳大利亚政府和政客们深感厌恶。外长凯西虽然竭力主张出兵越南,却又无法掩饰内心的愤怒"南越政权是独裁政权……并不民主"。由此可见,即便是澳大利亚高层政客也对出兵保卫南越这样的腐败政权感到郁闷和无奈。和凯西一样,澳大利亚政府和政客心知肚明南越政权根本得不到越南民众的支持,如果没有美国为首的外国侵略军的武装干涉,越南内战一定会以北方的胜利而告终。但是,为了欺骗澳大利亚民众同意追随美国入侵越南,政治手法极为熟练的孟西斯便给他一向十分厌恶的南越腐败政权贴上了"民主"的标签,并动情地呼吁澳大利亚民众,特别是年轻人去越南为"民主"献身。

鉴于此时的越南战争形势明显有利于越南北方,美国政府和军方感到十分不安,因而有意组织西方国家联军武装入侵越南。孟西斯政府对美国政府入侵越南的决定十分高兴,并立即做出积极反应,承诺将竭尽全力追随美国赴越南参战。孟西斯向美国总统约翰逊大表忠心,强调澳大利亚将坚定地与美国站在一起。澳大利亚政府和军方机构纷纷开动宣传工具,渲染共产主义正在东南亚地区大肆"侵略扩张",而越南是阻止共产主义"侵略"和保卫澳大利亚国家安全的最后一个"堡垒"。为了绑架国内民众支持美国和澳大利亚武装入侵越南,澳大利亚政界、军界和学界异常默契地利用美国总统埃森豪威尔的"多米诺骨牌"理论,炮制恐吓澳大利亚民众的国家安全"危机

[①] Vojtech Mastny, "The Cold War in Retrospect: too Early to Tell?", *The Cold War History*, Vol. 14, Issue 4, 2014, pp. 487–499.

第四章 越南战争与澳大利亚地区霸权的稳固

论"。如果此时不追随美国全面镇压越南人民的民族独立和解放战争，澳大利亚民众不久就会听到共产主义的"叩门声"[1]。澳大利亚政府的确较为成功地利用"多米诺骨牌"理论绑架了本国民众，骗取了他们对入侵越南的支持[2]。

澳大利亚政府和军方对出动陆海空三军追随美国参战早有准备，因而获悉美国准备出兵入侵越南后，立即在澳大利亚全面推行征兵制，为全面武装入侵越南做好兵员准备[3]。1964年年初，澳大利亚外长哈斯勒克发表讲话，承诺澳大利亚将竭尽全力追随美国武装入侵越南。澳大利亚政府也向国际社会宣布澳大利亚已经派遣武装人员和军机赴越南参战。澳大利亚政府和军方意图以此向美国和其他西方国家表明澳大利亚入侵越南的坚决态度[4]。1964年年底，美国对北越发动了大规模轰炸，标志着美国全面入侵越南的开始。澳大利亚政府和军方对此弹冠相庆，认为美国此后不得不将大量武装部队留驻亚洲。澳大利亚的"留美于亚"策略初步实现，国家安全困境从此纾解，澳美同盟从此得以稳固。为了向美国表示"效忠"，澳大利亚政府立即命令空军追随美国对北越进行狂轰滥炸[5]。

美、澳等国空军的狂轰滥炸并没有收获预期的效果，美国总统约翰逊因而于1965年7月悍然决定派遣美军地面部队随同海空军一道入侵越南。约翰逊的决定招致全世界绝大多数国家的反对，美国二战后最为亲密的盟友英国坚决拒绝出兵越南，《澳新美同盟条约》的缔

---

[1] Karl Hack, *Defence and Decolonisation in South-East Asia: Britain, Malaya and Singapore, 1941–1968*, London: Routledge, 2001, p. 184.

[2] John Blaxland, *The Australian Army from Whitlam to Howard*, New York: Cambridge University Press, 2014, p. 24.

[3] Dean Jaensch and Max Teichmann, *Macmillan Dict Australian Politics*, Macmillan: Melbourne, 1992, p. 57.

[4] Glen Barclay, *Friends in High Places: Australian-American Diplomatic Relations Since 1945*, Oxford: Oxford University Press, 1985, p. 142.

[5] Spencer C. Tucker, *The Encyclopedia of the Vietnam War: A Political, Social, and Military History*, ABC Clio: Oxfod, 2011, p. 84.

约国新西兰也拒绝出兵①。在美国最需要支持的关键时刻,澳大利亚政府率先表态,不仅对约翰逊总统全面侵越的决定大加赞扬,而且承诺将尽可能多地派遣地面作战部队追随美军参战。为了向约翰逊效忠,澳大利亚政府立即做出决定,派遣地面部队开赴越南作战。这标志着澳大利亚不再仅仅局限于追随美国参加对北越的空中打击,而是坚定地追随美国全面武装入侵越南。1965年5月,澳大利亚地面作战部队抵达南越,被编入美军,成为越南战争期间最为凶悍的西方侵略军之一。澳大利亚不仅追随美国大规模武装入侵越南,还主动向美国政府表示愿意为这场毫不正义的战争分担军事和其他各种费用。

澳大利亚政府和情报部门早就知悉美国可能出动地面部队入侵越南,澳大利亚情报部门因而对全面入侵越南进行过多次兵棋推演,较为准确地预测了以美国为首的多国联军一旦武装入侵越南不会取得最终的胜利②。孟西斯在获悉兵棋推演结果后大为恼火,严令情报部门不得泄露预判结果,以免影响澳大利亚军队和民众的侵略信心。1966年,霍尔特接替孟西斯出任澳大利亚新一任总理。霍尔特政治上极右,对东南亚各国人民的民族独立和解放运动极为敌视。他坚决支持孟西斯的"前进防卫"政策,坚持澳大利亚必须全力追随美国入侵越南。霍尔特在"留美于亚"策略上和孟西斯如出一辙,他上台伊始即向约翰逊总统表示效忠,"澳大利亚永远跟随你"③,承诺澳大利亚将坚定地担负起在东南亚地区维护西方殖民利益的责任④。为了应付国际社会和本国人民的批评,蒙蔽国内民众,孟西斯和霍尔特多次发表

---

① Barry Gustafson, *Kiwi Keith: A Biography of Keith Holyoake*, Auckland: Auckland University Press, 2008.

② Michael Caulfield, *The Vietnam Years: From the Jungle to the Australian suburbs*, Sydney: Hachette, 2007, p. 165.

③ Alla Gyngell, *Fear of Abandonment: Australia in the World Since 1942*, Calton: La Trobe University Press, 2017, p. 287.

④ Lyndon Johnson, *Public Papers of the Presidents of the United States: Lyndon B. Johnson*, 1966, Washington D. C.: Government Printing Office, 1967, p. 668.

第四章　越南战争与澳大利亚地区霸权的稳固　◆◇◆

讲话，谎称澳大利亚和美国武装干涉越南是应南越政府的请求，是为了履行《东南亚集体防务条约》的义务。孟西斯和霍尔特的讲话显然都是谎言，因为从多年后公开的历史档案来看，南越政府当时并没有请求美国和澳大利亚出兵干涉①。

尽管澳大利亚情报部门有着并不乐观的兵棋推演结果，但澳大利亚政界、军界和学术界却对以美国为首的多国联军入侵越南有着较为乐观的看法。在澳大利亚政府、军方和学界精英看来，越南远非二战时期的日本，其军事力量和人员训练程度远远不及日本军国主义那般强大和"专业"。因此，在澳大利亚政治领导人和军方好战派群体的眼中，美国领导的多国部队只要在越南一出现，北越的战斗意志便会顷刻瓦解，越南战争的胜利更是指日可待②。这种观点在越南战争初期似乎得到了印证，以美国为首的多国部队在越南的狂轰滥炸取得了"举世震惊"的战绩，地面部队甚至一度攻占了越南北部地区。但是，随着越南战争的全面升级，越南很快便演变为惨烈的战场，无数来自美国、澳大利亚和其他国家的年轻人在这里莫名其妙地失去了年轻的生命。出乎澳大利亚政客和军方的意料，北越部队不仅顶住了以美国为首的侵略军的疯狂进攻，而且不断地发动强大的反攻，令侵略军在战争初期暂时取得的军事"成就"顷刻间化为乌有。霍尔特和西方各国的军政要员，以及相当一些民众在战争初期的盲目乐观心态被一扫而光。

由于兵力损失惨重，美国总统约翰逊于1966年年初要求霍尔特政府向越南增派地面作战部队。为了讨好约翰逊，并和美国政府和军方建立密切的关系，霍尔特非常痛快地答应了约翰逊的要求，霍尔特下令强行扩大征兵范围，要求所有适龄青年必须接受军队挑选赴越南参战。为了讨好约翰逊和美国政府，霍尔特还特意派员将澳大利亚新

---

① Phillip Knightley, *Australia, A Biography of a Nation*, London: Vintage, 2001, p. 249.
② Ben Walsh, *Cambridge IGCSE and O Level History 2nd Edition: Option B: The 20th Century*, London: Cambridge, 2018.

◆◇◆ 澳美同盟语境下澳大利亚地区霸权的建构

的征兵制度向约翰逊做了详细汇报,强调这是其政府为了支持越南战争而进行的重大兵役改革。霍尔特的良苦用心,果然受到了约翰逊的赞扬,两国政府也因此密切了关系。1968年年初,北越发动了著名的春季攻势。美国及其领导的多国部队在越南战场遭遇罕见的惨败,约翰逊和霍尔特不得不一再向越南增派武装部队①。1968年年底,澳大利亚更多地面作战部队抵达越南,澳军在越南的武装部队人数达到了战时的峰值②。但是,越南战场此后益发惨烈的战况证明不论霍尔特政府如何想方设法地扩大澳大利亚的兵源,澳大利亚和美国政府都无法向缺乏道义的越南战场提供足够多的人肉炮弹。

在美国身处困境之际,霍尔特为了讨好美国,毫不犹豫地决定再次向越南增兵。霍尔特的决定赢得了美国政府和军方的高度赞赏,因为此时随同美国参战的西方盟国不仅拒绝向越南增兵,反而纷纷从越南撤兵回国。霍尔特的增兵决定因此与美国的其他盟友形成了鲜明的对比,澳大利亚自此被美国政府和军方视为忠诚可靠的盟友。美国总统约翰逊对澳大利亚政府追随美国武装干涉越南,并在政治、经济、军事和后勤上提供的全力支持表示高度赞赏,因而特意访问澳大利亚,表达谢意③。令他尴尬的是,澳大利亚民众并没有如他想象的那样热烈欢迎他的来访,反战民众在通往市区的道路上举行大规模游行示威。与澳大利亚民众的态度截然相反,澳大利亚政府领导人和右派势力视约翰逊来访为美国对澳大利亚的最高奖赏,他们千方百计地动员右翼势力到机场欢迎约翰逊④。为了向约翰逊表示忠心,澳大利亚新南威尔士州州长甚至公开指责试图拦截车队表示抗议的民众是共产

---

① Mark Bowden, *Hue 1968*: *A Turning Point of the American War*, London: Grove Press, 2017, p. 87.
② Andrew Wiest, *The Vietnam War*, New York: Rosen Publishing, 2009, p. 24.
③ Amry Vandenbosch and Mary Belle Vandenbosch, *Australia Faces Southeast Asia*: *The Emergence of a Foreign Policy*, Lexington: University of Kentucky Press, 1967, p. 129.
④ William Manchester, *The Glory and the Dream*: *A Narrative History of America*, *1932 - 1972*, New York: Blackstone Audio, 2013, p. 1492.

第四章　越南战争与澳大利亚地区霸权的稳固　◆◇◆

主义的同情分子,并悍然下令警察用警车"轧死那些抗议的杂种"①。澳大利亚对美国的"效忠"终于换来了美国政府对澳美同盟的价值评估的重大改变②,美国甚至对霍尔特政府做出承诺：一旦马来西亚、新加坡和其他东南亚国家发生危机,美国将与澳大利亚采取联合军事行动,保护澳大利亚的国家安全③。

霍尔特将本国青年源源不断地送至越南受死虽然获得了美国的赞誉,却也激起了澳大利亚民众的猛烈批评和反对。这首先是由于包括澳大利亚在内的西方民众对越南和东南亚人民争取民族独立和解放运动的认识逐渐回归理性,越来越多的西方民众对东南亚和越南人民争取民族独立和自由的运动表示理解和支持,对越南战争的道义缺失性予以强烈谴责,而对越南战争的残酷性和获得胜利的可能性也较以往有了更为客观的认识。最终成为摧毁美国、澳大利亚和其他西方国家政府和极右翼势力鼓吹的越南战争道义性、正义性的重要力量④。其次,澳大利亚与美国和加拿大的农产品出口竞争已呈白热化,澳大利亚经济形势因此日益恶化。为了与澳大利亚和加拿大争夺国际农产品市场,美国政府对农产品出口予以大量补贴,导致澳大利亚的农产品出口量大幅度萎缩。澳洲农场主和从业人员的利益因此大受损害,对美国的不满情绪在澳大利亚各界迅速蔓延。再次,英国由于国力不济,此时已经决定从马来西亚全面撤军⑤。霍尔特政府担心英国撤军

---

① [美] 威廉·曼彻斯特:《光荣与梦想:1932—1972 年美国实录》第 4 册,朱协等译,商务印书馆 1978 年版,第 1508 页。

② Scott Shaw-Smith, *Vanishing Act-People Who Disappeared Mysteriously or did They?* New York: Lulu. com, 2015.

③ Sue Thompson, *British Military Withdrawal and the Rise of Regional Cooperation in South*, New York: Palgrave Mcmillan, 2015, p. 68.

④ E. M. Andrew, *A History of Australian Foreign Policy: From Dependence to Independence*, London: Longman cheshire, 1979, p. 168.

⑤ Andrea Benvenuti, "The British Military Withdrawal from Southeast Asia and its Impact on Australia's Cold War Strategic Interests", *Cold War History*, Vol. 5, Issue 2, 2005, pp. 189 – 210.

后,马来西亚和新加坡的局势可能恶化,因此不能不考虑预留足够的军力以应对英国撤军后该地区可能出现的力量真空和因此而产生的动荡。最后,澳大利亚国防和情报部门对越南战争的前景作了研判,其结论十分悲观,将澳大利亚政客们战前的过度乐观情绪一扫而空。澳大利亚军方和情报部门认为越南战争并不像澳大利亚政界、军界和学界一厢情愿想象的那样只要美军大规模出兵干涉,越南战争就会结束[1]。

澳大利亚侵越部队的死亡人数随着战争规模的不断升级而快速增加。据澳大利亚军方战后统计,至1972年底,有500多名澳军士兵战死,因伤失去战斗能力的官兵增至2400多人[2]。澳大利亚政府和军方对澳军伤亡极为恼怒,认为侵越战争的失利是对澳大利亚白人殖民者的"侮辱"。如同第二次世界大战初期与日本作战一样,越南战争再次表明一向鼓吹"白人至上"的澳大利亚白人殖民者和种族主义者并不比被他们视为"黄色侏儒"的东南亚人民更为高贵和聪明。破碎的优越心理和澳军士兵惨重的伤亡令澳大利亚政客理智全失,戈登政府因而于1968年强行修改澳大利亚《国民服役法》,进一步扩大征兵范围。戈登政府不顾澳大利亚民众的强烈反对,命令所有适龄青年必须服兵役,然后通过抽签决定哪些人去越南参战。澳大利亚民众,特别是年轻人将赴越参战的抽签称为"死亡大乐透",澳大利亚历史学家则普遍将戈登政府这项"歇斯底里"的命令称为澳大利亚历史上最无道义、最为黑暗的一页[3]。

越南战争给美军造成的人员损失甚至超过了第二次世界大战。面对遥遥无期的战争、不断增加的死伤人数以及越来越沉重的经济负

---

[1] Ben Walsh, *Cambridge IGCSE and O Level History*, London: Hodder Education, 2018, p. 124.

[2] Ronald B. Frankum, *Historical Dictionary of the War in Vietnam*, Lanham S: Carecrow Press, 2011, p. 64.

[3] Carl Bridge, "Australia and the Vietnam War, Lowe", Peter (ed.), *The Vietnam War*, London: Macmillan, 1999, p. 192.

第四章 越南战争与澳大利亚地区霸权的稳固 ◆◇◆

担,美国民众的反战运动高潮迭起,迫使约翰逊总统不得不下台。约翰逊政府的倒台令澳大利亚政府和军方极为震惊。在越南战争进入白热化之际,英国由于国力日蹙,不得不从东南亚地区撤退[1]。澳大利亚政府十分担心美国也会因越战陷入僵局而从越南撤军,从而导致澳大利亚"留美于亚"和"前进防卫"战略的失败,危及澳大利亚的国家安全和地区霸权。届时,澳大利亚将再次陷入二战前的安全困境,其在太平洋地区依靠美国势力构建"中等强国"和地区霸权的企图也将全部落空。因此,美国在越南的失败与全面撤退不符合澳大利亚的根本利益。在这样的战略考虑下,澳大利亚政府不仅拒绝民众从越南撤军的要求,反而变本加厉地强迫澳大利亚青年必须服兵役,必须赴越南参战,执意要将越南战争打到底。

为了将越南战争继续进行下去,戈登政府及极右翼政客居心叵测地指责共产主义势力已经渗透了澳大利亚各阶层,并且成功地将反战民众"洗脑",使他们成为危害澳大利亚国家安全的危险分子[2]。孟西斯等政客甚至在媒体上公开表示澳大利亚需要实行"麦卡锡主义",并对所有澳大利亚公民进行思想和意识形态审查。以孟西斯为首的澳大利亚极右翼势力对敢于批评越南战争和孟西斯、霍尔特等政客的爱好和平的人士均毫不犹豫地扣上"亲共"和"危险分子"的帽子。澳大利亚在越南战争时期日益盛行的"麦卡锡主义"形成了"人人自危"的政治氛围。孟西斯和其他老牌右翼政客通过渲染"共产主义入侵"和"多米诺骨牌"等战争威胁的确骗取了澳大利亚民众的支持,仅孟西斯本人就担任政府总理一职长达20年之久[3]。澳大利亚民众在"共产主义扩张侵略"和"多米诺骨牌"理论的长期影响下,

---

[1] Andrea Benvenuti, "The British Military Withdrawal from Southeast Asia and its Impact on Australia's Cold War Strategic Interests", *Cold War History*, Vol. 5, Issue 2, 2005, pp. 189 – 210.
[2] Francis Gordon Clarke, *The History of Australia*, London: Greenwood Press, p. 155.
[3] John Blaxland, *The Australian Army from Whitlam to Howard*, New York: Cambridge University Press, 2014, p. 24.

◆◇◆ 澳美同盟语境下澳大利亚地区霸权的建构

认为澳大利亚别无选择,只能和美国一道坚决武装干涉越南内战,阻止共产主义势力在东南亚的侵略扩张①。

反人性、反社会的"麦卡锡主义"虽能在澳大利亚乃至其他西方国家肆虐一时,却不可能持续长久。20世纪60年代中后期,澳大利亚和西方国家都爆发了大规模的反战运动。各国民众的反战游行此起彼伏,要求美国政府立即停止侵越战争,要求澳大利亚政府立即将澳军撤回本国。澳大利亚政府和军方转而出动大批军警,镇压青年学生和广大民众发动的反战运动②。戈登政府和军方残酷逮捕青年学生和镇压民众反战运动的暴行激起了全社会的愤怒,广大民众愤而焚毁了澳大利亚陆军司令部和一些政府部门。澳大利亚反战运动高潮迭起,最终导致戈登被迫下台③。在民众日益高涨的反战运动的压力下,澳大利亚政府不得不于1970年停止"死亡大乐透"的抽签,澳大利亚在越南的作战部队却于1972年即停止军事行动④。

惠特兰姆停止澳军在越南继续开展军事行动的决定得到了澳大利亚民众,特别是青年学生和家长的欢迎。但是,澳大利亚右翼政府、政客和军方好战分子对未能追随美国将越战进行到底而深感遗憾,更对民众的缺乏"战略眼光"和反战人士的"背叛"感到恼怒。更为荒唐的是,一向自诩为"民主卫士"的右翼分子竟然纷纷出面指责澳大利亚举国高涨的反战运动是对澳大利亚民主制度的破坏,反战群众和青年学生是"多数暴政"的坏分子,他们因此要求澳大利亚政府和议会不要受"多数暴政"的不良影响,而应继续追随美国将越南战争

---

① Glen Barclay, *Friends in High Places: Australian-American Diplomatic Relations Since 1945*, Oxford: Oxford University Press, 1985, p. 146.
② Sean Scalmer, *Dissent Events: Protest, the Media, and the Political Gimmick in Australia*, Brisbane: University of New South Wales Press, 2002, p. 68.
③ Russel Ward, *The History of Australia: The Twentieth Century*, Sydney: Heinemann Educational Publishers, 1978, p. 376.
④ David Horner and Angus Houston, *Australia's Military History For Dummies*, London: For Dummies, 2011, p. 254.

第四章 越南战争与澳大利亚地区霸权的稳固

进行到底。澳大利亚右翼政客和军方好战分子是如此沉醉于冷战和冷战思维以至于根本没有注意到冷战的坚冰在20世纪70年代初已经开始融化。除了美国、苏联以及少数西方国家外,世界绝大多数国家已经厌倦了冷战,转而将国与国之间的关系重点转向经贸合作与共同发展。西方著名的国际关系学家基欧汉和约瑟夫·奈敏锐地注意到国际关系中不同意识形态的国家间"复合依存"的大门已经缓缓打开,世界潮流开始向和平与发展的方向演进[1]。

惠特兰姆是澳大利亚工党的著名政治人物,但他长期以来一直受到右翼势力的打压和谩骂。惠特兰姆不断地批评右翼政府误导民众,把澳大利亚带入战略误区。惠特兰姆指出澳大利亚正处于国家发展的十字路口,必须顺应世界潮流,承认新中国政权,并尽快与之建交,才能尽快走出越南战争的误区[2]。惠特兰姆强调与新中国建交不仅有利于越南问题的政治解决,而且有利于实现亚洲的和平稳定,还有利于澳大利亚安全问题的解决。惠特兰姆富有远见的政策建议不仅没有得到澳大利亚政府的理解和接受,反而遭到右翼政客和军方的强烈攻击。但是澳大利亚民众,特别是年轻人却对惠特兰姆顺应时代潮流的主张予以积极响应,这充分说明二战后深受冷战思维桎梏的澳大利亚社会思潮在越南战争中后期已经迎来了巨大的解放和变革。惠特兰姆的反战立场和承认新中国、政治解决越南问题的建议使他在工党内外和澳大利亚民众中的威望迅速上升,为工党在不久后举行的大选中获得胜利奠定了基础。惠特兰姆向澳大利亚民众做出承诺,一旦工党胜选,新政府将立即从越南撤军,结束这场错误的战争[3]。麦克马洪政府指责惠特兰姆已经蜕变为共产

---

[1] Kenneth Rogerson, "Information Interdependence: Keohane and Nye's Complex Interdependence in the Information Age", *Information, Communication & Society*, Vol. 3, Issue 3, 2000, pp. 415–436.

[2] Stuart Macintyre, *A Concise History of Australia*, Cambridge: Cambridge University Press, 2009, p. 237.

[3] Sally Percival Wood, *The Australia-ASEAN Dialogue: Tracing 40 Years of Partnership*, Wood, Sally Percival and He, Baogang (eds.), New York: Palgrave Macmillan, 2014, p. 22.

主义在东南亚的"马前卒",呼吁澳大利亚民众不要选举工党,因为惠特兰姆的越南政策将彻底毁坏来之不易的澳美军事同盟和因越战而不断密切的澳美政治关系①。

越南战争是朝鲜战争之后,美国在亚洲地区发动的另一场规模更为宏大的侵略战争。越南战争的旷日持久重创了美国的经济,损耗了美国的财富,极大地削弱了美国的国力。这场战争不仅使美国经济严重受损,而且在政治上撕裂了美国社会,削弱了美国政府对二战后美国世界霸权的信心。20世纪60年代末,美国民众的反战浪潮一浪高过一浪。尼克松于1969年成为美国新一任总统时,世界地缘政治形势已发生重大变化。由于四处用兵在全球范围内同苏联争霸,美国的国力因"帝国力量过度扩张"而严重损耗,逐渐呈现出"苏攻美守"的不利态势。在看到美国民众汹涌的反战浪潮和越南战争对美国社会的撕裂,以及战争对美国经济的重创后,尼克松上台伊始便考虑调整美国的越南和亚洲政策,实行战略收缩,尽快从越南撤军,以便美国能够休养生息,恢复国力,改变在同苏联争霸过程中的不利局面。为了实现这一目标,尼克松不得不调整策略,企图以较为和平的方式,"体面"地从越南撤军②。尼克松为此于1969年7月在关岛发表亚洲政策讲话,正式提出从亚洲实行战略收缩的策略,这就是著名的"尼克松主义"。

关岛讲话后不久,尼克松下令停止大规模轰炸北越,为美军从越南全面撤军预做准备③。"尼克松主义"所宣示的从亚洲全面收缩的政策和尼克松总统有意从越南撤军的决定令澳大利亚政府和军方感到极为不安和惊慌,认为此举对澳大利亚的殖民利益和国家安全形成直

---

① Peter Lowe, *The Vietnam War*, London: Macmillan Press, 1998, p.192.
② Eric J. Ladley, *Balancing Act: How Nixon Went to China and Remained a Conservative*, New York: Universe, 2007, p.34.
③ Jacob Bercovitch, Judith Fretter, *Regional Guide to International Conflict and Management from 1945 to 2003*, Washington D.C.: Congressional Press, 2004, p.174.

第四章　越南战争与澳大利亚地区霸权的稳固 ◆◇◆

接威胁①。美国从越南撤军也不利于澳大利亚实施"留美于亚"的策略，因而不符合澳大利亚的战略和安全利益，因为这意味着美国极有可能以他们不愿看到的方式结束战争，意味着澳大利亚可能不得不回到二战前独自应对自身安全的困境。为此，澳大利亚政府认为在越南战争问题上必须设法与美国政府保持密切的政策沟通，鼓动美国留在亚洲、留在越南。基于上述考虑，澳大利亚政府和军方在越南问题上表现出比美国更加"鹰派"的立场。澳大利亚政府领导人、各政党右翼政客和军队高官纷纷采取各种手段劝说美国政要和军方领导人对北越进行更为猛烈的狂轰滥炸和更大规模的军事打击，以彻底挫败北越的斗争意志。哈斯勒克警告尼克松，如果美军撤出越南，那么战争就会在亚洲其他国家和地区，如泰国、马来西亚、印度尼西亚、印度，以及更多的地方发生②。澳大利亚右翼政府一直顽固坚持继续扩大战争规模的立场直至1972年惠特兰姆出任新一任总理③。

　　澳大利亚军方和右翼政客顽固坚持侵略越南的立场很不明智，根本不符合美国社会的政情、民情，因而不仅引起尼克松总统和美国政府的反感，也遭到了美国民众的强烈反对。美国政府和军方遂不再与澳大利亚就越南问题进行磋商，也不再就结束越南战争问题听取澳大利亚方面的意见，而是暗中加快和谈进程的策略。遂一再请求尼克松和美国政府与澳大利亚就越南问题建立定期磋商机制。但是，尼克松总统不为所动，不久后即宣布美国分阶段从越南撤军。美国此举一方面说明虽然美国政府和军方对澳大利亚坚定的反共立场表示赞赏，但美国政府始终把本国利益置于首位。当美国的国家利益与澳大利亚的利益发生冲突时，美国就会毫不犹豫地维护自己的利益，而根本不去

---

① Frank P. Donnini, *ANZUS inRevision: Changing Defense Features of Australia and New Zealand in the Mid-1980s*, Washington D. C. : Air University Press, 1991, p. 57.
② David Reynolds, *One World Divisible: A Global History Since 1945*, New York: Norton, 2000, p. 231.
③ Russel Ward, *The History of Australia: The Twentieth Century*, Sydney Heinemann Educational Publishers, 1978, p. 356.

照顾盟友的利益。因此,当美国发现澳大利亚政府和军方顽固坚持扩大越南战争的立场,而不同意美国撤军时,尼克松政府就毫不犹豫地抛弃了澳大利亚,而坚定地继续从越南撤军。美国的行为另一方面也说明澳大利亚为了追求自己的安全和地区霸权不得不将自己的国家主权和利益服从于美国的利益,因而在越战等重大问题上必须对美国唯命是从。由于根本看不到越南战争胜利的希望,尼克松总统去意已决,无意因地处一隅的澳大利亚和南越的利益而损害美国的利益。美国政府因此拒绝了澳大利亚政府和军方希望美国继续越南战争的请求。澳大利亚政府和军方因此只得制定撤军方案①。

综观澳大利亚在越南战争期间的表现不难发现,澳大利亚对越南战争的积极支持在整个西方阵营无出其右。澳大利亚不仅是出兵越南人数最多的西方国家,而且参与作战的次数和规模都远在其他国家之上。澳大利亚也是在战争期间对美国最为顺从的国家,对美国政府的增兵要求总是有求必应。在美国政府因侵越战争和屠杀平民而遭到全世界舆论谴责时,澳大利亚政府和军方总是在第一时间挺身而出替美国政府解围。长达10年的侵越战争不仅撕裂了美国社会,也同样撕裂了追随美国长期卷入越南战争的澳大利亚。最终导致二战后执政长达23年之久的自由—乡村党政府垮台②。1973年1月23日,尼克松宣布越南全面停火。一向反战的工党新总理惠特兰姆闻讯后立即宣布从越南撤回全部澳军,澳大利亚自此完全退出了越南战争。

对越战的反思不仅出现在澳大利亚普通民众中,也同样出现在澳大利亚的政界、军界和学界。越南战争不仅给印度支那三国人民带来了无尽的灾难,也同样给美国和澳大利亚等国带来了难以痊愈的伤

---

① Kenneth Morgan, *Australia: A Very Short Introduction*, Oxford: Oxford University Press, 2012, p. 97.

② Judith Brett, "Prime Ministers and Their Parties in Australia"; James Walter, Paul Strangio and Paul't Hart (eds.), *Understanding Prime-Ministerial Performance: Comparative Perspectives*, Oxford University Press, 2013, p. 184.

痕。据澳大利亚政府战后统计，从 1962 年首次派遣军事人员赴越南参战至 1972 年从越南撤军，澳大利亚这个人口仅为 700 多万人的国家共向越南派遣了 5 万多人次的地面作战部队。参战人次之多在西方阵营中仅次于美国，而伤亡人数则超过 3000 人。与朝鲜战争相比，澳大利亚出兵人次增加了近 50 倍。这一数据充分表明澳大利亚政府和军方对追随美国参加越南战争的高度重视，也表明了澳大利亚对借此机会强化澳美同盟和澳美"特殊关系"的期望。澳大利亚政府在缺乏道义支持的越南战争期间一再向越南大规模增兵的行为与美国的其他盟友形成了鲜明的反差，也因此赢得了美国政府和军方的高度赞赏，自此被美国政府和军方视为最忠诚的盟友。澳大利亚从越南战争中获得了丰厚的政治、安全和战略收益，越南战争也对澳大利亚的政治、外交和军事产生了深远的影响。

二 越南战争与澳美同盟的巩固

越南战争给美国和澳大利亚等参战国带来了极大的社会动荡和社会撕裂。许多西方政治家和政治分析人士在回视越南战争时，常常会将其定义为在错误的时间、错误的地点同错误的敌人打了一场错误的战争[1]。澳大利亚政界、军界和学界却并不认同这种在西方其他国家盛行的观点，他们较为一致地认为尽管越南战争给澳大利亚造成了巨大的人员伤亡，并在一定程度上撕裂了澳大利亚社会，但它一劳永逸地解决了澳大利亚独立后的安全困境，成功地与巩固了与美国的军事同盟，密切了两国政策决策层的互通关系。澳大利亚政界、军界，乃至普通民众相信在后越战的岁月里，如果澳大利亚面临安全危机，美国绝不会像二战前那样袖手旁观，而是会随时出动强大的军事力量，万里驰援澳大利

---

[1] Alan Watt, *Vietnam: An Australian Analysis*, Sydney: Cheshire for the Australian Institute of International Affairs, 1968, p. 51.

亚。同样重要的是，澳大利亚政府也与美国建立了密切的政治关系，成为美国最为信任和倚重的西方盟国。由此可见，越南战争带给澳大利亚的最大收获就是两国军政关系的空前密切，澳大利亚从此成为美国在太平洋地区维护西方价值观和利益的"副警长"，并与日本一道成为美国在亚太地区最坚固的军事"南北锚"。

客观评估，越南战争的确帮助澳大利亚实现了长达半个多世纪的安全梦想。美国全面卷入越南战争后，澳大利亚的国家安全责任就转由美国承担。澳大利亚政界、军界和学界某些人士对此甚为自得，认为澳大利亚为追随美国参加越南战争所付出的巨大代价物超所值。这也是越南战争并未引起澳大利亚全民的深刻思考和反省，甚至不久即开始遗忘这场战争的惨痛教训的重要原因之一。澳大利亚在越战后，乃至在冷战后一再强调澳美同盟是澳大利亚外交和国防政策的基石，任何政治家、军方人士，乃至专家学者都因"政治正确"而不愿对这一基石提出强烈质疑。澳大利亚在政治、军事和安全上的收益令其对越南战争的反思并不彻底，反而坚信澳大利亚必须坚定地与美国站在一边，维护美国在全球和亚太地区主导的霸权体系和秩序。

越南的统一的确给苏联在东南亚地区的扩张带来了便利。苏联太平洋舰队随着越南北方的胜利而进驻金兰湾，对美国和英、法等西方前殖民宗主国在该地区的霸权和利益构成了挑战，也对澳大利亚的安全及其在"前、后院"的霸权构成了严峻的威胁。短短数年后，越南即开展了规模宏大的反华、排华运动，并企图武力吞并周边邻国。虽然惠特兰姆政府希望澳大利亚能够拥有独立的外交和安全政策，但是在美苏激烈对峙的严酷的现实面前，这一希望并不能完全实现。因此澳大利亚政府，包括惠特兰姆本人也不得不承认《澳新美同盟条约》是澳大利亚、新西兰和美国共同利益的体现，不因三国政府的更迭而长久存在[①]。此外，美国资本在二战后大量涌入澳大利亚，成为澳大

---

① Jim Hyde, *Australia: The Asia Connection*, Kibble Books, 1978, p.36.

第四章 越南战争与澳大利亚地区霸权的稳固 ◆◇◆

利亚最大的投资国,美国也成为澳大利亚最大的贸易与经济伙伴,对澳大利亚的国计民生具有重要影响[1]。因此,澳大利亚若想制定并奉行完全独立的外交和安全政策是极为困难的。经济上的利益契合与安全上的高度依赖决定了澳大利亚很难在短时间内摆脱对美国的依赖。

越南统一后,苏联在亚太地区的霸权攻势更加猛烈。惠特兰姆虽然有意让澳大利亚的外交政策更加独立,但在苏联咄咄逼人的攻势面前,也只能巩固与美国的军事同盟。惠特兰姆之后的澳大利亚历任总理更加紧密地追随美国的外交和军事政策,而将澳大利亚的国家利益置于美国的全球利益之下,成为维护美国全球和亚太地区霸权体系和秩序的马前卒,从而在很大程度上失去了一个主权国家应有的独立性和灵活性。澳大利亚政府也更加努力地巩固和深化与美国的军事同盟,用自己的"效忠"和对美国争夺全球霸权的军事和战略价值来换取美国的核保护。正是在这种安全依赖和安全困境中,澳大利亚表现出强烈的分裂倾向:澳大利亚一方面对太平洋地区原住民继续表现出无比的傲慢和偏见;另一方面却又对超级大国美国表现出令人难以置信的"温顺"和"效忠"。客观评估,美国发动全面武装入侵越南后,澳大利亚的国家安全责任便转移至美国的肩头,澳大利亚因此解除了长达半个多世纪的安全困境。澳大利亚也因越南战争而与美国夯实和巩固了军事同盟,双方的政治关系也空前密切起来[2]。

客观分析,越南战争的确给澳大利亚强化、深化与美国的军事同盟提供了难得的良机。两国关系在越南战争后得到空前加强的原因主要有以下几点:

第一,美国在亚洲和西太平洋地区的战略收缩不但没有降低澳大利亚的战略重要性和战略地位,反而进一步增强了澳大利亚在亚洲和

---

[1] Australian Bureau of Statistics 2004, *Australia's Trade with the USA*, https://www.abs.gov.au/AUSSTATS/.
[2] Allan Gyngell and Michael Wesley, *Making Australian Foreign Policy*, Cambridge: Cambridge University Press, 2007, p. 245.

太平洋地区的战略重要性。在越南战争后新形成的亚洲和太平洋地区的战略格局中，澳大利亚与美国的政治关系、军事同盟都得到了空前地提升。确保美国在亚洲和太平洋地区的主导地位，确保经济迅速发展的亚太地区和民族独立与自决运动空前高涨的南太平洋地区对以美国为首的西方世界保持友好，并确保美国在亚洲和整个太平洋地区的霸权地位和霸权利益成为美国政府和军方在越南战争后最为重要的战略目标。越南战争后，以美国首的多国侵略军在越南战争中的全面失败对美国在全球，特别是亚太地区的军事、政治和道义力量予以沉重的打击。美国元气大伤，国力相对下降，美国不得不从亚洲和太平洋地区大幅度收缩力量。苏联则挟越南战争胜利之威，在全球范围内对美国采取了咄咄逼人的进攻态势，美苏全球争霸的冷战格局也由此进入了"苏攻美守"的新阶段。越南战争后，苏联军事力量随着北越军队不断向南深入，最终在越南南部的天然良港金兰湾建立了苏联在东南亚地区最大的军事基地。苏联以此基地为依托，将霸权的触角继续向南、向东延伸至太平洋岛屿地区，美国和其他西方前殖民宗主国在亚洲和南太平洋地区一时间面临着苏联巨大的军事压力，处于极为不利的境地。美国在东南亚和太平洋地区的战略和军事困境更加凸显了澳大利亚的战略地位，及其在美苏争霸中的军事价值，美国不得不越来越在战略上倚重澳大利亚。

澳大利亚的战略地位重要，它位居太平洋和印度洋的两洋交汇处，扼守东南亚，特别是苏联的金兰湾军事基地进入西南太平洋和印度洋的咽喉要道。澳大利亚幅员辽阔，战略纵深广阔。以澳大利亚为军事基地，美国进可入侵整个东南亚地区；退可遏制亚洲东部与南亚、中东的交通要冲。澳大利亚因此被美国政府和军方认为是美国控制亚洲的最佳"前进基地"，遏制苏联势力扩张的军事堡垒。在"苏攻美守"的战略劣势下，澳大利亚独特的地理位置对于美国在亚洲和太平洋地区，乃至在整个太平洋和印度洋地区与苏联争夺全球和地区霸权的战略重要性益发凸显，澳大利亚在美国的全球霸权战略和与苏

第四章　越南战争与澳大利亚地区霸权的稳固

联的军事对抗中的重要性也因此得到美国的高度重视，美国政府和军方因此产生了加强澳美同盟的愿望。澳大利亚的军事和战略地理位置至关重要，位于太平洋和印度洋交汇之处，对于美国控制全球重要海上通道具有极其重要的意义。美国在越南战争失利后一直希望在澳大利亚建立战略性航空母舰和战略核潜艇基地，以便其与苏联争夺全球霸权。此外，澳大利亚独特的地理位置还特别适合作为美国的全球军事通信基地，美国在澳大利亚修建了美军全球潜艇指挥通信基站、美国全球情报转送站和美国空间卫星控制指挥基地[①]。正因澳大利亚重要的军事和战略地位，为了稳住澳大利亚，不使其在国内民众的反战与和平运动中疏远与美国的军事同盟，并继续为美苏争霸效力，美国对澳大利亚表现出前所未有的热情与重视。美国不仅承诺向澳大利亚提供更多的军事援助，而且美国高官也频频发表讲话，赞扬两国的同盟关系不仅经受了二战和朝鲜战争的考验，更是经受了残酷的越南战争的考验。美国政府和军方此后将两国基于安全和霸权利益的军事同盟披上了华丽的"价值观"和"民主政治"的道义外衣。美国对澳美同盟也明显表现得较以往任何时候更为热心，也更明确地承诺要为澳大利亚的安全和地区霸权提供军事保证和支持。

第二，澳美同盟在越南战争后加速强化的另一个重要驱动力是澳大利亚在"苏攻美守"的战略态势下进一步巩固和强化其在南太平洋地区次霸权体系的"野心"。与欧洲、日本和一些太平洋岛国不同，澳大利亚本土在二战期间并没有遭受战争的直接破坏和蹂躏，在美国的帮助下，澳大利亚在二战后经济恢复较快。澳大利亚矿产资源丰富，吸引了美国战后大量剩余资本的投入，从而令澳大利亚拥有比其他西方国家更加优越的经济发展条件和潜力。二战后，美国资本源源不断地输入澳大利亚，成为许多矿山、农场和资源、能源型企业最重要的投资方，极大地推动了澳大利亚矿产品和

[①] 于镭：《复合依存视域下的中澳关系》，时事出版社2017年版。

农牧产品的生产和出口①。随着经济发展对劳动力需求的扩大，澳大利亚在二战后加快了从欧洲大量输入青壮年移民的步伐。作为两次世界大战的策源地，欧洲饱受战争的蹂躏。欧洲在二战后经济萧条，就业十分困难。在经济极形势极其不景气的情况下，大批欧洲民众和意大利战俘离开欧洲来到自然资源极其丰富的澳大利亚谋生。在二战结束后的 20 年间，澳大利亚的欧洲移民数较战前有了大幅度增长。大量欧洲熟练工人的到来为澳大利亚在二战后的经济发展提供了充足的劳动力，促进了澳大利亚战后经济的快速发展。为了更多地输入廉价劳动力，促进地广人稀的澳大利亚的经济开发，澳大利亚政府在越南战争后积极接收东南亚和越南难民，并将他们安排到急需劳动力的南部和西部各州从事农业、畜牧业和矿业开采等工作。澳大利亚采取的积极的移民和难民接收政策使澳大利亚的人口在二战后出现爆炸式增长，全国人口较二战前增长了两倍多，由战前的 500 万人猛增至 1600 多万人②。劳动力人口的迅速增长，美国资本的大量涌入，为澳大利亚经济在战后的繁荣和发展奠定了基础。至 20 世纪 70 年代，澳大利亚经过战后多年的恢复和发展，国民经济和综合国力均达到了立国以来的最高水平。经济的快速复苏和发展为澳大利亚加强军备提供了坚实的物质基础。在二战期间，特别是越南战争期间，美国先进的军事技术和武器装备大量涌入澳大利亚，极大地提升了澳大利亚陆、海、空军的作战能力。为了更好地获得美国的军事装备和技术，同时也是为了取悦美国和加强澳美军事同盟，澳大利亚政府和军方决定在二战后抛弃英国的军事装备和军事技术，转而大肆采购和采用美国的军事装备和技术，与美军实现了军事装备和军事技术的互通。在美军的帮助下，澳大利亚的军事力量较二战前有了质的飞跃，

---

① Australian Bureau of Statistics 2004, *Australia's Trade with the USA*, https://www.abs.gov.au/AUSSTATS/.

② Australian Bureau of Statistics 2016, *Australian Historical Population Statistics*, https://www.abs.gov.au/AUSSTATS/abs@.nsf/mf/3105.0.65.001.

第四章　越南战争与澳大利亚地区霸权的稳固　◆◇◆

成为太平洋西部地区的军事强国。

　　经过二战后二十多年的发展，澳大利亚在美国资本和军事方面的帮助下，综合国力和军事实力都较战前有了质的飞跃。特别需要指出的是，越南战争虽然以失败而告终，但它给澳美关系和澳美同盟的巩固提供了难得的机遇。1973年，英国在经过多年的犹豫和观望后终于做出加入欧共体的决定。随着英国加入欧共体，澳大利亚商品长期享受的对英国出口优惠待遇也随之消失。澳大利亚商品自此不得不与其他国家商品平等竞争出口英国和欧共体市场，导致澳大利亚对英国和欧洲其他国家的出口额大幅度下降。自此，英国不仅在军事上，而且在经济上对澳大利亚的重要性均大幅度降低。与英国相反，美国市场对澳大利亚的重要性却与日俱增。至20世纪80年代中期，美国一直占据澳大利亚第一大贸易伙伴的宝座。美国对澳大利亚的出口商品主要为工业制成品、汽车、家用电器，以及绝大多数高科技产品。澳大利亚则沦为美国工业的原材料和自然资源，特别是矿物资源的来源地。此外，美国资本也利用澳美两国良好的同盟关系，大举进入澳大利亚。澳大利亚政府对美国的投资极为欢迎。即便澳大利亚设立了外国投资审查委员会，以保护本国产业和敏感领域，但是澳大利亚政府对美国十亿美元以下的投资项目给予免检待遇。在两国政府的鼓励下，美国资本大量涌入澳大利亚。澳大利亚也因此一跃成为美国在亚太地区最重要的海外投资目的地，年均吸引高达100亿美元的美国投资[1]。美国在澳大利亚的投资主要集中在资源领域，特别是矿产资源。许多美国投资人成为澳大利亚大型矿山、工厂和农场的最大股东。美国资本之所以能够大量进入澳大利亚，一是由于战后西方经济的快速发展，加大了对能源、矿产资源和原材料需求，投资澳大利亚的矿业资源具有较高

---

[1] Department of Foreign Affairs and Trade, Australia 2020, The Fact sheet of the United States.

179

的资本回报率；二是与战后许多国家相比，澳大利亚没有反美情绪。相反，在澳大利亚政府的长期鼓动和宣传下，澳大利亚在战后形成了浓郁的亲美气氛。因此，不论是澳大利亚政府，抑或是澳大利亚民间对美国投资多持支持和欢迎的态度。因为美国的投资既可以促进澳大利亚的经济增长，增长就业机会，又能够将双方的经济更为紧密地结合在一起，促进两国关系向更加深入的方向发展。

第三，澳大利亚不同于美国的其他盟国，从未对美国的意图公开表示反对。相反，当美国的意图遭到包括西方盟国的反对时，澳大利亚总是率先对美国予以支持，表示效忠。在二战后的两次大规模热战中，澳大利亚更是用自己的行动向美国展现了忠诚。同样重要的是，澳大利亚地广人稀、经济结构失衡、工业体系不齐全，根本不具备超级大国的潜质，不会对美国的全球霸权构成挑战，这也让美国政府感到放心，可以不加防范地与澳大利亚扩大军事和战略合作，并且美国还可以利用澳大利亚的地区雄心，将其培养成美国在东南亚和南太平洋地区的代言人，由其去维护美国在上述地区的利益。澳大利亚是经济发达国家，有充足的财力展开与美国的军事合作。与美国的东南亚的盟国不同，美国无须向澳大利亚提供经济援助。相反，美国在澳大利亚领土上修建军事基地、建立各种军事情报设施均得到了澳大利亚政府的财政支持，这令美国政府和军方感到满意，愿意与澳大利亚加大军事合作的力度。澳大利亚对美国的"忠心"和对美国缺乏威胁性让美国感到舒心，认为澳大利亚是自己最为可靠和最可依赖的盟友。这就是为什么美国在长达半个多世纪的不情愿和对澳英紧密关系的疑虑之后，越来越重视澳大利亚的军事同盟价值。澳美关系也因此在越南战争后快速上升为可以媲美英美关系的另一对西方阵营中的"特殊关系"[①]。随着澳美军事同盟的稳固，

---

① Jeffrey D. McCausland, Douglas T. Stuart, William Tow and Michael Wesley, *Other Special Relationship: the United States and Australia at the Start of the 21st Century*, US Department of Defense: Washington D. C., 2007.

第四章 越南战争与澳大利亚地区霸权的稳固

澳大利亚政治、经济,特别是与美国的军事同盟带来的军事实力的显著提升令澳大利亚的区域强国雄心比以往任何时候都更为强烈。澳大利亚在越南战争后益发追求成为亚太地区的"强国",维护并巩固其主导的南太平洋地区霸权体系,澳大利亚因而在越南战争后较其他西方国家更注重强化与美国的同盟关系。

在加强军事和经济合作的同时,澳大利亚也非常重视加强与美国的人文交流与合作。尽管澳大利亚直至20世纪90年代仍固守"白澳社会",带有强烈的种族主义色彩。美国国内也存有大量的种族主义问题,但是两国的政客、政治宣传机构和媒体均表现出高度一致的"选择性遗忘",对对方的政治制度、政治理念、意识形态和价值观予以高度赞扬,宣传两国的"友谊"是建立在对人权、民主和自由的追求上。这种长期性的宣传对青少年带有极强的欺骗性,仿佛澳大利亚联邦的成立根本不是建立在对原住民的屠杀和掠夺之上,而美国也从不曾对印第安人民进行过残酷的大屠杀。为了培育两国民众的亲近感,美澳两国的教育机构每年都会选派大量学生赴对方参观交流,以增进两国青少年的相互了解与友谊。双方的民间文化机构也会互邀文化艺术团体到访交流或演出。据统计,二战后美国民众对澳大利亚的访问逐年增长,至70年代后期,已经达到年均到访量20万人次,其中约有4万多美国公民长年居住在澳大利亚。美国民众对澳大利亚长期保持较高的好感度,认为澳大利亚是美国最可依赖的盟友之一。澳大利亚也是美国民众最为喜爱的海外移民地之一[1]。澳大利亚民众对美国的访问也呈现出快速增长的态势,每年约有5万澳大利亚人到访美国。美国还向澳大利亚民众提供了工作签证,为他们到美国工作提供便利。澳美两国政府对民间交流的重视与推动也是两国关系长期保持亲密的重要原因之一,这种长期交流与互动的结果就是两国的主流

---

[1] Henry S. Albinski, *ANZUS, the United States and Pacific Security*, University Press of America, 1987, p. 5.

社会舆论对澳美同盟形成了强大的民意支持基础。

澳大利亚的"忠诚"和"恭顺"令美国政府和军方很是满意,因而十分放心地在澳大利亚沿海岛屿和本土修建了许多大型军事基地和军事指挥与情报设施,使其成为除美国本土外,亚太地区最大的综合军事基地。美国在澳大利亚的情报和无线电监听站等专门用于监听苏联、中国和其他东南亚地区国家的电讯,监测中苏两国的核试验情况。如美军于1955年在澳大利亚的北部重镇爱丽丝·斯布林(Alice Spring)设立了名为"地质和地球物理研究站"的情报基地,以监视苏联核设施的发展动态①。1963年,美国又在西澳大利亚一处名为"西北角"的地方修建了海军无线电通信站,用于帮助美国军方与分布全球的美国核潜艇保持通信联系。1966年,美国又在爱丽丝·斯布林西南部地区修建了卫星情报站,用于侦察和拦截苏联等国的导弹攻击。1967年,美国又在诺努加地区建立通信卫星站,向美国传送侦察卫星获取的军事情报。借着与美国在军事科学和技术等领域的合作,澳大利亚也提升了自己的军事装备水平和军事技术水平。

除澳大利亚外,美国也曾在新西兰设立类似的军事情报基地。但是,新西兰对自己的国家主权不肯让步,要求这些基地必须由新西兰有关部门独立管理,美国只能共享情报。与新西兰不同的是,澳大利亚政府不仅出资帮助美国在自己的国土上设立情报和无线是监听基地,而且十分慷慨地向美国让渡国家主权,表示美国在澳设立的这些军事基地可以由两国共同管理,也可以由美国单独管理,澳方不介入。在新西兰政府不允许美舰驻泊,并继而宣布退出澳新美同盟后,澳大利亚即成为美国在南太平洋地区不可缺少的忠实盟友和军事帮手。在美国政客和军方的眼中,澳大利亚无疑远较新西兰更为"忠诚"。美国对澳大利亚的评判令怀有深深"白澳情节"的澳大利亚政

---

① Jackie Dent, "An American Spy Base Hidden in Australia's Outback", *New York Times*, 23 November 2017, https://www.nytimes.com/2017/11/23/world.

府和政客们深感骄傲,认为这是澳大利亚与美国"特殊关系"的体现。

三 二战后澳大利亚地区霸权的建构和发展

澳大利亚既是二战前英国主导的殖民体系的既得利益者,也是二战后美国主导的霸权(自由)主义体系的利益获得者。澳大利亚的土地来源于对原住民的非法掠夺,缺乏合法性。澳大利亚距离宗主国英国和自己的文化认同地欧洲万里之遥,因而自认为是生活在亚洲的"丛林"边缘[①]。既是"外来户",澳大利亚却又自认为"高人一等",有着浓厚的"种族优越"感,不仅无意"入乡随俗",反而极其蔑视和敌视太平洋地区原住民和东南亚邻国民众的合法权利。二战后,澳大利亚政府仍然顽固地坚持"白澳政策",拒绝与邻近的太平洋岛屿地区和东南亚地区人民平等相待,和平相处。澳大利亚甚至不顾二战后国际形势的根本性改变,企图取英国等殖民主义强国而代之,继续对太平洋地区岛屿和东南亚地区进行殖民统治。在与美国结为军事同盟后,澳大利亚狂妄地宣称太平洋岛屿地区是澳大利亚的"后院",东南亚地区是澳大利亚的"前院"。

澳大利亚这种不智和不义之举自然激起了大洋洲地区的原住民和东南亚地区人民的强烈不满,包括刚刚独立不久的印度尼西亚等邻国因此与澳大利亚产生了严重的主权和领土纠纷。随着东南亚和太平洋岛屿地区越来越多的国家获得了独立和民族自决,澳大利亚在二战后越发缺乏安全感。澳大利亚政府和军方因而竭尽全力巩固和强化与美国的军事同盟,企图借自己的"效忠"来换取美国对澳大利亚安全和地区霸权的庇护。正是这种畸形的安全与霸权心态使得澳大利亚在二

[①] David Black and Lesley Wallace, *John Curtin Guide to Archives of Australia's Prime Ministers*, National Archives of Australia and John Curtin Prime Ministerial Library: Canberra, 2008.

战后除了继续对一些地区实施直接的殖民统治外，还积极协助美国、英国和法国在其所谓的"两院"地区镇压当地人民争取民族独立和解放的斗争。

第二次世界大战后，在帝国主义列强的操纵下，联合国将太平洋岛屿地区的瑙鲁、巴布亚新几内亚和所罗门群岛等地交由澳大利亚托管或与其他帝国主义列强共管[①]。瑙鲁名义上由英国、澳大利亚和新西兰共同统治，但由于英国在战后国力大幅度下降，因而无力顾及瑙鲁，遂将其实际统治权交予澳大利亚。重新获得瑙鲁的统治权后，澳大利亚联合英国和新西兰立即大规模开采瑙鲁的磷矿，三国因此获得了巨额经济利益，却给瑙鲁人民留下了惨重的生态和环境灾难[②]。为了骗取瑙鲁宝贵的矿产资源，澳大利亚政府假意"善意"地建议将瑙鲁居民整体移往澳大利亚岛屿居住，企图以此霸占瑙鲁岛屿及其丰富的磷业资源。饱受欧洲殖民者和战争摧残的瑙鲁人民在二战甫毕即掀起争取民族独立和自决运动。在瑙鲁人民的英勇抗争和国际社会的巨大压力下，澳大利亚"白澳"政府直至1968年才不得不结束对瑙鲁的殖民统治。瑙鲁人民在独立后立即收回了被殖民主义和帝国主义列强长期霸占和掠夺的磷矿资源所有权。

二战后，澳大利亚还成功攫取了对德属几内亚和英属几内亚的殖民统治权。1949年，澳大利亚"白澳"政府将攫取的德属几内亚和英属几内亚合二为一，统称为澳大利亚的"巴布亚新几内亚领地"[③]。朝鲜战争后，巴新人民在东亚和东南亚各国人民的民族独立和解放运动的鼓舞下，不断发动大规模的抗议运动，要求澳大利亚殖民者撤出巴布亚新几内亚。澳大利亚殖民政府不得不于1963年通过《巴布亚

[①] United Nations, *UN Documentation: Trusteeship Council*, 2020.
[②] S. J. Gale, "The Mined-out Phosphate Lands of Nauru, Equatorial Western Pacific", *Australian Journal of Earth Sciences*, Vol. 63, Issue 3, 2016, pp. 333–47.
[③] Stuart Doran, *Australia and Papua New Guinea 1966–1969*, Australian Department of Foreign Affairs and Trade: Canberra, 2006.

第四章 越南战争与澳大利亚地区霸权的稳固

新几内亚法案》，给予巴新人民更大的议政权①。巴新人民并不满足于继续被奴役和被掠夺的命运，而是继续为民族独立而斗争。在巴新人民的长期斗争和国际社会正义力量的压力下，澳大利亚殖民政府于1973年12月不得不同意给予巴布亚新几内亚自治权，但仍继续把持巴新的军事和外交大权，并千方百计地阻挠和破坏巴新的最终独立。直至1975年，澳大利亚才最终结束其殖民统治，允许巴布亚新几内亚完全独立。

除了对一些太平洋岛屿地区进行直接统治外，澳大利亚还忠实地协助美国、英国和法国等殖民主义和帝国主义强国维护其在太平洋岛屿地区和东南亚地区的殖民统治。例如，为了帮助美国在二战后巩固在太平洋地区的霸权，澳大利亚主动帮助美国测绘南太平洋地区的陆地和海洋地图以供美军战时使用。再如，澳大利亚不仅自己从太平洋岛屿殖民地掠夺矿产和渔业资源，还协助英国、美国、新西兰、法国等殖民主义强国掠夺太平洋岛屿地区的自然资源②。最令太平洋岛屿地区人民和国际社会诟病的是澳大利亚不仅将自己的国土提供给英国进行核武器试验和试爆，还千方百计地维护美国和法国在太平洋岛屿地区的核武器试验和试爆。澳大利亚对美国、英国等殖民主义和帝国主义强国的效忠和支持使其获得了美国和英国等帝国主义强国的支持，从而为其在南太平洋地区的霸权建构提供了强有力地外部支持。及至太平洋岛国纷纷获得独立后，该地区的前殖民宗主国纷纷对澳大利亚在该地区的次霸权体系（见图4-1）建构予以大力支持和配合。

二战后，在东南亚各地人民争取民族独立和解放运动的鼓舞下，太平洋岛屿地区人民也于20世纪60年代末掀起了争取民族独立和自决运动。至70年代初，库克群岛、斐济等数个岛国获得了民族独立。

---

① The Commonwealth 2020, *Papua New Guinea: History*, https://thecommonwealth.org/our-member-countries/papua-new-guinea/history.

② S. J. Gale, "The Mined-out Phosphate Lands of Nauru, Equatorial Western Pacific", *Australian Journal of Earth Sciences*, Vol. 63, Issue 3, 2016, pp. 333–347.

```
太平洋地区霸权体系
                          警长：美国
                          Sheriff (the US.).

                          副警长：澳大利亚
                          Deputy sheriff (Australia)

                          其他前殖民宗主国
                          Traditional Donars

                          太平洋岛国
                                                    PICs
```

图 4-1　太平洋地区霸权体系

为了配合美国巩固在太平洋地区的霸权，加强对刚刚获得独立的太平洋岛国的控制，阻止苏联势力在该地区的渗透，继续掠夺该地区丰富的矿业和渔业资源，澳大利亚于 1971 年 8 月建立"南太平洋论坛"（The South Pacific Forum），拉拢新西兰共同主导论坛的地区政策、把控地区事务。论坛成立后，澳大利亚政府竭力利用论坛维护以美国为首的前殖民宗主国在南太平洋地区的霸权和既得利益。澳大利亚政府和军方还利用主导南太平洋论坛的有利时机不断对太平洋岛国的内部事务横加干涉，甚至不惜发动军事干涉。澳大利亚还利用把控论坛的机会，监视、阻挠太平洋岛国与苏联和其他"不友好"国家的交往，阻止岛国与"不友好"国家发展渔业、农业等经贸合作[1]，并与美国一道千方百计地阻挠、破坏"不友好"国家对太平洋岛国的经济和军事援助[2]。

---

[1] Carolyn O'brien, "Problems in Australian Foreign Policy: January-June 1987", *Australian Journal of Politics and History*, Vol. 33, Issue 3, 1987, pp. 181–196.

[2] Elizabeth Havice, "Unsettled Sovereignty and the Sea: Mobilities and More-Than-Territorial Configurations of State Power", *Annals of the American Association of Geographers*, Vol. 108, Issue 5, 2018, pp. 1280–1297.

第四章 越南战争与澳大利亚地区霸权的稳固 ◆◇◆

随着该地区获得独立的岛国数量不断增多，该论坛于 2000 年 10 月更名为"太平洋岛国论坛"（The Pacific Islands Forum）。地理范围也扩大至包括澳大利亚、新西兰在内的 17 个南、北太平洋岛屿国家和地区。澳大利亚是论坛成员中人口最多、面积最为辽阔、经济和军事力量最为强大的国家。澳大利亚人口是其他成员国总和的两倍多，经济总量是其他成员的五倍。澳大利亚和新西兰控制了论坛的政治、经济和地区安全事务，论坛的重要职位和工作人员基本都由两国人员担任，论坛的地区政策和对外声明等也基本两国把持和决定。澳大利亚通过论坛对各岛国内政施加强大的影响，甚至以地区维和为名，出动军队直接干涉岛国内政。在太平洋岛国政府和民众的长期抗争下，澳大利亚对论坛的垄断局面直至 21 世纪才有较大改变。

在澳大利亚的"前院"东南亚地区，澳大利亚竭力帮助英国、法国等老牌殖民主义强国继续其在东南亚的殖民统治，并派军驻扎新加坡和马来西亚等地，帮助英国镇压、阻挠东南亚人民的民族独立与解放斗争，加强澳大利亚在东南亚"前院"的势力和影响，维护澳大利亚的殖民利益。在东南亚人民民族独立和解放运动蓬勃兴起后，澳大利亚政府和军方十分担心东南亚人民的民族独立和解放运动会损害澳大利亚在马来西亚、新加坡等地的政治、经济和军事利益，更担心该地区的民族独立和解放运动会唤醒澳大利亚原住民的民族意识，对澳大利亚的殖民主义和种族主义统治构成威胁。澳大利亚在东南亚推行殖民主义，并将东南亚地区变成自己的势力范围的企图与东南亚地区蓬勃兴起的民族独立和解放斗争迎头相撞，澳大利亚政府便自然而然地视东南亚各国人民的民族解放和独立运动为"眼中钉、肉中刺"。澳大利亚政府和军方因而表现出镇压东南亚各国人民民族独立与解放运动的强烈愿望，并积极卷入帝国主义，特别是英、法、荷等欧洲老牌帝国主义在亚洲的殖民统治，镇压亚洲人民的独立与反抗斗争。

此外，澳大利亚政府还担心苏联势力会借输出革命之机，像二战前的日本军国主义势力一样大规模南下和东进，占领澳大利亚的"后院"南太平洋岛屿地区和"前院"东南亚地区，进而入侵澳大利亚本土。澳大利亚政府和军方因而竭力将东南亚地区人民争取民族独立与解放的斗争描绘为苏联势力在亚洲的"扩张侵略"，以恐吓和怂恿美国武装入侵东南亚地区，为自己和其他欧洲殖民主义强国在东南亚地区的殖民利益和地区霸权服务。澳大利亚政府和军方因此反复向全国民众宣传澳大利亚的国家安全和美国遏制共产主义在东亚和东南亚地区的扩张具有高度的战略契合性。在这样的国内政治背景下，澳大利亚乡村党、自由党和工党都对二战后东南亚地区迅猛发展的民族独立与解放运动充满仇视。

为了对东南亚人民的民族独立和解放斗争进行镇压，英国于1948年与澳大利亚和新西兰签署《澳新马防务安排》。据此协议，澳大利亚派遣陆、海、空军部队前往马来西亚，协助英军镇压马来西亚为争取民族独立和自决而战的游击队，帮助英国巩固在马来西亚的殖民统治。此后，澳大利亚军队长期驻守马来西亚和新加坡，随时镇压当地民众的反抗和独立运动。但是，英国国力在二战后急剧下降，至20世纪60年代末，英国已无力维持其在马来西亚和新加坡驻军的庞大开支。而美国此时已经深陷越南战争的泥潭，国力消耗巨大。美国总统尼克松不得不于1969年提出"关岛主义"，对美国在东亚和东南亚的军事战略进行重大调整，不再对上述地区的盟国和保护国提供地面战争保护。在美国实施"关岛主义"策略后，澳大利亚要求英国牵头澳大利亚、新西兰与马来西亚和新加坡签署军事协议，维护英国和澳大利亚在东南亚地区的殖民利益。1971年4月，上述五国签署联防协议（Five Power Defence Arrangements），确定英国、澳大利亚和新西兰将在东南亚地区采取联合军事行动，确保英国和澳大利亚在该地区的殖民利益[①]。

---

① Andrew Tan, "The Five Power Defence Arrangements: The Continuing Relevance", *Contemporary Security Policy*, Vol. 29, Issue 2, 2008, pp. 285 – 302.

第四章　越南战争与澳大利亚地区霸权的稳固

英国由于国力大衰,根本无力在东南亚地区采取大规模军事行动,因而英国牵头签署该协议仅具象征意义,根本无意也无力承担具体的军事承诺。英国随后即从新加坡撤军,不再参与该协定的落实和执行。20世纪80年代中后期,新西兰人民反核和反战运动迅速高涨,在本国民众和国际社会爱好和平人士的压力下,新西兰政府也从新加坡撤军,不再参与该协定的落实和执行。但澳大利亚自五国联防协议签署后一直积极推动五国联防协议的开展和落实,不断向马来西亚增派军事力量,并在马来西亚和新加坡长期驻扎地面和空军作战部队。在澳大利亚的长期努力下,五国联防协议终于形成年会机制,定期磋商东南亚地区的军事合作。澳大利亚还拉拢新西兰与其一道承担训练新加坡和马来西亚军队的任务,澳大利亚甚至还主动承担起马来西亚空军基地的防空任务。澳大利亚政府和军方之所以高度重视和热心推动五国联防机制就在于它认为五国联防给予澳大利亚实际的领导权和掌控权,有利于澳大利亚利用英国的历史影响推进澳大利亚在东南亚地区的军事存在和地区霸权的建构。

澳大利亚为了维护在东南亚地区的殖民利益和地区霸权一直视东南亚大国印度尼西亚为主要安全威胁和竞争对手。印尼是东南亚地区的人口和面积大国,印尼的独立因此在东南亚和太平洋岛屿地区产生了重大影响和示范效应。澳大利亚政府和军方在二战结束后一直视人口众多,发展潜力巨大的印度尼西亚为最大的威胁。印尼独立后,印澳关系一直紧张。这既有历史形成的边界问题,也有帝国主义殖民问题,更有澳大利亚臆想的对地区霸权争夺的问题。二战后,澳大利亚仍然霸占着巴布亚新几内亚,并对当地民众实行残酷的殖民统治。鉴于当时东南亚各国人民的民族独立和解放运动日益高涨的地区形势,澳大利亚政府和军方对巴新人民实行血腥的镇压政策,蛮横地拒绝当地人民民族独立的要求。由于印尼和澳大利亚的巴新殖民地地理位置相邻,澳大利亚和印尼均强调对西伊里安岛拥有主权,两国为此一度处于战争的边缘①。澳大利亚臆想具有巨大发展潜力的印尼在不久的将来一定会与之争夺地区霸权。澳大利亚政府和军方因而一直对印尼采取压制和军事威胁政策，企图以此压服印尼不要与自己争夺东南亚和南太平洋地区的霸权②。

印尼人口众多，具有较强的军事潜力。面对印尼的坚决斗争，一向在东南亚民众面前自视高人一等的澳大利亚立即感到不安。澳大利亚政府和军方臆想印尼一定会对澳大利亚发动全面战争，攻占整个澳大利亚。澳大利亚政府因此一再要求英国和美国在印尼攻击澳大利亚时能够出兵相助，向澳大利亚提供军事保护。英国由于在二战后经济和军事实力急速下降，因而无意为保护澳大利亚而出兵干涉万里之外的印澳纷争。英国因此对澳大利亚的回应十分消极，这令澳大利亚政府十分焦急。无奈之下，澳大利亚政府和军方只好将希望寄托在美国身上。在全面武装入侵越南后，美国也十分需要澳大利亚的政治与军事支持。美国政府因此向澳大利亚承诺《澳新美同盟条约》适用于印澳军事冲突。这意味着一旦澳大利亚与印尼开战，美国将予以武装干涉③。澳大利亚成功地利用越南战争换取了美国对澳大利亚在澳印尼冲突中的支持，为澳大利亚的地区霸权利益和霸权体系建立作了重要背书。

美国支持澳大利亚的地区霸权更主要的是看到澳大利亚在东南亚地区积极遏制以苏联为首的共产主义运动，阻挠并遏制东南亚人民的民族独立和解放运动，维护西方国家的霸权和既得利益。二战结束时，澳大利亚共有7万多军队。经过二战的历练和美国的帮助，澳军装备精良，训练有素，是亚太地区较为强大的武装力量。澳大利亚在

---

① Hiroyuki Umetsu, "Australia's Response to the West New Guinea Dispute, 1952 – 1953", *The Journal of Pacific History*, Vol. 39, No. 1, 2004, pp. 59 – 77.

② Bob Catley, Vinsensio Dugis, *Australian Indonesian Relations Since 1945*, Ashgate: London, 1998.

③ G. Barwick, "Minister of External Affairs, Statement to the House of Representatives", N. Harper, *A Great and Powerful Friend*, St Lucia: University of Queesland, 1987, p. 310.

第四章 越南战争与澳大利亚地区霸权的稳固

东南亚地区的殖民和霸权行为不仅符合美国的军事和战略利益，而且可以节约美国的经济和军事力量。有澳大利亚在亚洲和太平洋地区事务中"打头阵"，美国可以更加灵活地进行幕后操控，掌握更多的主动权。在国家决策意识形态化和对美"一边倒"的思维定式下，澳大利亚在冷战岁月里积极追随美国全面卷入美苏争霸，在朝鲜战争后又追随美国参加了越南战争，并积极推动科伦坡计划的制订和实施以及《东南亚条约组织》的创建。澳大利亚成为在亚洲和太平洋地区维护美国霸权体系和秩序最卖力的西方国家，澳大利亚本土也成为美国在东南亚和太平洋地区与苏联争霸最稳固的"前进基地"。由此可见，澳大利亚对于和美国拉近关系的热衷程度远远高于美国的其他西方盟国。这当然不能听信澳大利亚政府关于澳美两国关系是建立在价值观和意识形态的基础之上的宣传口号，而更应归因于澳大利亚的地区安全和霸权考虑。

第五章 太平洋岛屿地区民族独立与反核、反战运动的兴起

一 太平洋岛国民族独立运动的兴起与蓬勃发展

二战后，东亚和东南亚地区人民争取民族独立和解放运动的迅猛发展，特别是越南人民在越南战争中的英勇表现极大地鼓舞了太平洋岛屿地区人民争取民族独立和自决运动的蓬勃兴起和发展。自20世纪60年代中后期，太平洋岛屿地区人民不断掀起争取民族独立运动的浪潮，一些岛国相继挣脱了殖民统治力量相对较弱的新西兰的殖民统治而获得独立。萨摩亚是第一个获得独立的太平洋岛国，对太平洋岛屿其他地区的人民争取民族独立和自决起到了示范和鼓舞作用。

萨摩亚群岛位于太平洋西南部，由6个大岛、2个环礁和一些小岛组成。19世纪中叶，英、美、德三国殖民者相继侵入西萨摩亚，三国为争夺萨摩亚相持不下。德、美、英三国最终于1899年达成妥协，将萨摩亚分割成美属萨摩亚（东萨摩亚）和德属萨摩亚（西萨摩亚）。第一次世界大战爆发之初，澳大利亚便迫不及待地趁机夺取德国在太平洋岛屿地区的殖民地。但英国自有自己的考虑，它更希望弱小的新西兰，而不是澳大利亚占领德属萨摩亚。英国在大战一爆发便要求新西兰担负起英帝国"重要而迫切的任务"，即出兵攻占德属萨摩亚。8月底，澳大利亚急不可耐地联合法国和新西兰对德属西萨摩亚发动进攻。由于德国驻军早已撤走，只留下数名警察，因而澳、

第五章　太平洋岛屿地区民族独立与反核、反战运动的兴起　◆◇◆

法、新联军毫不费力地夺取了德国的殖民地[①]。此后，新西兰即对萨摩亚实行军事占领，并进行殖民统治。第一次世界大战结束后，德国作为战败国，其在南太平洋岛屿地区的殖民地被作为战利品由各战胜国瓜分。1920年，国际联盟正式将西萨摩亚交由新西兰托管。新西兰殖民者根本不关心萨摩亚人民的生存和诉求，相反却诬蔑萨摩亚人民是一个"落后的民族"，"根本没有明天和未来"。这种对萨摩亚人民的种族主义和殖民主义心态令萨摩亚人民极其愤慨[②]。1918年，西萨摩亚大规模暴发流感。但是新西兰殖民政府对萨摩亚民众的生死并不关心，导致近万民众患病死亡，西萨摩亚人口因此减少了五分之一。新西兰殖民者的残暴统治激起了民众的强烈不满和反抗。

1920—1936年，西萨摩亚发生了著名的反对殖民统治的"马乌"（MAU）独立运动，提出了斗争口号"萨摩亚人的萨摩亚"，要求结束新西兰的殖民统治，实现民族独立和自治。新西兰殖民者对西萨摩亚民众的反抗运动进行了残酷的镇压，并大肆逮捕和流放参与"马乌"独立运动的民众。1929年12月28日，新西兰军警对参加和平游行的民众开枪镇压，造成"马乌"运动领导人和数十名萨摩亚平民死亡，另有近百人受伤，史称"萨摩亚的黑色星期六"（Black Saturday）。新西兰殖民者的残暴统治激起了萨摩亚人民的强烈愤慨，要求结束新西兰的殖民统治，争取民族独立的运动不断高涨，新西兰殖民统治自此处于疲于应付的状态[③]。第二次世界大战结束后，亚非拉各国人民争取民族独立和解放运动不断高涨。在此背景下，萨摩亚人民也不断掀起抗争的高潮。随着亚非拉国家在联合国数量的日益增加，亚非拉各国不断向联合国施加压力，要求联合国敦促新西兰允许萨摩

[①] Wm. Roger Louis, "Australia and the German Colonies in the Pacific, 1914 – 1919", *Journal of Modern History*, Vol. 38, No. 4, 1966, pp. 407 – 421.

[②] Malama Meleisea, *Lagaga: A Short History of Western Samoa*, University of the South Pacific: Suva, 1987.

[③] M. C. Gifford, *The Nature and Origins of the Mau Movement in Western Samoa, 1926 – 1936*, University of Auckland: Auckland, 1964, p. 410.

亚独立。在世界各国人民的巨大压力和萨摩亚人民的长期抗争下，新西兰殖民者不得不于1954年同意西萨摩亚实行内部自治①。1962年1月1日，萨摩亚人民终于推翻了新西兰的殖民统治，成为太平洋岛屿地区第一个获得独立的太平洋岛国，定国名为"西萨摩亚独立国"。1997年7月，西萨摩亚独立国更名为萨摩亚独立国。直至2002年，新西兰政府才对其残酷的殖民统治造成的1918年的瘟疫事件和1929年的"黑色星期六"事件向萨摩亚人民道歉。

库克群岛位于南太平洋，介于法属波利尼西亚和斐济之间，由15个岛屿组成。1843年，法国武力霸占大溪地和社会群岛，引起英国在库克群岛的殖民者强烈不安和不满。英国政府和英国殖民者因而一直寻求霸占库克群岛的机会。1888年，英国终于成功地将库克群岛霸占为保护地，两年后强行将其并入新西兰②。第二次世界大战后，库克群岛民众要求民族独立和自决的呼声不断高涨。联合国在国际社会和正义国家的要求下也对库克群岛的独立呼声表示关注。新西兰在库克群岛民众和国际社会的压力下不得不在1946年设立库克群岛立法会议，承诺将逐步给予库克群岛人民自治和自决权。新西兰不愿过早让库克群岛独立的部分原因是二战后新西兰经济发展走上快车道，因而需要大量劳工，而库克群岛、纽埃等殖民地民众恰是新西兰大量廉价劳动力的主要来源。1964年11月，在联合国的监督下，新西兰国会通过《库克群岛宪法法案》，将该群岛的自治权利交还给库克群岛人民。1964年在联合国监督下举行全民公决，通过宪法。1965年8月4日宪法生效，库克实行内部完全自治，享有完全的立法权和行政权，但防务和外交仍由新西兰负责。1992年，联合国承认库克群岛的外交独立性。

位于太平洋中南部的纽埃是新西兰的另一个殖民地。1900年，英

---

① Doug Munro, "J. W. Davidson and Western Samoa: University Politics and the Travails of a Constitutional Adviser", *The Journal of Pacific History*, Vol. 35, No. 2, 2000, pp. 195 – 211.

② Antony Hooper, "The Migration of Cook Islanders to New Zealand", *The Journal of the Polynesian Society*, Vol. 70, No. 1, 1961, pp. 11 – 17.

第五章　太平洋岛屿地区民族独立与反核、反战运动的兴起 ◆◇◆

国宣布纽埃为其保护地。1901年，新西兰强行吞并纽埃。二战后，纽埃也和亚拉非各地人民一道要求实现民族独立与自决。1960年，新西兰被迫同意成立纽埃立法会议。1974年，新西兰承认纽埃自治。

位于太平洋中部的瑙鲁自然资源丰富，为英、德、美等各殖民主义国家所觊觎。1886年，英国与德国达成妥协，同意由德国吞并瑙鲁。1888年，德国正式将瑙鲁霸占为殖民地，并将其划入德国马绍尔群岛保护地。作为回报，德国允许英国在瑙鲁开采磷酸盐。第一次世界大战爆发后，澳大利亚为了扩张在南太平洋地区的岛屿殖民地迅速出兵占领瑙鲁。一战后，国际联盟将瑙鲁划归英国、澳大利亚和新西兰共管，但实际行政管理权掌握在澳大利亚手中[1]。第二次世界大战期间，日本和德国多次对瑙鲁发动空袭。1942年8月26日，日军攻占了瑙鲁，并将其变为日军在南太平洋上的军事基地。日军将未及逃离瑙鲁的欧洲殖民者全部杀死，并役使瑙鲁居民充作苦力。在日本法西斯占领期间，一多半的瑙鲁岛民被饥饿、虐待和奴役至死。1945年二战结束时，瑙鲁仅剩不到600名奄奄一息的岛民。1945年，澳大利亚军队重新夺占瑙鲁。1947年，澳大利亚、英国和新西兰重新从联合国获得瑙鲁的托管权，并立即开始重新大规模开采岛上的磷矿[2]。二战甫毕，饱受欧洲殖民者和战争摧残的瑙鲁人民掀起争取民族独立和自决运动。为了继续骗取瑙鲁的矿产资源，澳大利亚政府"善意"地提出将瑙鲁居民全体迁往澳大利亚岛屿居住以换取三国对瑙鲁磷业资源的开采权。澳大利亚的建议遭到瑙鲁民族独立运动领导人的坚决拒绝。在瑙鲁人民和国际社会的巨大压力下，澳大利亚"白澳"政府不得不同意瑙鲁独立。1968年1月31日，瑙鲁共和国正式独立。1970年，瑙鲁政府收回磷矿开采权。

---

[1] Hermann Joseph Hiery, *The Neglected War: The German South Pacific and the Influence of World War I*, University of Hawaii Press, 1995, p.12.
[2] Peter Dauvergne, "A Dark History of the World's Smallest Island Nation", *The Reader*, 2019, https://thereader.mitpress.mit.edu/dark-history-nauru/.

◆◇◆ 澳美同盟语境下澳大利亚地区霸权的建构

汤加位于太平洋西南部，由172个岛屿组成。1845年，汤加王国建立。新建立的汤加王国面临着严峻的国际形势，随时可能被欧洲殖民主义强国入侵和占领。法国凭借坚船利炮，时时侵犯汤加王国。1855年，法国迫使汤加签署不平等条约。1876年，德国意欲在汤加建立海军加煤站，也迫使汤加签署不平等条约。为了与法国和德国争夺汤加，英国也于1879年强迫汤加签署不平等条约。1899年，英国与德国和美国达成妥协，由后者瓜分萨摩亚。作为补偿，英国于1900年将汤加置为保护国。第二次世界大战期间，汤加成为美国和新西兰军队的补给基地，并派遣2000人赴所罗门群岛参战。第二次世界大战结束后，太平洋岛屿地区民族独立和解放运动迅猛发展。汤加王国政府和民众要求彻底独立的呼声也日益高涨。在世界大势面前，英国不得不同意汤加于1970年6月4日独立。1999年，汤加加入联合国，成为第188个成员国。

斐济位居西南太平洋中心地带，地理位置优越，享有"南太平洋十字路口"的美誉。19世纪上半叶欧洲殖民者涌入斐济。1874年，斐济沦为英国殖民地。此后，英国殖民者不断运来印度劳工至斐济甘蔗园充当苦力。1875年至1876年，麻疹在斐济流行。但英国殖民者根本不关心普通民众的生存，因而造成超过40000斐济人因染上麻疹而死亡。由于英国殖民者的残暴统治和无休止的压榨，不论是斐济民众还是印度劳工都对英国殖民统治充满愤怒和不满，要求结束英国殖民统治的呼声日益高涨。在民众的强大压力下，英国殖民者不得不于1904年对殖民统治方式进行改革，成立由6名欧洲人、2名斐济族酋长和1名印度族人组成的行政委员会[①]。二战期间，盟军驻守斐济。由于太平洋战争进行得异常残酷，盟军兵力明显不足，盟军因此在斐济征招军队。印度劳工由于长期受到残酷剥削，对英国殖民者的征兵

---

① W. T. Roy, "Britain in Fiji, 1875 – 1970: A Case Study of Ends and Means in Colonial Administration", *Australian Journal of Politics and History*, Vol. 23, Issue 3, 1977, pp. 373 – 382.

第五章　太平洋岛屿地区民族独立与反核、反战运动的兴起　◆◇◆

令予以坚决抵制。不仅如此，印度劳工还多次举行罢工，拒绝在种植园为英国殖民者劳动。第二次世界大战后，斐济各族民众要求独立的呼声也随着亚非拉各国人民的独立运动而迅猛高涨。在人民的巨大压力下，英国殖民政府不得不做出让步，同意逐步让斐济实现自治。为此，行政委员会于1966年制订了斐济第一部宪法，宣布成立斐济立法委员会。该委员会由40人组成，由各民族按比例分配名额，选举产生。在斐济各族民众的合力推动下，英国最终同意斐济于1970年10月10日独立，从而最终结束了英国近100年的殖民统治。

早在19世纪初，荷兰殖民者即来到新几内亚岛。1884年，英国和德国殖民者相继来到新几内亚岛，并凭借武力从荷兰"虎口夺食"，将几内亚岛的东半部分及其附属岛屿霸占为自己的殖民地。新几内亚岛自此被三国瓜分，沦为荷兰、英国和德国的殖民地，分别称为荷属新几内亚、德属新几内亚和英属新几内亚。20世纪初，老牌帝国主义英国的实力急剧下降，因而不得不收缩力量。在此背景下，英国政府于1901年将英属几内亚转交澳大利亚统治，并于1906年重新命名为澳属巴布亚领地。1914年，第一次世界大战爆发。澳大利亚"白澳"政府立即觉得夺取太平洋岛屿殖民地和建立地区霸权的机会终于来到了，澳大利亚于是迅速出兵对德属新几内亚发动猛攻。德国在一战爆发后不得不收缩兵力于欧洲，以便在欧洲战场与英国决战。德国因而将几内亚驻军主力抽回本土，导致几内亚兵力空虚，根本无法阻挡澳大利亚全力进攻。澳大利亚因而异常顺利地夺取了德属新几内亚，极大地扩大了在太平洋岛屿地区的殖民地面积[1]。

一战结束后，国际联盟于1920年12月召开了新几内亚岛德属殖民地所有权会议。澳大利亚"白澳"政府在英国和法国的支持下迫使国际联盟依据《凡尔赛条约》以"委任统治"方式，将德属新几内

---

[1] Santanu Das, Race, *Empire and First World War Writing*, Cambridge: Cambridge University Press, 2011, p.219.

亚和赤道以南除德属萨摩亚和瑙鲁以外的群岛交由澳大利亚托管。瑙鲁虽然名义上委托英国管理，但实际上也由澳大利亚委托统治。几内亚岛东部地区自此完全脱离了英国和德国的殖民统治，但澳大利亚"白澳"政府的贪婪和残暴丝毫不逊于英、德。但是，一战已经在几内亚人民的心中播下了民族独立和自决的种子，并随着时间的推移而不断成长。二战爆发后，澳大利亚和日本为争夺新几内亚大打出手，几内亚因此饱受战争摧残，日军于1942年至1945年占领几内亚。战后联合国继续将德属几内亚交由澳大利亚托管。1949年，澳大利亚将原英属几内亚和德属几内亚合二为一，称为"巴布亚新几内亚领地"。

但是，澳大利亚殖民者在当地人民数十年来要求民族独立和自决的巨大压力下，也不得不通过《巴布亚新几内亚法案》，宣布成立立法委员会，给予巴新民众极其有限的议政权。澳大利亚殖民政府的让步并没有阻止巴新人民要求民族独立浪潮的日益高涨，在亚非拉各地人民民族独立运动的鼓舞下，巴新人民不断发动抗议浪潮，要求澳大利亚殖民者尽早撤出巴布亚新几内亚。在联合国和世界进步力量的压力下，澳大利亚殖民政府不得不于1963年通过新的《巴布亚新几内亚法案》，将立法委员会改变为众议院，给予巴新人民更大的议政权[1]。自此，巴新人民利用众议院为斗争的阵地，不断迫使澳大利亚殖民政府做出让步。在巴新人民的长期斗争和国际社会正义力量的压力下，澳大利亚殖民政府最终于1973年12月同意巴布亚新几内亚实施自治，但仍保留军事和外交大权。两年后，面临太平洋岛屿地区波涛汹涌的民族独立和自决浪潮，澳大利亚政府最终认识到再也无法对巴布亚新几内亚实行殖民统治，因而最终允许巴布亚新几内亚独立建国[2]。

---

[1] Hank Nelson, "Liberation: The End of Australian Rule in Papua New Guinea", *The Journal of Pacific History*, Vol. 35, No. 3, 2000, pp. 269 – 280.

[2] Don Aitkin, Edward P. Wolfers, "Australian Attitudes towards Papua New Guinea on the Eve of Independence", *Australian Outlook*, Vol. 30, Issue 3, 1976, pp. 432 – 438.

第五章　太平洋岛屿地区民族独立与反核、反战运动的兴起 ◆◇◆

所罗门群岛位于南太平洋岛屿地区，澳大利亚的东北方，巴布亚新几内亚的东方，由 990 多个岛屿组成。1885 年，德国殖民者占领了所罗门群岛北部。1893 年，英国殖民者占领了所罗门群岛南部岛屿。1900 年，英德双方达成协议，英国放弃在萨摩亚的权利，换取除布干维尔岛之外的全部所罗门群岛。第二次世界大战期间，日军于 1942 年 1 月攻占所罗门群岛，并试图以此为基地向南进攻澳大利亚。但在科科达小径战役、瓜达尔卡纳尔岛等战役中遭到惨败。1945 年，日军全部撤出所罗门群岛。第二次世界大战后，所罗门群岛地区民众的民族自决运动不断高涨，迫使英国殖民者不得不在所罗门群岛地区设立地方自治政府，给予当地民众一定的议政权。但英国的有限让步并没有令所罗门群岛民众满足，在亚非拉各国人民争取民族独立和解放运动的鼓舞下，所罗门群岛人民的独立运动更加高涨[1]。1975 年 6 月 22 日，英属所罗门群岛更名为所罗门群岛。1976 年 1 月 2 日实行自治。1976 年 6 月，举行了立法会议大选。1978 年 7 月 7 日，所罗门群岛独立。

图瓦卢旧称埃利斯群岛、潟湖群岛，位于中太平洋南部，由 9 个环形珊瑚岛群组成。19 世纪初，欧洲殖民者闯入该地区，将大量岛民虏往斐济、萨摩亚、南美和澳大利亚等地种植园为奴，导致图瓦卢人口从 2 万急剧下降至 3000 余人。1892 年，英国将图瓦卢和附近的基里巴斯霸占为"保护地"。1916 年，英国将其强行划入"英属吉尔伯特和埃利斯群岛殖民地"。第二次世界大战期间，日军和美国在此展开争夺战。二战结束后，图瓦卢民众在饱受殖民主义和帝国主义残酷殖民掠夺和战争后，要求民族独立的呼声迅速高涨。1974 年 9 月，图瓦卢举行全民公决，要求恢复图瓦卢旧名，实现国家独立，并与基里巴斯分治。1978 年 10 月 1 日，图瓦卢最终摆脱英国的殖民统治而获

---

[1] Ralph R. Premdas, Jeffrey S. Steeves, "The Solomon Islands: Problems of Political change", *The Commonwealth Journal of International Affairs*, Vol. 72, Issue 285, 1983, pp. 45 – 55.

◆◇◆ 澳美同盟语境下澳大利亚地区霸权的建构

得独立。

瓦奴阿图位于南太平洋西部,属美拉尼西亚群岛,由83个岛屿组成。早在17世纪,西班牙、法国、葡萄牙和英国的殖民者便来到今日的新赫布里底群岛一带掠夺檀香木等宝贵的自然资源,虏虐和贩卖当地人口去澳大利亚种植园充作苦力。由于这里资源丰富,引起了欧洲帝国主义列强的垂涎。英国和法国便联手控制瓦奴阿图海域,阻止其他列强的觊觎。1888年,英法签署联合海军协议,决定两国合作,共同霸占这一地区[①]。1906年,英法两国又成立联合海军委员会共同管理新赫布里底群岛。虽然名为共管,但英法两国各自在瓦奴阿图建立自己的行政管理机构和警察队伍。第二次世界大战后,瓦努阿图民族独立运动高涨。在当地民众和国际社会的压力下,英国对是否同意瓦努阿图独立犹豫不决,但法国坚决反对,表示不惜武力镇压。英法两国因而再次合作,一再挑动瓦努阿图不同民族和政治派别间的争斗,试图阻挠瓦奴阿图的独立进程。1980年7月30日,瓦努阿图宣布独立。英法两国又气又恼,立即派军予以威胁,迫使瓦奴阿图政府答应该国独立后仍给予英法两国利益以特殊照顾[②],充分展示了帝国主义凶残霸道的本性。

帕劳位于西太平洋,属加罗林群岛,由300多个火山岛和珊瑚岛组成,是太平洋进入东南亚的门户。1885年,西班牙霸占了帕劳。1899年,西班牙将其售予德国。一战爆发后,日本迅速占领帕劳,并将其变为自己的殖民地。一战后,英法操控下的国联将帕劳交由日本托管。第二次世界大战爆发后,帕劳成为日本的军事基地,可随时从侧后攻击美国在菲律宾的军事基地。第二次世界大战后期,美军攻占帕劳。1947年,联合国授权美国托管帕劳。虽然帕劳在战后一再要求实现民族独

---

① Howard Van Trease, *The Politics of Land in Vanuatu: From Colony to Independence*, Institute of Pacific Studies of the University of the South Pacific: Suva, 1987.
② Robert Aldrich, *France and the South Pacific since 1940*, Palgrave Macmillan: London, 1993, p. 237.

第五章 太平洋岛屿地区民族独立与反核、反战运动的兴起 ◆◇◆

立,但美国政府和军方坚决不允许,导致帕劳在战后的独立之路异常漫长。1981年,帕劳终于争得自治权。1986年美国以经济援助及准许其独立为条件与帕劳签订为期50年之《自由联系条约》[1]。由于该条约违反帕劳宪法"无核化"规定,导致此《自由联系条约》连续7次遭到帕劳公民的投票否决。1993年11月,帕劳第8次公民投票终于通过该条约,帕劳也才获准于1994年10月1日正式独立。

密克罗尼西亚联邦位于西太平洋,属于加罗林群岛,由607个岛屿组成。1885年,西班牙殖民者将密克罗尼西亚霸占为殖民地。1899年,西班牙将加罗林群岛转售给德国。在德国实施殖民统治期间,波纳佩民众发动武装起义,反抗德国的残暴统治,但遭到德国殖民军的残酷镇压。第一次世界大战爆发后,日本迅速占领密克罗尼西亚联邦,继续实行残酷的殖民统治,并推行奴化教育。第一次世界大战结束后,英国和法国操纵国联将密克罗尼西亚联邦交由日本托管。日本之后在此修建了大型军事基地,成为日本继续侵略扩张的最为重要的军事据点。第二次世界大战后,美国占领密克罗尼西亚联邦。1947年,美国操纵联合国将密克罗尼西亚交美国托管。由于长期遭受欧洲殖民者的奴役和压迫,密克罗尼西亚联邦民众在二战后一再要求国家独立和民族自决。在国际社会的同情和压力下,美国被迫同意密克罗尼西亚联邦民众于1965年1月成立议会,为寻求自治做准备。但是,美国一再阻挠密克罗尼西亚联邦独立。直至密克罗尼西亚联邦与美国签订《自由联系条约》后,美国才不得不于1986年11月允许其摆脱托管获得独立[2]。

马绍尔群岛共和国位于中太平洋密克罗尼西亚地区,由众多环礁岛群和岛礁组成。1874年,西班牙宣布对马绍尔群岛拥有所有权。

---

[1] Jon Hinck, "The Republic of Palau and the United States: Self-Determination Becomes the Price of Free Association", *California Law Review*, Vol. 78, No. 4, 1990, pp. 915–971.

[2] Catherine Lutz, "The Compact of Free Association, Micronesian Nonindependence, and U. S. Policy", *Critical Asian Studies*, Vol. 18, No. 2, 1986, pp. 21–27.

1884年，西班牙将群岛卖予德国。第一次世界大战爆发后，日本出兵占领马绍尔群岛。一战后，英法操纵国联将马绍尔群岛交由日本托管。第二次世界大战期间，美国攻占马绍尔群岛。二战后，美国操纵联合国委托美国托管马绍尔群岛。二战后直至20世纪70年代，美国在马绍尔群岛建立核武器试验基地，并进行了60多次核武器爆炸试验，引起了国际社会，特别是马绍尔群岛民众的强烈不满。1979年，马绍尔群岛举行公投，决定成立自治政府，准备独立。1986年，美国迫使马绍尔群岛签署《自由联系条约》，并于10月21日宣布独立。1991年，联合国停止美国托管马绍尔群岛，并接纳其为会员国[①]。

基里巴斯共和国位于太平洋中部，由33个岛屿组成，分别属于吉尔伯特群岛、菲尼克斯群岛和莱恩群岛三大群岛。1892年，英国强行将吉尔伯特群岛和埃里斯群岛划分自己的保护地，将其交由位于斐济的西太平洋最高委员会管理。1916年，英国又将其变为殖民地。此后，英国又强行将圣诞岛和菲尼克斯群岛霸占为英国殖民地，并将其并入基里巴斯。第二次世界大战期间，塔拉瓦环礁和其他群岛被日军占领。二战后，美国和英国将基里巴斯的一些岛屿，如莱恩群岛，用作核武器试验场。美、英两国将基里巴斯变为核武试验场的恶劣行为引起国际社会、太平洋岛屿地区民众和基里巴斯人民的强烈愤慨。在国际社会和当地人民的抗议和压力下，美国不得不同意吉尔伯特和埃里斯群岛于1971年成立自治区。1979年7月12日，吉尔伯特群岛宣布独立，正式定国名为基里巴斯。1983年，在国际社会和太平洋岛国人民的压力下，美国不得不与基里巴斯签署《塔拉瓦条约》，将菲尼克斯群岛和莱恩群岛交还基里巴斯[②]。

---

① Edward J. Michal, "Protected States: The Political Status of the Federated States of Micronesia and the Republic of the Marshall Islands", *The Contemporary Pacific*, Vol. 5, No. 2, 1993, pp. 303–332.

② US Department of State, *US Relations with Kiribati*, 2020, https://www.state.gov/u-s-relations-with-kiribati/.

第五章　太平洋岛屿地区民族独立与反核、反战运动的兴起　◆◇◆

二　美、英、法在太平洋岛屿地区的核试验及其贻害

第二次世界大战后，美国、英国等列强操纵联合国将太平洋岛屿地区交由美国、英国、法国、澳大利亚和新西兰统治，以便继续实行殖民统治，榨取经济利益，并在军事上牢固地控制这一战略区。美国在二战后取代英国成为新的世界超级大国，深知控制太平洋地区的战略重要性。美国因而操控联合国将太平洋地区2000多个岛屿，接近800万平方千米的辽阔地区作为美国的战略托管地[1]。冷战初期，美国为了与苏联进行军备竞赛，决定研制威力巨大的核武器——氢弹。但是，美国政府和军方认为在美国本土进行核试验将对美国的环境造成巨大破坏。特别是日本广岛、长崎被炸后的惨状更让美国民众强烈反对在美国本土进行核试验。于是美国政府和军方便决定将核试验的危害转嫁给太平洋岛屿地区的民众。1946年1月，美国政府和军方决定将马绍尔群岛作为其大型核武器试验场，太平洋岛屿地区的广大民众也因此成为美国核武器试验和核爆炸的无辜牺牲品。据美国媒体披露，美军于1946年初强行闯入马绍尔群岛地区，用枪炮将比基尼岛和其他一些岛屿上的居民赶走，美军随后便在这些岛屿上长期进行大规模的核武器试验。受美国核试验影响的区域面积甚至比美国本土的面积都要大（见图5-1）。

1954年3月1日，美国在马绍尔群岛比基尼环礁引爆一颗1500万吨TNT当量的氢弹，是广岛原子弹威力的1000多倍。这是当时全世界威力最大的核武器，其爆炸给太平洋地区造成了数十年都难以消除的核污染。据媒体报道，这次爆炸产生的永久性核污染区超过2万平方千米。更可怕的是，在美军爆炸该氢弹时，周围海域有

---

[1] Encyclopedia Britanica, "Trust Territory of the Pacific Islands, Former United States Territory", *Pacific Ocean*, 2020, https://www.britannica.com/place/Trust-Territory-of-the-Pacific-Islands.

图 5-1　美国核试验影响的范围示意图

上百只渔船正在作业，在附近的岛屿上尚生活着数千名居民，岛上儿童出于好奇纷纷用手抓取氢弹爆炸后产生的彩色尘埃玩耍。在美国的氢弹试验后，大批岛民因患上肝硬化、白血病和癌症等疾病而死亡[1]。马绍尔群岛地区的民众十分愤慨，他们派出请愿团赴联合国控诉，要求美国停止在该群岛的核试验。但一向自诩为"民主与人权"卫士的美国毫不顾及太平洋岛屿地区人民的生命安全和健康，不仅蛮横地拒绝了岛民的正义要求，而且施压联合国对岛民的控诉不予理睬。据统计，二战后美国一共在比基尼岛进行了 23 次核试验[2]。

除比基尼环礁外，美国还在马绍尔群岛的埃内韦塔克环礁进行了 43 次核爆试验。1952 年 11 月，美军在伊鲁吉拉伯岛进行氢弹爆炸试

---

[1] Dan Zak, "A Ground Zero Forgotten: The Marshall Islands, Once a U.S. Nuclear Test Site, Face Oblivion Again", *The Washington Post*, 27 November 2015.

[2] Susanne Rust, "How the U.S. Betrayed the Marshall Islands, Kindling the Next Nuclear Disaster", *Los Angeles Times*, 10 November 2019.

第五章　太平洋岛屿地区民族独立与反核、反战运动的兴起 ◆◇◆

验，爆炸威力高达1000多万吨当量，约为广岛原子弹爆炸当量的750倍，爆炸将伊鲁吉拉伯岛彻底炸毁。美国于冷战后披露的资料表明，美军在1946年至1958年的12年间一共在马绍尔群岛地区进行了60多次原子弹和氢弹的爆炸试验，约占美国在太平洋岛屿地区开展核试验总数的15%，占美国核试验总当量的80%。美国仅在1954年一年内就在马绍尔群岛所属岛屿爆炸了三颗1000万吨以上当量的核武器，其中最大的一颗氢弹的爆炸当量高达1500万吨，是广岛原子弹当量的1000多倍[①]。据美国媒体透露，美国于二战后在太平洋岛屿地区进行了数百次大气层核爆炸试验，其中包括一些当量特别高的核试验。马绍尔群岛是美国密集进行核试验的场所。为了保密，美国政府和军方从不将核试验的时间、地点告知马绍尔群岛政府和当地居民。

此外，美军还在马绍尔群岛地区进行生物和化学武器试验，并将130多吨美国国内核试验产生的废料倾倒于此。美军在该地区如此频繁的核试验和核废料倾倒给太平洋地区造成了极其严重的人道主义和生态环境灾难，导致大量的马绍尔群岛民众背井离乡，或因核辐射和核污染而患癌丧生。这些核试验还将风景秀丽的太平洋岛屿地区由人间天堂变成了充满核辐射的地狱。美国《洛杉矶时报》强调指出，美国在马绍尔群岛进行了大量核试验，对太平洋岛屿地区民众刻意隐瞒核污染信息，对太平洋地区的环境造成了灾难性损害[②]。2019年7月，哥伦比亚大学研究小组发现，马绍尔群岛部分岛屿的辐射量甚至超过切尔诺贝利和福岛核泄漏区。哥伦比亚大学的研究结果还表明，在马绍尔核试验爆炸产生的放射性同位素的污染可能会持续几个世纪。目前，残留的放射物已经混杂在土壤中，使当地的食品和饮水都成为辐射污染源。马绍尔群岛由于自然和人文环境遭到美军核试验的

---

① Dan Zak, "A Ground Zero Forgotten: The Marshall Islands, Once a U. S. Nuclear Test Site, Face Oblivion Again", *The Washington Post*, 27 November 2015.

② Susanne Rust, "How the U. S. Betrayed the Marshall Islands, Kindling the Next Nuclear Disaster", *Los Angeles Times*, 10 November 2019.

巨大破坏未能于2010年7月被评入世界文化遗产。

面对巨大的生命和环境损失，马绍尔群岛政府一再和美国政府和军方交涉，但均遭到美国政府和军方的断然拒绝。美国政府一向高调宣称"以规则为基础"，但它对于给马绍尔群岛的生态和居民所造成的极大伤害却始终不予理睬，反而倒打一耙地声称由于核爆炸发生在马绍尔群岛地区，马绍尔群岛政府应该对此负责。一些国际专家指出无论是从国际法，还是从国际道义角度，美国都应对其在太平洋岛屿地区的大规模核试验承担责任，并且马绍尔群岛政府对美国政府和军方的追责应当无限期[1]。《国际核安全公约》和《乏燃料管理安全和放射性废物管理安全联合公约》都规定放射性污染的最终处置责任应该由污染者承担。如果明知道实验地区有人，还做类似核试验，无异于把原子弹扔到日本的广岛、长崎。正因如此，国际法庭于1988年判决美国向马绍尔群岛支付23亿美元赔偿金，但美国政府拒不接受该判决[2]。

太平洋地区殖民主义体系的缔造者英国在二战后也大肆在澳大利亚大陆和太平洋岛屿地区开展各种核武器和核爆炸试验。最令澳大利亚民众感到气愤的是，澳大利亚政府为了帮助英国发展核武器，参与美苏核竞赛和霸权争夺，竟然隐瞒事实真相，悄悄地帮助英国在澳大利亚本土进行核武器爆炸试验。据英国和澳大利亚媒体披露，英国在1952年至1963年一共在澳大利亚进行了12次核试验[3]。其中，在澳大利亚西部的蒙特贝洛群岛进行了3次核试验，在南澳大利亚的伊姆费尔德（Emu Field）和马拉林加（Maralinga）分别进行了2次和7次核试验。在这些核试验中，蒙特贝洛群岛遭受的核污染最为严重，其

---

[1] John Noble Wilford, "Bikinians Suing U. S. for $450 Million over A-Tests", *New York Times*, 15 March 1981.

[2] Susanne Rust, "How the U. S. Betrayed the Marshall Islands, Kindling the Next Nuclear Disaster", *Los Angeles Times*, 10 November 2019.

[3] James Griffiths, "Australia is Still Dealing with the Legacy of the UK's Nuclear Bomb Tests, 65 Years on", *CNN*, 15 October 2018.

第五章 太平洋岛屿地区民族独立与反核、反战运动的兴起 ◆◇◆

放射性污染程度远远超过了日本的广岛和长崎。核试验的爆炸尘埃散布澳洲大陆和附近的海域，导致该地区周边的陆地和海洋受到了大面积的放射性污染。为了掩盖这一灾难性事实，澳大利亚政府一直将这一地区列为军事禁区。令澳大利亚原住民备感愤怒的是，英国进行核试验的马拉林加地区是澳大利亚原住民的聚居区，生活着许多澳洲土著民众。但是，英国和澳大利亚政府根本无视土著民众的生存权和健康权，既不告知核试验的凶险，也根本没有对原住民进行迁移[1]。

英国在太平洋上的核试验被众多科学家和媒体揭露后，英国和澳大利亚政府后一再辩解，声称每次核试验前都采取了充分的保护措施，因此这些核试验是"安全的"，不会对当地的居民和生态环境造成任何的危害。两国政府还声称从来没有利用人体进行任何核试验。但是，英国和澳大利亚媒体以及一些研究机构，如澳大利亚"核爆炸危害真相调查委员会"纷纷发布调查报告，证明英国的每次核爆试验都对当地居民或者环境造成了极大的核损害，导致许多参与试验的澳大利亚军人和在该地区生活的土著民众在核试验后患上了严重疾病，例如癌症、失明、流产等。尽管核试验是在澳大利亚西部和南部地区，但远在东部的布里斯班都探测到200倍于正常量的核辐射，严重的核污染甚至随风远飘至新西兰、瓦努阿图和斐济等地区。据澳大利亚"核爆炸危害真相调查委员会"的调查报告披露，在代号"图腾"的核爆试验后，巨大蘑菇云24小时内久久不散。两天后这个可怕的云团飘移到澳大利亚大陆的上空，严重污染了沿途地区，造成许多土著民众遭核辐射而死亡。在代号"水牛"的核爆试验中，由于发生了大范围降雨，结果导致许多村庄直接遭到了核污染。

英国核试验对澳洲自然生态环境的影响至今仍然十分严重。据澳大利亚媒体报道，科学家们在20世纪90年代对南澳大利亚马拉林加

---

[1] Mike Ladd, "The Lesser Known History of the Maralinga Nuclear Tests — and What it's Like to Stand at Ground Zero", *ABC Radio National*, 24 March 2020.

地区的自然环境进行测试，结果显示该地区仍然存在着非常严重的核辐射危害[①]。更令澳大利亚民众发指的是，英国和澳大利亚政府竟然还利用澳大利亚士兵作为核爆炸试验的对象！1956年10月4日进行的"水牛2"原子弹爆炸试验中，英国和澳大利亚政府以"实地观察核爆效果"为名，命令100多名澳大利亚官兵在核爆炸后进入辐射污染地区。这些军人在不明真相的情形下被命令身着不同材质的衣物进入核爆炸试验场，英国军方以此来测试不同材质的衣物对核辐射的防御能力[②]。这些澳大利亚军人做梦也没有想到他们跟试验区的其他动物一样成为英国核武器和核爆炸试验的实验品。除了在澳大利亚建立核武器试验场，并进行大当量的核爆试验外，英国还在基里巴斯的一些岛屿，特别是莱恩群岛，进行大规模的核武器和核爆炸试验。

太平洋岛屿地区的另一个殖民主义大国法国于二战后也在该地区建立大型核武器试验场，长期进行大当量的核爆炸和核武器试验。据媒体披露，法国在太平洋岛屿地区一共进行了近200次核试验，包括大当量的氢弹爆炸试验[③]。法国国防部文件显示法属波利尼西亚受到了远远超过人们预期的大当量核辐射，其中塔希提岛（法属波利尼西亚人口最多的岛屿）受到的核辐射量高达安全量的500倍。法国医疗单位研究表明法属波利尼西亚岛民癌症高发病率的原因就是频繁的核试验和核爆炸。法属波利尼西亚和太平洋岛屿地区的一些国家和地区民众因此强烈要求法国政府公布实情，向太平洋岛屿地区民众道歉，并赔偿损失。在大量事实面前，法国不得不承认其长期大规模的核试验和核武器爆炸给太平洋岛屿地区民众的生命和健康造成极为严重的

---

① Jon Donnison, "Lingering Impact of British Nuclear Tests in the Australian Outback", *BBC News*, 31 December 2014.

② Jim Green, "Human Guinea-pigs in the British N-tests in Australia", Friends of the Earth Australia, 2001, https://nuclear.foe.org.au/human-guinea-pigs-in-the-british-n-tests-in-australia/.

③ Matthew Gledhill & David Lague, "From the Archives: The End of French Nuclear Testing in South Pacific", *Sydney Morning Herald*, 29 January 2019.

第五章　太平洋岛屿地区民族独立与反核、反战运动的兴起

危害，但法国政府对赔偿问题一直不予理睬。预计这将是一个极其困难而漫长的过程。联合国秘书长安东尼奥·古特雷斯曾多次强调美国、英国和法国在太平洋地区进行的数百次核武器爆炸摧毁了多个岛屿和珊瑚礁，给太平洋岛屿地区民众的身心健康和生态环境造成难以修复的伤害。他敦促美、英、法回应太平洋岛屿地区人民的正义要求。

第二次世界大战期间，美国在日本投下的两颗原子弹所造成的巨大破坏和持久的危害给全世界人民留下了深刻的印象。战后，美国和苏联为了争夺霸权在世界各地剑拔弩张，热战不断，特别是古巴导弹危机更是将世界带到了核大战的边缘。如何避免核战争，特别是遏制美苏两国以邻为壑在广大发展中国家地区大打核大战是广大发展中国家面临的一个重大问题。1961年，《南极条约》诞生。该条约禁止任何国家在南极地区爆炸核武器，禁止在该地区进行一切军事活动。1967年，拉美国家签署《特拉特洛尔科条约》，禁止任何国家在该地区试验、使用、生产任何核武器；禁止该地区任何国家贮存、安装、部署核武器，或以任何方式拥有核武器。《特拉特洛尔科条约》使拉美地区成为世界上用条约形式禁止核武器存在和使用的地区。在拉美国家和国际社会的强烈要求和压力下，美苏等核大国不得不承诺尊重该地区的"无核"现状和要求，不在该地区试验、生产核武器，也不对该地区的国家使用或威胁使用核武器。

在《特拉特洛尔科条约》的启发和鼓舞下，深受美、英、法核试验之害的南太平洋地区国家斐济、巴布亚新几内亚、汤加、西萨摩亚、库克群岛、瑙鲁、纽埃也产生了在太平洋岛屿地区建立无核区的强烈愿望。在太平洋岛国的集体压力下，更由于新西兰和澳大利亚民众也是西方大国在南太平洋地区核试验和美苏核对抗的受害者，澳大利亚和新西兰政府也不得不接受了这一构想。1975年，上述国家发表联合公报表达了在南太平洋地区建立无核区和不卷入美苏核冲突的强烈愿望。1975年，斐济等南太平洋岛国联合致函联合国秘书长，坚决

反对美、英、法等国在太平洋进行核试验，强烈要求禁止任何国家在南太平洋地区贮存或倾倒放射性核废料，并请求联合国将建立南太平洋无核区问题列入联大议程。在太平洋岛国的坚决要求和国际社会的大力支持下，1975 年 12 月 11 日，联合国大会顺利通过了关于建立南太平洋无核区的 3477 号决议①。

1983 年，太平洋岛国论坛发表公报，提出建立南太平洋无核区的具体原则和方案。1984 年，太平洋岛国论坛的各成员国首脑就尽早建立南太平洋无核区达成了协议。1985 年，太平洋岛国论坛在库克群岛的拉罗汤加举行年会，与会各国首脑一致通过了《拉罗汤加条约》(Treaty of Rarotonga，亦称《南太平洋无核区条约》)。1986 年，论坛又通过了与该条约相关的几个《议定书》，要求美、苏等核大国承诺不对该条约的缔约国使用，或威胁使用核武器，也不在南太平洋地区进行核试验。《拉罗汤加条约》于 1986 年 12 月 11 日正式生效，它标志着南太平洋无核区的正式确立。这是继《特拉特洛尔科条约》之后，人类在有人居住区建立的第二个无核区。《拉罗汤加条约》覆盖区十分辽阔，它北至赤道（含赤道以北巴布亚新几内亚、瑙鲁和基里巴斯的全部领土），南至南纬 60 度，东接《特拉特洛尔科条约》的边界，西至澳大利亚西海岸（含澳大利亚位于印度洋中的领土）。南纬 60 度以南地区则是《南极条约》覆盖的南极完全非军事化区。

《拉罗汤加条约》缔约国承诺②：

(1) 不谋求获得核武器，不帮助其他国家获取核武器；

(2) 不允许在其领土上存放核武器；

(3) 不允许在其领土上试验核爆炸装置；不帮助他国在其领土上试验核爆炸装置；

(4) 对核材料出口实施严格的不扩散措施，保证只能和平和非爆

---

① United Nations, *Establishment of a Nuclear-weapon-free Zone in the South Pacific*, 1976.
② UN Office for Disarmament Affairs, *South Pacific Nuclear Free Zone Treaty*, 1985.

第五章　太平洋岛屿地区民族独立与反核、反战运动的兴起

炸地利用核材料；

（5）不在本区域的海洋倾倒放射性废料；

（6）不帮助他国在本区域海洋倾倒放射性废料，支持缔结一项不允许任何国家、组织和个人在本区域海洋倾倒放射性废料的区域性公约；

（7）缔约国切实履行条约义务，并接受国际安全核实。

《拉罗汤加条约》还有三个附加的议定书：

《议定书1》希望在本区域拥有领土，或受其管辖领地的域外国家（法国、联合王国和美国）将本条约的规定适用于其在本区域内的领土。

《议定书2》敦促五个拥有核武器的联合国安理会常任理事国（美国、苏联、中国、法国、英国）承诺不对该条约缔约国使用或威胁使用核武器。

《议定书3》敦促上述五个拥核国家不在本区域内进行任何核试验。

《拉罗汤加条约》及其《议定书》一经宣布即得到了广大发展中国家的理解和支持，中国很快便签署并批准了该条约及《议定书》，但该条约及《议定书》却遭到了法国、英国和美国的坚决反对和抵制。法国对该条约及《议定书》的反对最为强烈，法国政府十分荒唐地表示法国在南太平洋地区进行核试验和存放核废料是其天然权力。《拉罗汤加条约》及其《议定书》是强加于人的条约，是对法国天然权力的无理剥夺和歧视。法国政府对南太平洋地区人民的呼声和对《拉罗汤加条约》及其《议定书》的回应是变本加厉地在南太平洋地区进行更加频繁的核试验。英国政府也发表声明，十分荒谬地强调《拉罗汤加条约》及其《议定书》是对英国权力和利益的严重损害，英国绝不接受这样的条约。美国、法国和英国的极端自私和严重危害太平洋地区人民生命安全的行为引起了太平洋岛国人民的强烈抗议，也引起国际社会主持正义和爱好和平人士的广泛抗议，三国政府一时

211

间在国际社会处于极为不利的地位①。在太平洋岛国政府和人民的强烈抗议和国际社会的巨大压力下，英国政府不得不表示在南太平洋地区不采取与《拉罗汤加条约》及其《议定书》规定相悖的行动。美国政府和军方则从争夺全球霸权的角度强调《拉罗汤加条约》及其《议定书》严重限制了美国核力量在全球的部署和对广大无核国家的威慑，因而严重损害美国的权力和利益。美国政府和军方因此对《拉罗汤加条约》及其《议定书》大加批评，坚决拒绝签署和执行。截至2017年年底，共有13个国家签署并批准了《拉罗汤加条约》及其《议定书》，但世界第一核武大国美国迄未批准②。

三 前殖民宗主国对太平洋岛屿地区的资源掠夺与贻害

美国、英国、法国等太平洋岛屿地区的前殖民宗主国不仅在南太平洋地区大肆进行核武器试验，毁灭性破坏当地的自然生态环境，而且在殖民期间，甚至是在太平洋岛国独立后疯狂地掠夺当地的渔业、矿业和林业等自然资源。西方前殖民宗主国的破坏性资源掠夺是一些太平洋岛国形成生态环境灾难和陷入长期贫困的恶性循环的根本原因。太平洋岛国瑙鲁就是英国和澳大利亚等西方前殖民宗主国破坏性资源掠夺的最为典型的受害者之一。19世纪末，瑙鲁因其丰富的磷业资源而成为殖民主义和帝国主义新老列强激烈争夺的焦点。英国凭借其自身优势，联合澳大利亚、新西兰长期霸占瑙鲁，疯狂地掠夺瑙鲁的磷业资源。在短短半个多世纪的时间里，

---

① Greg Fry, "The South Pacific Nuclear-free Zone: Significance and Implications", *Critical Asian Studies*, Vol. 18, No. 2, 1986, pp. 61 – 72.
② Michelle Keown, "Waves of Destruction: Nuclear Imperialism and Anti-nuclear Protest in the Indigenous Literatures of the Pacific", *Journal of Postcolonial Writing*, Vol. 54, Issue 5, 2018, pp. 585 – 600.

第五章　太平洋岛屿地区民族独立与反核、反战运动的兴起　◆◇◆

英、澳、新三国不计后果地疯狂掠夺瑙鲁的磷酸盐资源，导致瑙鲁的生态环境急剧恶化。不仅致使瑙鲁的自然植被大量死亡和灭绝，而且导致该国的自然环境遭受严重破坏，瑙鲁因帝国主义的掠夺式开采而陷入极其严重的环境危机。瑙鲁人民的传统文化和生产、生活方式也因殖民主义和帝国主义的掠夺性开采而被彻底改变。帝国主义对瑙鲁的掠夺性开采致使该国的经济发展和人民的生活方式走上了一条不可持续的歧路，而深陷危机。但是，英国、澳大利亚和新西兰等前殖民宗主国却采取极端自私的方式，对瑙鲁人民的困苦视而不见，根本不愿对他们造成的经济发展和环境困境承担责任，更不愿帮助瑙鲁人民克服困难，摆脱困境。

1901 年，英国地质学家埃利斯发现瑙鲁整个岛屿的 80% 都是富含磷酸盐石灰的磷矿。许多地区甚至被厚达 6—10 米的磷矿所覆盖，其矿藏品位高达 40%，是世界极其罕见的富矿区。据权威机构估计，瑙鲁磷矿储量近 4000 万吨。磷酸盐是含磷量较高的矿藏，可以用作农业肥料，也是重要的化工原料。由于富含磷矿，原本犹如世外桃源的瑙鲁自此成为殖民主义和帝国主义列强争夺的焦点之一，瑙鲁也因此从太平洋上的"天堂岛"坠入了人间地狱[①]。19 世纪末，英国与德国达成交易，由德国霸占瑙鲁，将其变为殖民地。自此，德国、英国、澳大利亚、新西兰和日本等殖民主义和帝国主义列强先后来到瑙鲁疯狂地掠夺此地的磷业资源。据国际权威机构统计，从 1908 年至 1913 年的短短 5 年间，帝国主义列强从瑙鲁疯狂掠夺了 60 多万吨磷酸盐。1914 年，第一次世界大战爆发。对南太平洋地区霸权觊觎已久的澳大利亚急不可耐地迅速出兵夺取瑙鲁，将该地变成自己的殖民地。

一战结束后，英国、法国又操纵国联将瑙鲁交由澳大利亚、英国

---

① Peter Dauvergne, "A Dark History of the World's Smallest Island Nation", *The Reader*, 2019, https://thereader.mitpress.mit.edu/dark-history-nauru/.

和新西兰共同托管统治。虽然名为三国共管，但实则由澳大利亚代表三国行使行政统治权。瑙鲁的磷酸盐开采自此由英国、澳大利亚和新西兰组成的磷酸盐委员会垄断掌控，瑙鲁的磷酸盐矿也因此遭到了三国加倍疯狂地掠夺①。据统计，在1925—1930年的5年间，三国共从瑙鲁掠夺了170万吨磷酸盐。在1933—1938年的5年间则更加疯狂地掠夺了400万吨磷酸盐。第二次世界大战期间，日本出兵攻占了瑙鲁。一向缺乏自然资源的日本也同样疯狂地掠夺瑙鲁的磷酸盐。1945年，澳大利亚在美军的协助下重新夺回瑙鲁，恢复了对瑙鲁的殖民统治。为了弥补战争期间的损失，英国、澳大利亚和新西兰更加疯狂地掠夺瑙鲁磷酸盐。在二战结束后不久的1950年，三国每年从瑙鲁掠夺超过100万吨的磷酸盐。至1968年瑙鲁独立之际，瑙鲁已经被殖民主义和帝国主义列强掠夺了3600万吨磷酸盐②。

二战后，瑙鲁人民不断掀起争取民族独立和自决运动。瑙鲁人民对殖民主义和帝国主义列强疯狂掠夺本国自然资源的强盗行径深恶痛绝，强烈要求殖民主义列强尽快将磷酸盐资源的主权交还给瑙鲁人民。在瑙鲁人民和国际社会的共同努力和强大压力下，澳大利亚不得不于1968年同意瑙鲁独立。瑙鲁独立后，瑙鲁人民深刻认识到矿产资源对于国家发展和人民幸福的重要性。经过长期斗争和国际社会的帮助，瑙鲁终于将本国的自然资源权力收归本国人民所有。瑙鲁独立后，英国、澳大利亚和新西兰并不甘心失去既得利益，它们不断鼓动瑙鲁政府尽快开采磷业资源，并将其全数出口至三国和日本以换取外汇，用于在西方国家购置房地产、投资金融业，实现国家发展模式的"升级换代"。在前殖民宗主国的鼓动下，瑙鲁政府在收回矿权的第一年就加大了磷酸盐的开采量，高峰时其开采量甚至超过了德国殖民时

---

① Max Quanchi, "Nauru", Stephen Levine (ed.), *Pacific Ways: Government and Politics in the Pacific Islands*, Victoria University of Wellington: Wellington, 2016, p.149.
② Merze Tate, "Nauru, Phosphate, and the Nauruans", *Australian Journal of Politics and History*, Vol.14, Issue 2, 1968, pp.177–192.

期产量的总和①。

快速、过度的磷酸盐开采满足了西方国家的需求，瑙鲁也在短时间内快速富裕，成为西方大肆宣传的经济发展的"成功样板"。据澳大利亚一些经济学家估算，自瑙鲁独立至21世纪初，磷酸盐的大量出口曾为其带来了36亿澳元的收入，瑙鲁的人均国内生产总值在短时间内跃居世界第二位。前殖民宗主国为了继续骗取该国的自然资源，大肆宣扬瑙鲁的经济成就，《纽约时报》甚至吹捧瑙鲁是世上最富有的国家，是太平洋上的"人间天堂"。但是，瑙鲁在西方前殖民宗主国怂恿下的"竭泽而渔"式矿业开采并没有维持多长时间。进入20世纪90年代后，瑙鲁磷矿不断加速枯竭，磷矿石产量大幅度减少。进入21世纪后，瑙鲁磷矿年出口量直线减少至2万余吨。瑙鲁的磷矿资源已近经彻底枯竭。

与此同时，瑙鲁用磷酸盐出口创造的巨额财富投资前殖民宗主国的房地产业和金融业不仅没有给瑙鲁带来收益，反而让该国损失惨重，极大地浪费了磷酸盐给该国带来的收入和发展资金。瑙鲁在前殖民宗主国购买的海外房产被迫低价转让，甚至被没收抵债。在矿业资源枯竭和在前殖民宗主国投资失败的双重打击下，瑙鲁的富裕如同昙花一现，很快便陷入长期的贫穷和落后。瑙鲁的磷矿资源80%以上进入澳大利亚和新西兰，肥沃了两国的农田和牧场，但是，磷矿的破坏性开采不仅加速了瑙鲁矿业资源的枯竭，还破坏了当地的生态环境。掠夺性开采使瑙鲁全岛遍布锯齿状大坑，瑙鲁居民只能迁居至海岸边稍微平缓些的地区聚居。在磷矿资源的掠夺性开采过程中大量有害物质未经处理即直接倾倒在地表，致使植被大量死亡，进而导致鸟类因丧失食物来源和栖息地而大量死亡，甚至灭绝。遭到毁灭性破坏的生态环境根本没有恢复的希望，瑙鲁也因此成为世界上最不适宜人类居

---

① S. J. Gale, "The Mined-out Phosphate Lands of Nauru, Equatorial Western Pacific", *Australian Journal of Earth Sciences*, Vol. 63, Issue 3, 2016, pp. 333–347.

住的国家之一。英国、澳大利亚等殖民主义者的疯狂掠夺仅仅用几十年的时间就使瑙鲁从磷业资源丰富、环境优美的太平洋"天堂"沦落为极度贫穷和不适宜人类居住的"人间地狱"[①]。面对前殖民宗主国在殖民时期的疯狂掠夺和在瑙鲁独立后对矿业资源的巧取豪夺,瑙鲁政府和民间组织曾多次与前殖民宗主国沟通,要求协商解决经济和环境问题,但均遭到无情的拒绝。

西方殖民宗主国不仅在太平洋岛屿地区掠夺各种矿物资源,还疯狂地掠夺该地区的渔业资源。在发展中国家的共同努力下,联合国于1982年制定了《联合国海洋法公约》。该公约规定专属经济区所属国家具有勘探、开发、使用、养护、管理海床和底土及其上覆水域自然资源的权利,并且该国对其专属经济区的渔业资源和矿产资源拥有开发利用,或准许它国利用的专有权。《联合国海洋法公约》关于专属经济区的规定保护了包括太平洋岛国在内的小国、弱国的利益,也给太平洋岛国带来了较大的经济利益。但是,以美国为首的前殖民宗主国由于长期在太平洋岛国地区无偿占有和掠夺资源,因而坚决反对《联合国海洋法公约》关于专属经济区的规定,并且继续凭借武力在太平洋岛国地区掠夺太平洋岛国的自然资源,特别是渔业资源。南太平洋岛国地区盛产各种鱼类,特别是经济价值极高的金枪鱼,其年产量高达世界总产量的一半。其中,由瑙鲁等8个太平洋岛国和地区组成的瑙鲁协议成员国的金枪鱼产量占到太平洋岛屿地区总产量的一半以上。绝大多数太平洋岛国国小民贫,除了渔业资源以外,其他资源比较贫乏。太平洋岛国因而十分珍惜宝贵的渔业资源,要求大国尊重他们的200海里经济专属区的合法权益。但是,美国依仗自己强大的远洋捕捞能力和军事霸权,顽固地拒绝承认南太平洋岛国200海里经济专属区的权利。

[①] Alexis Carey, "How Nauru Squandered its Staggering Fortune and Ended Up Bankrupt", *News Group*, 1 February 2020, https://www.news.com.au/finance/money/wealth.

第五章 太平洋岛屿地区民族独立与反核、反战运动的兴起 ◆◇◆

美国对太平洋岛屿地区渔业资源的掠夺由来已久。早在20世纪初，美国即不断将远洋捕捞的力量伸向西太平洋和南太平洋地区。70年代初，美国成为西太平洋和南太平洋地区最主要的渔业捕捞大国。为了鼓励美国的渔船前往南太平洋地区掠夺当地的渔业资源，美国政府颁布了《渔业发展资助计划》（Saltonstall-Kennedy Fishery Development Grants Program），向前往南太平洋地区从事非法捕捞业的美国渔业公司提供资金。80年代初，美国政府又颁布了《渔业责任保证计划》（Fisheries Obligation Guarantee Program），对前往南太平洋地区捕鱼的美国船队提供高达2600万美元的资金[1]。在美国政府的鼓动下，至1983年已有多达60余艘美国渔船在太平洋岛屿地区从事非法捕捞活动[2]。美国渔船起初主要集中在距离美国本土较近的帕劳、密克罗尼西亚联邦和巴布亚新几内亚海域作业。美国渔船随后迅速南下，大规模拓展至基里巴斯、图瓦卢和托克劳地区。至80年代末，美国在太平洋岛国地区的年均捕鱼量已经高达20多万吨[3]。至90年代初，美国、日本等发达国家在太平洋岛国地区的金枪鱼年捕获量更是迅速增长至100多万吨[4]。

在美国政府的支持下，美国渔业船队常年闯入岛国经济专属区，抢掠岛国赖以生存的渔业资源，并将之销售到美国和全球渔业市场牟利。在美国渔业公司大发横财的同时，南太平洋岛国却蒙受了巨大的

---

[1] D. Woodworth and E. Ebisui, "Western Pacific Regional Perspective", In *Report of the Task Force on the Study of Federal Investment in Fisheries*, Appendix B. National Marine Fisheries Service, Washington DC, 1999.

[2] T. Lawson, *SPC Tuna Fishery Yearbook 2000*, Oceanic Fisheries Programme, Secretariat, of the Pacific Community, Noumea, 2001.

[3] A. L. Coan and D. G. Itano, "An Update of Factors that May have Affected U. S. Purse Seine Catch Rates in the Central-Western Pacific Ocean: An Examination of Fishing Strategy and Effective Fishing Effort", *Report of the 15th Standing Committee on Tuna and Billfish*, 22–27 July 2002, Honolulu, Hawaii, p. 15.

[4] J. Hampton, A. Lewis, and P. William, "The Western and Central Pacific Tuna Fishery: 2000 Overview and Status of the Stocks", *Secretariat of the Pacific Community*, *Oceanic Fisheries Programme*, *Tuna Fisheries Assessment Report*, No. 3, 2002, p. 43.

经济损失。太平洋岛国政府和民众对此异常愤怒，一再向美国政府和国际社会发出商谈解决美国公然无视太平洋岛国的合法权益，强行捕鱼和偷渔的问题。但美国政府自恃霸权，对太平洋岛国的合理要求不予理睬，在国际社会公开拒绝承认《联合国海洋法公约》及其关于专属经济区的规定。太平洋岛国渔政管理机构不得不扣留一些非法捕捞的美国渔船，并借此要求美国就捕捞问题展开谈判。但是，美国政府受利益驱动，对太平洋岛国政府的合理要求不予理睬，反而依据国内法，对太平洋岛国扣留美国渔船的执法行为实施政治和经济制裁。美国政府的霸权行径招致太平洋岛国政府和民众的强烈不满，也导致美国与太平洋岛国之间的关系始终处于纷争和紧张阶段。美国蛮横无理而又极端自私的做法激起了岛国人民的愤慨，岛国领导人纷纷在国际组织和国际场合谴责美国，导致美国与太平洋岛国频繁发生激烈的渔业纠纷[1]。

20世纪70年代末，为了与美国争夺世界霸权，并将自己的霸权触角伸入南太平洋这一极具重要战略意义的海域，苏联利用太平洋岛国对以美国为首的西方国家掠夺其资源的不满，加紧挤入南太平洋地区。为此，苏联政府签署《联合国海洋法公约》，承认其关于专属经济区的规定，并表示尊重包括太平洋岛国在内的小国、弱国对其专属经济区内资源的所有权和管理权[2]。苏联政府的这一态度受到长期遭受西方前殖民宗主国霸凌的太平洋岛国的热烈欢迎。太平洋岛国政府认为苏联政府的这一立场既有利于《联合国海洋法公约》在太平洋岛屿地区的贯彻执行，又有利于利用苏联力量迫使以美国为首的西方前殖民宗主国接受联合国的专属经济区规定，保护和使用自己的合法资

---

[1] Van Dyke and C. Nicol, U. S. "Tuna Policy: In Tuna Issues and Perspectives in the Pacific Islands", D. Doulman (ed.), *Pacific Islands Development Program*, East-West Center, Honolulu, 1987, p. 105. R. Teiwaki, *Management of Marine Resources in Kiribati*, University of the South Pacific, 1988, p. 239.

[2] Kevin McCann, "Soviet Foreign and Strategic Policy in the Pacific", *Global Society*, Vol. 1, No. 1, 1987, pp. 14 – 25.

第五章 太平洋岛屿地区民族独立与反核、反战运动的兴起 ◆◇◆

源。在此情形下，基里巴斯政府率先与苏联政府签署渔业协定。在该协定签署前，美国以苏联共产主义势力将随着苏联的渔船进入南太平洋地区来恐吓基里巴斯政府不要和苏联签署渔业协定。但基里巴斯政府对美国长期在该国经济专属区非法捕鱼并拒绝谈判和给予经济补偿深恶痛绝，因而断然拒绝了美国的要求。更令美国和澳大利亚政府恐惧和气恼的是，基里巴斯还不顾两大地区霸权国的强烈反对，允许苏联船只进入其港口，并使用相关设施[①]。

太平洋岛屿地区的其他国家，如斐济和瓦努阿图也相继与苏联签署渔业协定，为苏联势力挤入长期由美国和澳大利亚控制的南太平洋地区奠定了基础。其他南太平洋岛国政府也纷纷表示欲与苏联谈判商签渔业协定，并向其开放港口设施。太平洋岛国与苏联的渔业协定的签署引起以美国为首的前西方殖民宗主国的极大恐惧，美国当局甚至认为与太平洋岛国签署渔业协定是苏联为了挤入该地区而发动的一场"外交政变"。以美国为首的前殖民宗主国认为苏联与南太平洋岛国签署渔业协议表明苏联在地缘政治、经济上对南太平洋地区有着强烈的兴趣，协议具有双重含义：一是挑动南太平洋岛国与以美国为首的西方前殖民宗主国的关系，争取南太平洋岛国在国际社会和国际组织中对苏联的政治支持；二是获得军事利益，在南太平洋地区与美国展开霸权竞争。美国和澳大利亚一些军事分析人士认为苏联与南太平洋岛国，如基里巴斯和瓦努阿图签署的渔业协定只不过是苏联企图将自己的势力挤入南太平洋地区，建立军事基地的幌子。只有极其天真的人才会相信苏联只是对南太平洋岛国的渔业感兴趣，其实它只不过是苏联争霸南太平洋地区大战略的一部分，苏联前期旨在将情报搜集船伪装成拖网渔船在该地区获取美国和澳大利亚等西方国家的军事情报。一旦苏联在瓦努阿图建立渔业基地后，苏联就会进一步在这些岛国建

[①] Philip C. Boobbyer, "Soviet Perceptions of the South Pacific in the 1980s", *Asian Survey*, Vol. 28, No. 5, 1988, pp. 573–593.

立军事和情报基地,苏联的核潜艇也会随之进入该地区,从而对美国在本地区的目标发动攻击,这将对美国和澳大利亚在太平洋地区的霸权以及前殖民宗主国的安全构成极大的威胁和挑战[1]。

以美国为首的前殖民宗主国因而普遍认为必须阻止苏联船舶进入南太平洋岛国的港口。太平洋岛国脱离美国和澳大利亚的控制而与苏联发展渔业合作,并导致苏联成功地于进入南太平洋地区引起了地区次霸权国澳大利亚深深的忧虑。澳大利亚政府和军方从地区霸权和安全角度考虑一再劝说美国适当调整对南太平洋岛国专属经济区的政策。但美国政府鉴于美国企业在该地区巨大的经济利益,始终不肯让步,更无意改变立场。相反,美国政府还试图凭借强大的政治、经济和军事力量向岛国施压,迫使岛国让步。以美国为首的前殖民宗主国对太平洋岛国与苏联签署渔业协议的阻挠引起了太平洋岛国政府和民众的愤慨,认为这是对岛国内政的公然干涉[2]。一些岛国指出新西兰就与苏联签署渔业协议,并因此获得了巨大的经济利益。岛国政府和民众因此批评西方前殖民宗主国对太平洋岛国实行"双重标准",是对岛国内政的粗暴干涉。

澳大利亚政府认为从西方国家整体利益和与苏联全面争夺霸权的战略视角,美国应该对太平洋岛国的专属经济区问题做出让步,以防止苏联利用太平洋岛国政府和民众的不满将苏联的政治和军事力量进一步伸入南太平洋地区。一心想成为区域强国的澳大利亚不仅要照顾国内民众对太平洋岛国的同情和对美国过度霸权的不满,而且不得不照拂本地区弱小岛国民众的情绪。澳大利亚无奈之下,只得向美国政府发出公开信,请求美国从南太平洋地区的安全与战略大局出发,适当照顾太平洋岛国民众的情绪和经济利益,采取措施修补与众多岛国

---

[1] C. Rubenstein, "The USSR and Its Proxies in a Volatile South Pacific", *The Heritage Lectures*, No. 161, 1988, p. 5.

[2] David Lamb, "U. S., Soviets Vie in S. Pacific: 'Fishing Expeditions'", *Los Angeles Times*, 29 June 1987.

第五章 太平洋岛屿地区民族独立与反核、反战运动的兴起

的关系。澳大利亚政府企图以乞求美国施加"小恩小惠"的方式来安抚太平洋岛国的做法显然是澳大利亚企图调和美国与太平洋岛国的矛盾，维护美国地区霸权和澳大利亚次霸权的"治标不治本"的行为。澳大利亚此举引起了太平洋岛国政府和民众的不满，他们强烈要求美国必须承认太平洋岛国的经济专属区权。

尽管太平洋岛国民众的强烈要求和国际社会的一再呼吁以及澳大利亚政府居中劝说，美国政府仍是自恃霸权，坚决拒绝承认太平洋岛国政府和民众的这一合法要求。在太平洋岛国和美国政府因专属经济区和渔业问题而纷争不断之际，美国发动了对格林纳达的侵略战争。虽然美国为自己的入侵编织了许多道貌岸然的借口，但此举引起了太平洋岛国的不安。太平洋岛国领导人和民众认为太平洋岛国在人口数量、国土面积等方面与格林纳达相似。既然美国能够置国际法和国际社会舆论于不顾而悍然入侵格林纳达，那么美国也就会毫不理会国际法和国际社会的抗议而入侵太平洋岛国。澳大利亚和新西兰民众以及一些正直的学者对美国不顾南太平洋岛国民众生存的过度霸权行为非常不满，纷纷要求本国政府不要助纣为虐，而应退出与美国的军事同盟。澳大利亚一向自诩为南太平洋地区强国，甚至自封为亚太地区的"副警长"。但是，面对美国恃强凌弱，以大欺小的过度霸权之举，澳大利亚政府虽然感到颜面尽失，很是不满，却也无可奈何，不敢为南太平洋岛国出头。

正是在这样的无奈情形下，太平洋岛国更加坚定了决心与苏联开展渔业合作，接受苏联经济援助，甚至提供港口给苏联船舶使用。美国和澳大利亚对此均感到异常紧张，因为如此一来，美国在太平洋上的最重要的海军基地夏威夷和澳大利亚本土均将处于苏联海军和舰载核武器的近距离攻击之下。澳大利亚政府眼见苏联威胁进入"后院"，不得不再次劝说美国着眼大局，与南太平洋岛国就渔业资源问题进行协商。在岛国人民，特别是苏联军事力量极有可能大举进入南太平洋地区的压力下，美国被迫同意与一些太平洋岛国举行渔业谈判，限制

本国企业对部分太平洋岛国渔业资源的过度掠夺。1980年7月1日，美国与战略地位极其重要，且与美国关系密切的帕劳、密克罗尼西亚联邦和马绍尔群岛签署渔业协定，同意向三国交纳一定数量的捕捞费用。美国此举一方面旨在让美国渔船继续进入渔业资源极其丰富的地区，以获取经济利益；更重要的是，美国政府意在缓和并稳固美国与上述岛国的关系。

为此，美国政府特别做出说明，该协定的签署并不代表美国政府承认太平洋岛国和有关地区的专属经济区权力[1]。事实上，美国渔船依然在太平洋岛屿地区大肆非法捕捞，美国与其他岛国的渔业纠纷依旧频繁，与其他岛国的关系依然十分紧张。1983年，美国在太平洋岛屿地区的渔船达60多艘，其中大部分都是在太平洋岛国的专属经济区从事非法捕捞。太平洋岛国政府的渔政部门因此扣留了许多美国非法捕捞船，引起美国政府的不满。美国政府因此插手太平洋岛屿地区的捕鱼业，并频频向太平洋岛国政府施压，要求它们立即无条件释放美国渔船。由于一些岛国政府态度坚决，对美国的压力并不屈服。美国政府因而十分恼怒地对一些不妥协的岛国实施经济和政治制裁。

美国与一些太平洋岛国，如巴布亚新几内亚、基里巴斯、所罗门群岛的关系因此恶化。1985年，澳大利亚最大的广播和电视公司ABC公司对美国在太平洋岛屿地区的非法捕鱼进行追踪报道，并向全世界播报了美国政府对太平洋岛国的霸凌和欺压，令美国政府及其在南太平洋地区的主要盟国澳大利亚颜面尽失。澳大利亚一向以美国在南太平洋地区的"副警长"和地区霸权国自居。在太平洋岛国受尽美国凌辱之际，澳大利亚政府却不敢主持正义，甚至缺乏对美国政府发出抱怨的勇气。这使得澳大利亚政府在南太平洋地区颜面尽失，严重

---

[1] A. Felando, "U. S. Tuna Fleet Ventures in the Pacific Islands. Pages In Tuna Issues and Perspectives in the Pacific Islands", D. Doulman (ed.), *Pacific Islands Development Program*, East-West Center, Honolulu, 1987, p. 93.

第五章　太平洋岛屿地区民族独立与反核、反战运动的兴起　◆◇◆

损害了澳大利亚的地区威信和地区霸权。在太平洋岛国政府和民众的强烈抗议下，在国际社会纷纷发声，对太平洋岛国的合法权益表示支持的情形下，澳大利亚政府不得不再次游说美国政府，请求美国政府从战略高度考虑，适当照顾太平洋岛国的合法利益，以阻止苏联势力大规模介入南太平洋地区，继续保持以美国为首的西方国家在南太平洋地区的既得利益和霸权。

鉴于美国在该地区的霸权利益，更由于该地区具有极其重要的军事和战略地位，美国总统里根坚持认为美国不应让苏联势力进入这一地区。里根强调苏联正在全球范围内对美国霸权展开"攻势"，美国需要包括太平洋岛国在内的世界大多数民族国家的政治和道义支持。渔业纷争导致太平洋岛国不断扣留美国的非法捕鱼船只，美国则以经济制裁和贸易禁运予以报复。如此恶性循环不仅损害了美国与太平洋岛国的关系，给苏联提供了进入南太平洋地区的绝好机会，而且损害了美国在全世界发展中国家的影响力，对美国的战略利益造成了巨大的伤害[1]。美国一些国会议员，如麦克克劳斯基（Paul McClosky），警告美国政府必须认真考虑美国的南太渔业政策，谨防因过度霸权而招致太平洋岛国的反对和苏联力量的乘虚而入。麦克克劳斯基指出如果继续对弱小的太平洋岛国实施渔业霸权将会招致太平洋岛国和其他地区小岛国的不满，从而在与苏联的霸权竞争中失去众多小岛国的支持。他建议美国从霸权竞争的战略高度考虑太平洋岛国的专属经济区问题，强调增加一点捕鱼成本而获得弱小国家对美国的好感利大于弊，值得美国去尝试。

在太平洋岛国政府和民众的抗争下，在美苏霸权竞争的压力下，美国政府不得不做出让步，考虑与部分太平洋岛国签署渔业协定。经过数年谈判后，美国最终与部分太平洋岛国签署了《部分太平洋岛国

---

[1] "Letter of Transmittal to the Senate of the United States", *International Legal Materials*, Vol. XXVI, No. 4, July 1987, p. 1051.

与美国的渔业协议》（Treaty on Fisheries Between Certain Pacific Island Countries and the United States of America）。1987年，美国政府又同部分太平洋岛国签署了金枪鱼渔业协议。该协议规定美国渔船在其专属经济区捕捞金枪鱼时需缴纳捕鱼费（具体金额由双方洽商）。为了加强对太平洋岛国的控制，美国政府还承诺每年向协议国提供2000万美元的官方援助以换取美国军方对相关太平洋岛国海域的"渔业"管理权。上述协定的签署在一定程度上改善了美国与太平洋岛国的关系。1988年6月，美国与部分太平洋岛国签署的渔业协定正式生效[1]。

尽管一些太平洋岛国与美国签署了渔业协定，但鉴于美国一向霸道，太平洋岛国对美国缺乏基本的信任。太平洋岛国从以往与美国的交往中学会了不将所有鸡蛋都放于一个篮子内的外交技巧，与包括苏联在内的世界大国签署渔业协议显然更符合太平洋岛国的国家利益。太平洋岛国政府也发现只要苏联显示出与他们签署渔业协定的兴趣就会迫使美国等前殖民宗主国对太平洋岛国的合法权益做出一定程度的让步。为了捍卫本国的政治和经济利益，也是出于对美国的不满和制衡，一些太平洋岛国纷纷表现出欲与苏联签署渔业协定，允许苏联船队在岛国专属经济区作业和使用岛国港口的意愿。对此，澳大利亚、新西兰和美国的许多政治人士和军方领导人纷纷表示关注，认为这将导致苏联突破以美国为首的前殖民宗主国的封锁和围堵，使苏联的军事和情报力量大规模进入南太平洋地区。这将对美国的全球霸权竞争不利。

太平洋岛国与苏联签署渔业协定的努力虽然迫使美国在渔业政策上做出一些让步，但也招致了美国、澳大利亚、英国等前殖民宗主国的强烈不满。更重要的是，虽然美国迫于压力不得不与部分太平洋岛国签署渔业协定，但美国政府并不真正重视太平洋岛国的专属经济区

---

[1] F. Alverson, *Purse Seine Fishermen's Guide to the South Pacific Tuna Treaty*, National Marine Fisheries Service, Southwest Region, 1989.

第五章　太平洋岛屿地区民族独立与反核、反战运动的兴起 ◆◇◆

权利。美国渔船也总是试图不经太平洋岛国渔政部门同意，免费在太平洋岛国的专属经济区捕捞金枪鱼等。迟至2016年，美国仍然有一些捕鱼船闯入太平洋岛国的专属经济区捕捞各种鱼类，导致美国与太平洋岛国渔业纠纷不断[1]。美国渔业船队不仅试图至太平洋岛国地区偷捕，还以自我利益为圆心，随心所欲地要求更改协定内容，甚至毁约。例如，美国政府曾与部分太平洋岛国签署渔业协议，购买6000天的捕捞作业时间。但执行时却突然要求减少2000天的作业时间，涉及金额达2000多万美元。美国的行为打乱了太平洋岛国渔业捕捞计划，给太平洋岛国造成了不小的经济损失，引起岛国政府的普遍不满。美国政府更加霸道的是要求南太平洋岛国修改长期形成的收费习惯，按美国渔业船队的捕捞量，而不是作业天数收费。美国有关部门为此一再向太平洋岛国施加压力，要求太平洋岛国根据美国的要求做出变更。对于美国当局的压力，太平洋岛国并不愿意让步。为此，美国政府公开以退出渔业协议相威胁。美国此举引起太平洋岛国的强烈不满，瑙鲁协议成员国表示"美国渔船可以在我们的海域捕鱼，但必须遵守我们的管理制度。一系列事件证明，美国不是令人信任和可靠的商业伙伴"[2]。

四　冷战后期太平洋岛屿地区反核、反战运动的兴起

美、英、法西方大国以邻为壑不断在太平洋岛屿地区，乃至整个南太平洋地区进行大规模核试验和倾倒核废料的恶劣行径不仅对太平洋岛国地区民众的身心健康造成极大的损害，而且同样威胁了澳大利

---

[1] Phillip Molnar, "U. S. Tuna Fishing Fleet to be shut out of Vast Area of Pacific Ocean in Fee Dispute", *Los Angeles Times*, 31 December 2015.
[2] 李锋：《美国违反渔业协议引争议》，《人民日报》2016年4月25日。

亚和新西兰民众的生命和财产安全。20世纪70年代末，美苏两国的核竞赛，以及太空的军事化点燃了西方国家民众的反战火焰。包括美国在内的世界各国民众争取和平、反对战争的抗议浪潮此起彼伏。南太平洋岛屿地区由于是美国、英国和法国核武器的高频试验场，该地区民众对西方核大国在本地区的核试验和核竞赛持强烈的反对态度。太平洋岛屿地区民众纷纷向联合国请愿，并呼吁国际社会关注西方核大国在本地区的核试验和核竞赛及其对本地区民众和自然环境的巨大危害。在太平洋岛屿地区民众高涨的反核运动中，新西兰和澳大利亚的民众也加入到反核运动中，要求西方核大国停止在本地区进行核试验，停止在本地区同苏联开展核竞赛。

由于国小力弱，新西兰民众并不像澳大利亚政府和军方一样热衷于紧密追随美国，参与美苏争霸和建构地区霸权。早在20世纪60年代初，新西兰一些民众便认识到西方核大国在南太平洋地区频繁进行核试验终将对本地区和新西兰自身的安全和民众的健康产生极大的危害。新西兰人民因此对美国、英国和法国在南太平洋进行核试验表示批评和抗议。1963年，多达8万名新西兰民众签名请愿，要求西方核大国停止在南太平洋地区进行核试验，要求新西兰退出《澳新美同盟条约》，要求核大国和联合国同意建立南太无核区[1]。虽然太平洋岛国和新西兰、澳大利亚民众不断发起反核抗议运动，国际社会也一再表示理解和支持南太平洋地区各国人民的要求，但美国、英国和法国却充耳不闻，不仅继续在本地区开展各种核试验，而且异常霸道地宣称这是自己的"合法权利"。最令太平洋岛屿地区人民愤怒的是，在南太平洋地区民众深受核试验危害和反核情绪高涨之际，法国政府不仅拒绝签署禁止大气层核试验的国际公约，反而在1966—1974年，频繁地在波利尼西亚穆鲁罗瓦环礁（Mururoa atoll）进行了40多次核试

---

[1] Malcolm Templeton, *Standing Upright Here: New Zealand in the Nuclear Age, 1945–1990*, Victoria University Press, 2006, p.252.

第五章 太平洋岛屿地区民族独立与反核、反战运动的兴起 ◆◇◆

验,引起南太各国民众和新西兰民众的强烈抗议和谴责。美英法三国的恶劣行径令一向自诩为美国的"副警长"和最亲密的盟友的澳大利亚政府极为难堪,却又不敢拂美国之意。

1972年,南太平洋地区民众和绿色和平组织乘船前往法国核试验区域举行抗议活动,但法国拒绝做出任何让步。南太平洋地区各国政府和民众不得不于次年将法国政府告上国际法庭[①]。但是,法国政府在美国和英国等西方国家的支持下,不仅有恃无恐地拒绝接受国际法庭的裁决,反而变本加厉地在南太平洋地区继续频繁进行核试验。法国军方甚至有组织地派遣军人殴打绿色和平组织的创始人之一戴维·麦克泰格特(David McTaggart),激起了国际社会和南太平洋地区人民的强烈愤慨和抗议。新西兰政府总理诺曼·科克(Norman Kirk)在广大民众的强烈要求下,亲自率领民众赶往法国核试验区域附近抗议法国的核试验。但是,法国政府却极其恶劣地两次当着科克总理和新西兰广大民众的面继续核爆,挑衅性在他们的眼前升起"蘑菇云"。法国的暴行激起了新西兰民众的强烈愤慨,新西兰民众很快成立反核联盟(Campaign for Non-Nuclear Futures),并向国会递交一份有33万民众签名的反核请愿书。这对当时人口仅有300多万的新西兰来说,可谓是一起波及全国的民意运动。在全国民意的推动下,新西兰议会准备展开无核化立法。此举遭到国家党领导人、时任总理罗伯特·马尔登(Robert Muldoon)的强烈反对。但马尔登的反对无异于螳臂当车,不仅导致国家党在大选中惨败,而且直接导致其本人下台。支持南太平洋地区无核化的工党领袖戴维·朗伊(David Lange)成为新总理,他承诺新西兰将与南太平洋岛国政府和民众一道继续推动南太平洋地区的无核化进程[②]。

[①] Green Peace, *Rainbow Warrior Educational Resources*, 2020, https://www.greenpeace.org/new-zealand/about/our-history.

[②] Kevin Clements, *Back from the Brink: The Creation of a Nuclear-Free New Zealand*, BWB Press, 1988, p.102.

太平洋岛国各国政府和民众的反核运动，特别是新西兰工党政府和民众的加入令法国、英国和美国极为忧虑，他们联合起来阴谋破坏南太平洋地区的反核运动和无核化进程。1985年7月，绿色和平组织的船只"彩虹勇士"号停靠奥克兰，准备前往穆鲁罗阿环礁抗议法国即将在此进行的核武器爆炸试验。为了破坏国际社会和南太平洋地区民众的抗议活动，法国政府派人炸沉"彩虹勇士"号，致使数名绿色和平组织的反核民众死亡。法国政府公然在新西兰领土实施恐怖主义暴行不仅激怒了新西兰民众，也激起了南太平洋岛国政府和民众的普遍抗议[①]。爆炸事件发生后，法国政府不仅坚决抵赖，反而诬蔑绿色和平组织栽赃法国政府。但在大量证据面前，法国政府不得不承认是其一手策划了爆炸事件。据法国媒体2005年披露，法国总统密特朗亲自下令炸毁"彩虹勇士"号。新西兰政府在国内外民众的强大压力下不得不逮捕法国政府派遣的凶手，并以谋杀罪将其处以10年监禁。在美国、英国和法国的共同压力和威胁下，两名法国凶手仅在服刑两年后就被新西兰政府释放。

1985年2月，美军驱逐舰"布坎南"号要求进入新西兰港口。但美军拒不配合新西兰政府的无核化检查，也拒不说明"布坎南"号驱逐舰是否搭载核武器，或使用核动力，新西兰民众因此拒绝"布坎南"号进入新西兰港口。"彩虹勇士"号和"布坎南"号事件进一步推动了新西兰无核化立法进程。92%的民众反对西方国家在南太平洋地区进行核试验，或携带核武器进入新西兰；88%的民众支持宣布新西兰为无核国家；69%的民众反对美国军舰进入新西兰领土[②]。在国际社会、南太平洋地区各国民众和本国人民反战运动的联合压力下，新西兰政府考虑到本国加入以美国为首的西方阵营与苏联集团全面核

[①] Green Peace, *Rainbow Warrior Educational Resources*, 2020, https://www.greenpeace.org/new-zealand/about/our-history/bombing-of-the-rainbow-warrior.

[②] Ramesh Thakur, "Creation of the Nuclear-Free New Zealand Myth: Brinkmanship without a Brink", *Asian Survey*, Vol. 29, No. 10, 1989, pp. 19 – 939.

第五章 太平洋岛屿地区民族独立与反核、反战运动的兴起 ◆◇◆

对抗不仅不会给新西兰带来任何益处,相反只会将苏联原本并不瞄准新西兰的核武器转向新西兰,新西兰政府因而在西方国家中率先决定不再为美国争夺全球军事霸权的核大战服务。在1984年的新西兰大选中,新西兰政党纷纷提出要退出《澳新美同盟条约》,许多社区声称自己是"无核区",禁止国内外一切有核武器和设施通过、进入或部署。

戴维·朗伊总理也发表演说,批评核大国在南太平洋地区的核试验是极其不道德的行为,不仅严重危害了本地区的安全,也极大地损害了本地区民众的健康,因为他"能从本地区民众的呼吸中闻到铀的味道"(I can smell the uranium on it)[①]。1987年,新西兰完成无核化立法,通过《1987年新西兰无核、裁军和武器控制法》(New Zealand Nuclear Free Zone, Disarmament, and Arms Control Act 1987)。该法案规定新西兰是无核国家,严禁在其领土、领海、领空制造、试验或部署核爆装置;严禁一切载核和核动力船只进入其领土、领海、领空;禁止在其领土、领海、领空倾倒核废料。美国政府和军方对新西兰通过该法并拒绝美国有核军舰进入新西兰领土的决定极其恼怒。美国政府随即宣布不再对新西兰履行《澳新美同盟条约》的保护义务。

面对美国、英国和法国在南太平洋地区频繁进行的核武器爆炸试验,澳大利亚民众深感自身的安全和健康受到了巨大的威胁和损害。在太平洋岛国和新西兰民众反战和反核运动的带领和鼓舞下,澳大利亚民众的反战和反核运动也最终蓬勃开展起来。澳大利亚民众不断举行各种集会和反核游行,要求退出与美国的军事同盟,禁止美国在澳部署核武器与核设施。面对人民群众来势汹涌的反战和反核要求,澳大利亚政府和军方忧心忡忡。他们再次搬出苏联"共产主义扩张"和"多米诺骨牌"理论,企图以此恐吓民众,继续将澳大利亚绑在美国争夺世界霸权的战车上。但是,澳大利亚民众在经历30多年美苏争

---

① Barton Gellman, "Sparring Over the Nuclear Issue", *Washington Post*, 2 March 1985.

霸和美苏核战争的威胁后早已对美苏的战争威胁厌烦不已，不愿再拿澳大利亚年轻人的生命和国家的未来为毫不相干的美国霸权"卖命"。在澳大利亚民众看来，澳大利亚远离美苏争霸前线，原本相对安全。但是政府却一心欲与美国结盟，追随美国频繁卷入与自身利益毫无关涉的战争中，让本国年轻人去充当美国的炮灰。

更让澳大利亚民众感到揪心的是政府一再掩盖真相，帮助英国在自己的国土上试爆核武器，并出资、出地让美国针对苏联的核装备和核设施建在澳大利亚的国土上。澳大利亚政府和政客的这些举措无异于引火烧身：苏联或许并无能力直接攻击美国本土，摧毁其核力量。但是，苏联一定有能力对澳大利亚发动核打击。苏联此举一方面可以摧毁美国在澳大利亚部署的核装备与核设施，另一方面可以"杀鸡骇猴"，警告美国的盟国不要与美国在核战争上走得太近。如果苏联核攻击澳大利亚，美国未必真有能力和决心与苏联进行一场双方都将毁灭的核大战。如此，澳大利亚则必定成为美苏两国争霸的"替死鬼"。因此，在澳大利亚民众看来，澳大利亚政府与美国结为军事同盟，特别是允许美国在境内部署核装备和核设施不仅没有减少澳大利亚的战争风险，反而极大地增加了澳大利亚成为苏联核打击的首要目标的风险[1]。

此外，澳大利亚媒体披露美国在澳大利亚修建的核设施和核情报基地虽然名义上由美澳两国共同管理，但实际上由美国单方面管理，澳方因此并不知晓美国究竟利用这些基地做了什么，并且澳大利亚能否分享情报也得由美国决定。这些报道一些披露，澳大利亚民众对政府不满情绪大幅度上升。因为这不仅涉及澳大利亚的国家主权，更关系到澳大利亚的安全。如果政府不能完全掌控这些军事设施，那么政府如何能够保证美军在这些基地的所作所为不会引起苏联的猛烈报复呢？毕竟苏联还是有力量、有胆量首先核打击澳大利亚的。届时，有

---

[1] 于镭、隋心：《澳美同盟的缘起、建构和稳固》，中国社会科学出版社2020年版。

第五章 太平洋岛屿地区民族独立与反核、反战运动的兴起 ◆◇◆

谁能够保证美国一定会向澳大利亚提供援助呢？退一步讲，即便美国提供了援助和救助，这对经过苏联核打击的澳大利亚又有什么意义呢？澳大利亚普通民众由此对澳美同盟进行了深刻的反思，认为在美苏两国都拥有可以数百次毁灭整个地球的核能力的情况下，澳美同盟，特别是允许美国在澳建立针对苏联的核情报和核监督基地是十分危险的。因为它不仅无益于保护澳大利亚的国家安全，反而有可能招致苏联的关注，将澳列为苏联的重点核打击目标。如果真是这样，澳美同盟不仅没有起到保护澳大利亚的作用，反而置澳大利亚于更加危险的境地。这样的舆论在澳大利亚和新西兰的学术界和新闻界引发了深刻的反思，对两国民众产生了较大的影响，也为20世纪80年代末新西兰直接退出澳新美同盟打下了基础。

美国军方不仅利用设在澳大利亚的军事设施监听苏联等共产党国家的情报，它还背着澳大利亚政府对一些西方国家进行监听和情报收集活动。这引起了某些西方大国的不满，它们没有力量将矛头指向美国，与美国公开较量，但它们有足够的胆气找澳大利亚的麻烦。美国的做法令澳大利亚陷入了十分被动的境地，澳大利亚政府既不敢得罪美国，也同样无法得罪这些西方国家。美国的这些举动在媒体曝光后，澳大利亚政府异常狼狈，无以答复民众的质询。澳大利亚一些政治人士和学者甚至质疑美国政府是否利用这些军事情报和监听设施侦听澳大利亚军队，甚至是澳大利亚普通民众的通信[1]。尽管美国军方配合澳大利亚政府最终出面向澳大利亚民众做了解释，保证这些情报设施没有从事任何侵犯澳大利亚公民隐私权的活动，但是澳大利亚民众已经很难再像越南战争前那样对美国充满崇拜和信任。

澳大利亚民众反对政府牵引本国卷入美苏核竞赛的另一个重要原因就是澳大利亚不断下行的经济形势和民众日益高攀的失业率。20世

---

[1] Henry S. Albinski, ANZUS, *The United States and Pacific Security*, University Press of America, 1987, p.25.

◆◇◆ 澳美同盟语境下澳大利亚地区霸权的建构

纪70年代,西方世界爆发了严重的石油危机,对西方各国经济产生了极为深远的影响。油价的快速攀升也极大地推高了澳大利亚的企业成本和民众的生活成本,对社会稳定产生了相当负面的影响。由于澳大利亚的传统出口市场——英国加入欧盟,因此澳大利亚再也无法享受英国给予英联邦国家的出口优惠,这对以出口为主要经济来源的澳大利亚造成了不小得打击。虽然美国取代英国成为澳大利亚的主要出口市场和投资来源国,但是美国只要澳大利亚的矿产资源和工业原材料,而对澳大利亚的农畜产品不仅没有需求,反而在全球市场上与澳大利亚的农产品发生了激烈的出口竞争。由于美国政府对农畜产品出口提供了巨额补贴,因此美国农畜产品在与澳大利亚同类产品的出口竞争中占据上风,澳大利亚农畜产品的出口市场不断萎缩,不少澳大利亚农场主因此破产[1]。澳大利亚农场主对美国政府的财政补贴和不正当竞争非常不满,要求政府与美国交涉。澳大利亚政府虽然对美国政府的极其自私行为感到恼怒,但是,澳大利亚政府因担心得罪美国却是敢怒不敢言,一直不肯有所作为。

澳媒披露美国的霸权式行为后,引起了澳大利亚广大民众的强烈不满,反美情绪一度高涨。英国市场的丢失和农产品出口的持续萎缩导致澳大利亚的国际收支状况严重恶化,财政赤字大幅度上升。政府只好不断地削减民众的社会福利,以缓解财政压力。经济形势的不景气,民众失业率的不断上升,导致普通人民的生活水平大幅度下降。在此背景下,澳大利亚民众对政府不顾本国经济形势恶化和人民福利不断下降而将宝贵的资金和资源用于协助美国与苏联争霸感到极为不满。在美苏核竞赛可能殃及澳大利亚的担忧下,在对美国霸权主义行为强烈不满的情绪影响下,在全球民众和平运动日益高涨的背景下,

---

[1] Richard A. Higgott and Andrew Fenton Cooper, "Middle Power Leadership and Coalition Building: Australia, the Cairns Group, and the Uruguay Round of Trade Negotiations", *International Organization*, Vol. 44, No. 4, 1990, pp. 589–632.

第五章　太平洋岛屿地区民族独立与反核、反战运动的兴起 ◆◇◆

澳大利亚民众的反核、反战运动不断高涨，要求澳大利亚退出与美国的军事同盟的呼声也迅速高涨。澳大利亚全国各大城市举行的反战示威与请愿运动此起彼伏。在澳大利亚第一大和第二大城市悉尼和墨尔本常常出现多达数十万人的反战游行，民众要求政府退出澳美军事同盟，撤销美军在澳大利亚的核情报、核指挥和核监视基地[1]。许多民众和绿色和平组织还包围美军驻澳基地，围堵进入澳大利亚港口的美国军舰。

面对民众高涨的反核和反战运动，澳大利亚政客和军方人士一如既往地在第一时间出面用"共产主义在亚洲的扩张与侵略"来恫吓广大民众。但是在越南战争后，越来越多的澳大利亚和新西兰民众不再相信政府的宣传，因为他们亲眼看到了美国在越南战争中的非正义性。并且经过20世纪六七十年代发生在美国，波及整个西方世界的黑人民权运动，越来越多的澳大利亚白人民众认识到只有尊重有色人种的"天赋人权"，西方国家和整个社会才有可能实现种族和解和社会安定。在此背景下，澳大利亚民众也对发生在亚洲的民族独立和解放运动产生了新的看法。他们不再相信西方政府的宣传，指责这是"共产主义扩张和侵略"所致。相反，相当一些民众认为这是亚洲民众有组织的民族独立和解放运动，它代表了世界潮流和人类社会发展的方向。此外，在东南亚地区，大部分国家在摆脱了西方的殖民统治后，并没有选择苏联式的社会主义国体，而是建立了独立的民族国家。这一方面说明了东南亚民众渴望的是自己民族的独立与解放，而不是追求苏联式的共产主义；另一方面也说明了苏联对东南亚国家的意识形态的影响力是有限的。澳大利亚民众由此转变观念，不再像五六十年代那样支持政府出兵马来西亚、新加坡和越南，镇压当地民众反抗西方殖民者的斗争。不仅如此，这种

---

[1] Lorinda Cramer, Andrea Witcomb, "Remembering and Fighting for Their Own: Vietnam Veterans and the Long Tan Cross", *Australian Historical Studies*, Vol. 49, Issue 1, 2018, pp. 83 - 102.

思想的转变,也为澳大利亚自己放弃坚持了近一个世纪的"白澳社会"奠定了深刻的社会民意基础。

随着反战与反核运动的日益高涨,澳大利亚越来越多的民众、学者和政治人士对澳新美同盟提出批评,要求政府考虑在适当的时候退出与美国的军事同盟。就在不久后举行的选举中,坚持反核与反对澳美军事同盟的核裁军党和民主党分别获得了15%的选民支持。澳大利亚许多社区效法新西兰的做法,声称自己的社区是"无核区",禁止一切核武器和核设施进入或部署。1982年,维多利亚州政府在该州民众的强烈要求下准备立法禁止一切核动力和装备核武器的舰艇进入该州港口[1]。美国战舰经常出入的西澳大利亚州政府也准备通过相似立法,并关闭美国在该州西北角建立的大型通信站。澳大利亚联邦政府获悉后急忙向各州政府施压,迫使各州政府不得不放弃禁核立法和有违澳美军事同盟的任何规定和行为。在澳大利亚两大党之一的工党内部也发生了严重的意见分歧,很多党员强烈要求禁止在澳大利亚领土部署核武器,禁止在澳大利亚建立新的美国军事基地。他们还要求政府支持国际军控与裁军,支持在南太平洋和印度洋建立无核区[2]。澳大利亚民众日益高涨的反战和反核运动对澳大利亚政府和顽固的好战分子形成了巨大的压力。在国内民众和平运动和反核思潮的压力下,澳大利亚政府不得不取消与美国的导弹合作计划,宣布不参加美国的"星球大战"研究计划。

南太平洋无核区理念在20世纪80年代初期形成了广泛的地区共识,特别是深受其害的太平洋岛国民众表现得最为坚决。80年代中期,除澳大利亚外的南太平洋各国均承诺不在本国领土上生产、部署

---

[1] Jonathan Strauss, "The Australian Nuclear Disarmament Movement in the 1980s", Phillip Deery, Julie Kimber (eds.), *Proceedings of the 14th Biennial Labour History Conference*, Melbourne: Australian Society for the Study of Labour History, 2015.

[2] Steve Lohr, "Australia's Disarmament Movement Makes Waves", *New York Times*, 6 January 1985.

第五章　太平洋岛屿地区民族独立与反核、反战运动的兴起　◆◇◆

和储存核武器，不允许在其领土上倾倒和处理核废料，不允许任何核动力船舶和载有核武器的舰艇进入领土。但是，澳大利亚虽然也是美国、英国和法国核试验的受害者，却坚决不同意太平洋岛国和新西兰政府的禁核要求。相反，澳大利亚政府却表现出对美国的极端"效忠"和"逢迎"。澳大利亚政府不仅向太平洋岛国施压，还试图说服新西兰政府"欢迎"美国和西方核军舰来本地区访问和帮助"防卫"。在遭到本地区各国政府和民众的抗议和拒绝后，澳大利亚政府不得不假意赞同，并"积极"塑造澳大利亚是南太无核区倡议者的形象，以欺骗国际舆论，获得太平洋岛国民众的好感。澳大利亚此举一方面意在缓和南太平洋地区各国民众对美、英、法在本地区进行核爆炸和核试验的愤怒，转移国内民众要求废除澳美同盟的注意力，防止其根本性损害澳美同盟；另一方面，澳大利亚政府试图以此获得南太无核区建构的主导权，从而从"内部"更改无核区的内容、延缓无核区建构的步伐，达到为美国的全球军事霸权效力的目的。

作为地区的两大国，澳大利亚和新西兰虽然都在太平洋岛国民众反核运动的推动下出现了反核和退出《澳新美同盟条约》的大规模民众运动。但新西兰相对表现得更为积极，而澳大利亚政府则不太强烈，并且澳大利亚政府表现出更多的"投机主义"色彩。这主要是由于澳大利亚拥有强烈的在南太平洋地区，甚至是亚太地区的霸权野心，因而澳大利亚对美国和澳美同盟的忠诚度远远高于新西兰和其他西方国家。如果澳大利亚政治人物对澳美同盟和澳美密切关系提出质疑不仅会遭到国内强大的右翼势力的围攻，也会受到美国政府和军方的打击，从而根本丧失在澳大利亚从政的机会。此外，新西兰原住民毛利人争取平等权利的运动开展得既早又规模宏大，因而毛利人在新西兰享有的政治权力和地位是澳大利亚原住民所无法比拟的。由于历史和现实的原因，毛利人成为新西兰反战和反核运动的重要力量，也是推动新西兰呼应太平洋岛国建立南太无核区的最为重要的动力。同样基于历史原因，作为英国罪犯流放地的澳大利亚则弥漫着浓厚的

◆◇◆ 澳美同盟语境下澳大利亚地区霸权的建构

"白人至上"的种族主义气息。直至20世纪90年代,澳大利亚政府仍然顽固地坚持"白澳政策",视殖民者后裔的人种优越于其他种族,并对澳洲原住民实行极端野蛮的歧视政策,如将原住民驱赶至特定地区居住,将原住民的新生婴儿从父母处强行夺走,交由白人机构集中驯养等①。因此,澳大利亚原住民根本没有政治权力和地位,也根本谈不上在国家的政治生活和决策中发挥作用。

新西兰虽然也是澳新美同盟的成员国,并且在冷战期间一直配合美国和澳大利亚竭力阻止苏联势力进入南太平洋地区。但是,如果将澳大利亚和新西兰相比,人们不难发现坚决拒绝参加越南战争的新西兰在越战后与美国的同盟关系渐行渐远。新西兰加入《澳新美同盟条约》具有一定的被动性②。在第二次世界大战结束后,澳大利亚以拒签《对日和约》相要挟,要求美国与澳大利亚结为军事同盟。为了增加对美国的要挟分量,澳大利亚说服新西兰一起与美国谈判,要求美国与澳大利亚和新西兰共同结盟,并对两国的安全提供保证,否则拒绝签署对日和约。新西兰同意与澳大利亚一起要求美国提供安全保障旨在防范美国重新武装日本后,日本军国主义势力复活,从而如同第二次世界大战前一样对新西兰的国家安全构成一定的威胁。但新西兰地处南太平洋一隅,国小民寡,无意也无力凭借美国的支持和保护在南太平洋地区构建势力范围和地区霸权,更无意加入美国与其他大国,特别是与超级大国苏联的军事对抗,而自取其祸③。

但是,随着美苏冷战在二战后的持续,澳新美同盟便越来越深地卷入了美苏的全球军事对抗,这令新西兰民众极为不安。依据《澳新美同盟条约》,特别是三国外长会议的磋商安排,美国载有核武器和

---

① Jenna Price, "Stop stealing Aboriginal Kids from Their Families", *Canberra Times*, 5 June 2020.
② 于镭、隋心:《澳美同盟的缘起、建构和稳固》,中国社会科学出版社2020年版。
③ Ramesh Thakur, "Creation of the Nuclear-Free New Zealand Myth: Brinkmanship without a Brink", *Asian Survey*, Vol. 29, No. 10, 1989, pp. 19 – 939.

第五章　太平洋岛屿地区民族独立与反核、反战运动的兴起　◆◇◆

核设备的飞机和军舰有权进入新西兰领土，并从新西兰领土对敌对目标发动包括核攻击在内的所有军事打击。三国外长会议磋商的结果无疑直接将新西兰拖入了与包括苏联在内的所有核大国的直接对抗中。这就意味着新西兰极有可能已经被苏联列为核打击目标，一旦美苏发生核大战，新西兰将面临苏联毁灭性核打击。因此，新西兰加入澳新美同盟后的环境与起初的目标背道而驰，新西兰的处境更加危险。新西兰民众对政府将国家拖入美苏两大国的军事争霸和对抗感到十分不满，并且这种不满随着美苏对抗的激化而益发高涨。越南战争后，新西兰民众的不满情绪达到了高潮，民众的抗议浪潮此起彼伏。在民众的巨大压力下，新西兰工党政府于1984年被迫宣布"无核化"政策，不再允许包括美国在内的核动力舰船和载有核武器的军舰驶入新西兰港口①。

新西兰政府的"禁核令"表明新西兰已经无意再与美国结为军事同盟，更无意卷入美国名为"抵御共产主义扩张"，而实为与苏联争霸的军事对抗。尽管苏联于20世纪70年代对美国为首的西方阵营发起了更加咄咄逼人的战略攻势，新西兰和澳大利亚民众却对美苏长达30多年的冷战越发厌恶，要求和平与反核的民众运动一浪高过一浪。多年的冷战让包括新西兰和澳大利亚在内的西方民众认识到美苏不断加剧的军备竞赛并非仅是苏联一方的过错，美国的全球争霸野心也同样对全球军备竞赛的加剧负有责任。正是美苏两国对世界霸权的争夺导致二战后全球战争不断，将整个人类一步步推向"确保相互摧毁"的核大战。在全球呈现"苏攻美守"的不利背景下，美国总统里根又提出了"星球大战"计划，欲将美苏两国的全球霸权争夺战引向太空。因此，在美军向新西兰和澳大利亚提供保护的同时，也极大地加剧了两国遭受核打击的风险。新西兰政府的反战和退盟决定因此得到

---

① Kevin Clements, *Back from the Brink: The Creation of a Nuclear-Free New Zealand*, BWB Press, 1988, p. 107.

了新西兰民众的普遍支持,但也遭到美国政府和军方的强烈批评。美国政府甚至对新西兰发出威胁,宣称如果新西兰政府不改变"禁核"政策,美国将终止与新西兰的军事合作,且不再对新西兰的安全承担义务①。

为了迎合美国,澳大利亚政府也对新西兰的退盟决定表示强烈不满,声称此举严重损害了美国在南太平洋地区"保卫和平"、抗击"苏联入侵"的能力,也破坏了澳新美三国在整个亚洲和太平洋地区遏制苏联霸权的军事合作。鉴于澳新两国民众高涨的反核情绪,澳大利亚政府既没有公开批评新西兰反核政策的勇气,也不敢公开向美国承诺继续保持与美国的军事"核"合作。政治经验十分丰富的澳大利亚政客们私下与新西兰政府接触,企图游说后者改变政策,允许美国核武进入新西兰。但澳大利亚的努力遭到了新西兰政府、政治人士和举国民众的坚决反对和拒绝。并不死心的澳大利亚政府又暗中做美国政府的工作,希望美国不要对新西兰的"无核"政策做出过激反应,彻底关闭新西兰重返澳新美三国同盟的大门。在新西兰退出三国外长和防长年度会议机制后,澳大利亚政府还煞费苦心地说服美国保留新西兰重返三国同盟机制的资格,保留三国同盟的名义,耐心等待新西兰政府"回心转意"②。尽管有美国政府和军方的"高压"及澳大利亚政府苦口婆心的"劝说",新西兰政府和民众始终不为所动,坚持既定的"无核化"原则,坚决退出美苏全球军事争霸的核对抗。

与新西兰相反,澳大利亚在越南战争后继续显示出与美国巩固和深化、强化澳美同盟的强烈的意愿。澳大利亚因而与美国的政治、经济和军事同盟关系也较新西兰更为紧密。20世纪70年代末,美苏争霸加剧,苏联不断提升全球核打击能力,澳大利亚也成为苏联核打击

---

① Bernard Gwertzman, "Shultz Ends U. S. Vow to Defend New Zealand", *New York Times*, 28 June 1986.

② Daniel Mulhall, "New Zealand and the Demise of ANZUS: Alliance Politics and Small-Power Idealism", *Irish Studies in International Affairs*, Vol. 2, No. 3, 1987, pp. 61 – 77.

第五章　太平洋岛屿地区民族独立与反核、反战运动的兴起

的重点之一。特别是在70年代后期，澳大利亚遭受苏联核打击的风险达到峰值，引起澳大利亚民众的极度不安。新西兰政府的反战与反核决心对澳大利亚民众产生了广泛而深刻的影响，澳大利亚民众也掀起了声势浩大的反战和争取南太平洋地区和平与无核的抗议运动，要求政府退出澳美军事同盟，退出美苏"核竞赛"，不再卷入美苏在全球的军事争霸。澳大利亚民众的反战运动虽然对澳大利亚政府和各大政党产生了强大的压力，但未能有效地遏制澳大利亚政界和军界的地区霸权野心。澳大利亚政府不仅无意终止与美国的军事同盟关系，反而有意在美国处于全球争霸的战略劣境中向美国表示"效忠"。澳大利亚政府、军方和学术界却坚决反对效仿新西兰退出澳新美同盟。澳大利亚的政治精英使尽浑身解数，企图化解澳大利亚民众的反战和反核运动。

澳大利亚政府则采取了敷衍应对和转移矛盾的策略，巧妙地将民众自发的反战及和平运动的矛头引向反对核大国——特别是法国等大国——在南太平洋地区的核试验。为此，澳大利亚政府和各大政党领导人纷纷发表讲话，要求所有核大国立即终止在南太平洋地区的核试验，即便与法国政府发生较大的矛盾也在所不惜[1]。但是，澳大利亚政府和各大政党却绝口不提禁止美国核武器在澳大利亚部署和禁止美国军舰载核武器和核装备进入澳大利亚港口。澳大利亚政府的所作所为保证了美国在澳大利亚建立的核设施得以继续运营，美军核军舰和核武器仍可自由地出入澳大利亚港口，为美国在南太平洋地区维持对苏联的霸权优势做出了重大贡献。澳大利亚政府和军方对美国的"效忠"进一步强化了澳美同盟，密切与美国的政治关系，提升澳大利亚在美国决策圈中的地位，也令澳大利亚从美国获取了更多的政治、经济和军事资源与技术。

---

[1] "Nuclear Test Cases: Australia v. France; New Zealand v. France. Judgments of the Court", *The International Lawyer*, Vol. 9, No. 3, 1975, pp. 563–574.

◆◇◆ 澳美同盟语境下澳大利亚地区霸权的建构

正如前文所述,澳大利亚对澳美同盟和进一步密切澳美关系的驱动力既有强烈的内生性,也有无可回避的外生性。澳大利亚的内生性在于其对自身安全的"忧心"和称霸南太平洋地区的"雄心"。自联邦成立之日起,澳大利亚一直希望跻身于"中等强国"之列,并借助英国和美国超级大国的军事力量巩固国防,巩固从原住民手中夺取的土地,继而成为南太平洋地区的霸权国,获取地区霸权利益。澳大利亚与美国保持密切的双边关系和军事同盟的外生性在于二战后,澳大利亚与美国在经济和资本领域的联系更加紧密,澳大利亚经济的发展与稳定严重依赖美国的资本、技术和市场。美国资本和政治力量对澳大利亚政局的影响和控制力度空前增长。澳大利亚在经济、政治和安全领域对美国的依赖迫使澳大利亚不得不与美国保持外交和军事政策在本质上的同质性,唯美国"马首是瞻",并心甘情愿地服从华盛顿的旨意。

新西兰由于国土面积和人口都与澳大利亚存在着很大的差距,且原住民毛利人的政治参与度和影响力远远高于澳大利亚原住民享有的权利和地位,因而新西兰的外交和地区政策更为"内向",对美国的"好感度"和依赖性也远远低于澳大利亚。新西兰人口增长缓慢,至20世纪80年代,全国人口仅为300余万。但是,新西兰原住民毛利族民风彪悍,斗志旺盛。自被欧洲殖民者霸占家园以来,毛利人民始终不屈不挠地为自己的权利、土地和财产而斗争,迫使新西兰政府不得不给予毛利人平等参与国家政治、经济和社会发展的权力,并将大量注意力放到国内政治上,以缓和国内矛盾,维护国家和社会稳定,新西兰政府因而无力过多关注地区事务。在经济、军事和国家的综合国力上,新西兰更是小国寡民,国力羸弱。在诸多因素的共同作用下,新西兰政府只能更多地关注内政而无法抱有较强的地区雄心。此外,新西兰在地理上更加远离亚洲,因而对东南亚地区的动荡局势远不如澳大利亚敏感。政治"内向"、国力弱小、原住民力量强大驱使新西兰政府和主流社会思潮更为"内视",更加关注自身的经济繁荣、

第五章　太平洋岛屿地区民族独立与反核、反战运动的兴起　◆◇◆

民族和谐和社会稳定，而对争夺地区霸权力不从心，更对美苏争霸缺乏兴趣。新西兰和澳大利亚两国国情的大相径庭导致两国的主流社会思潮对《澳新美同盟条约》及与美国保持、巩固和发展军事同盟关系产生了截然不同的认知取向。

综上所述，澳大利亚和新西兰地区霸权野心及其国内原住民政治地位的强弱不仅直接导致了两国政府在反战和地区无核化运动中的表现，也直接导致了两国对与美国军事同盟的不同结果。新西兰坚定地支持太平洋岛国民众的南太平洋地区无核化要求，并宣布新西兰不需要美国的核保护伞，不需要与美国的军事同盟[①]。澳大利亚则顽固地坚持澳美同盟，并企图将南太平洋地区的无核化运动引向只排斥苏联在该地区的核活动，而欢迎和支持美国在该地区的核部署和核行动的歧途。为此，澳大利亚政府不断请求美国政府至少要在表面上以严厉的态度对待法国在南太平洋地区的核试验，并向法国施加压力，要其减少在南太平洋地区的核试验，向南太有关国家和民众道歉，向绿色和平组织道歉。澳大利亚政府之所以这么做并非为了维护太平洋岛国的利益，而是担心南太平洋地区的各国民众对西方前殖民宗主国的核试验的不满和怨恨可能因澳大利亚一向对美国的追随和"效忠"而转移至澳大利亚政府身上。

新西兰的"退盟"和"禁核"令美国在南太平洋地区的军事同盟体系发生动摇，迫使美国不得不调整其在南太平洋地区的军事部署。新西兰的"退盟"更加凸显了澳大利亚对美国的"忠诚"，以及澳大利亚在美苏争霸和激烈对抗中的军事和战略价值，从而进一步提升了澳大利亚在美国全球战略中的地位，强化了澳大利亚与美国的同盟关系。澳大利亚政府的所作所为一方面反映了澳大利亚政客的手段精明老道和国际政治经验的丰富，另一方面也反映了澳大利亚因其拥有较强的政治、经

[①] Malcolm Templeton, *Standing Upright Here: New Zealand in the Nuclear Age, 1945 - 1990*, Victoria University Press, 2006, p. 430.

济和军事力量而奉行了有别于新西兰的追求地区霸权的外交政策。作为没有地区霸权"雄心"的小国，新西兰并不想与全球体系中的超级大国结盟。但是，澳大利亚的外交政策取向却不同，它希望通过与美国结为紧密的同盟来提升自己在全球权力架构中的地位，树立自己在南太平洋地区的强国地位。为了与美国拉近关系，澳大利亚不仅紧紧追随美国卷入二战后美国发动的每一场战争，还积极配合美国在自己的国土上部署核设施和军事情报机构，从而将自己置于苏联核打击和可能遭到苏联军事报复的境地。尽管有着如此巨大的战争风险，澳大利亚政府也在所不惜。因为澳大利亚军政界看到通过与美国的结盟，其在南太平洋地区建立"中等强国"的百年梦想已经指日可待。并且既然已经上了美国的战车，只有将自己的安全与美国的军事力量更紧密地结合在一起才能更好地保证自己的安全。澳大利亚对美国的紧密追随令澳大利亚许多政治和国际关系人士评论认为，澳大利亚的实际首都在华盛顿，而非堪培拉。面对苏联在全球和东南亚咄咄逼人的扩张态势，新西兰的"禁核"无疑加大了澳大利亚对美国的外交砝码。

第六章 冷战后期澳美同盟的反常强化与澳大利亚地区霸权的巩固

一 澳美同盟在后冷战时期的空前强化

冷战结束后,国际分析人士注意到澳美同盟不仅没有像常人想象的那样大幅度弱化,反而出现不断巩固和强化的趋势。人们不禁要问:在后冷战时代,澳大利亚并不存在明显的安全威胁,其安全环境明显优于以往任何历史时期。在此背景下,澳大利亚历届政府为何仍要执意维持,并强化澳美同盟、亦步亦趋地紧密追随美国?在后冷战时代,澳大利亚的国家威胁也已解除。但是,澳美同盟在冷战后第一个十年里的发展结果却是大大出乎包括澳大利亚在内的世界许多学者和观察家的意料。澳美同盟在两国于亚太地区根本没有敌手的情况下不仅没有出现人们预料的那样逐步弱化,反而呈现出不断巩固和强化的势头。在21世纪第一个十年行将结束之际,澳美同盟的紧密程度与合作范围的广度,以及其对美国的重要性实际上已经超过了美国在亚太地区的另一个重要盟国日本。澳美两国的政治关系在后冷战时期也在不断地深化,进而发展成为另一对"特殊关系"[1]。

---

[1] Jeffrey D. Mccausland, Douglas T. Stuart, William T. Tow, Michael Wesley, *The Other Special Relationship: The United States and Australia at The Start Of The 21st Century*, U. S. Department of Defense, 2014.

◆◇◆ 澳美同盟语境下澳大利亚地区霸权的建构

澳大利亚成功地将澳美同盟的关注焦点转向维护美国在亚太地区,乃至整个世界的霸权体系。为了占领世界道义的制高点,包括美国和澳大利亚在内的西方国家均冠之以"世界自由体系"。通过对澳美同盟的形成、巩固和发展的成长曲线的研析,人们不难得出一个结论:澳大利亚在此时此刻进一步强化澳美政治,特别是军事同盟合作,显然包含两层国家战略目标,一是旨在应对新兴大国崛起,维护既有的以美国为主导的全球和区域权力架构,从而维护澳大利亚在此体系中的既得权力、利益和地位。二是继续借力澳美同盟,构建二流,甚至是一流的"中等强国"地位,巩固其在"前院"和"后院"地区的霸权地位,并在整个亚太地区拥有更多话语权,获取更多的政治、经济和战略利益[①]。

基于对整个印太地区未来形势研判的不确定性,澳大利亚相当多的政治人士和国际关系学者认为澳大利亚在冷战结束后,要未雨绸缪,不仅不要急于弱化与美国的军事同盟,反而应抓住有利时机,进一步强化与美国的政治和军事关系,加速构建澳大利亚在亚太地区的"中等强国"地位。这些人士还认为,印太地区新兴国家的崛起对澳大利亚具有很多的不确定性,并且他们与澳大利亚的关系也远不如澳美关系亲密,因此美国在亚太地区的霸主地位不能削弱。一个在印太地区有强大的军事存在的美国可以起到"稳定器"的作用,平衡和抑制新兴国家的崛起和对包括澳大利亚在内的西方国家不利的政策取向[②]。

冷战后,美国的经济和军事实力瞬间达到了巅峰状态。澳大利亚深恐苏联的垮台会令澳大利亚的战略地位急剧下降,澳大利亚政府和军方因而对美国的态度更加亦步亦趋,紧紧追随。在冷战后的第一个十年里,澳大利亚与其"前院"和"后院"国家的关系相对处于僵

[①] 于镭、隋心:《澳美同盟的缘起、建构和稳固》,中国社会科学出版社2020年版。
[②] Derek McDougall, *Australian Security After 9/11: New and Old Agendas*, Routledge: London, 2006.

第六章 冷战后期澳美同盟的反常强化与澳大利亚地区霸权的巩固 ◆◇◆

持和下降期,这主要是由于澳大利亚与亚洲和太平洋周边邻国对后冷战时期的世界秩序与安全机制,特别是亚太地区的政治、经济秩序和安全架构产生严重分歧。全球地缘政治格局在后冷战时期发生了重大变化,以意识形态和军事对抗为主导的两极争霸体系业已解体。在冷战时期能够与美国争锋的苏联已经垮台,而新兴的超级大国尚未形成,美国从而成为全球体系中仅存的超级大国。苏联的垮台,华沙条约组织的解体致使全球安全环境,特别是以美国为首的西方集团的安全环境发生了根本性的变化。作为全球唯一的超级大国,美国失去"战略竞争对手",可以说世界上没有任何国家能够真正地对美国的本土安全构成实质性挑战,美国、澳大利亚和其他西方国家处于历史上最为安全的时期。对此,澳大利亚政府即得益于美国结盟战略的英明,同时又更加坚定了追随美国的立场。

霍华德总理1993年上台伊始就不遗余力地为美国于冷战时期在亚太地区构筑的军事同盟,即所谓的"轮辐体系(又称旧金山体系)"大唱赞歌,并一再强调澳美特殊关系是澳对外政策的基石[①]。在小布什政府宣布启动弹道导弹防御体系后,包括英国在内的所有美国的传统盟国均报以沉默。霍华德政府为了表现对美国的"效忠"而不顾国内民众的强烈反对,高调宣布支持美国的弹道导弹防御计划,并率先出资在澳大利亚部署。澳大利亚政府和军方这种亦步亦趋地追随美国的举动即便在美国的西方盟国中也实属罕见。霍华德政府的外长亚历山大·唐纳在接受《纽约时报》采访时直言不讳地承认霍华德政府同意在澳部署弹道导弹防御体系最主要原因就是为了显示对美国的"忠诚"和"强化与华盛顿的军事同盟"[②]。霍华德政府对强化澳美同盟所表现出来的空前热情很自然地得到了美国的积极回应,美国

[①] Yu Lei, "China-Australia Strategic Partnership in the Context of China's Grand Peripheral Diplomacy", *Cambridge Review of International Affairs*, Vol. 29, No. 2, 2016, pp. 740–760.

[②] "Australia to Join U. S. Missile-Defense System", *New York Times*, 4 December 2003.

◆◇◆ 澳美同盟语境下澳大利亚地区霸权的建构

不断向澳大利亚提供先进的军事装备作为奖励。

在美国的帮助下,澳军几乎与美军同时装备了美国最先进的军事武器,如 F-15 战斗机、P-3 反潜机和 F-111 轰炸机。美国还在澳大利亚领土上部署了全球鹰高空无人侦察机、F-35 隐身战斗机等。澳大利亚海军也从美国购置了大量先进的武器装备。澳大利亚政府和军方还向美军开放其领土上的所有军事设施和基地,供美军使用,并帮助美军熟悉澳大利亚的地形和地貌及周边亚太地区的海况和地形,以便战时两军能够密切配合。随着澳美同盟的深化,美国太平洋舰队和战略核潜艇部队时常访问澳大利亚基地,熟悉太平洋和印度洋地区海况。澳美两军在亚太地区的大型联合军事演习也随之大幅度增加,甚至频频举行冷战时期都未曾进行的上万人的大型军演。

在亚太地区邻国的眼中,美国在本地区的军事存在和以双边军事同盟为主的"轮辐"体系无疑是冷战的残余,和亚太地区以和平与发展为主的大趋势格格不入。因此,澳美军事同盟在后冷战时期的加强和频频军演只能增加这一地区的紧张局势。东南亚和澳大利亚一些学者指出美澳冷战式军事同盟关系在后冷战时期的加强只能加深本地区国家的疑虑,认为美国已经将其冷战时的矛头从苏联转向了这些国家。这些学者还认为,美国将日本和澳大利亚描述为其在西太平洋地区安全架构的南北"双锚"极大地增加了亚太地区各国对美国战略意图的疑虑,因为它令亚太人民想起欧洲殖民主义强国凭借坚船利炮侵略和奴役亚太人民的历史[1]。在此背景下,霍华德政府的冷战思维也因此招致了许多亚太地区邻国的批评。

2001 年,霍华德政府又主动提议举办美、日、澳三方安全会议,得到了小布什政府的赞赏和积极回应。包括澳在内的许多政策分析人士和国际关系学者指出这个三方安全会议显然是针对中国。因为与克林顿

---

[1] Yu Lei, "China-Australia Strategic Partnership in the Context of China's Grand Peripheral Diplomacy", *Cambridge Review of International Affairs*, Vol. 29, No. 2, 2016, pp. 740–760.

第六章　冷战后期澳美同盟的反常强化与澳大利亚地区霸权的巩固

总统视中国为战略合作伙伴的观点相反，小布什上台伊始即视中国为战略竞争对手①。这些学者认为三方会议与其说是美、日、澳三国对朝鲜核能力的担心，不如说是反映了"美澳意在将两国间的双边安全会谈扩充为以美为首的多边安全框架，旨在首先，并主要防范亚太地区新兴国家"。相当多的学者还强调，"一些国家有选择地纠集起来将另一些国家排挤出去的做法在政治上并不明智，这完全是冷战模式。一个合作与包容而不是排斥与遏制的多边架构显然是一个更好的选择"②。霍华德政府倡导的美、澳、日三方安全会议因此被广泛认为不利于亚太地区的安全与合作，加剧了本地区的"囚徒困境式"的军事竞赛③。

美国和澳大利亚在冷战结束后执意强化军事同盟完全是双方长远战略利益契合的结果。囿于冷战思维和西方传统国际政治与国际关系理论，美国政府和军方认为虽然美国的全球性战略竞争对手苏联已经消亡，但是这并不意味着美国在全球的霸权地位不受挑战。在亚太地区经济的快速发展，新兴大国崛起之势日益明显之际，如何维护美国的冷战成果，保持美国的全球霸权地位不受挑战是美国政府的重要政策考虑。美国著名的政治战略家布热津斯基在其著作《大棋局：美国的首要地位及其地缘战略》中敏锐地注意到在美国一超独霸的强大表象下，美国霸权赖以为基础的经济实力正面临着越来越大的挑战。布热津斯基认为亚洲的经济增长将会给世界政治带来巨大的不确定性，很可能对美国的霸权产生重大影响④。

基于美国在亚太地区的霸权和利益考虑，美国并没有随着冷战的

---

① Denis M. Tull, "China's Engagement in Africa: scope, Significance and Consequences", *Journal of Modern African Studies*, Vol. 44, No. 3, 2009, pp. 459–479.

② Purnendra Jain, "A Little Nato Against China", *Asian Times*, 18 March 2006, http://www.atimes.com/atimes/China/HC18Ad01.html (16 June 2013).

③ Wang Yusheng, "Ping ya zhou bei yue yin hun bu san (Comments on Asia's NATO)", 11 August 2010, http://www.chinadaily.com.cn/hqpl/2010-08/11/content_11135370.htm. (16 June 2013).

④ Zbigniew Brzezinski, *The Grand Chessboard: American Primacy And Its Geostrategic Imperatives*, Basic Book, 2016.

结束而结束自己在亚太地区的同盟体系，而是进一步强化美国的重点同盟关系。美国政府之所以这么做，有着深刻的战略考虑。鉴于亚太地区巨大的经济发展潜力和美国在该地区的经济和战略利益，美国希望在冷战后继续保持在亚太地区的霸权，保留在亚太地区的轮辐同盟体系。美国政府和军方坚持认为这一同盟体系不仅是维护美国在亚太地区霸权的最佳方式，而且可以极大地减少美国在该地区维护霸权的成本。美国政府于1991年8月发表了《美国国家安全战略》报告，强调美国的军事盟国是美国在后冷战时期建构和维护其全球霸权体系与秩序的最重要的工具。美国政府和军方因此将维护和巩固与盟国的关系作为美国外交的首要任务。1995年，克林顿政府发表了政策报告《东亚太平洋地区的安全战略》，明确提出强化美国与日本和澳大利亚南北双"锚"的军事同盟①。虽然美国政府表面上声称强化冷战时期的军事同盟是为了应对该地区可能存在的各种非传统安全和朝鲜的核问题，但美国此举的本质旨在维护其在亚太地区的霸权体系和秩序以及因此而生成的丰厚的霸权利益。通过同盟体系，既可以继续将盟国捆在美国的霸权体系内，束缚日本军事力量的过度膨胀，又可以遏制其他新兴国家的崛起。因此，美国政府和军方有着强烈的在亚太地区强化美国主导的军事同盟体系的意愿。

作为美国在亚太地区的"副警长"和美国霸权体系保护下的地区次霸权国，澳大利亚在后冷战时期也有着与美国强化军事同盟的强烈愿望。苏联的垮台、冷战的结束既令澳大利亚感到由衷的高兴又有着深深的忧虑。澳大利亚政府和军方担心冷战后澳大利亚对美国的军事和战略价值会大为缩水，美国可能因此减少在亚太地区的军事存在，减少对澳大利亚的依靠和利用。一旦出现这种局面，澳大利亚在亚太地区"前院"和"后院"的霸权就会不稳，国家安全也将因亚洲国家的群体性崛起而受到威胁，澳大利亚在亚太地区依靠美国获取的既

---

① 王纯银：《美国新东亚安全战略评析》，《东北亚论坛》1999年第3期。

第六章　冷战后期澳美同盟的反常强化与澳大利亚地区霸权的巩固 ◆◇◆

得利益也会逐渐遭到侵蚀,澳大利亚政府和军方因而对亚洲国家的整体性崛起怀有深深的忧虑[①]。

冷战结束后,澳大利亚最为担忧日本强大的经济和军事力量。冷战甫毕的20世纪90年代初正是日本处于二战后经济发展的巅峰时刻,其国民生产总值高达3万亿美元,相当于美国的五分之三。经济快速崛起的日本发动了包括纺织品、钢铁和汽车制造在内的一场又一场的产业和贸易大战,在世界范围内对美国的经济霸权发起挑战。伴随着经济崛起,日本的军事力量也在急剧扩张,迅速成为亚太地区最为强大的军事力量之一。经济和军事力量的膨胀令日本的一些政客和国民头脑膨胀,甚至忘乎所以地宣称日本可以对美国霸权"说不"。澳大利亚政界和军方对日本的再次崛起深感忧虑,担心在美国减少在亚洲地区的军事存在后,澳大利亚将再次陷入二战前的安全"困境"。澳大利亚20世纪上半叶的历史就是澳大利亚苦苦追求与美国结盟对抗日本的历史。二战后,澳美同盟的缔结与强化也是剑指日本,防止美国重新武装日本导致其军国主义复活和军事力量"尾大不掉"再次对澳大利亚和其他西方国家构成安全威胁。

除了忌惮日本的重新崛起,澳大利亚还十分担心近在咫尺的印度尼西亚对其安全和地区霸权构成威胁。澳大利亚与近邻印度尼西亚历史上一向不睦,且存有历史领土纠纷。澳大利亚担心一旦美国收缩其在亚洲的军事存在,印尼极有可能趁机与澳大利亚"新账、老账一起算"[②]。面对人口众多,且经济实力不断增长的东南亚第一大国,澳大利亚并无战胜的把握。即便战胜,澳大利亚可能也会付出巨大的人员牺牲。澳大利亚因此并不希望美国减少在亚洲的军事存在,即便减少,澳大利亚也必须加强澳美同盟,以便美国能在澳大利亚与印尼发

[①] 于镭、隋心:《澳美同盟的缘起、建构和稳固》,中国社会科学出版社2020年版。
[②] Hiroyuki Umetsu, "Australia's Response to the West New Guinea Dispute, 1952–1953", *The Journal of Pacific History*, Vol. 39, No. 1, 2004, pp. 59–77.

生冲突时予以援手。此外，澳大利亚政府认为冷战后亚太地区最具发展潜力的新兴国家便是中国。澳大利亚1996年发布的《外交与贸易白皮书》预测中国极有可能在15年后跃升为世界最大的经济体之一。无论是日本，还是印尼和中国，其快速崛起都令生活在亚洲边缘，并且历史上与亚洲邻国有着积怨的澳大利亚深感忧虑。

在亚洲新兴国家不断崛起之际，长期存于澳大利亚政界、军界和学界的一个老话题又重新回到了澳大利亚政治精英的视野：一旦澳大利亚与其他亚洲国家发生武装冲突，或战争，美国会在没有地缘战略利益驱动的情况下向澳大利亚提供援助吗？如果与澳大利亚与印尼发生军事冲突，美国可能兑现对澳大利亚的安全承诺吗？基于对冷战后亚太地区新兴国家国力发展前景及地区安全形势的前瞻性预测，澳大利亚政界、军界和学界大部分人士都认为澳美同盟仍然对澳大利亚具有极为重要的安全、地区霸权和战略价值。澳大利亚政治精英在冷战时期形成的共识强调澳大利亚应当在后冷战时期进一步强化与美国的军事同盟，支持并维护美国在亚太地区的区域霸权体系与秩序。

澳大利亚政府于1994年发表的《国防白皮书》预测在今后的15年内，美国仍将是亚太地区霸权国和地区安全的主导者。澳大利亚2009年《国防白皮书》再次预言直到2030年，美国在全球的军事力量仍将处于无可超越的状态。白皮书还强调澳大利亚与美国结盟不仅可以花费很少的国防开支就可以与美国分享军事情报，获得美国高科技的军事装备，使澳大利亚军事力量处于世界最先进的行列，而且可以确保澳大利亚在亚太地区的"中等强国"地位。白皮书因此强调与美国强化军事同盟不仅对澳大利亚重要，也最具有"性价比"[1]。鉴于20世纪90年代初澳大利亚并不景气的经济形势，澳大利亚大幅度增加军费开支并不现实。加强澳美同盟，维护美国在亚太地区的霸

---

[1] Parliament of Australia, *Australia's National Security: A Defence Update 2003, 2005 and 2007*, 2020, https://www.aph.gov.au/About_Parliament/Parliamentary_Departments.

第六章　冷战后期澳美同盟的反常强化与澳大利亚地区霸权的巩固 ◆◇◆

权,尽可能长期地"留美于亚"对澳大利亚来说无疑是更为可行的政策选择。澳大利亚政府和军方因此决定进一步深化、强化澳美同盟。

通过对与超级大国结盟的理论和历史经验分析,人们不难发现冷战后澳大利亚在亚太地区最重要的政策取向仍然是巩固澳美同盟,维持美国在亚太地区的霸权体系与军事存在。因为这样的政策选择最符合澳大利亚的国家利益和地区次霸权地位,澳大利亚为这样的政策选择所付出的代价也最小。这样的政策动机也解释了为什么在后冷战时代澳大利亚历届政府仍然紧紧拥抱澳美同盟,拒绝接受亚太地区新安全观。1996年台海危机后,克林顿政府对霍华德在台海危机中坚定地追随美国给予回报,同意进一步强化澳美同盟。1996年7月,由两国外交部部长和国防部长参加的澳美"2+2"部长级会议在悉尼举行。会后发表了《悉尼宣言》,承诺两国将继续强化军事同盟,并在亚太地区推进西方民主、意识形态和价值观。《悉尼宣言》基本实现了澳大利亚的战略意图,因而被澳大利亚政界、军界和学界视为澳美同盟史上最为重要的里程碑之一。

澳大利亚1997年发布的《外交与贸易白皮书》预测美国"一超"地位无可撼动。霍华德政府因此更加坚定了强化澳美同盟和追随美国的决心[1]。1998年,霍华德政府全力支持美国对伊拉克进行武器核查的立场;1999年,霍华德政府在科索沃事件中全力支持美国;澳美两国还于20世纪末发表了21世纪战略伙伴关系的联合声明,声称两国将加强军事合作,确保美国治下的和平与稳定;"九一一"事件后,霍华德在第一时间表示对美国政府的反恐决定表示支持,声称对美国的恐怖袭击就是对澳大利亚的攻击。霍华德政府立即启动《澳新美同盟条约》,对恐怖分子宣战;在小布什政府决意出兵阿富汗后,西方盟国鲜有明确表示愿意追随美国出兵参战。在这关键时刻,霍华

---

[1] Department of Foreign Affairs and Trade, *Australia's Foreign and Trade Policy White Paper*, Commonwealth of Australia, 1997.

德率先在西方国家中表示支持小布什的战争决定，慨然答应追随美国出兵阿富汗①。从多年后美国的全球反恐战略分析，人们不难发现，美国借助反恐行动，实际上与盟国建立了一个行之有效的全球军事网，成功地控制了全球几乎所有的战略要点。霍华德政府对美国意图建立全球快速反恐网的真实目的并非一无所知，而是心领神会，所以才会在第一时间全力支持美国政府的决定。

美国率领的多国部队入侵阿富汗和伊拉克造成了大量无辜平民的死亡，国际社会和澳大利亚民众对美国入侵小国、弱国的合法性不断提出质疑。澳大利亚民众爆发大规模游行示威，要求美国为首的多国部队不要伤害平民，要求霍华德政府立即撤军回国。面对民众的强烈要求，霍华德毫不让步。他鼓动澳大利亚民众要理解美国政府和民众的心情，追随美国打击"共同的敌人"是澳大利亚对美国的义务。2004年，霍华德政府又做出重大决定，在西方国家中率先出资在澳大利亚国土上全面部署弹道导弹防御系统。世界拥核国家与澳大利亚均远隔重洋，并无利益纠葛，自然不会为了区区澳大利亚浪费自己宝贵的核力量，而这种浪费对于拥核国家来说，很可能是致命的。此外，澳大利亚与美国多年形成的军事同盟也令澳大利亚的潜在敌人不得不三思而行。因此，澳大利亚实际上并不存在遭到弹道导弹攻击的危险。澳大利亚政府之所在弹道导弹防御系统的构建上表现得如此积极卖力，实际上就是为了进一步强化与美国的同盟关系，编织本质上并无共同利益的"利益共同体"，以绑定与美国的政治和军事同盟关系。

小布什总统对霍华德政府的"忠心"和紧紧追随表示满意，他一再对霍华德政府的"效忠"予以高度赞扬，并对霍华德政府给予丰厚的回报。2005年，小布什总统决定与澳大利亚签署长期争执不下的《美澳自由贸易协定》。美国当时仍是澳大利亚第一大贸易伙伴，因此澳大利亚政界、军界和学界普遍认为用澳军士兵在伊拉克和阿富汗的

---

① Robert Mann, "How John Howard has Changed Australia", *The Monthly*, March 2006.

第六章 冷战后期澳美同盟的反常强化与澳大利亚地区霸权的巩固

鲜血换来自贸协定的成功签署是物超所值的。至此,澳美两国的政治、军事和经济关系在冷战后得到了空前的强化。时至21世纪第一个十年结束之际,澳大利亚又十分担心美国会因经济和财政困难而实行战略收缩,并减少其亚洲的军事存在[①]。这种担忧令长期挟美国自重的澳大利亚政界、军界和一些安全防务学者极为不安。2011年,奥巴马在澳大利亚议会发表讲话,保证美国不会弱化与澳大利亚的军事同盟,美国的军费削减不会以亚太地区为代价[②]。

美国在经历近20年的单极霸权后已经认识到为了护持美国的独霸体系,美国必须控制全球若干重要的战略支点。澳大利亚位于太平洋和印度洋交汇处,对美国掌控印太地区具有极为重要的战略意义。此外,澳大利亚对于维护美国在东南亚和南太平洋地区的经济与政治利益也具有相当的重要作用。有了澳大利亚作为美国在亚太和南太平洋地区的战略支点,美国更易于维护在上述地区的军事霸权。澳美军事同盟的构建对于两国在亚太地区、南太平洋地区和印度洋地区有着重要的利益和战略契合点。因此,美国在21世纪后对强化澳美同盟表现出前所未有的热情与积极性,澳美两国关系也在这一时期快速形成可以媲美英美关系的另一对特殊关系[③]。澳大利亚政府和军方则认为澳大利亚在冷战后强化与美国的军事同盟的收益实际上要远远大于付出。澳大利亚还因此提升了自己在亚太地区和整个西方阵营中的地位。

在以往追随美国的军事行动中,澳大利亚通常扮演跑"龙套"的小角色,很难接触到美军的全局性军事行动计划,只是接受美军的指

[①] Christopher Layne, "This Time It's Real: The End of Unipolarity and the Pax Americana", *International Studies Quarterly*, Vol. 56, No. 1, 2012, pp. 203 – 213.

[②] Geoff Dyer, "Obama declares Asia a 'top priority'", *Financial Times*, 18 November 2011, https://www.ft.com/content/f3663938 – 10d7 – 11e1 – ad22 – 00144feabdc0.

[③] Jeffrey D. Mccausland, Douglas T. Stuart, William T. Tow, Michael Wesley, *The Other Special Relationship: The United States And Australia At The Start Of The 21st Century*, U. S. Department of Defense, 2014.

令，配合执行军事任务，或是在美军的全面部署下，担负局部行动。但是，在冷战后的阿富汗，特别是推翻萨达姆的重大军事行动中，这种状况已经得到了根本性地改变。澳大利亚政府和军方高层实际上已经深度进入到美国政府的政策决策层和军方军事计划的决策层。在战争，或是美军的重大行动前，澳大利亚政府的已经能够较早地获得来自美国政府和军方的情况通报。美国总统也会与澳大利亚总理保持热线沟通，商讨重大的政治和军事决策。因此，澳大利亚政府不仅能够接触到美国政府的实际想法，而且已经能够实质性影响到美国的政策决策。例如，在2003年3月的伊拉克战争打响后，霍华德曾得意地向新闻界披露澳大利亚政府早就知悉美国政府和军方的战争意图和作战计划①。霍华德炫耀说这标志着澳大利亚对美外交的巨大成功。

澳大利亚军方也通过这两次战争，成功地进入了美军的战争计划决策层。澳大利亚军方不仅能够提前半年以上知晓美军的军事行动计划，而且能够实际有效地参与计划的制定。双方的军方领导人也会就具体的军事行动和作战方案进行密切的磋商和研究，这在美国军事史上是极为少见的。除了英国，几乎没有任何西方国家有诸如此类的特殊待遇。除了一战、二战这样大规模的世界性战争，美国的其他西方盟国鲜有机会能够如此深入地影响美国政府和军方的决策。澳大利亚国防部长希尔（Robert Hill）认为这是澳大利亚历史上从未享有的殊荣，也是美国的西方盟国鲜有的殊荣②。由此可以看出，澳大利亚在美国政府和军方心目中的地位有了本质性地提高，这一切都让澳大利亚政府和军方感到极度自豪和满足。

在深化澳美同盟，巩固美国地区霸权的同时，澳大利亚政府也并非完全拒绝"融入亚洲"。特别是进入21世纪后，澳大利亚政界、军

---

① Andrew Greene, "Australian Defence Force's Lraq War Secrets Revealed in Newly Declassified Report", *ABC News*, 26 November 2018.

② Robert Garran, *True Believer: John Howard, George Bush & The American Alliance*, Allen & Unwin Press, 2005.

第六章 冷战后期澳美同盟的反常强化与澳大利亚地区霸权的巩固 ◆◇◆

界和学界也认识到亚太地区的地缘经济格局正在发生革命性变革,亚洲的经济权重与日俱增。不论澳大利亚愿意与否,加强与亚洲的经济与贸易合作,抑或"融入亚洲"都是澳大利亚政府不得不面临的时代选择。全球经济竞争的加强,特别是澳大利亚与美国农畜产品在国际市场的激烈竞争使澳大利亚深刻意识到澳大利亚必须将与亚洲的经济合作放到一个重要的位置。20世纪80年代末90年代初,美国加大对出口农产品的补贴,严重挤压了澳大利亚同质产品的出口市场。美国的不正当竞争导致澳大利亚大批农场主的破产和从业人员的失业,引起澳大利亚举国关注和不满。澳大利亚基廷政府与美国多次交涉,但美国总统乔治·布什在经济利益上寸步不让,不仅不取消补贴政策,反而要求澳大利亚对美国出口商品降低关税。澳美两国在农产品问题上矛盾重重,双方对亚洲出口市场的竞争也异常激烈。亨廷顿在《文明的冲突与世界秩序的重建》一书中批评基廷政府的外交政策,认为其过分强调经济因素,而忽视澳美同盟的重要性。但在澳大利亚的经济困难和失业率居高不下的困境面前,他也不得不承认这是基廷面对国内经济困难而采取的一种在西方国家常用的政治手段[①]。

面对国内的经济困境,基廷不得不强调澳大利亚必须关注经济和贸易利益。鉴于亚洲地区新兴经济体的蓬勃发展,基廷预言澳大利亚的未来在亚洲[②]。正是基于经济利益考虑,基廷一反澳大利亚总理就任后首访美英的惯例,将自己的首访定在亚洲,并一再强调要重点发展与印尼、日本和中国的经贸合作关系。1993年,基廷建议在亚太经济合作组织的基础上构建亚太一体化市场,囊括澳大利亚、新西兰、日本、韩国、中国,以及中国台湾和香港地区。但是,基廷在强调亚洲经济重要性的同时并不否定澳美同盟对澳大利亚的重要性,他坚持

---

① [美]亨廷顿:《文明的冲突与世界秩序的重建》,周琪等译,新华出版社1998年版。
② [澳]保罗·基廷:《牵手亚太:我的总理生涯》,郎平译,世界知识出版社2002年版。

认为澳美同盟是澳大利亚对外关系的基石。澳美同盟对澳大利亚非常重要，因为它令澳大利亚的"潜在敌人望而却步"，是澳大利亚最为重要的"力量倍增器"。由此可见，"融入亚洲"并不被澳大利亚政界、军界和主流学界视为对外政策的最优选择，澳大利亚式的"融入亚洲"因而更多呈现出被动式、投机性和功利性。其主要功能旨在为澳大利亚谋取更多的经济利益，而在政治和文化上则根本无意融入亚洲。

澳大利亚这种功利性、投机性"融入"亚洲很难得到亚洲邻国的认可。这就是为什么马来西亚总理马哈蒂尔讥讽地说，当欧洲富裕时，澳大利亚自称是欧洲人；当美国富裕时，澳大利亚自称是美国人；而当亚洲不断富裕时，澳大利亚又改口自称为亚洲人。澳大利亚"融入亚洲"的投机性在霍华德政府时期表现得更加明显。虽然美国在21世纪初仍然是澳大利亚最大的贸易伙伴，并且澳大利亚政界、学界，特别是工商界均认为澳美自贸协定有助于两国间经贸关系的进一步发展。但是，澳美间经济关系的互补性并不很强，而出口商品的同质性却很强。因此，澳大利亚经济界预测"零关税"也只能在今后的10年给澳大利亚的GDP增加60亿澳元。这一数值并不十分巨大，相对于澳大利亚与亚洲国家快速增长的贸易与经济合作，澳美自贸协定的作用相当有限。这充分说明了世界第一大经济体美国对澳大利亚的经济繁荣的贡献所发挥的效用增长趋势是不断减弱的。

在此背景下，澳大利亚政界、学界和工商界有识之士已经深刻地认识到亚洲国家的整体兴起已经不可阻挡地即将取代包括美国在内的西方国家成为对澳大利亚影响最为深远的地区力量。但霍华德政府表现出外交政策的短视，为了一己私利，霍华德政府断然取消了对亚洲国家的发展进口财政援助（Development Import Finance Facility），引起了菲律宾等亚洲国家的强烈不满。尽管亚洲国家纷纷向霍华德政府表示抗议，但霍华德始终不为所动，表现出对亚洲国家利益和对发展与亚洲国家平等互利关系的轻视。与此同时，澳大利亚国内种族主义和

第六章　冷战后期澳美同盟的反常强化与澳大利亚地区霸权的巩固　◆◇◆

极右翼势力频繁发出种族观点。如一族党首领宝琳·汉森（Pauline Hanson）声称澳大利亚正处于被亚洲人淹没的危险之中①。汉森种族主义言论引起亚洲邻国的不满和抗议，但霍华德政府对其种族主义言论极力包庇和纵容。这些事件都说明澳大利亚政府并没有真正认识到亚洲的重要性，因而也谈不上具有"融入亚洲"的诚意。

冷战甫毕，美国的军事霸权如日中天。苏联的解体、越南从柬埔寨的撤军不仅彻底解除了澳大利亚的安全威胁，而且在亚太地区留下了美国独霸的良机。日本在20世纪90年代初在政治和军事上被美国的压制，印太地区新兴大国的尚未崛起都令澳大利亚政府激动不已，认为这为澳大利亚的崛起提供了难得的历史契机和战略发展空间②。澳大利亚仿佛看到了借美国独霸之机在亚太地区的"前院"和"后院"扩大地区霸权的良机。因此，只有进一步强化澳美同盟，获得美国的充分信任和支持，澳大利亚才能利用这一千载难逢的历史机遇，实现澳大利亚立国以来所持有的地区霸权雄心。1996年，霍华德接替基廷出任澳大利亚总理后，敏锐地抓住这一历史性机遇，强调澳大利亚必须深化与美国的同盟关系，将澳美同盟视为澳大利亚对外政策的基石。为此，霍华德总理在政治、军事和战略领域与美国进一步强化合作，对美国的言听计从达到了前所未有的程度。1996年7月，美澳两国发表了《二十一世纪澳美战略合作伙伴关系》的联合声明，强调两国将在安全防卫和战略领域全面深化合作关系。声明强调作为太平洋地区的西方大国，两国有责任确保亚太地区以规则为基础的秩序和以民主、自由为核心的价值体系不受破坏。

为此，澳美两国决定扩大美国在澳大利亚的军事基地的规模，将澳

---

① Matt Martino, "Pauline Hanson's Maiden Speech: Has Australia been 'Swamped by Asians'?", *ABC News*, 14 September 2016.

② David Martin Jones, Andrea Benvenuti, "Tradition, Myth and the Dilemma of Australian Foreign Policy", *Australian Journal of International Affairs*, Vol. 60, Issue 1, 2006, pp. 103 – 124.

大利亚建设成为美军在亚太地区的军事防卫前沿，以巩固和加强美国在亚太地区的军事存在，有前瞻性地应对本地区的挑战。应美国的要求，澳大利亚同意美国扩大位于澳大利亚领土上的美国情报基地的规模，同意位于西澳地区的松峡湾情报基地交由美国方面单独掌控，该基地对美军全球军事行动具有重要意义。澳大利亚还同意，并部分资助美国弹道导弹太空预警系统在其领土上修建中继站。澳美两国还宣布加强在高科技军事技术、军事情报和后勤援助等领域开展更广泛和更紧密的合作。进入21世纪后，霍华德政府又以"反恐"为名一味迎合小布什，以便在美国"敌手"缺失的情形下，澳大利亚能够继续"留美于亚"，并进一步强化澳美同盟。霍华德此举有着深远的战略含意，符合澳大利亚长期以来孜孜不倦追求的国家安全利益和地区霸权利益。

二　后冷战时期澳大利亚在东南亚地区霸权的建构

随着冷战后澳美同盟的不断深化和强化，澳大利亚在"两院地区"的霸权野心也日益膨胀。1999年，霍华德发布"霍华德主义"，宣扬澳大利亚是维护美国在亚太地区利益和意识形态与价值观的"副警长"。在霍华德政府看来，苏联的垮台，冷战的结束使得亚太地区成为美、澳的"势力范围"，澳大利亚可以当仁不让地代表美国行使地区霸主的权力。包括澳大利亚在内的西方政治精英认为冷战结束意味着以美国为首的西方意识形态对以苏联为首的共产主义意识形态的胜利。美国著名的政治学教授弗朗西斯·福山的观点在西方颇具代表性，他认为冷战的结束，不仅是西方军事对抗的胜利，更是西方意识形态的胜利和西方自由主义制度的胜利。福山甚至异常乐观地认为西方自由主义政体终将代替全球各国现行的政治制度，成为人类最好的政治制度形式，因此它是历史的终结[1]。福山的观点在西方很具有代

---

[1] Fukuyama, F., *The End of History and the Last Man*, Hamilton, London, 1992, p.5.

第六章　冷战后期澳美同盟的反常强化与澳大利亚地区霸权的巩固　◆◇◆

表性，导致西方世界在此后相当长的一段时期里沉醉于这种自得，而没有充分注意到和深刻理解世界新的发展潮流与趋势的出现。

因此，当小布什总统咄咄逼人地宣布为了保卫西方的"民主体系"和价值观而奉行"先发制人"的战略后，霍华德政府在第一时间公开表示支持小布什的"先发制人"的战略，宣称必要时澳大利亚也要对威胁西方价值观和民主体制的亚太邻国采取"先发制人"的军事打击[①]。霍华德政府自视为西方意识形态和价值观的代表，是美国为首的西方利益在亚太地区的代理人。澳大利亚根本不应融入亚洲，而应坚定不移地在文化多元化的亚太地区推行西方文化和价值观，坚定地维护以美国为首的西方利益。澳大利亚甚至将维护亚太地区的和平与稳定看作美国和自己的特权，傲慢地自认美国是亚太地区的"警长"，自己是"副警长"。如此自封不仅说明了澳大利亚在冷战甫毕后的自得与自大，也充分暴露了澳大利亚视亚洲邻国为盗跖的傲慢与偏见的心态。

霍华德的"先发制人"的军事打击言论引起了许多东南亚和南太平洋岛国的强烈愤慨，马来西亚总理马哈蒂尔严厉批评霍华德的行为如同态度恶劣的白人警长对待黑人民众。他警告澳大利亚对马来西亚"先发制人"的攻击将被马来西亚视为战争行为。菲律宾政府猛烈批评澳大利亚对待亚洲邻国态度"傲慢"。尽管亚洲邻国群起批评霍华德效仿美国"先发制人"和紧紧追随美国的做法[②]，但是霍华德并不在意，因为小布什总统对霍华德的忠诚和追随予以高度赞赏，霍华德认为这远远比亚洲邻国的不满更重要。不出霍华德预料，就在霍华德"先发制人"的言论遭到邻近国家群起批评之际，美国政府及时出面援手，要求亚洲盟国都要效仿澳大利亚，与美国一道建立起全球反恐网。美国还利用巴厘岛事件、澳驻印尼使馆爆炸等事件向东南亚国家

[①] William T. Tow, "Deputy Sheriff or Independent Ally? Evolving Australian-American Ties in Ambiguous World Order", *Pacific Review*, Vol. 17, No. 2, 2004, pp. 271 – 290.

[②] "Deputy Sheriff Howard Rides into Town", *Asian Times*, 27 September, Viewed 6 May 2012, <http://www.atimes.com/oceania/AI28Ah01.html>.

◆◇◆ 澳美同盟语境下澳大利亚地区霸权的建构

施加压力,要求他们与美国和澳大利亚一道构建亚太反恐联盟。美国还宣布支持澳大利亚主导东帝汶的维和行动。美国总统小布什甚至对媒体宣布澳大利亚不再是亚太地区的"副警长",而是"警长"①。

美国对澳大利亚地区霸权不遗余力的支持令澳大利亚政界、军界,甚至是学界一片欢腾,认为主导东帝汶的维和行动标志着澳大利亚从此在亚太地区事务中获得了主导权。澳大利亚将自己与美国的特殊关系和紧密的军事合作看作在亚太地区发挥领导作用的本钱,希望借美国之"势"来压迫本地区的其他小国、弱国承认澳大利亚的领导地位。澳大利亚外交部部长唐纳(Alexander Downer)曾对国内新闻界发表讲话,不无得意地表示澳大利亚在美国的心目中的重要性已经大大提高了,其关系的密切程度已经远远超越了美国与其他盟国的关系。如果亚洲邻国还在用老眼光看待澳大利亚与美国的同盟关系,那他们就犯了大错。唐纳外长得意地炫耀澳大利亚与美国政府和军方针对全球和地区性问题的信息交流与电话磋商比美国的其他盟友只多不少,两国政府领导人几乎就地区性事务方案都进行事先沟通。他还炫耀总理霍华德与美国总统小布什的亲密关系远远超出人们的想象②。

的确,在霍华德担任澳大利亚总理期间,他曾多次被美国方面邀请访美,霍华德在华盛顿受到的礼遇远远高于其前任。小布什总统每次见面总要对霍华德政府对美国的忠诚和"深情厚谊"大加赞赏,声称美国为有澳大利亚这样的朋友感到由衷的高兴和自豪。霍华德对小布什的赞美也同样不吝言辞,称他是美国最伟大的总统之一。霍华德本人也对与小布什的密切关系深感自豪,认为自己能够提早知悉美国最高领导人的思想动态,能够深度影响美国最高领导人的政策决策。澳大利亚政府领导人因而自豪地声称澳大利亚与美国的关系不仅紧密,而且已经上升

---

① "Bush hails 'sheriff' Australia", *BBC*, 16 October 2003, http://news.bbc.co.uk/2/hi/asia-pacific.

② Maryanne Kelton, *More than an Ally? Contemporary Australia-US Relations*, Routledge: Londdon, 2008.

第六章　冷战后期澳美同盟的反常强化与澳大利亚地区霸权的巩固　◆◇◆

到在国际和地区层面上与美国分担责任和义务的阶段。亚太地区和澳大利亚学者广泛认为霍华德主义表明澳政府不仅要在亚太地区保卫美国主导下的霸权体系和秩序，保护美国在亚太地区的政治、经济等霸权利益，而且要不顾亚洲和太平洋地区邻国的意愿及该地区的多元文化背景，执意推广西方的意识形态和价值观体系[①]。霍华德主义因此被亚太地区邻国认为是专门针对这一地区的"新干涉主义"，因此，霍华德主义一出笼即遭到了包括泰国、马来西亚、印尼和斐济在内的亚太地区国家的广泛批评。香港的《亚洲时报》为此评论说："霍华德主义让澳大利亚蒙受了在本地区没有任何国家欢迎，却广大为批评的窘况。"[②]

为了持续强化澳美同盟，澳大利亚在冷战后异常踊跃地追随美国投入在亚洲的军事打击行动，并与美军一道在两次伊拉克战争中取得了较为显赫的"战果"。这令澳大利亚政府和军方产生错觉，以为澳大利亚已经跃升为亚太地区"无往不胜"的军事强国[③]。澳大利亚政府和军方也因此更加热衷于对东南亚和南太平洋地区邻国炫耀澳大利亚"强大"的武力，更加热衷于挑头主导对本地区"异质"国家的政治、经济和军事制裁以及以"维和"为名干涉他国内政。包括澳大利亚在内的一些有识之士十分尖锐地指出澳大利亚强大的军力表象不过是以美军为后盾。如果没有美国，澳大利亚根本没有能力卷入伊拉克和阿富汗战争，即使卷入，也根本没有胜利的希望。21世纪初，澳大利亚曾挑头对太平洋岛国斐济实行全方位制裁，结果不仅没有收到澳大利亚政府和军方希望的效果，反而促使太平洋岛国更加团结。

太平洋岛国深知"唇亡齿寒"的道理，因而联合起来成立了将地区"小霸"澳大利亚和新西兰排除在外的"太平洋岛国发展论坛"，

[①] William Tow, "Australia, the United States and a China Growing Strong: Managing Conflict Avoidance", *Australian Journal of International Affairs*, Vol. 55, No. 1, 2001, pp. 37–54.

[②] "Deputy Sheriff Howard Rides into Town", *Asian Times*, 27 September, 1999.

[③] William T. Tow, "Deputy Sheriff or Independent Ally? Evolving Australian American Ties in an Ambiguous World Order", *The Pacific Review*, Vo.117, No. 2, 2004, pp. 271–290.

◆◇◆ 澳美同盟语境下澳大利亚地区霸权的建构

并以此与澳大利亚主导的"太平洋岛国论坛"分庭抗礼[1]。难怪东南亚和南太平洋地区一些人士讥讽澳大利亚是猴子和大象厮混久了误以为自己也是令人敬畏的大象。澳大利亚政府和军方越是紧密地追随美国,它与亚太和南太平洋地区近邻的隔阂也就越深,澳大利亚面临的安全困境也就越深。亚太和南太平洋地区国家广泛认为澳大利亚本质上没有独立的外交政策,只是美国在亚太地区的"跟班"(lackey boy)和"打手"(anchor)。澳大利亚学者也认为澳大利亚在亚太地区扮演了在学校里专门欺侮小同学的"恶霸"形象,损害了澳大利亚在亚太地区的国家形象,影响了澳大利亚与亚太国家的关系。

随着中国和亚洲其他新兴经济体的快速发展,新兴经济体对澳大利亚的矿业、农业和原料的需求也越来越大。这些需求不仅使澳大利亚的经济不再陷入西方发达国家若干年一遇的经济危机,还极大地带动了澳大利亚的经济繁荣,使其避免陷入新加坡前总理李光耀的悲惨预言:澳大利亚在21世纪将沦为第一个"白人垃圾国家"[2]。自搭上亚洲经济增长的快车后,澳大利亚经济自20世纪90年代以来持续增长,国内生产总值在亚太地区仅次于日本和中国,澳大利亚经济状况处于历史上最好的时期。但是,澳大利亚地区霸权的雄心也随着国力的增强而不断膨胀。伊拉克战争后,澳美同盟空前强化,澳大利亚认为在南太和东南亚地区扩大霸权,发挥领导作用的时机已经成熟。澳大利亚政府相信,只要有美国的军事支持,它完全可以在亚太地区安全事务中发挥霸权国的作用。正是因为这样的认知,霍华德总理才敢于冒"天下之大不韪",在明知亚太地区一定会强烈反对的情形下,执意宣布欲对亚太和南太邻国发动"先发制人"的军事打击。霍华德的判断并没有太大的偏差,美国政府积极支持澳大利亚在亚太地区的

---

[1] Sandra Tarte, "A New Pacific Regional Voice?: The Pacific Islands Development Forum", Greg Fry and Sandra Tarte (eds.), *The New Pacific Diplomacy*, ANU Press, 2015, p. 79.

[2] T. Harcourt, "The Power of Proximity in the Asian Century", *ABC (Australian Broadcasting Corporation) News Online*, 29 October 2012, http://www.abc.net.au/unleashed/4337972.html.

第六章　冷战后期澳美同盟的反常强化与澳大利亚地区霸权的巩固

"领导"作用和霸权地位。

马来西亚前总理马哈蒂尔批评澳大利亚的"先发制人"策略是赤裸裸的新干涉主义,马来西亚将坚决予以抵制。东南亚地区大国印度尼西亚也对澳大利亚的霸权行为表示强烈不满,宣布终止两国刚刚签订的《安全合作条约》。东南亚大国马来西亚和印度尼西亚对澳大利亚霸权的坚决反对和抵制在一定程度上制约了澳大利亚的地区野心,阻挠了澳大利亚欲在东南亚地区充当美国"副警长"的霸权行径。东南亚地区大国的行为表明虽然他们并不愿意与美国发生冲突,但在事关国家利益和主权的大事上,东南亚国家并不肯轻易让步。而对于在政治和军事力量上远远不及美国的澳大利亚来说,如果仅仅凭借与美国的特殊关系和军事同盟来推行霸权主义,并建立地区霸权显然是不切实际的幻想。东南亚地区一向不满澳大利亚追随美国,仗势欺人,因而既不愿意与没有独立外交政策的澳大利亚在地区安全事务上合作,更不愿意听命于澳大利亚。因此,澳大利亚在东南亚地区的反恐策略和行动遭到了该地区大国的反对并不令人意外。澳大利亚对东南亚地区的新干涉主义不仅很难在该地区起到作用,反而伤害其国家形象,伤及其在东南亚地区的利益。澳大利亚在东南亚"前院"地区构建霸权的意图得到了美国的大力支持。美国政府和军方认为澳大利亚在美国构建的全球霸权和反恐网络中具有重要的价值。对于美国来说,澳大利亚势力进入东南亚,如同冷战时将西方的"前进基地"前伸至东南亚地区。而由澳大利亚担负起东南亚地区"副警长"和反恐军事行动的主导力量,美国既可以增强在东南亚地区的军事和安全存在,亦可以将精力和资源投入到美国在全球争霸的重点国家和地区,这无疑增强了以美国为主导的西方势力在东南亚的存在和影响力[1]。

亚太地区的安全形势虽然在冷战后有了极大的改善,但是澳大利

---

[1] The White House, *The National Security Strategy*, Septermber 2002, https://georgew-bush-whitehouse.archives.gov/nsc/nss/2002/.

亚却从自己的地区霸权的视角出发，认为亚太地区的安全形势非常严峻。有鉴于此，澳大利亚不仅没有弱化澳美同盟，反而一再呼吁美国"留在亚太地区"，强化澳美双方的军事合作和军事同盟①。由于追随美国深度卷入伊拉克和阿富汗战争，澳大利亚暂时放松对太平洋岛国的控制。随着亚洲新兴国家的崛起，美国不得不将关注的焦点转向亚太地区。澳大利亚则积极支持美国的"重返亚太"和"印太战略"，并将遏制重点指向中国。澳大利亚2016年《国防白皮书》不仅再次将美国定位为最重要的战略伙伴，澳美同盟是亚太地区安全的最为重要的保障，而且承诺对美国的军事义务，保证追随美国的亚太安全防卫政策。鉴于其特殊的地理位置，澳大利亚宣称必须形成"印度洋—太平洋"的"两洋"地缘概念，配合美国在两洋地区的军事安全布置。澳大利亚政府还宣称不能容许周边国家，特别是太平洋群岛地区出现对澳大利亚安全构成威胁和不利于美国主导的地区安全体系的力量。

三 后冷战时期澳大利亚在太平洋岛屿地区的霸权建构

自大多数太平洋岛国获得独立后，澳大利亚一直认为岛国是"异质"国家，在政治体制和价值观上与澳大利亚实行的"民主、人权、法治"格格不入，澳大利亚一直寻找各种借口对各岛国内政横加干涉。伊拉克战争后，美国势力空前膨胀。霍华德政府认为澳大利亚应借机强化该地区澳大利亚主导的霸权体系和秩序，强迫该地区"不民主"的异质国家转型。澳大利亚因此在伊拉克战争后深度干涉南太平洋地区和东南亚事务，对本地区国家，如所罗门群岛、东帝汶等进行了强有力的干预，表现出欲在南太平洋和周边地区建立由澳大利亚主

---

① Defense Department, *Defense White Paper*, 2016.

第六章　冷战后期澳美同盟的反常强化与澳大利亚地区霸权的巩固　◆◇◆

导的地区规则。2003年，霍华德政府以打击武装动乱分子为由向所罗门群岛派遣2000多人的正规军。澳军采取了异常强硬的军事行动。霍华德对澳军的行动非常满意，认为这向本地区的其他国家展示了澳大利亚的军事实力，也对一些"异质"国家形成了强大的威慑[1]。

霍华德总理在澳军行动后，发表讲话，发誓澳大利亚将继续在本地区发挥领导作用，建立本地区的规则和秩序。霍华德的强硬态度被南太平洋地区和澳大利亚学者广泛认为追求地区强国和地区的领导地位已经成为霍华德政府的重要的外交政策目标[2]。此后，澳大利亚政府一方面不断加大对南太平洋地区的霸权力度，大幅度增加对太平洋岛国的经济和安全援助以增强澳大利亚对这些岛国的政治和军事影响力，加强对岛国政府和民众舆论的控制；另一方面则密切关注该地区一些热点国家和地区的经济和治安状况，防止本地区针对西方的恐怖主义势力和反西方的民主力量增长。为此，澳大利亚政府倡导建立了所罗门群岛国际援助团，并向该地区热点国家，如所罗门群岛和巴布亚新几内亚等国派驻了警察等武装力量，加强对这些国家和地区的军事控制。

在冷战时期，澳大利亚和美国很好地利用了太平洋岛国对苏联扩张的恐惧，紧紧地将太平洋岛国控制在自己的军事保护体系中。在后冷战时期，太平洋地区已经不存在任何安全威胁，更重要的是，太平洋岛国并不认为新兴国家是它们的安全威胁，因此太平洋岛国对西方国家的安全警告不再唯命是从。相反，太平洋岛国政府和民众都认为发展经济，改善民生才是国家面临的最重要的任务。鉴于此，太平洋岛国纷纷制定"向北看"与亚洲国家加强经贸合作的发展策略，希望

---

[1] Derek McDougall, "Australia's Peacekeeping Role in the Post-Cold War Era", *Contemporary Southeast Asia*, Vol. 24, No. 3, 2002, pp. 590 – 608.

[2] Alex J. Bellamy, "Australia and International Peacekeeping: Policies, Institutions, and Doctrines", Chiyuki Aoi and Yee-Kuang Heng (eds.), *Asia-Pacific Nations in International Peace Support and Stability Operations*, Palgrave, 2014, p. 37.

借助亚洲国家的成功经验和资金迅速实现自己国家的发展。正是在这样的背景下，太平洋岛国与包括中国在内的亚洲国家建立了更为紧密的经贸合作关系。由于太平洋岛国与亚洲国家有着相似的历史经历和文化背景，双方的合作从一开始便呈现出亲密和发展迅速的特点。特别是中国对太平洋岛国的经贸关系更是表现出后来居上的特点，太平洋岛国政府和民众在发展援助上也表现出更愿意与中国，而不是与西方传统捐助国接近的意愿。一些西方观察家和学者敏锐地注意到了这一点，其中的一些人便开始了严密地跟踪研究；而另一些人出于种种目的不断宣扬"中国威胁论"，强调中国的地区力量和影响力正在迅速上升，而澳大利亚和其他西方国家却在不断地下降[1]。

与太平洋岛国政府和民众的愿望相反，该地区的传统大国和前殖民宗主国，如美国、澳大利亚和新西兰并不希望新兴大国进入本地区，并发挥建设性作用。这一方面是由于它们担心新兴大国会在该地区与它们形成强烈的政治、经济和影响力竞争，另一方面它们也不希望太平洋岛国能够实现完全的经济独立[2]。因为一旦岛国完全实现独立，西方前殖民宗主国在岛国地区的政治和经济影响力就会大打折扣。因此，美国和该地区的"副警长"澳大利亚都对中国等新兴国家在该地区的任何经贸活动予以高度关注，甚至摆出一副时时欲和新兴国家一决高下的态势。作为本地区的传统大国，特别是被美国授予维护该地区秩序和西方利益的"副警长"的澳大利亚对中国在该地区的经济合作与贸易活动异常关注。其实，澳大利亚不仅对中国在该地区的活动予以高度关注，对其他新兴国家，例如印度和印尼在该地区的经贸活动也同样予以异乎寻常的关注，时刻警惕着新兴大国与太平洋岛国的合作可能会对澳大利亚的既得利益，特别是其主导的地区霸权构成挑战。

---

[1] Greg Sheridan, "Top Defence Threat Now Lies in the South Pacific from China", *The Australian*, 22 September 2018, https://www.theaustralian.com.au/national-affairs/defence.

[2] Greg Colton, "Safeguarding Australia's Security Interests Through Closer Pacific Ties", Lowy Institute, 4 April 2018, https://www.lowyinstitute.org/publications.

第六章 冷战后期澳美同盟的反常强化与澳大利亚地区霸权的巩固 ◆◇◆

为了巩固地区霸权，澳大利亚政府一方面大幅度增加国防预算，将其提升至国民生产总值的2%[1]，并宣布从2016—2026年，将国防总预算进一步调高至4470亿澳元，以大规模购买新式武器装备，增强澳军的现代化战斗力[2]。另一方面，澳大利亚一再声称必须加强澳美军事同盟，阻止任何外部强国在太平洋地区建立可持续作战的能力。澳大利亚和美国因而密切关注非西方国家与太平洋岛国的关系发展，强调必须确保太平洋群岛地区国家的政治稳定和对澳大利亚的"友好"，确保它们不会将自己的领土与领海提供给除西方国家以外的任何力量用作军事基地和准军事基地。美国和澳大利亚一些政治和军方人士还特别强调要防范中国在太平洋岛国地区建立军事基地，并一再渲染中国与太平洋岛国合作共建的卫星地面跟踪站是中国海军和太空军事基地，因而联手向岛国施压，迫使岛国关闭中国卫星观测站。

鉴于岛国与新兴大国经贸关系的不断强化，澳大利亚政府强调必须加强对太平洋岛国的控制，防止太平洋岛国在外部大国的经济利诱下失控。为此，澳大利亚政府一方面要求澳大利亚国际援助署和澳大利亚军方密切配合，一文一武共同推进对太平洋岛国的掌控；另一方面，澳大利亚政府决定增加对太平洋岛国的援助，特别是加强对岛国各级官员和司法系统官员的培训，以便从意识形态上和政治价值观上进一步塑造岛国的文官和司法体系。与此同时，澳大利亚军方则借加强与太平洋岛国军队和警察部门的合作，帮助岛国训练军队和警察之机加紧从军事安全上对岛国的掌控[3]。以巴布亚新几内亚为例，澳大利亚军方实施了《澳大利亚与巴新防务合作计划》，派遣澳大利亚军

---

[1] Defense Department, *Defense White Paper*, 2016.

[2] Paul Karp, "France to Build Australia's New Submarine Fleet as ＄50bn Contract Awarded", *Guardian*, 26 April 2016, https://www.theguardian.com/australia-news/2016/apr/26.

[3] Stewart Firth, "Security in Papua New Guinea: The Military and Diplomatic Dimensions", *Security Challenges*, Vol. 10, No. 2, 2014, pp. 97–113.

官至巴新军队担任指挥官,并接收巴新军官至澳大利亚军事院校学习和培训。此外,澳大利亚军队制订计划,与巴新军队开展年度联合训练。此举既增进了两军的关系,又帮助澳军掌握巴新的地形和气候,为今后的军事行动做准备。与军方合作相似,澳大利亚警方定期派遣警察赴巴新担任指挥官,并培训巴新警察部队,培养巴新警察队伍对澳大利亚的好感和向心力[1]。

在加强对岛国的军事和警察控制外,澳大利亚政府非常重视争取岛国民众的好感和支持。太平洋群岛地区是澳大利亚的近邻,也是澳大利亚最为关注的安全和利益地区,澳大利亚长期以来一直是太平洋岛国最大的援助国。近年来,由于经济形势和财政压力的原因,澳大利亚政府已经削减了100多亿澳元对发展中国家的援助预算[2]。但对于太平洋岛国地区,澳大利亚政府不仅没有减少援助,反而一再表示还要增加援助。作为发达国家,澳大利亚曾向联合国做出承诺,每年向最不发达国家提供援助[3]。但是,澳大利亚政府并没有履行这一承诺。澳大利亚深感非洲和南美的发展中国家"鞭长莫及",因而没有向它们提供援助的兴趣。澳大利亚更关心对位于"前院"的太平洋岛国的掌控,因为这更便于澳大利亚从这一地区获利[4]。

在对岛国的援助中,澳大利亚政府最热衷于向岛国地区各种非政府组织提供资金支持,此举旨在于岛国政府体系之外,培养亲西方力量,以便在必要时对岛国政府和非西方力量形成强大的民意和舆论压力。在与岛国的长期交往中,澳大利亚政府认识到派遣医疗队是赢得

---

[1] David Connery and Karl Claxton, *Shared Interests, Enduring Cooperation: The Future of Australia-PNG Police Engagement*, Australia Strategic Policy Institute, October 2014.

[2] Peter Jennings, "Vanuatu: China Gains from Our Neglect of the Pacific", *Australian*, 14 April 2018, https://www.theaustralian.com.au/news/inquirer/china-gains-from-our-neglect.

[3] Joe McKenzie, "Australia Should Fund Foreign Aid", *ABC news*, 12 September 2013.

[4] "Australia's Foreign Aid Spending: How Much and Where? -Get the Data", *Guardian*, 22 August 2013, https://www.theguardian.com/global-development/datablog/2013/aug/22/australia-foreign.

第六章　冷战后期澳美同盟的反常强化与澳大利亚地区霸权的巩固　◆◇◆

岛国民众好感的低成本、高效率的方式，因而要求其国际援助署与军方合作共同向岛国派遣了医疗队，深入到岛国的边远地区义诊。澳大利亚政府还刻意将医疗队的活动拍成电影在岛国各地播放，以增加岛国民众对澳大利亚的好感度。澳大利亚政府加强对太平洋岛国的政治、经济和军事控制的背后也有着深刻的经济利益考虑。太平洋岛国区域自然资源丰富，沿海蕴藏着大量的渔业和石油、天然气资源。岛国的内陆和深海地区则拥有丰富的金属和非金属矿产资源。澳大利亚资本和企业控制着岛国大部分自然资源，为澳大利亚带来了丰厚的经济利益[1]。澳大利亚因此认为培养在情感上亲近西方，且在政治上顺从西方的岛国政府最符合澳大利亚的政治、安全和经济利益[2]。

在此背景下，中国企业和中国资本的"走向太平洋岛国"从一开始就引起了西方发达国家和国际资本市场的高度关注，这一方面是由于中国企业蕴藏着巨大的竞争力，一旦充分释放后将对包括跨国公司在内的西方企业产生强有力的冲击；另一方面也是由于中国资本的巨量和充裕，令太平洋岛国的前殖民宗主国根本无法竞争。西方发达国家企业和资本早已对太平洋岛国利润较为丰厚的领域实施了有效的瓜分和垄断，他们并不希望中国企业和资本的介入，因为这将引发市场新的洗牌和竞争，从而对发达国家既得的高额垄断利益造成极其不利的影响。这是中国企业在岛国投资，特别是在资源和基础设施领域的投资引起了西方发达国家的高度关注，并且在相当长的时间里成为挑动西方国家神经的重要因素，这也使得中国企业和中国投资总是让中国投资人和民众感到意外地时时成为西方媒体的热点话题的重要原因[3]。

---

[1] Jenny Hayward Jones, "Australia-Papua New Guinea Relations: Maintaining the Friend Ship", Lowy Institute, 15 October 2018, https://www.lowyinstitute.org/the-interpreter.

[2] Joanne Wallis, "Hollow Hegemon: Australia's Declining Influence in the Pacific", *East Asia Forum*, 21 September 2016, http://www.eastasiaforum.org/2016/09/21.

[3] Greg Sheridan, "Top Defence Threat Now Lies in the South Pacific from China", *The Australian*, 22 September 2018, https://www.theaustralian.com.au/national-affairs/defence.

◆◇◆ 澳美同盟语境下澳大利亚地区霸权的建构

  研究中国和中国企业在太平洋岛国地区的政治和经济存在及其影响力已经成为太平洋岛屿地区研究的重要内容。许多西方学者注意到随着中国大陆企业和资本的迅速进入，中国大陆地区在太平洋岛国的经济存在和影响力也在同步增长。在太平洋岛国地区，人们经常看到商人们围在一起用英语、汉语夹杂着手势商谈生意。在西方学者看来，一国语言在某一地区的流行和盛行往往是该国地缘政治、经济和战略影响力显著上升的标志。西方对中国在太平洋岛屿地区政治和经济影响力的增强表现出截然不同的观点。

  一派对中国进行了较多的批评和指责，认为中国与太平洋岛国关系的加强不利于传统区域大国，特别是前殖民宗主国在本地区利益的巩固与强化，西方国家应对中国在岛国地区日益增长的经济、政治存在和影响保持警醒[1]。另一派则认为太平洋岛国从与中国的接触中获益颇多，因为中国不仅提供了有别于西方国家的援助渠道，而且与西方国家不同，中国对太平洋岛国的援助一般不设政治前提，从而便利了太平洋岛国的借贷和经济发展。这些学者因此得出结论：太平洋岛国与中国经贸合作关系的加强为太平洋岛国的经济增长和发展提供了新的机遇。更有一些学者认为中国与太平洋岛国合作的增强也带动了西方国家，特别是前殖民宗主国对该地区的重视，并不得不增加对该地区的援助和经贸合作。这些因素在一定程度上都拉动了太平洋地区岛国的经济发展和基础设施建设，为太平洋岛国地区的经济和社会发展做出了有益的贡献[2]。

  中国自 21 世纪以来在大洋洲投资的大幅度增加实际上并不仅仅局限于太平洋岛国。以太平洋群岛地区的霸权国澳大利亚为例，进入 21 世纪后，中国与澳大利亚的经贸合作关系不断强化，双方的经

---

[1] Hugh White, "America or China? Australia is Fooling Itself that it Doesn't have to Choose", Lowy Institute, 27 November 2017, https://www.theguardian.com/australia-news/2017/nov/27.

[2] Yang Jian, "China in the South Pacific: Hegemon on the Horizon?", *Pacific Review*, Vol. 22, Issue 2, 2009, pp. 139 – 158.

第六章　冷战后期澳美同盟的反常强化与澳大利亚地区霸权的巩固 ◆◇◆

济依存度日益上升。21世纪第一个十年结束之际，中国跃升为澳大利亚第一大贸易伙伴，澳大利亚对中国的经济依存度迅速上升，甚至远远超越了其对美国和日本的经济依存。2007年年初，中国与澳大利亚达成了具有历史意义的天然气订货合同，中国购买了价值250亿美元的液化天然气[①]。中国的大型企业还纷纷与澳大利亚矿业公司和农场进行并购和合资洽谈，并取得相当的成功。澳大利亚前总理陆克文曾多次表示澳大利亚经济在过去的二十多年里之所以未重现衰退就是由于中国经济增长和需求的强力拉动。因此，澳大利亚政府有必要认真考虑其与中国的关系，因为无论是澳大利亚经济的持久繁荣，还是大洋洲地区的经济发展都需要中国的资金、技术和成功经验。

但是，作为美国在亚太地区的"副警长"，澳大利亚一向被美国赋予维护以美国为首的西方国家在太平洋岛国地区的利益和价值观的重任。可以说，美国与澳大利亚在护持全球和亚太地区体系上作了责任划分。美国负责维护全球层面的霸权体系，而澳大利亚则负责维护美国在亚太地区的霸权体系与秩序。澳大利亚和美国曾多次对中国在太平洋岛国地区日益增长的经贸合作和影响力表示担忧，澳大利亚政府更是强硬地声称澳大利亚有多种选择和方式来应对中国在岛国地区日益增长的政治、经济存在和影响力[②]。为此，澳大利亚在过去的两年里不断地指责中国干涉其内政，并在南海问题上对中国指手画脚，甚至不惜以恶化中澳两国关系为筹码企图阻挠中国与太平洋岛国的互利合作[③]。澳大利亚不仅试图遏制中国与太平洋岛国的互利合作，还企图说服太平洋岛国不要接受中国援助

---

① Tony Wright, "How Australia Blew Its Future Gas Supplies", 29 September 2017, https://www.smh.com.au/opinion/how-australia-blew-its-future-gas-supplies-20170928.

② Greg Sheridan, "Top Defence Threat Now Lies in the South Pacific from China", *The Australian*, 22 September 2018.

③ Leigh Sales, "Hillary Clinton Warns of Chinese Influence on Australian Politics", *ABC News*, 14 May 2018.

和经贸合作来遏制中国的影响力[①]。但是这种企图的效果是可想而知的，因为在后冷战时代各国都将自己的经济利益和社会发展放到了首位，已经没有太平洋岛国再愿意听取澳大利亚关于"中国威胁论"的陈词滥调。况且通过与中国长时间的交往，太平洋岛国发现自己与中国，而不是与澳大利亚有着更多的共同利益和相似的历史遭遇。事实胜于雄辩，太平洋岛国更愿意与包括中国在内的亚洲各国而不是西方发达国家打交道。

澳大利亚等西方发达国家在试图用"中国威胁论"恐吓太平洋岛国失灵后，很快便将批评中国的焦点放到了太平洋岛国的"债务陷阱"上，宣称正是由于中国的援助才导致太平洋岛国陷入严重的"债务危机"，甚至是国家的"破产"的境地[②]。由于中国的投资条件较西方国家相对宽松，并且还不附加任何政治条件，因此近年来南太平洋地区域内外一些大国政要、研究机构和媒体"不约而同"地发声，指责中国把援助和投资当作争取太平洋岛国政治支持的工具，对中国向该地区的广大发展中岛国提供经济和基础设施建设援助表示担忧，声称这会加重岛国的债务负担，令其处于"破产"的境地[③]。对于国家债务形成机制较为熟悉的专家学者对于这种批评显然不屑置评，因为这种宣传只是出于政治目的，而根本不符合经济学逻辑。并且与西方投资者不同，中国更愿意向太平洋岛国提供基础设施开发贷款，这种贷款利息是优惠的，不至于令太平洋岛国背上沉重的债务负担。这些西方官方组织和媒体的"炒作"有意无意地混淆了臆想和事实之间的界限，严重误导了受众。

[①] Jamie Smyth, "New Zealand Boosts Aid to Counter China's Influence in South Pacific", *Financial Times*, 18 May 2018.

[②] Erin Cook, "South Pacific Waking to China's Debt-trap Diplomacy", *Asia Times*, 7 September 2018.

[③] Gramea Smith, "The Belt and Road to Nowhere", Lowy Institute, 23 February 2018. Joanne Wallis, "Papua New Guinea: New Opportunities and Declining Australian Influence?", *Security Challenges*, Vol. 10, No. 2, 2014, pp. 115–135.

第六章　冷战后期澳美同盟的反常强化与澳大利亚地区霸权的巩固 ◆◇◆

首先，太平洋岛国地区最大的"捐助国"（西方对发展中国家提供资金援助的专用术语）是澳大利亚，这是客观事实，而不是他们臆想的中国。此外，美国和新西兰是该地区最主要的"传统捐助国"，为太平洋岛国提供了非常可观的资金"捐助"。据太平洋群岛地区研究的权威机构澳大利亚洛伊研究所统计，在2006年至2016年的十年间，中国向包括东帝汶在内的太平洋岛国提供了17亿美元的"捐助"，而澳、美、新等"传统捐助国"则向该地区提供了90亿美元的"捐助"[①]。其中，澳大利亚一国就提供了高达60亿美元的"捐助"，占岛国前殖民宗主国援助总额的三分之二。就在2018年年底，澳大利亚等传统西方"捐助"国政府还宣布"为了对抗中国在太平洋岛国地区日益增长的影响力"，它们还将大幅度增加对太平洋岛国的"捐助"。面对90亿美元与17亿美元的巨额悬殊，人们不禁要问为什么在传统"捐助国"花费了巨资后，中国的影响力依然会"日益增长"，且令"传统捐助国""不安"？合乎逻辑的结论显然只有一个，那就是中国虽然花费少，但效果好，更符合岛国需要，因而收获了更大的地区影响。澳大利亚政府也深知其根本就没有经济实力与中国在岛国地区展开长期竞争，并且平洋岛国更愿意接受来自中国，而不是澳大利亚的援助。因此，岛国的"天平注定将会向中国倾斜"。

其次，澳、新、美等西方"传统捐助国"向太平洋岛国提供的大部分资金直接服务于政治目的，用于输出西方意识形态和价值观，这是客观事实。而中国提供的则是本质上属于商业性质的低息贷款，旨在帮助岛国发展经济，而不是臆想中的企图"在太平洋地区扩大政治影响"。这两者的区别在于前者是岛国并不愿意接受的"政治献金"，而后者则要求岛国遵守国际规则，恪守商业信誉，履行契约，"还本付息"。澳大利亚洛伊研究所的一些学者曾对"传统捐助国"和中国

[①] Jonathan Pryke, "The Bad and Good of China' Aid in the Pacific", Lowy Institute, 11 January 2018, https://www.lowyinstitute.org/the-interpreter/bad-and-good-china-aid-pacific.

在太平洋岛国的"捐助"进行了长期跟踪比较,发现"传统捐助国"向岛国提供的"捐助"除了一小部分是"人道主义援助"外,其余绝大多数是旨在推进当地"民主""人权""法治"和"良政"的政治性项目,只能以对"捐助国""无偿援助"的形式"强求"受捐国接受,而根本无法要求受捐国"还本付息"。研究还发现这些"捐助"项目的结果也"远非'捐助国'政府宣传的那样完美",毕竟输出意识形态和价值观是极其费时费力的事。研究发现中国提供的"捐助"多为低息贷款,或"友好性利率"贷款,主要用于推动当地涉及国计民生的大型基础设施建设项目[①]。中国与岛国有关方面在合约中明确规定了"捐助项目"的借贷利率,以及项目必须达到的质量和管理标准。在洛伊研究所的学者看来,中国的"捐助"更严格地讲是"商业属性",太平洋岛国有义务履行契约,期满"还本付息"。这些学者还发现中国的基础设施"捐助"并非中国"强加"于岛国,而是岛国"积极主动地向中国争取的结果",其过程类似商业借贷谈判。

最后,西方"传统捐助国"关于太平洋岛国因为与中国的经贸合作而将身陷"严重的债务危机",甚至会导致国家"破产"的说法并不是客观事实,也不等同于学术意义上严谨的"假说",它只是带有极大的片面性的"臆想"。正如前文分析,相较于西方"传统捐助国",中国在过去十年中对太平洋岛国的"捐助"金额不算特别"巨大",并且中国"捐助"的资金主要用于岛国经济和社会发展急需的基建项目,建成后具有相当的经济效益,以及难以量化的社会效益,可谓功在当代,利在千秋。从经济学视角分析,相较于美国等西方国家100%—200%的负债率,与中国有着较多经贸合作的太平洋岛国的负债率基本处于较低的可控范围。即便将来某个岛国真的陷入"债务危机",也不能想当然地归咎于与中国的经贸合作。当地的债务管

---

① David Wroe, "On the Ground in Vanuatu, Monuments to China's Growing Influence are Everywhere", *Sydney Morning Herald*, 10 April 2018.

第六章　冷战后期澳美同盟的反常强化与澳大利亚地区霸权的巩固

理能力、投资偏好与风险,以及不可预测的世界性和地区性经济与金融风险等都有可能成为至关重要的因素。

此外,全球范围内的经验型分析表明世界上没有任何一个国家因为与中国有着紧密的经贸合作而身陷"债务危机",或是"破产",这也是客观事实。早在20世纪90年代末和21世纪初,西方国家也曾渲染过类似的"债务危机论",以批评中国与广大发展中国家,特别是与非洲国家之间日益紧密的经贸合作。但是,今日非洲的勃勃生机不仅证明以英国《经济学人》为代表的西方政治和经济精英对非洲大陆"毫无希望"的判断是极其错误的,也难以辩驳地证明了中国与非洲的经贸合作对非洲经济与社会发展的重要意义。同样,太平洋岛国地区的经济发展已经不再是一潭"死水",一些国家在近年内已经实现了高达7%的年均经济增长率,这是殖民时代难以想象的。从上述分析可以看出,对太平洋岛国"债务危机"的渲染,并因此批评中国显然不符合客观事实。国际货币基金组织第一副主席利普顿在出席第十一届亚洲金融论坛时对发达国家对中国的一些批评与指责特别做出回应,他强调指出,中国在援助发展中国家的基础设施时充分考虑了受援国的承受能力、社会经济效益、可持续发展和环境保护等方面因素[①]。洛伊研究所一些学者也认为澳大利亚和其他一些西方国家过度臆想"债务危机"将阻碍岛国经济和社会发展,乃至整个太平洋群岛地区的繁荣与稳定。太平洋岛国的政治领导人对澳大利亚"善意"地提醒要警惕中国贷款制造债务陷阱的风险警告不仅不予理睬,反而警告澳大利亚不要"无事生非"地"破坏"岛国与中国的互利合作,不要寻找借口简单粗暴地干涉太平洋岛国的主权与内部事务。

除了制造耸人听闻的"债务陷阱"论外,澳大利亚一些政客还不遗余力地"妖魔化"中国与岛国的基建合作。澳大利亚国际发展与太

---

① David Lipton, "Ensuring a Sustainable Global Recovery", *International Monetary Fund*, 15 January 2018.

◆◇◆ 澳美同盟语境下澳大利亚地区霸权的建构

平洋事务部长孔切塔·菲拉万蒂-维尔斯（Concepta Fierravanti-Wells）对中国在太平洋地区的影响力的"明显增长"表示担忧和不满，她充满妒忌地攻击中国对太平洋岛国的援助是"白象"——不符合岛国人民的切实需要[1]。维尔斯声称，"在太平洋地区随处可见中国援建的毫无用处的建筑物，它们都是垃圾……我时常会看到中国筑路人员在修建不知通向何处的公路"[2]。维尔斯还指责中国给予太平洋岛国的贷款"条件苛刻"，让岛国背上了沉重债务负担[3]。维尔斯的说法显然缺乏逻辑和可信度，因为没有人会花费巨资修建"不知通向何处的"公路。维尔斯的批评如果不是恶意诽谤，就是在污辱太平洋岛国政府官员和民众的"智商"，因为他们花费巨资建"垃圾"。

维尔斯的"无礼"和充满"种族歧视"的言论立即遭到太平洋岛国领导人和民众异口同声地批评。萨摩亚总理图伊拉埃帕批评维尔斯的评论是对所有太平洋岛国领导人的"侮辱"，如果澳大利亚政府高官不改正自己的错误，将会"毁掉"澳大利亚与太平洋岛国之间的关系。图伊拉埃帕赞扬中国援助为萨摩亚的社会发展和应对气候变化发挥了至关重要的作用。巴新外交部部长帕托则反击说巴新政府知道如何"评估、管理和使用外国资金，我们不需要别人说教"。"即便你抹黑中国，我们还是要和中国合作。""谁对我们好，我们就和谁合作。"《瓦努阿图每日邮报》批评维尔斯"根本不知岛国民众疾苦，这些道路并非'不知通向哪里'，而是通向我们的家！"[4] 澳大利亚国立大学研究南太援助事务的研究员格雷姆·史密斯批评韦尔斯根本不

---

[1] AFP, "China Lodges Protest Against Australian 'White Elephant' Remarks", *Strait Times*, 10 January 2018.

[2] Mark Wembridge, "Australia Lashes out at China's 'Useless' Pacific Projects", *Financial Times*, 10 January 2018.

[3] Michael McLaren, "Pacific Nations Drowning in Chinese Debt", *The Australian*, 30 January 2018.

[4] Raymond Nasse, "A Look At What China Aid Has Been Doing For Vanuatu", *Vanuatu Daily Post*, 31 January 2018.

第六章　冷战后期澳美同盟的反常强化与澳大利亚地区霸权的巩固 ◆◇◆

了解太平洋岛国人民的需求，也根本不了解太平洋岛国人民的情感。他批评说在维尔斯的心中似乎几句好话、一顿宴席就足以让南太平洋岛国的政治领导人签下任何协议。澳政府高官如此抹黑岛国领导人不仅不会赢得岛国民众的支持，反而只会让自己在太平洋岛国失尽人心①。《每日邮报》劝告澳大利亚政府"放下正扔向中国的石头，首先从自己的错误中汲取教训"。

斐济《太阳报》对中国援助表示感谢，认为它们促进了斐济的经济增长和社会发展②。《太阳报》还指出中国在援建的过程中向当地的工人们传授了建筑技术，提升了斐济人的建筑技能。《太阳报》对维尔斯的言论进行了批评，强调斐济人民对中国援助一直心存感激，而中国对太平洋岛国的援助是否有用取决于斐济人的看法，而不是取决于澳大利亚官员的看法。汤加《卡尼瓦新闻》援引该国司法大臣法奥图西亚的评论说，澳大利亚无力帮助太平洋岛国发展基础设施，却无理地"指责中国帮助贫穷、急需帮助的太平洋岛国，这令人感到悲哀"。汤加政府和民众认为中国携手汤加发展是汤加求之不得的大好事。萨摩亚《新闻连线报》发表了《我们是棕象，而不是白象》的社论文章，责问澳大利亚高官为何总是要把中国单挑出来加以攻击，为什么他们不批评效率糟糕的西方国家？比如，美国、新西兰，还有澳大利亚自己？文章总结说韦尔斯对中国援助的攻击是最糟糕的新殖民主义表现。她不是真的关心太平洋岛国的未来，而是更担心中国在澳大利亚的"后院"拥有越来越大的影响力。

澳大利亚国立大学研究南太援助事务的研究员格雷姆·史密斯批评维尔斯的评论很"愚蠢"，既不利人，也不利己，说明她根本就不

---

① Graeme Smith, "is there a problem with.... PRC aid to the Pacific?", *China Matters*, April 2018, http://chinamatters.org.au/wp-content/uploads/2018/04/China-Matters-Recommends-04-April-2018-PRC-Aid-Pacific.pdf.

② Voreqe Bainimarama, "New Bridges to Ease Traffic Congestion, Make Travel Faster, Convenient", *Fiji Sun*, 12 January 2018.

了解太平洋岛国人民的需求，也不了解太平洋岛国人民的情感。在维尔斯的心中似乎中国的几句好话、一顿宴席就足以让岛国的领导人签下任何协议。澳政府高官如此抹黑岛国领导人不仅不会赢得岛国民众的支持，反而只会让自己在太平洋岛国失尽人心[1]。维尔斯对中国的攻击在澳大利亚政界也没有得到太多政治家和民众的响应。澳大利亚时任外长毕晓普和副总理乔伊斯都发表讲话，与维尔斯拉开距离。当然，澳大利亚政治家们也有自己的考虑，一是维尔斯对中国的攻击已经引起岛国的共愤，因而不愿引火烧身；二是澳大利亚对南太平洋岛国的援助存在很多问题，过度攻击中国，会引发岛国对澳大利亚援助的批评，从而搬起石头砸自己的脚。澳大利亚最大的反对党的影子外交部部长黄英贤批评维尔斯的举动很"笨拙"，根本没有政治敏锐性。澳大利亚前驻美国、日本等国大使约翰·麦卡锡提醒维尔斯"身处玻璃房子里的人千万不要随便乱扔石头"[2]！澳大利亚一些工商界人士因此批评维尔斯"口无遮拦"，在自己的问题成堆时却去攻击别人。

在与岛国的交往中，西方前殖民宗主国既不理性地反思自己与岛国交往过程中的不足，也不虚心地研析中国赢得岛国"民心"的一些值得称道的做法，而是一味地希望通过冷战式的遏制与对抗，以及一些根本"上不了台面"的"小动作"来遏阻中国在该地区影响力的日益增长。其结果不仅适得其反，而且反映了这些国家某些外交政策决策者思维的陈旧和心胸的偏狭。西方国家，特别是太平洋岛国前殖民宗主国对中国的"围攻"也说明了西方国家对于中国在太平洋群岛地区政治、经济存在和影响力的快速增强已经处于高度紧张和不安状态，并且正在使用经济以外的政治和军事手段来遏制中国在该地区影响力的增长。太平洋岛国在21世纪第一个十年结束之际越来越积极

---

[1] Graeme Smith, "is there a problem with.... PRC aid to the Pacific?", *China Matters*, April 2018, http://chinamatters.org.au/wp-content/uploads/2018/04/.

[2] Australian, "Fierravanti-Wells Comment on China's Pacific Aid was Out of Line", 12 January 2018, https://www.theaustralian.com.au/news/inquirer/.

第六章　冷战后期澳美同盟的反常强化与澳大利亚地区霸权的巩固　◆◇◆

主动地加强与中国的关系充分说明了作为本地区最大的援助国、投资国和贸易伙伴的澳大利亚已经无法像 20 年前一样掌控和影响太平洋岛国的外交政策[①]。面对中国在太平洋群岛地区，乃至整个南太平洋地区日益增长的存在和影响力，澳大利亚政府所剩下的选项只能是徒然地焦虑，或是与中国在太平洋地区合作。一些具有远见卓识的人士强调指出，西方国家应当严肃客观地研究中国与太平洋岛国的经贸合作，并提出与中国相互"取长补短"的建设性意见[②]。只有这样才能真正造福于太平洋岛国民众，促进整个地区的经济发展与社会稳定。

一些澳大利亚学者和政治观察人士认为与其无谓地指责中国对太平洋岛国的援助，不如与中国就援助事宜开展合作。太平洋岛国不仅有着丰富的自然资源，更是世界上贫困人口的聚集区，中澳两国完全可以携手帮助他们早日摆脱贫困。太平洋岛国地区也是疟疾的多发区，两国可能联合开展研究工作，造福当地民众。此外，中澳两国还可以在气候、环境保护、卫生、教育等领域开展广泛而扎实的合作[③]。澳大利亚国立大学史密斯指出澳大利亚多年来一直向岛国提供援助，积累了丰富的经验，这是澳大利亚相对于中国的优势。而中国由于进入这一地区为时尚短，对岛国的国情并不十分了解。为了岛国的发展和民众的福祉，澳大利亚应该与中国和其他新兴国家分享这些经验。通过中澳合作，中国援助可以更好地造福太平洋岛国民众。两国也可以优势共享，更好地推动双方的经贸合作，这对于中澳两国来说都是有百利而无一害的事。

2018 年 6 月，澳大利亚洛伊国际政策研究所发表了一篇关于太平洋岛国与中国关系的研究文章，声称中国对太平洋岛国的援助实际上

---

① Philippa Brant, "Australian anxiety over China's South Pacific Aid Efforts is Misplaced", Guardian, 28 August 2013, https://www.theguardian.com/global-development/2013.

② Tess Newton Cain, Anna Powles and Jose Sousa-Santos, "Working with China in the Pacific", Lowy Institute, 2 May 2018, https://www.lowyinstitute.org/the-interpreter/working-china-pacific.

③ Lucie Greenwood, "Working with China on Pacific Climate Change", Lowy Institute, 15 August 2018, https://www.lowyinstitute.org/the-interpreter/working-china-pacific-climate-change.

与澳大利亚对岛国的援助形成互补[①]。文章指出发达国家对太平洋岛国的地区的援助在2011—2016年减少了20%。美国、欧盟和法国以前都是重要的捐助国,现在它们的援助已经急剧减少。自2013年以来,澳大利亚也大幅度削减了120亿美元的援助。包括澳大利亚学者在内的一些西方学者,如澳大利亚国立大学政策发展中心副主任马修·多南认为,在发达国家纷纷减少对澳大利亚援助之际,中国对岛国援助的增加是一件好事[②]。这些学者指出澳大利亚和其他发达国家无意援助太平洋岛国基础设施建设,中国却愿意发挥其强大的基础设施建设能力,这有利于岛国的经济发展。太平洋岛国地区需要基础设施建设,更需要来自中国物美价廉的帮助。实际上,中国无论是在基础设施的建设能力上,还是价格竞争上均优于西方国家。据洛伊研究所统计,中国援助的三分之二用于太平洋岛国的交通运输项目。

文章声称绝大多数太平洋岛国欢迎,并希望中国尽快资助岛国完成基础设施建设,欢迎中国援助教育和公共卫生等事业,并对中国在应对全球气候变化中所持的主张和采取的行动表示赞赏。而对该地区前宗主国,如澳大利亚和美国的地区援助总是与政治条件捆绑,以及发达国家领导人对全球气候变化的冷漠态度公开表示失望和不满。文章承认太平洋岛国在与中国多年的交往中对中国能够平等相待,并照顾岛国的利益需求而对中国心怀好感,非常希望能够不受前宗主国澳大利亚、英国和美国的干预自主地发展与中国的合作关系。文章还特别指出太平洋岛国领导人在地区安全等西方领导人关注的问题上已经表现出与西方领导人极大的差异,太平洋岛国领导人不仅不担心中国对岛国表现出的"兴趣",甚至还明确表示"欢迎中国",而不是"防范中国"才是他们的

[①] Shahar Hameiri, "China's Pacific presence improves Australian Aid", Lowy Institute, 22 June 2018, https://www.lowyinstitute.org/the-interpreter.

[②] Stephen Dziedzic, "Which Country Gives the Most Aid to Pacific Island Nations? The Answer Might Surprise You", Lowy Institute, 9 August 2018, https://www.abc.net.au/news/2018-08-09/aid-to-pacific-island-nations/10082702.

第六章　冷战后期澳美同盟的反常强化与澳大利亚地区霸权的巩固　◆◇◆

政策目标。太平洋岛国的政治领导人还一再强调气候变化，而不是中国在太平洋地区日益增长的存在与影响才是对太平洋岛国生存的最严重的威胁，也是太平洋地区国家必须面对的首要的安全威胁。

由此可见，即便澳大利亚不希望太平洋岛国与中国加强经贸合作与交流，但其企图阻止中国与太平洋岛国经贸合作的努力注定是徒劳的。太平洋岛国已经不再是独立前的殖民地，也不是冷战时期对澳大利亚言听计从的岛国了。太平洋岛国现在有了更多、更好的选项，这就是与亚洲等新兴经济体加强合作，这种合作的可靠程度远远超越了澳大利亚和其他西方国家。太平洋岛国对于世界大国越来越多的关注和大国之间因为它们而产生的地缘政治和经济竞争显然持欢迎态度，因为这有利于太平洋岛国更好地利用大国之间的竞争来实现自身利益的最大化。毕竟今日太平洋群岛地区最大的域外"捐助"国是澳大利亚、新西兰、日本、美国和中国，域外大国的相争往往会令太平洋岛国处于更加有利的位置。太平洋岛国可以凭借与中国日益紧密的经贸合作来迫使西方国家向其提供更多的经济援助，开展更多的经济合作。太平洋岛国也可以利用西方国家的关注和竞争来争取更多的中国援助、投资和经贸合作机会。

澳大利亚不仅希望在南太平洋地区巩固霸权地位，也非常希望能够在东南亚地区构建霸权地位。冷战后，由于苏联的解体，东南亚地区出现力量空隙。澳大利亚霍华德政府凭借与美国的密切关系，极大地提升自己在东南亚和南太平洋地区的政治和军事影响力。借助美国的政治、经济和军事支持，澳大利亚急于在南太平洋地区和东南亚地区展现自己的"副警长"地位。霍华德总理认为澳大利亚此时已有足够的能力在东南亚建立自己的政治影响，并在该地区事务中发挥较以往更大的作用。霍华德政府因此在冷战后异常积极地与插手东南亚地区事务，并不断地与东南亚举行"民主、人权、良政"等对话，试图在东南亚地区推进西方民主和政治制度，建立澳大利亚在"前院"地区的霸权和影响。霍华德政府还企图通过与东南亚有关国家加强军事

◆◇◆ 澳美同盟语境下澳大利亚地区霸权的建构

和防务合作来进一步巩固澳大利亚在该地区的军事存在。在经济上，澳大利亚也企图在东南亚地区施加影响，获取经济利益。霍华德明确指出澳大利亚必须将在东南亚地区的战略利益与经济利益结合起来，在地区经济、政治和安全等方面发挥澳大利亚的地区作用①。这表明霍华德希望通过与东南亚加强经贸合作获取经济利益，同时又希望能够增强澳大利亚在东南亚地区的政治和军事影响力。

美国在冷战后对澳大利亚构建地区霸权的强烈愿望予以大力支持，20世纪90年代末，美国向印度尼西亚施加种种压力，迫使其同意由澳大利亚领导的地区维和部队在东帝汶地区维和。澳大利亚因此大举进军东南亚邻国东帝汶，借机在该国建立了军事基地，并控制了该国的武装力量。2002年10月巴厘岛爆炸事件后，澳大利亚急不可耐地在东南亚地区开展反恐行动，表现出极强的主导该地区的反恐和地区安全事务的欲望。霍华德政府还宣布要向东南亚地区派遣军队，对该地区的恐怖势力予以"先发制人"的军事打击。2004年，澳大利亚主导了由印尼、马来西亚、新加坡、泰国和菲律宾等国外长和军方领导人参加的东南亚地区反恐会议，意图获取地区反恐主导权，遭到了东南亚一些地区大国的抵制。为了缓和与地区大国，特别是印尼的关系，2005年，澳大利亚与印尼签署了伙伴关系的框架协议，宣布两国将在反恐、防灾、经贸等方面进行全方位的合作。

2006年5月，东帝汶再次发生大规模动乱，动乱分子与澳大利亚控制的东帝汶军队发生了激烈的武装对抗，造成数十人死亡。霍华德立即派遣1000多名澳军前往镇压②。东帝汶再次动乱事件充分说明澳大利亚并不了解东南亚地区的传统文化，它只是试图将西方政治强加给东南亚国家，其结果只会适得其反。作为地区大国，印尼与澳大利

---

① Department of Defence, *Defense 2000: Our Future Defence Force*, Commonwealth of Australia Defence Publishing: Service 2000.
② James Cotton, "'Peacekeeping' in East Timor: An Australian Policy Departure", *Australian Journal of International Affairs*, Vol. 53, Issue 3, 1999, pp. 237–246.

第六章　冷战后期澳美同盟的反常强化与澳大利亚地区霸权的巩固　◆◇◆

亚关系一向紧张。澳大利亚视印尼为二战后澳大利亚国家安全和地区霸权的威胁，因而一直试图借助美国的力量遏制印尼。印尼也对澳大利亚在冷战期间的种种霸权主义和欺压弱小国家的行径记忆犹新，并且两国在东南亚地区争夺主导权和影响的斗争中从未停歇，因此两国在地区反恐和安全合作等重大问题上始终貌合神离。但是，澳大利亚在"两院"地区的积极"维和"的行动却赢得了美国政府的高度赞赏。小布什政府认为澳大利亚发挥了"副警长"的作用，为美国"警长"分担了维护地区霸权的重担[1]。

澳大利亚在太平洋岛屿地区和东南亚地区的"维和"行动实质性表明澳大利亚欲借"维和"之名在上述地区推行西方意识形态、价值观与政治制度。美国政府和军方十分支持澳大利亚在太平洋地区的霸权，美国政府和军方认为有了澳大利亚在南太平洋和东南亚地区分担美国的霸权维护责任，美国可以将更多的军事资源转移至全球其他战略区。美国政府和军方因而希望澳大利亚在亚太地区的制度与秩序的构建中发挥更加积极的作用[2]。在此背景下，澳大利亚企图借美国的支持和澳美军事同盟来扩大和构建在东南亚地区的影响和霸权。由此可见，澳大利亚在冷战后继续追随美国的意图并非完全出于自身的安全需要，而更多的是出于提升澳大利亚在亚太地区和西方集团中的地位，扩大澳大利亚的地区影响，巩固澳大利亚在东南亚和南太平洋地区的领导地位。

澳大利亚在南太平洋和东南亚地区以反恐为名推行的地区霸权政策产生了极大的负面影响。澳大利亚欲对邻国采取"先发制人"的策略引起了南太平洋和东南亚地区一些国家的强烈不满。有了美国的坚持，澳大利亚并不满足于在南太和东南亚邻近地区的霸权，还想在整个亚太地区扮演"副警长"的角色。霍华德在小布什总统将澳大利亚提升为

---

[1] Paul Daley, "Australia Cast Itself as the Hero of East Timor, But it was US Military might that Got Troops in", *The Guardian*, 30 August 1999.
[2] Department of Foreign Affairs and Trade, *Australia-United States Ministerial Consultations 2009 Joint Communiqué*, 2009.

◆◇◆ 澳美同盟语境下澳大利亚地区霸权的建构

亚太地区"警长"后,曾十分得意地对澳大利亚新闻界宣布澳大利亚已经是亚太地区的强国了,有责任帮助美国护持世界和亚太地区的秩序。2003年,美国负责亚太地区事务的副国务卿阿米蒂奇对澳大利亚紧随美国推行霸权主义和单边主义的"忠诚"大加赞扬。他吹捧澳大利亚具有全球的视野,是国际政治舞台上一颗新星,美国和西方世界期待着澳大利亚在亚洲和全球的舞台上发挥更加重要的作用①。美国国务卿赖斯也对澳大利亚长期以来对美国的忠诚和坚定大加赞扬,她称赞说美国没有比澳大利亚更长久、更忠诚的朋友。美国总统小布什也赞扬澳大利亚是美国最坚定的盟友,霍华德对此十分得意地声称澳大利亚是令美国难以忘记的国家②。为了回报澳大利亚的"忠诚",美国不仅肯定了澳大利亚在太平洋岛国论坛中发挥主导作用,而且支持澳大利亚主导南太平洋地区的安全事务,推动太平洋岛国的"民主、自由和法治"。小布什甚至授权澳大利亚在整个亚太地区发挥领导作用。正是因为有了美国的支持和庇护,澳大利亚的地区雄心急速膨胀,澳大利亚政府和军方觉得澳大利亚不再是南太平洋地区的大国,而是亚太地区的大国,可以在世界舞台上发挥大国作用。在美国政府高官接连访问澳大利亚之后,霍华德政府的外交部部长亚历山大·唐纳便代表澳大利亚政府宣布澳大利亚的利益不仅仅局限于南太平洋和亚太地区,而是遍布全世界,因此,澳大利亚愿意与美国一道担负起的全球责任。

特别值得关注的是澳大利亚借"反恐"为名一再声称维持澳大利亚的地区霸权和安全是其最为重要的战略利益,澳大利亚必须进一步强化澳美军事同盟,阻止任何外部强国在太平洋地区的军事力量投放能力。因此,澳大利亚和美国对西方以外的国家与太平洋岛国开展政治、经济和军事合作异常敏感,一再向太平洋岛国施加压力,阻挠其与域外

---

① Rod Lyon and William Tow, *The Future of the Australian-U. S. Security Relationship*, U. S. Army War College, 2003.

② Robert D. Blackwill and Paul Dibb, *America's Asian Alliances*. Cambridge, MA: MIT Press, 2000, p. 160.

第六章　冷战后期澳美同盟的反常强化与澳大利亚地区霸权的巩固　◆◇◆

非西方国家开展密切的政治、经济和安全合作。澳大利亚政府认为澳大利亚必须加强对太平洋岛国的控制力，防止太平洋岛国在新兴大国的"利诱下"摆脱澳大利亚和西方前殖民宗主国的控制。澳大利亚政府和军方认为为了达到这一目的，澳大利亚必须担负起维护地区"维和"的重任，随时准备以"维和"之名向岛国派遣部队，以控制岛国的政府和政局。2012年，澳大利亚国防部发表了《巴布亚新几内亚：维护未来繁荣和地区安全》的政策报告，强调澳大利亚必须确保太平洋群岛地区国家的政治稳定和对澳大利亚的"友好"，确保岛国不会与域外非西方国家开展任何形式的安全和军事合作，并将其领土与领海提供给非西方国家作为军事基地，或用于军事目的。澳大利亚2013年《国防白皮书》再次明确提出澳大利亚必须协助美国在太平洋和印度洋地区发挥重要作用，维护美国在两洋地区的军事霸权和美国治下的和平与稳定。为此，澳大利亚政府不断劝说议会要用战略的眼光来看待澳大利亚对美国的军事协助义务，尽快增加军费和军事资源的投入[1]。

尽管澳大利亚政府野心膨胀，但澳大利亚政客和军方始终牢记美国才是澳大利亚地区野心的最为重要的支撑。霍华德政府外长唐纳曾直言不讳地表示澳大利亚必须清醒地认识到澳大利亚的地位是美国大力支持的结果，是澳美同盟背后支撑的结果。正如澳美关系专家卡梅莱利（Joseph A. Camilleri）所言只有在美国"大棒"的保护下，澳大利亚才有可能对亚洲和太平洋地区邻国举起威胁性的"小棒"。澳大利亚的"小棒"需要美国"大棒"授予合法性。如果没有美国的"大棒"支持，澳大利亚也就失去了挥舞"小棒"的能力和勇气[2]。由此可见，澳大利亚政府深知澳大利亚欲在国际社会发挥大国作用必须紧紧依靠澳美同盟。可以说，如果离开了这一前提条件，澳大利亚

---

[1] Australian Department of Defense, Defence White Paper 2013.
[2] Joseph A. Camilleri, "A leap into the past—in the name of the national interest", *Australian Journal of International Affairs*, Vol. 57, Issue 3, 2003, pp. 431–453.

充其量不过是个南太平洋地区的大国，要想在亚太地区发挥重要作用都十分不易。特别值得关注的是，在澳大利亚经济形势趋好之际，特恩布尔政府立即大幅度增加了澳大利亚的国防预算。这一方面有特朗普政府一再施压的结果，另一方面也有澳大利亚加强军事实力，巩固在亚洲和太平洋地区霸权的结果。澳大利亚的2016年《国防白皮书》更是强调为了担负起澳大利亚在亚太地区的安全责任，澳大利亚政府必须大幅度增加国防开支，将其从2013年占国民生产总值的1.5%提高到2%①。特恩布尔政府还宣布从2016—2026年，澳大利亚国防总预算将进一步调高至4470亿澳元。新增加的军费除了扩充军队人数和加强与美国的联合训练以外，主要用于为澳大利亚军队购买新的武器装备。

为了加强对太平洋岛国的控制和影响，澳大利亚政府要求澳大利亚国际援助署和澳大利亚军方密切配合，一文一武共同推进与太平洋岛国的政治和安全联系。以太平洋岛国中最为重要的巴布亚新几内亚为例，澳大利亚政府一再决定加强对巴新的控制，特别是帮助巴新政府培训各级官员和司法系统的官员，以便从意识形态上和政治价值观上加强对巴新文官体系的控制和意识形态塑造。与此同时，澳大利亚军方还加强与巴新武装部队和警察部队的合作，特别是帮助训练巴新的军队和警察②。澳大利亚军方制定，并实施了与巴新加强军事合作的《防务合作计划》，其中一个重要内容就是派遣一部分澳大利亚军官至巴新军队中担任指挥官。澳大利亚每年还邀请数十名巴新军官至澳大利亚邓特伦军事学院、国防学院、国防与战略问题研究中心训练和培训。此外，澳大利亚军队几乎每年都要与巴新军队举行联合训练，以帮助巴新军队掌握西方武器装备和技战术。澳大利亚军方之所

---

① Australian Department of Defense, *Defense White Paper*, 2016, http://www.defence.gov.au/WhitePaper/.

② Stewart Firth, "Security in Papua New Guinea: The Military and Diplomatic Dimensions", *Security Challenges*, Vol. 10, No. 2, 2014, pp. 97 – 113.

第六章　冷战后期澳美同盟的反常强化与澳大利亚地区霸权的巩固　◆◇◆

以重视与巴新军队的年度联合训练还在于它能够增进两军的协同作战能力和两军的战斗友谊，同时它还能帮助澳大利亚军队熟悉巴新的重要地形和天气状况，为今后在巴新的军事行动做准备。澳大利亚政府的另一个重要考虑是澳大利亚军队可以与巴新军队联合行动在太平洋岛国地区开展"维和"行动，以增加澳大利亚地区维和的合法性，减少太平洋岛国对澳大利亚的不满与怨恨。与此同时，澳大利亚警察部队也加强了对巴新警察的控制和训练。与军方的合作相似，澳大利亚警方派遣一部分警察赴巴新担任巴新警察部队的高级指挥官[①]。澳大利亚与巴新军警加强合作的举措旨在强化对巴新军队和警察部队的控制，使之成为控制巴新政府的工具。

除了加强对太平洋岛国的军政控制外，澳大利亚政府也深知获得太平洋岛国民众的好感与支持对澳大利亚的重要性。为此，澳大利亚政府一直拨出预算，派遣医疗队向部分太平洋岛国民众提供医疗卫生等人道主义援助。澳大利亚国际援助署与军方合作向巴新派遣了医疗队，深入到巴新边远地区进行义诊。澳大利亚政府还提供资金将医疗队在巴新最偏僻的阿巴乌地区的义诊活动拍成影片在世界和太平洋岛国各地放映，以增加世界和太平洋岛屿地区民众对澳大利亚的好感。澳大利亚政府认为派遣医疗队是一种效果好、成本低的赢得太平洋岛国民众对澳大利亚好感的有效手段。澳大利亚政府加强对巴新等太平洋岛国的政治和军事影响与控制也有经济利益的考虑，巴新等一些太平洋岛国拥有丰富的自然资源，如巴新的沿海省份渔业资源和海洋石油、天然气等资源蕴藏丰富，而其内陆省份则拥有丰富的金属和非金属矿产资源。澳大利亚资本和企业是巴新许多自然资源的开发商，每年为澳大利亚带来丰厚的经济利益。一个政治稳定，并受澳大利亚控制和影响的巴新当然最符合澳大利亚的根本利益。

---

① David Connery and Karl Claxton, *Shared Interests*, *Enduring Cooperation: The Future of Australia-PNG Police Engagement*, Australia Strategic Policy Institute, October 2014.

尽管澳大利亚是太平洋岛国地区最大的援助国，但是澳大利亚政府和媒体却总是宣扬中国正在太平洋地区"到处撒钱"。澳大利亚这么做，一是企图转移国内民众对其在岛国地区"撒钱"，效果却不理想的批评与指责，二是企图获得议会的批准，以便增加对岛国的援助，对抗"中国在岛国地区日益增长的影响"。但是，澳大利亚政府和媒体也深知两个事实，即澳大利亚根本就没有经济实力与中国在太平洋岛国地区展开长期竞争；太平洋岛国政府更愿意接受来自中国，而不是澳大利亚的援助，因为"天平注定将会向中国倾斜"。作为发达国家，澳大利亚曾向联合国做出承诺，每年拨出国民收入的0.5%用于援助最不发达国家[1]。但是，澳大利亚并没有履行这一承诺，因为澳大利亚对于援助远在非洲、中美洲的发展中国家由于"鞭长莫及"而兴趣不大，澳大利亚更在意控制和影响近在"家门口"的太平洋岛国[2]。

---

[1] Joe McKenzie, "Australia should Fund Foreign Aid", *ABC news*, 12 September 2013.
[2] "Australia's Foreign aid Spending: how much and where? -get the data", *Guardian*, 22 August 2013.

结　　语

1901年1月1日，澳大利亚联邦正式成立。澳大利亚联邦直接脱胎于英国殖民地，是英国殖民主义者对太平洋地区原住民土地掠夺的结果。澳大利亚联邦政府由原殖民政府组成，因而其外交政策继承了英国殖民者的外交政策，天生就带有强烈的种族主义、殖民主义、帝国主义和霸权主义的基因，表现出浓郁的马基雅维里主义和社会达尔文主义特征[1]。澳大利亚殖民主义政府从建立之日起便对亚洲和太平洋地区的国家和民众充满了种族主义和帝国主义的偏见与傲慢，甚至是敌意和侵略[2]。自以为比亚太地区各民族更优秀的澳大利亚殖民者意图凭借英国的坚船利炮在南太平洋和西南太平洋地区建立澳大利亚的地区霸权。澳大利亚因此自联邦成立之日起便要求其殖民宗主国英国保护澳大利亚的地区野心，不许其他帝国主义列强染指太平洋岛屿地区[3]。由于澳大利亚的土地来源于对澳洲大陆原住民的非法掠夺，缺乏合法性，澳大利亚殖民主义者始终担心新兴帝国主义强国，如德国和日本等，也会趁英国国力下降之际，夺其地，灭其国。澳大利亚

---

[1] J. D. Legge, "Australian Colonial Policy: A Survey of Native Administration and European Development in Papua", *The Australian Quarterly*, Vol. 28, No. 4, 1956, pp. 110 – 112.

[2] Alan G. L. Shaw, "James Stephen and Colonial Policy: The Australian Experience", *The Journal of Imperial and Commonwealth History*, Vol. 20, Issue 1, 1992, pp. 11 – 34.

[3] Joan Beaumont, *Broken Nation: Australians in the Great War*, Allen & Unwin Press, 2014.

殖民政府因而总是视欧美新兴强国在太平洋地区的活动，特别是亚太地区新兴国家的崛起为其国家安全和地区霸权的重大威胁。

19世纪末，日本军国主义迅速崛起，在太平洋地区展现出咄咄逼人的扩张侵略态势。日俄战争后，澳大利亚殖民者担心新兴的日本军国主义会凭借日益增长的军事力量将其驱逐出澳洲大陆，因而产生了与新兴帝国主义强国美国结盟的强烈愿望。与此同时，澳大利亚殖民者又表现出在太平洋地区建立地区霸权的强烈野心。在巴黎和会上，澳大利亚在英国、法国的支持下"三面作战"，强烈要求严惩德国，严格限制其军事能力，并索取巨额赔款。澳大利亚的目的很明确，就是企图致德国于死地，令其在太平洋岛屿地区再无能力收复太平洋岛屿殖民地，挑战英国和澳大利亚的殖民霸权[①]；在英国、法国的支持下，澳大利亚在巴黎和会上又与日本恶斗，坚决阻止日本军国主义向太平洋岛屿地区扩张。澳大利亚总理休斯甚至咆哮和会，严厉斥责日本，要求他们将其"脏手从澳大利亚的太平洋群岛上拿开"[②]；同样是在英国、法国的支持下，澳大利亚在和会上又与新兴大国美国角力，坚决反对国联将部分太平洋岛屿交予美国托管，阻挠美国插手太平洋岛屿地区事务的企图。

第一次世界大战后，澳大利亚殖民政府一方面继续追求与新兴大国美国结为军事同盟，另一方面又担心美国会趁英国国力下降之机夺取澳大利亚。澳大利亚这一担忧即便是在第二次世界大战澳美结为军事同盟期间也依然存在。第二次世界大战后，澳大利亚一方面担心美国重新武装日本会致使日本军国主义复活而再次威胁澳大利亚的安全和地区霸权；另一方面又担心东南亚地区的民族独立和解放运动会波及和唤醒澳洲原住民，澳大利亚因而视刚刚获得民族独立和解放的东

---

① Wm. Roger Louis, "Australia and the German Colonies in the Pacific, 1914 – 1919", *The Journal of Modern History*, Vol. 38, No. 4, 1966, pp. 407 – 421.

② William Morris Hughes, "Australia to have a Monroe Doctrine", *New York Times*, 1 June 1918.

结　语

南亚国家为其安全和地区霸权的重大威胁。二战后，澳大利亚一直对近邻东南亚大国印度尼西亚充满敌视，认为印尼人口众多，发展潜力巨大，有朝一日一定会威胁澳大利亚的安全，并与澳大利亚争夺地区霸权[1]。澳大利亚与印尼的关系因而在冷战期间一直处于对立和纷争不断的状态。冷战结束后，随着中国经济的快速发展，澳大利亚又将亚洲"威胁论"的矛头指向中国，不断散布"中国威胁论"，臆测中国将对澳大利亚的安全和澳大利亚的"前院""后院"霸权构成挑战。

由此可见，澳大利亚对亚洲邻国的"安全担忧"其实并非源于文化差异，更重要的是源于其土地来源的"不合法性"、追逐地区霸权的劣根性以及"白人至上"的种族主义特性[2]。因此，澳大利亚自联邦成立以来长期所处的安全困境实质是其殖民主义的种族傲慢和地区霸权野心的直接后果。恰恰是由于这两点原因，澳大利亚才始终觉得与大洋洲和亚洲近邻格格不入，在亚太地区没有安全感，形成了国际社会罕见的"偏执受害者心态"。在自认为生活在"亚洲丛林边缘"的同时，澳大利亚殖民者及其后裔又持强烈的"白人至上"的种族优越感，以为欧洲的白人血统比大洋洲和亚洲的人种更加高贵，理应成为亚太地区的统治者，表现出强烈的地区霸权野心[3]。澳大利亚殖民政府虽然野心勃勃，但由于地广人稀，经济体系失衡，军力薄弱，澳大利亚的国力与其地区野心极不匹配，因此不得不在英国日渐没落，德国和日本强势崛起的情形下积极寻求与新兴强国美国结盟，以阻止帝国主义列强对其来源不合法的广袤国土的觊觎，并建立由澳大利亚主导的次地区霸权体系。

---

[1] Moyar, Mark, *Triumph Forsaken: The Vietnam War, 1954-1965*, Cambridge: Cambridge University Press, 2006, p.386.

[2] 于镭:《澳美同盟与印太战略建构的理论分析》，《澳大利亚研究》2018年第2期。

[3] Carl Bridge, "When the British spied on Billy Hughes at Versailles", *Inside Story*, 6 December 2017.

◆◇◆ 澳美同盟语境下澳大利亚地区霸权的建构

　　与澳大利亚的"积极主动"相反，美国并不急于同澳大利亚结盟，更无意为澳大利亚的安全提供保障。美国此举并非由于美国无意争霸太平洋，而是美国暂时力有不逮，且对外侵略扩张的战略重点尚未转移至太平洋地区。美国在二战前忙于在拉美地区推行"门罗主义"，巩固"后院"，因而无力在太平洋地区大规模侵略扩张。美国担心一旦与澳大利亚结盟，就势必与英国和日本等其他帝国主义列强为敌，这对于新兴大国美国来说既不明智，也不合算。美国在二战前与日本保持着紧密的经贸往来，美国从中获益甚丰。一旦与澳大利亚结盟，美国与日本的贸易极有可能受损。此外，美国正竭力试图拆散英日同盟，为今后与英、日争霸太平洋，建立美国霸权预做准备[1]。如果美国过早与澳大利亚结盟，英日同盟极有可能更加巩固，从而不利于美国在太平洋地区构建长远霸权，美国政府和军方因此对澳大利亚一再要求结盟的请求不仅不予理睬，反而暗中谋划如何夺取澳大利亚以便在未来与英国的太平洋争霸战中赢得胜利[2]。

　　第二次世界大战的爆发终使澳美形成战时同盟。日军对珍珠港的毁灭性打击，对美英在东南亚殖民地和军事基地的全面攻占，使美国完全丢失了东南亚地区的战略要点，不得不依靠澳大利亚作为抵抗日本进攻的堡垒和今后收复失地的反攻基地。美澳双方因而出现了战时利益的契合，这是双方军事同盟得以实现的最根本和最现实的基础[3]。澳美战时同盟的建立过程充分说明了"同文同种"和"血浓于水"从来就不是帝国主义列强结盟的基础，它们只不过是基于共同利益的帝国主义军事同盟的遮羞布，是将其经过包装以摆上道义高地的自欺欺人的谎言。历史就是历史，它并不是可以任由人打扮的小姑娘。澳

---

[1] V. N. Khanna, *International Relations*, New iDelh: Vikas Publishing House, 1994, p. 177.

[2] Russell Parkin and David Lee, *Great White Fleet to the Coral Sea*, Canberra: Australian Department of Foreign Affairs and Trade, 2008, p. 22.

[3] Thomas B. Millar, "Australia and the American Alliance", *Pacific Affairs*, Vol. 37, No. 2, 1964, pp. 148–160.

结　语

美同盟的建立,以及它以后的成长与发展历程无一不极好地诠释了温斯顿·丘吉尔对帝国主义国家间关系的断言:没有永恒的朋友,也没有永恒的敌人,永恒的只有国家利益。

二战后,澳大利亚渴望美国能够继续在东南亚和澳大利亚驻军,并与澳大利亚结为正式的军事同盟。澳大利亚政府和军方认为澳大利亚地广人稀,根本无力独自保卫国土安全。澳大利亚因此希望能够"留美于亚",此举既可为澳大利亚提供安全保护,又可帮助澳大利亚维护在"前院"和"后院"的地区霸权[1]。作为回报,澳大利亚政府和军方则表示愿意对美效忠,希望通过对美国的"忠诚"和"牺牲"来换取美国的保护和支持。但是,继续与澳大利亚保持军事同盟,为其安全和地区霸权背书并不符合战后美国的全球霸权利益。美国在二战后的战略重心在欧洲,美国因而无意分散力量,向亚太地区增兵,为澳大利亚的安全和霸权提供庇护。

二战后,澳大利亚"前院"东南亚地区民族独立和解放运动蓬勃兴起,澳大利亚殖民者认为这对殖民主义和帝国主义列强在东南亚地区的侵略、掠夺和既得利益构成了严重挑战,因而大力支持帝国主义,特别是英、法、荷等欧洲老牌殖民主义在亚洲的殖民统治,并积极镇压东南亚人民的独立与反抗斗争。英国由于战后国力大为衰落,因而只想镇压马来西亚和新加坡的民族独立运动而无意,也无力派兵镇压东南亚其他地区人民的独立和解放斗争[2]。在看到东南亚人民的独立和解放运动之火无法扑灭后,澳大利亚政府和军方更加急于将美国拉入亚洲,因而竭力怂恿美国武装干涉东南亚人民的独立和解放运动,企图凭借美国强大的军事力量将东南亚各国人民争取国家独立和民族解放的斗争彻底绞杀。应该说,澳大利亚在二战后东南亚各国人

---

[1] 于镭、隋心:《澳美同盟的缘起、建构和稳固》,中国社会科学出版社2020年版。
[2] Michael Turner, *Britain and the World in the Twentieth Century: Ever Decreasing Circles*, London: Continuum, 2010, p.151.

293

民的解放斗争中扮演了极其不光彩的角色。正是为了镇压东南亚人民的独立和解放运动,维护包括澳大利亚在内的殖民主义利益,澳大利亚千方百计地企图将美国拉入亚太地区为澳大利亚提供安全和霸权的保护。这是澳大利亚打着抵御苏联共产主义"扩张侵略"旗号要求美国出兵武装镇压东南亚各国人民争取民族独立和解放动运动的最重要的动机,体现了澳大利亚政治家的"狡黠"。

美国虽然对东南亚地区民族独立和解放运动极为关注,却并不轻易上钩,为英国和澳大利亚的殖民利益与地区霸权保驾护航。朝鲜战争的爆发打乱了美国在二战后的力量布局,美国不得不加强在远东和太平洋地区的军事力量,并希望重新武装日本来维护和加强霸权优势。出于和苏联争霸,遏制共产主义在亚洲"扩张"需要,美国急欲西方阵营与日本签订"和约",以便重新大规模武装日本。澳大利亚则借机要挟美国结盟,并提供安全庇护[①]。与美国这个二战后的超级大国结盟以寻求其安全庇护,并成为世界体系中的"中等强国",在南太平洋地区建立次区域霸权,这是澳大利亚异乎寻常地积极追随美国干涉朝鲜战争的最重要的战略考虑。在澳大利亚的"要挟下",美国虽然被迫与澳大利亚缔结盟约,但其内容含糊,责任不明,对澳大利亚的安全并无明确而严格的承诺。澳大利亚政府和军方对美国将同盟条约的内容制订得如此含糊的意图也有着深刻的认识,但是澳大利亚并不介意,反而以此为契机,让美国慢慢认识到澳大利亚的军事和战略价值,并在漫长的冷战岁月里不断向美国"效忠",希望以"渐进"的方式密切澳美关系,强化澳美同盟,最终让美国承担起保障澳大利亚的安全和地区霸权的责任。

朝鲜战争后,澳大利亚与美国的政治和军事同盟关系明显加强。在美国的帮助下,澳大利亚的军事能力大幅度提高,地区霸权野心进一步膨胀。但是,令澳大利亚政府十分不安的是,朝鲜战争后东南亚

---

① 于镭、隋心:《澳美同盟的缘起、建构和稳固》,中国社会科学出版社2020年版。

结　语

各国人民争取民族独立和解放运动空前高潮，基本上粉碎了澳大利亚在该地区建立霸权的野心，也极大地加重了澳大利亚的安全危机感，澳大利亚政府和军方益发觉得需要美国这样的超级大国来保护澳大利亚这个"外来户"的安全。澳大利亚殖民主义政客和军方人士认为东南亚国家独立后，人口众多，经济和军事发展潜力巨大，对澳大利亚本土安全和地区霸权极为不利。由于国土来源不合法，澳大利亚十分担心东南亚地区大国会在安全上对澳大利亚构成威胁，因而"引美入亚"和"留美于亚"之情益发迫切。为了怂恿美国和其他西方列强派兵武力镇压东南亚各国人民的民族独立和解放运动，澳大利亚政府竭力在美国和其他西方国家宣染共产主义力量在东南亚的"扩张和侵略"正在威胁西方的既得利益。西方国家必须接受二战前对纳粹德国和日本军国主义"绥靖政策的教训"，坚决回击"共产主义的侵略扩张"，否则东南亚国家就会像"多米诺骨牌"一样沦入共产主义国家的手中[①]。

澳大利亚政府和军方对"共产主义扩张和侵略"的渲染和恐吓最主要的意图就是为了"留美于亚"，利用美国强大的军事力量为自己缺乏道义的地区霸权买单。澳大利亚政府和军方认为只有将美国引入，澳大利亚的安全才能得到切实保证，澳大利亚原住民争取自身权利的斗争才能被长久镇压。为了自身的安全，密切与美国的政治和军事关系，澳大利亚政府和军方积极响应，并参与策划东南亚地区的集体安全架构，以进一步在政治和军事上控制东南亚各国，增强以美国为首的西方国家在东南亚地区的军事力量[②]。为此，澳大利亚迅速加入了《东南亚条约组织》，并成为该组织中最活跃的成员国。澳大利亚政府和军方对东南亚集体安全防御体系极为重视，建议美国政府利

[①] Peter Edwards, *Australia and the Vietnam War*, University of New South Wales Press, 2014.

[②] Dennis L. Cuddy, "The American Role in Australian Involvement in the Vietnam War", *Australian Journal of Politics and History*, Vol. 28, Issue 3, 1982, pp. 340–353.

◆◇◆ 澳美同盟语境下澳大利亚地区霸权的建构

用该体系把亚洲大陆沿海的岛屿连接起来，以便包围和封锁新中国及其他要求民族独立和解放的东南亚国家。澳大利亚的建议得到美国政府和军方的高度认同，在一定程度上拉近了两国政府决策层的关系。

朝鲜战争后，澳大利亚政府和军方认为美国全面入侵越南有利于澳美政治关系和军事同盟的进一步巩固和升级。澳大利亚政府和军方盘算一旦美国全面卷入越南战争，澳大利亚将会像二战期间一样再次成为美国必须依赖的军事和后勤基地，澳大利亚对美国的军事和战略重要性也会得到极大的提升。澳大利亚政府和军方因此一再劝说美国发动全面入侵越南的战争。澳大利亚的政客们鼓励美国全面武装干涉越南再次体现了澳大利亚政治家"农民式的狡黠"：一旦美国担负起东南亚地区的军事义务，澳大利亚的安全不仅可以得到有效地保证，而且可以借机在东南亚和南太平洋地区建立由澳大利亚主导的次地区霸权体系和势力范围，实现澳大利亚立国以来一直梦寐以求的"中等强国"的梦想。由此可见澳大利亚鼓动美国全面入侵越南的目的之一就是将美国拖入战争，迫使其加强在东南亚地区的军事存在，从而不得不承担起保护澳大利亚的安全和霸权的义务[①]。

美国总统艾森豪威尔的"多米诺骨牌"理论自此便被澳大利亚政府和军方广为引用，成为澳大利亚对内蒙骗民众支持武装入侵越南和对外威胁、恐吓西方国家政府和民众联合入侵越南的理论基础。澳大利亚政府和军方认为可以利用美国的"多米诺骨牌"理论和美国对共产主义的恐惧实现"引美入亚"和"留美于亚"的战略，利用美国强大的战争机器彻底解决澳大利亚的安全困境。澳大利亚政府和军方认为澳大利亚还可利用越南战争实施"前进防卫"策略，将澳大利亚的军事防卫前线向北推进数千千米，在东南亚地区建立自己的势力范围。美国的"多米诺骨牌"理论和澳大利亚的"前进防卫"理论均

---

① N. Harper, *A Great and Powerful Friend*, St Lucia: University of Queensland, 1987, p. 334.

结 语 ◆◇◆

强调东南亚地区,特别是印度支那半岛的战略重要性,认为这里是事关东西方对抗成败的最重要的战略支点。一旦中南半岛落入苏联之手,整个东南亚地区将被苏联控制[①]。为此,美国政府和军方积极出钱出枪支持法国和英国等西方老牌殖民主义对越南和东南亚人民的民族独立和解放斗争的镇压。美国还先后向法国殖民者和南越政权提供了巨额的经济和军事援助。美国国务卿杜勒斯也一再劝说法国不要撤出越南。

澳大利亚则积极出兵配合英国镇压马来西亚人民的独立和解放运动,并在新加坡驻军,企图震慑东南亚各国人民。美国全面入侵越南后令澳大利亚政府和军方欢欣鼓舞,因为这意味着美国将不得不加大在亚太地区的军事力量,也意味着澳大利亚在美国亚太军事战略中的地位较以往有了大幅度的提高。澳美同盟的内容也因此得到明确,同盟的基础也得到夯实和巩固。美国因全面入侵越南而不得不增加在东南亚的军事存在,从而为澳大利亚提供了可靠的安全保障。澳大利亚政府和军方不仅借越南战争空前密切了澳美两国的政治关系和军事同盟,而且借机实施了澳大利亚的"前进防卫"策略,巩固了在"前院"东南亚地区的霸权。越南战争后,澳大利亚与美国的军事同盟得到进一步巩固和强化,澳大利亚也成为冷战时期美国在亚太地区的军事"南锚"和前进基地[②]。越南战争后,美国在亚太地区的战略劣势极大地凸显了澳大利亚的地缘战略优势,空前地提升了澳大利亚在美国亚太战略和军事防务中的地位。澳大利亚因此成为美国和整个西方阵营在亚太地区抵御"共产主义扩张的最可靠的堡垒"。

美国政府和军方在越南战争后不得不承认澳大利亚的军事和战略价值,从而积极主动地强化与澳大利亚的政治关系和军事同盟,并为

---

① Jeffrey P. Kimball, *To Reason Why: The Debate about the Causes of U. S. Involvement in the Vietnam War*, Wipf & Stock Publishers, 1990, p. 30.
② Derek McDougall, "The Australian Press Coverage of the Vietnam War in 1965", *Australian Outlook*, Vol. 20, Issue 3, 1966, pp. 303–310.

◆◇◆ 澳美同盟语境下澳大利亚地区霸权的建构

澳大利亚的国家安全和地区利益提供安全保障。经过越南战争,澳大利亚不仅实现了与美国建构可靠的军事同盟的战略构想,也实现了与美国建立英国之外的另一对"特殊关系",并且有能力进入和影响美国决策层的构想。澳大利亚政府还借越南战争之机将其复杂的社会和种族矛盾转化为意识形态之争,以获取在亚太地区的合法性、安全性和地区霸权。越南战争也开启了澳大利亚市场和资源与美国资本的紧密结合,澳大利亚的经济复苏与发展从严重依赖英国转向依赖美国的投资拉动。冷战结束时,美国不仅是澳大利亚最紧密的军事和战略盟友,也是澳大利亚最大的贸易和经济伙伴①。

由此可以得出结论,即在二战后全球冷战和意识形态扭曲的时代背景下,澳大利亚成功地利用美国和西方对共产主义的妖魔化、意识形态竞争的白热化和军事对抗的激烈化迫使美国与之结盟,并在此后近半个世纪的冷战中与美国建构了类似于英美的另一对特殊关系。在冷战的岁月中,澳大利亚积极追随美国参加了朝鲜战争和越南战争。澳大利亚卷入这两场战争既是冷战时期以美苏为首的两大阵营意识形态激烈对抗的结果,也是澳大利亚有意识地利用意识形态对抗,谋取自身安全利益和构建地区霸权优势的结果。澳大利亚借朝鲜战争,特别是长达10年之久的越南战争,通过对美国"效忠"和表现得"忠贞不贰"而获得了美国的信任和赏识,成功地与美国建立了密切的政治关系,空前巩固了双边军事同盟。通过与美国强化军事同盟,并构建所谓的"特殊"关系,澳大利亚借机提升了自身在西方阵营中的地位,实现了跻身"中等强国"的百年梦想。越南战争末期,澳美同盟即被美国视为亚太地区最重要和最为倚重的双边军事同盟;澳大利亚也被美国视为捍卫美国和西方利益和价值观的最为得力的"副警长"。在美国的支持和庇护下,澳大利亚在南太平洋地区建立了自己主导的

---

① Shiro Armstrong, "The Economic Impact of the Australia-US Free Trade Agreement", *Australian Journal of International Affairs*, Vol. 69, Issue 5, 2015, pp. 513 – 537.

结　语

次区域霸权体系，得到了其他西方国家的认可和支持。

冷战期间发生在亚洲东部的两场大规模热战——朝鲜战争和越南战争不仅没有使澳大利亚遭受损失，反而让其在战争中捞取了巨大的安全和战略利益。尽管这两场战争，特别是越南战争也曾给澳大利亚社会带来了痛苦和反思，但这种痛苦远远无法与两次世界大战的惨重伤亡相提并论，反思也因从澳美同盟中获益甚丰而不彻底。澳大利亚因此对朝鲜战争和越南战争的看法也就极大地有别于东亚和东南亚国家，也区别于其他一些西方国家。这是澳大利亚对朝鲜战争，特别是越南战争缺乏深刻反省，甚至认为越南战争对其不无价值的思维根源[1]。澳大利亚政府和社会因此缺乏对澳大利亚的安全困境根源的深刻反思和反省，缺乏对澳洲原住民和亚洲邻国种族主义傲慢与偏见的深刻反思和反省。

冷战甫毕，澳大利亚政府即再次高调渲染澳美军事同盟的重要性。冷战结束后，特别是20世纪90年代以来，澳美同盟不仅没有像人们想象得那样因敌手的消失而逐步弱化，反而出现了不断巩固和强化的趋势，继而成为影响太平洋西部地区，乃至整个亚太地区和平与稳定的一个重要因素。90年代之后，澳大利亚政界、军界乃至整个社会由于思维惯性和强大的右翼保守势力地不断反攻，致使强化澳美同盟、密切与美国的政治、军事和外交关系，紧密追随美国的外交和军事政策再次成为澳大利亚的主流社会思潮。"澳美同盟是澳大利亚对外关系和国防政策的基石"也重新成为澳大利亚政客和军方的"口头禅"，成为指导澳大利亚对外关系和安全政策的准则。澳大利亚政府和相当一些政客、军官和学者甚至宣扬澳大利亚应成为美国在亚太地区的"副警长"，声称要对自己的亚洲邻国发动"先发制人"的军事打击，以维护美国和西方在亚太地区的利益和价值观。

---

[1] Derek McDougall, "The Australian Press Coverage of the Vietnam War in 1965", *Australian Outlook*, Vol. 20, Issue 3, 1966, pp. 303 – 310.

◆◇◆ 澳美同盟语境下澳大利亚地区霸权的建构

　　澳美同盟的构建、巩固和强化虽然导致澳大利亚的国家安全严重依赖美国，澳大利亚的外交和军事政策不得不紧紧追随美国，从而在国际政治和国际关系中唯美国马首是瞻而鲜有独立性和灵活性[①]。但是，在澳美同盟的建构中，随着同盟和政治关系的空前密切，澳美双边关系，特别是在后冷战时期出现了前所未有的新特点：一是不论澳美两国的政府领导人如何更迭，基于地缘战略和政治、经济利益考虑基础之上的同盟关系得以持续性地巩固和发展，其广度与深度在双边、多边和全球层面上不断拓展；二是在后冷战时期，澳美两国政界、军界和学界高度默契，联手促成同盟质变，使其不再囿于既定的安全领域和亚太地域，而是突破性地扩展到维护美国主导的基于规则、制度和价值观之上的"自由（霸权）"体系与秩序；三是澳美两国在同盟框架内的互动关系发生了重大变化，美国不再是同盟的绝对单向领导者，澳大利亚也不再是同盟机械的从动者，而是日益成为同盟议题设置与发展导向的积极建构者[②]。以上三点在澳美同盟冷战后的演绎，以及在印太战略的建构中表现得分外明显，值得深入研究。

　　在后冷战时代，澳大利亚积极主动地引导和推动澳美同盟的深化与强化，并意图在印太地区促成美、澳、日、印四国军事和战略联动，以遏制包括中国在内的新兴国家的崛起可能对美国主导的印太地区权力体系与秩序以及澳大利亚既得利益和地位的挑战。为此，霍华德政府于2001年力推美、澳、日联席安全会议机制以构建亚太地区以美国为主体，澳、日为两翼的"一体两翼"的安全架构[③]。三方安全机制受到了美国总统小布什的高度赞扬，澳大利亚在美国主导的亚

---

① Yu Lei, "China-Australia Strategic Partnership in the Context of China's Grand Peripheral Diplomacy", *Cambridge Review of International Affairs*, Vol. 29, No. 2, 2016, pp. 740 – 760.

② 于镭：《既得利益驱动下澳美同盟的强化和"印太战略"的建构》，张洁主编：《中国周边安全形势评估》，世界知识出版社2018年版。

③ Malcolm Cook, "Japan-Australia Security Relations: a Tale of Timing", William Tow and Rikki Kersten (eds.), *Bilateral Perspectives on Regional Security: Australia, Japan and the Asia-Pacific Region*, New York: Palgrave Mcmillan, 2012, p. 105.

太霸权体系中的地位也被提升至仅次于美国的"副警长"层级。但是，三方安全机制遭到了包括澳大利亚学者在内的许多政治人士和学者的批评[1]，反映了"美澳意在将双边军事同盟扩充为以美国为首的多边安全框架防范中国等新兴国家"[2]。"三方安全机制"加剧了亚太地区的军事竞赛，危害了地区和平。

三方安全机制建立后，澳美同盟以前所未有的速度进一步强化。凭借澳大利亚、日本的支持，美国先后提出旨在遏制亚洲新兴国家的"转向亚太"（pivot to Asia）"亚太再平衡"（Asia-Pacific rebalance）和印太战略，强调美国必须调整其在全球的政治、经济，特别是军事资源的配置，以应对亚太地区新兴国家的快速崛起，以及由此可能产生的对美国在本地区，乃至全球构建的霸权主义体系和秩序的挑战。为此，美国将其60%的军事力量移驻亚太地区，并一再敦促澳大利亚和日本增加对军事力量的投入。2010年后的历届澳大利亚政府均对美国的要求做出积极响应，不断增加军费，扩建美军基地。陆克文政府以"莫须有"的名义指责亚太地区的新兴国家是亚太地区和平与稳定的"威胁"，鼓动美国对亚洲新兴国家采取"强硬"政策[3]。吉拉德政府实质性回应奥巴马"重返亚太"战略，扩建了美军的军事基地以部署航空母舰、战略核潜艇和"全球鹰"战略侦察机，并首次成建制地驻扎美国海军陆战队，以联手控制太平洋与印度洋的交通咽喉[4]。阿伯特政府则竭力促成美、澳、日在亚太地区的军事合流，并将这一态势拓展至印度洋区域。时任外长毕晓普坚称美国是澳大利亚"最伟

---

[1] Denis M. Tull, "China's Engagement in Africa: Scope, Significane and Consequences", *Journal of Modern African Studies*, Vol. 44, No. 3, 2009, pp. 459–479.

[2] Purnendra Jain, "A little Nato against China", *Asian Times*, 18 March 2006, http://www.atimes.com/atimes/China/HC18Ad01.html.

[3] "Australian PM Kevin Rudd Sought Tough China policy", *BBC News*, 6 December 2010, News Online, http://www.bbc.co.uk/news/world-asia-pacific-11925438.

[4] "US Seeks Deeper Military Ties", *Australian*, 28 March 2012, http://www.theaustralian.com.au/national-affairs/defence/us-seeks-deeper-military-ties/story-e6frg8yo-1226311869939.

大的军事盟友",日本是亚洲地区"最重要的军事盟友"①。

特恩布尔政府强调澳美同盟决不会随亚太地区地缘政治和地缘战略的重大变化而变化,并声称:"亚太地区比以往更富挑战,我们必须将国防开支增至国内生产总值的2%。"② 2016年《国防白皮书》对中国的国防现代化表示"不安",并宣布在2017年至2026年的十年间再增加4000亿美元的军费开支,用于从美国购买足以遏制本地区"潜在威胁"的战机和潜艇③。澳大利亚广播公司评论说:政府铁心大幅度增加军费,即使损害宏观经济健康也在所不惜④。《国防白皮书》还强调澳大利亚必须建构"印度洋—太平洋"一体化的地缘新概念,配合美国军事控制"两洋锁钥"地区及两洋间的海上航线。2016年初,美、日、印宣布联合军演,澳大利亚表示期待加入,四国军事同盟在印太区域隐然成形。莫里森政府一再"忠告"美国政府不要在印太战略上"三心二意",而应抓紧时间,从速落实印太战略。澳大利亚政府和军方一再重申澳美同盟是澳大利亚外交与国防政策的基石,澳大利亚将一如既往地成为美军在亚太地区的"前进基地"和美国在该地区的安全"南锚"⑤。2018年,莫里森政府宣布与日本构建"准军事同盟",并拨付特别款项与美军一道在巴布亚新几内亚的马努

---

① Julie Bishop, *US-Australia: The Alliance in an Emerging Asia*, Minister for Foreign Affairs, 22 January 2014, http://foreignminister.gov.au/speeches/Pages/2014/jb_sp_140122.aspx?ministerid=4.

② Andrew Greene, "Malcolm Turnbull Sticks to Tony Abbott's Defence Spending Pledges in Long-awaited White Paper", *Australian Broadcasting Company*, 24 February 2016, http://www.abc.net.au/news/2016-02-23/defence-white-paper-turnbull-sticks-to-abbott-pledges/7194480.

③ Franz-Stefan Gady, "Australia to Increase Defense Budget", *Diplomat*, 11 May 2017.

④ Greg Jennett, "Defence White Paper: Australia Joins Asia's Arms Race with Spending on Weaponry and Military Forces to Reach $195b", *Australian Broadcasting Company*, 25 February 2016, http://www.abc.net.au/news/2016-02-25/defence-white-paper-released-increased-spending/7198632.

⑤ Erik Paul, *Australia as US Client State: The Geopolitics of De-democratization and Insecurity*, New York: Palgrave Mcmillan, 2017.

斯岛构建大型军事基地，莫里森政府的一系列举动深刻表明其欲配合美国在印太地区遏制亚洲新兴国家的强烈欲望。从印太战略的建构中，我们不难发现美国在其中发挥了重要的主导作用，澳大利亚则起到了积极引导和推动的作用。

澳美同盟不仅为澳带来了安全利益，同时也为其带来了丰厚的经济利益。美国在现阶段仍然是澳"最重要的经济伙伴"（而中国仅是澳大利亚最大的贸易伙伴）。据澳大利亚外交与外贸部统计，截至2018年，美对澳投资存量高达8900多亿澳元，是中国投资存量的十多倍[①]，这意味着美国资本已经深入到澳经济生活的各个方面。美国投资人实际上是澳许多大型矿山和企业的最大股东，对澳经济稳定与发展，以及普通民众的就业影响殊巨。

在政治上，澳美同盟帮助澳大利亚实现了数代政治领导人梦寐以求的"中等强国"之梦，成为美国"钦封"的在亚太地区维护美国利益和价值观的"副警长"；在军事上，澳大利亚与英国一道成为仅有的两个能够直接参与美国战争决策的西方盟国。如此厚重的既得利益和权力地位远远超越了澳大利亚凭借自身的体量和综合国力所能获得的份额，这使得澳大利亚政界、军界和学界较为一致地认为任何新兴大国对美国主导的全球霸权体系和亚太区域秩序的挑战都将损害其既得利益和权力地位，从而驱使其在亚太和印太地区积极、主动地维护美国的区域霸权与秩序。

澳大利亚在追随美国，并协助维护美国在亚太和印太地区霸权体系上也有着极强的外生性，这就是来自美国的军事、政治和经济压力。不论这种压力以何种形式出现，其后果均为澳无法承受之重。中澳近年来经贸合作的不断深化、中国在澳投资领域的日益扩大触及了西方一些国家，特别是美国资本的既得利益，致使一些美国政要，如

---

① Department of Foreign Affairs and Trade (Australia), *Fact Sheets of the United States*, April 2018, < https://dfat.gov.au/trade/resources/Documents/usa.pdf >.

前总统奥巴马和前国务卿希拉里·克林顿都警告澳大利亚即便在经济上也不要与中国走得太近①。在获悉中国企业租赁澳北部重镇达尔文港后，奥巴马怒不可遏，当面批评特恩布尔"以后必须提前报告中国在澳大型投资"。对于奥巴马的批评，特恩布尔一再保证"必要时，澳国防部和政府都会接管达尔文港"②。华盛顿智库战略评估总裁卡莱皮纳维奇在澳最大媒体《澳大利亚人报》上撰文，一语泄露了奥巴马不悦的"天机"："该交易最坏之处在于它损害了美国对澳美同盟的信任。"③ 此后，时任财政部长莫里森（现总理）即以安全为由，连续否决中国企业多起大型并购申请。在澳一些政治家看来，否决中国对澳大型投资虽然与澳大利亚的国家安全无涉，但确是为了防止中国在澳美同盟间再钉入一根离间的楔子。美国前助理国防部长阿米塔吉（Richard Armitage）更是明确无误地严厉警告澳大利亚："如果澳大利亚在未来可能发生的中美冲突中不能坚定地站在美国一边，那就意味着澳美同盟的终结"，这也意味着澳大利亚将无法再获得美国的庇护④。

澳大利亚自立国以来一直奉行与全球体系中的超级大国结盟的策略，以获取政治、经济和安全利益，并构建次地区霸权体系。澳大利亚的百年立国之策为我们深刻理解澳大利亚政府积极卷入美国的"重返亚太"战略、"亚太再平衡"战略和"印太战略"这些看似不合情理的政策决策提供了一条进行深入研究的路径。由于澳大利亚的百年立国之策关乎澳大利亚的重大利益，因此，任何澳大利亚政治领导人

---

① Peta Donald, "Let us Know Next Time: Obama to Turnbull on Darwin Port lease", *Australian Broadcasting Company*, 19 November 2015.

② Peta Donald, "Let usKnow Next Time: Obama to Turnbull on Darwin Port lease", *ABC news*, 19 November 2015.

③ Jonathan Pearlman, "US Alarm over Aussie Port Deal with China Firm", *Strait Times*, 19 November 2015.

④ M. Wesley, "Australia-China", Brendan Taylor (eds.), *Australia as an Asia-Pacific Regional Power*, Abingdon: Routledge, 2007, p. 147.

结　语

都很难在短时间内改变这一政策取向。这是澳大利亚的国家利益和民族思维定式所共同决定，很难因政府领导人的更迭，及其个人好恶而改变。分析澳大利亚与美国的同盟演变与发展可以发现，国与国之间的同盟首先是建立在相同，或相似的利益之上。没有了这种共同利益的基础，同盟也就成了"空中楼阁"，不可依赖。澳大利亚在过去的一个世纪里坚持奉行全球体系超级大国的"铁杆"追随者的战略，并非如一些学者所言完全是基于澳美文化、历史和价值观的相似性，而更多的则是基于自身安全利益的考虑。美国是当今世界唯一的超级大国，是全球霸权体系（"自由体系"）的主导者。澳大利亚是南太平洋地区最重要的国家，也是澳大利亚政府自认为的世界"中等强国"。美澳两国的政治、经济和军事力量具有明显的不对称性。但是，美澳两国在太平洋地区有着重大利益的契合。对于澳大利亚来说，帮助美国尽可能地延长其在太平洋地区的霸权体系就是延续澳大利亚在本地区的既得霸权和利益。

美澳两国的国际关系学者和政策分析人士都很清楚，国际关系与其说是建立在虚无缥缈的"精神"层面上，更不如说是建立在共同"利益"之上。澳大利亚学者库珀（Zack Cooper）坦言在美国普通民众中很难找到了解澳美同盟的人，也没有美国民众认为澳美同盟具有极其重要的作用[①]。近现代史上包括澳英和澳美同盟在内的国家间的分分合合就是对丘吉尔名言的极富现实的诠释。本书并没有盲目地采信澳大利亚政府和美国政府给出的官方解释，认为这是由于澳美两国都是"西方民主国家"，共同的政治信仰、"血浓于水"的盎格鲁—撒克逊历史和文化、曾经共同战斗的友情，以及对国际社会的共同的责任感构成了两国政府和民众的亲近。尽管两国的官方资料和许多官方、非官方的宣传资料中充斥了这样的美好的"神话"。但是澳大利亚严肃的历史书籍和文献资料，却引导我们剥开这些表面现象，去探

---

① Zack Cooper, "Hard truths about the US-Australia alliance", *The Strategist*, 9 July 2018.

寻真正的深层次原因。大量的历史文献资料和严肃史籍也的确向我们展示了许多不为人们所熟知的历史真相。如果将这些历史真相一一串起来，我们发现原来表象的背后竟隐藏着深刻的国家战略目标和国家利益。

澳大利亚前外长伊文思曾毫不讳言地指出澳大利亚和美国因广泛的相似性而掩饰了双方制度和文化上的明显差异。如果以澳美两国具有相似的价值观解释美澳间的密切合作则根本无法解释澳大利亚为什么会在二战结束背离英国转投美国。澳大利亚前外长斯彭达也曾直言不讳地指出只有与太平洋地区最强大的国家美国建立军事同盟才能保卫澳大利亚的安全[①]。面对国际体系中众多的中等强国的激烈竞争，与超级大国结盟的战略不仅能够给相关国家带来国际声誉和国际地位的提升，更重要的是，这是一个极为务实的国家战略，能够有效地保证一国的生存与安全。澳大利亚在伊拉克和阿富汗战争前对美国的坚定支持和在战争中积极出兵参战的表现令美国政府深为满意。澳大利亚因此在战后得到了美国的器重，澳美关系也因而被小布什政府提升为美国全球战略资产的重要组成部分[②]。

在后冷战时代，澳大利亚的安全已经不再是关乎国家生死存亡的头等大事，因此澳大利亚此时此刻仍紧紧跟随美国的主要动机就是想从美国的超级大国的军事霸权中分得一杯羹，借助美国的军事力量和政治影响力，提高澳大利亚在国际上的地位，成为亚太地区的大国、强国，并在太平洋地区构建澳大利亚的霸权体系。而这也正是澳数十年如一日地扮演美国利益忠心耿耿地追随者的真正意图所在。从澳英同盟到澳美同盟的演变，印证了在国际关系中没有永恒的朋友，也没

---

① Brown, James, "Australia and the Vietnam War", Australia Institute of International Affairs, 19 December 2014.
② Richard L. Armitage, "Keynote Address-Asia Foreign Policy Update Luncheon-Richard L. Armitage", Asian Society, 2003, https://asiasociety.org/keynote-address-asia-foreign-policy-update-luncheon-richard-l-armitage.

结　语

有永恒的敌人，永恒的只有利益。澳大利亚前外长加里斯埃文斯（Gareth Evans）曾直言不讳地表示澳大利亚就是要成为中等强国[①]。包括澳大利亚学者在内的许多西方学者也认为冷战后，澳大利亚之所以如此忠诚、积极地追随美国的战争政策就是为了获得美国的信任与认可，希望借美国的力量提升本国在亚太地区的地位，构建澳大利亚在"前院"和"后院"地区的霸权。没有美国的支持，澳大利亚根本不可能在人口众多，幅员辽阔的南太平洋地区建立霸权，也不可能在亚太地区发挥今日的作用。

一些研究澳美双边关系的学者也认为正是美国在澳大利亚身后高举大棒吓退澳大利亚潜在的挑战者，并且大幅度地提升了澳大利亚在亚太地区的地位，澳大利亚才有可能成为亚太地区的"副警长"。澳大利亚与美国军事合作的地域范围不断扩大，从南太平洋和东南亚地区迅速扩大到印度洋地区的南亚和中东地区，澳大利亚在美国的保护下俨然成为全球事务中一颗冉冉升起的新星。美国对澳大利亚的表现非常满意，美国政府在2006年发布的《四年防务评估》中将澳大利亚提升到媲美英国的盟国地位，称澳美同盟不仅是美国全球霸权的维护者，也是美国在亚太地区霸权的维护者。由此可见，澳大利亚通过与美国结盟并紧密追随美国的霸权政策已经在美国的心目中成为仅次于英国的美国的全球伙伴和重要盟友。也正是与美国结盟，澳大利亚才在亚太地区获得了比自己的体量高得多的地位和霸权。澳大利亚的外交和军事政策因此本质上是为了迎合美国的全球战略需要，因而极大地制约了外交政策为本国利益服务的特质。亚太地区国家，特别是与澳大利亚毗邻的东南亚和南太平洋岛国一直质疑澳大利亚外交政策的独立性和自主性，严重影响了澳大利亚的国际和地区声誉。

虽然澳大利亚在地理上位于大洋洲，毗邻亚洲，并且其原住民与

[①] Gareth Evans and Bruce Grant, *Australia's Foreign Relations In the World of the 1990s*, Melbourne University Press, 1991.

亚洲近邻有着千丝万缕的种族、文化和历史渊源，但是澳大利亚的主流欧洲裔人口并不认同大洋洲和亚洲的历史和文化，因而在国家身份和文化认同上长期存在着难以修正的错位。一战后，亚洲和太平洋地区各地人民的民族自觉意识开始觉醒，各地民众反抗西方殖民统治和争取民族自由的抗议运动此起彼伏。以英、法、美为代表的西方殖民主义大国不得不做出一定限度的让步，给予殖民地人民稍多的权利和自由。但是澳大利亚殖民政府却异常顽固地坚持"白澳政策"，仍然屡屡掀起排挤亚洲移民和劳工的恶劣浪潮[①]。澳大利亚因此以签署对日和约为名，迫使美国不得不与澳大利亚正式结为军事同盟，以便为澳大利亚在二战后的安全和地区霸权提供背书。有了美国的撑腰，澳大利亚对亚洲具有发展潜力的新兴大国充满敌视。

在二战后漫长的冷战岁月里，澳大利亚孟西斯、霍尔特、戈登和麦克马洪政府均顽固坚持"白澳政策"，拒绝与亚洲邻国平等相待，反而总是自以为高人一等地对亚洲邻国和东南亚地区推行侵略和欺压政策，甚至不顾二战后国际形势的变化，狂妄地宣称东南亚地区是澳大利亚的"前院"，妄图继续在东南亚地区推行殖民主义[②]。澳大利亚在东南亚推行殖民主义，并将东南亚地区变成自己的势力范围的企图与东南亚地区蓬勃兴起的民族独立和解放斗争产生了巨大的矛盾，澳大利亚政府便自然而然地视东南亚各国人民的民族解放和独立运动为阻碍其地区霸权的障碍，视东南亚人民的抗争和反抗为其国家安全的威胁，并竭力试图将其描绘为共产主义在亚洲的"扩张侵略"，以恐吓和怂恿美国武装入侵东南亚地区，为自己的殖民利益和安全利益服务。澳大利亚与宗主国英国和自己的文化认同地欧洲相距万里，因而总是强调自己是生活在亚洲的"丛林"边缘欧洲国家。既是"外

---

① N. B. Nairn, "A Survey of the History of the White Australia Policy In The 19th Century", *The Australian Quarterly*, Vol. 28, No. 3, 1956, pp. 16 – 31.

② David Joseph Walton, *Australia, Japan & Southeast Asia*, Nova Science Publishers, 2012.

来户",澳大利亚却拒绝"入乡随俗",与亚洲民众平等相待,和平共处,而是自认为"高人一等",有着浓厚的"种族优越"感,甚至蔑视和敌视太平洋地区原住民和亚洲邻国民众,企图取英国等殖民主义强国而代之,继续对太平洋地区岛屿和东南亚地区进行殖民统治,[1]澳大利亚这种不智和不义之举自然激起了大洋洲地区的原住民和东南亚地区人民的强烈不满。

越南战争后期,惠特兰姆总理执政提出废除"白澳"政策,但直至世纪之交,澳大利亚政府和主流社会才彻底放弃"白澳政策",转而倡导"多元文化"[2]。但由于历史和认知的惯性,澳大利亚的国家身份认同仍然时时出现反复,"面向亚洲""融入亚洲"的战略时进时退,这些都深刻反映出矫正澳大利亚国家身份错位的难度和艰巨性。澳大利亚国家身份认同的错位固然有脱胎于英国殖民地,而深受其历史、文化影响的重要因素,同样重要的还有"白人至上"的种族主义思维和情节[3]。正是由于这种种族"优越"的错误思维,澳大利亚主流人群一直在内心深处拒绝种族和解,拒绝承认澳洲原住民对澳洲土地的原始所有权,甚至直至今日仍然拒绝真诚地向原住民道歉,并鼓励澳洲原住民参与国家的建设和管理。不论澳大利亚政府承认与否,澳大利亚立国以来一个多世纪的实证深刻揭示了澳大利亚的国家安全,特别是在冷战后的国家安全不在于澳大利亚是否能够取得美国的安全庇护,而在于澳大利亚能否本着"平等相待、互利合作"的精神与亚洲邻国共谋本地区的持久和平,共同推动亚太地区公正合理的新秩序、新体系的构建。

---

[1] Andrew Fenton Cooper, Richard A. Higgott and Kim Richard, *Relocating Middle Powers: Australia and Canada in a Changing World Order*, UBC Press, 1993.
[2] 于镭:《澳美同盟的理论与实证分析及中澳关系演变》,《澳大利亚研究》2018年第1期。
[3] Ann Capling, "Twenty Years of Australia's Engagement with Asia", *The Pacific Review*, Vol. 21, Issue 5, 2008, pp. 601–622.